KB042393

마케팅 조사론

Marketing Research

문창권 · 배호영 · 신기룡 · 정명수

박영사

MARKETING RESEARCH

→ 머리말

    최근 우리 경제는 IMF구제금융체제 이후 최대위기를 맞이하고 있습니다. 우리나라의 수출을 주도해 온 전자, 자동차, 화학, 조선, 철강, 건설 등 주요 산업이 중국의 추격, 분야별 과잉투자 그리고 주요국의 경기 회복 지연으로 작년 대비 마이너스 성장을 하고 있습니다. 내년에도 세계적 저성장 기조가 지속되고, 미국의 대통령 당선자 트럼프의 자국이익을 우선하는 보호무역주의가 확산되어 더 큰 어려움에 직면할 것으로 예상됩니다.

    현재의 저성장, 저고용의 뉴노멀 시대를 극복하는 데 도움이 되고자 기업들이 목표로 하는 어떤 시장이든 필요한 마케팅 조사를 실시하고, 효과적인 영업 전략을 수립할 수 있는 의미 있는 책을 출판하게 되었습니다.

    마케팅 조사는 조사의 목적을 명확히 설정하고, 그에 맞는 과제와 수행 역할을 체계적으로 규명하는 것이 성공의 기본 전제임은 모든 사람들이 익히 아는 사항입니다.

    아울러 정보화에서 지능화의 시대로 발전하고, 모든 사람들이 컴퓨터보다 더 많은 기능으로 무장된 스마트폰을 항상 지니고 있는 현실에서 빅데이터를 활용 처리하는 능력의 중요성은 갈수록 커지고 있습니다. 이러한 활용성과를 위해 조사방법 및 통계처리에 대한 지식과 경험의 필요성도 함께 증대되고 있습니다.

    우리는 이 책을 통해 보다 쉽게 조사의 목적과 그에 따른 목표들을 규명하여 체계적 수행절차를 계획하고, 과학적인 조사와 분석을 경험할 수 있는 길잡이를 만들려고 노력했습니다.

또한 그 동안 다양한 현장에서 접했던 여러 과제들에서 마케팅 조사를 위해 절실하게 필요했던 사항과 조사방법 및 수행절차들을 소개하여 성공적인 마케팅 조사를 위한 역량을 다질 수 있도록 일목요연하게 정리했습니다.

이 책을 통해 마케팅 조사의 기초 지식 확보 외에도 조사기법의 효과적인 수행절차와 해석방식을 얻을 수 있도록 하고, 경영지도사, 조사분석사 등 조사통계처리분야의 전문자격증 관련 학습에 도움이 되도록 다음과 같이 구성했습니다.

제1장 마케팅조사 본질의 골자를 기초로 제12장 조사프로젝트 제안서 및 보고서 작성의 효과적 수행까지, 모두 3부 12상으로 구성했습니다.

제1부는 조사본질과 조사방법론에 대해 마케팅조사의 본질, 조사문제의 개념화와 조사방법론, 마케팅조사 절차와 조사설계를 다루었습니다.

제2부는 조사유형과 설문조사에 대해 탐색적 조사와 정성조사, 기술적 조사와 설문조사 및 관찰, 인과적 조사와 실험, 측정의 본질과 척도분류, 설문지 조사의 특성과 설계, 표본조사와 가설검정을 다루었습니다.

제3부는 조사분석도구와 조사보고서에 대해 차이분석과 관계분석, 다변량분석과 비모수검정법, 조사프로젝트 제안서 및 보고서 작성을 다루었습니다.

특히 마케팅의 본질에 입각한 조사설계 및 그 수행접근법을 체계적으로 설명하고, 탐색적 조사, 기술적 조사, 인과적 조사의 수행원리를 구체적이면서도 명료하게 제시하여 마케팅 조사론에 대한 기초와 적용역량을 확보하는 데 초점을 두었습니다.

교육현장에서, 컨설팅현장에서, 실무현장에서 경험했던 여러 형태의 질문, 과제, 처리기법 등을 최대한 소개하고, 그에 대한 해석방법과 개선과제 도출로 유효한 보고서를 완성할 수 있도록 했습니다.

이 책을 출간하면서 교재의 서술형식 등에 전문적 조언을 주시고, 훌륭한 디자인을 제공해주신 박영사 편집부에 감사드립니다. 또한 내용의 구성, 정리순서, 핵심내용 등에 대해 도움을 주신 많은 분들께도 감사를 드립니다.

저자 일동

→ 차 례

CHAPTER
01 마케팅조사의 본질과 마케팅조사회사

CHAPTER
02 개념화와 조사방법론

CHAPTER 05 기술적 조사와 설문조사 및 관찰

CHAPTER
06 인과적 조사와 실험

CHAPTER
07 측정의 본질과 척도분류

CHAPTER
08 설문지 조사의 특성과 설계

CHAPTER
09

표본조사와 가설검정

CHAPTER

10 차이분석과 관계분석

CHAPTER

11 다변량분석과 비모수검정법

CHAPTER
12 조사프로젝트 제안서 및 보고서 작성

MARKETING
RESEARCH

CHAPTER 01

마케팅조사의 본질과
마케팅조사회사

마케팅조사의 본질과 마케팅조사회사

마케팅조사의 개념과 특징 및 필요성

1.1.1 마케팅조사의 개념

미국마케팅협회(American Marketing Association)의 규정에 따르면 마케팅조사(marketing research)는 다음의 과정을 가진 기능이다.

- 마케팅 기회 및 문제를 규명하고 정의
- 마케팅 활동을 생성, 개선, 평가
- 마케팅성과를 추적·관찰
- 마케팅이해 향상에 사용할 정보를 통해 소비자, 고객, 일반인을 마케팅관리자에게 연결

이러한 마케팅조사의 규정은 조직의 마케팅 노력을 지원하고 인도하는 모든 마케

팅국면에서 조사의 역할을 강조한다.

　　용어 '시장조사'(market research)는 '마케팅조사'의 동의어(synonym)로 거의 사용되고 있지만, 포함되는 활동 범위를 기준으로 보면 차이가 뚜렷하다.

　　마케팅조사는 마케팅활동의 광범위한 영역을 포괄하는 조사인 반면에, 시장조사는 시장에 대한 조사를 말한다. 따라서 시장조사는 마케팅조사의 부분집합이다.

1.1.2　마케팅조사의 특징

　　마케팅조사는 개인들 또는 조직들의 표본에서 그들의 특성, 행동, 태도, 의견 또는 소유물에 관련된 자료를 수집하고 분석하는 활동이다. 그리고 시장조사나 마케팅조사는 본질적으로 공급회사들이 자사 고객 니즈를 보다 잘 이해하는 데 도움을 주기 위해 특수한 자료를 훈련받은 대로 수집 및 평가하는 활동이다.

　　마케팅조사는 소비자 및 산업 설문조사, 심리조사, 관찰 및 패널 연구(panel study)와 같은 모든 형식의 마케팅 및 사회조사를 포함한다. 또한 의사결정은 반드시 위험의 어떤 요인을 포함하기 때문에, 마케팅조사에서 자료의 수집 및 평가는 어느 정도까지는 특수한 마케팅 제안을 둘러싼 위험의 모수들(조사대상의 특징을 나타내는 추정치)을 축소 및 통제하는 데 사용되어야 한다.

　　따라서 마케팅조사는 행동, 성과 또는 정책결정에 대한 직접 또는 즉각적 영향을 거의 주지 않는 실험적 또는 이론적 특성에 대한 새로운 지식의 획득 등의 여러 측면 목표 달성 수행을 위한 순수조사(pure research)보다는 조치, 성과 또는 정책 필요성에 관련된 특정 질문들의 해답들을 구하는 응용조사(applied research)의 특징을 가져야 한다.

- 응용조사(applied research)는 실용 또는 경영조사(practical or management research)라고 하며, 기초조사 수행 과정에서 수집된 지식에서 파생되며, 특정 조직 또는 관리문제에 적용
- 순수조사(pure research) 또는 기초조사(basic research)는 문제해결을 기초로 하지만, 복잡한 질문들의 해답이나 행동·성과·정책결정과는 직접적 또는 즉각적 영향이 거의 없는 실험적 또는 이론적 특성에 대한 새로운 지식의 획득 등의 여러 측면 목표들을 달성하도록 수행

1.1.3 마케팅조사의 필요성

마케팅의 강조사항은 고객 필요의 규명과 충족에 두고 있다. 고객 필요를 결정하고, 그러한 필요를 충족시키는 것을 목표로 마케팅 전략과 프로그램들을 수행하기 위해서, 마케팅관리자는 정보를 필요로 한다.

마케팅관리자들이 자주 마케팅조사보다는 직감에 의존하는 경우가 있다. 직감은 단순히 상식(common sense), 추측(guess) 또는 육감(gut feeling)에 불과하므로, 직감에 기초한 결정은 자주 제한되거나 불완전한 정보로 구성된다. 착실한 조사(sound research)보다는 직감 및 육감에 너무 심하게 의존하는 대가는 크나큰 사업실패로 나타날 수 있다. 많은 신상품사업 실패의 약 95%가 이와 같이 직감으로 추진한 결과로 추정되고 있다.

또한 소비자행동 연구에서도 기업들은 가끔 자사에게 유리하도록 의도적 또는 비의도적으로 조사결과들을 조작하거나, 변경시키거나 또는 잘못 해석하는 유혹을 갖는 경우가 있다.

이와는 달리, 마케팅관리자는 고객들, 경쟁사들, 기타 시장 영향세력들에 대한 정보를 필요로 한다. 세계화의 진전에 따라 기업들의 사업 활동범위가 확대되어, 보다 크고 더 멀리 있는 시장들에 대한 정보의 필요성이 증가했다.

소비자들이 보다 부유하고 세련됨에 따라, 마케팅관리자들은 소비자들이 상품들과 기타 마케팅 제공대상에 대해 반응하는 방법에 대한 더 좋은 정보를 필요로 하고 있다. 경쟁이 보다 강화됨에 따라, 관리자들은 자사 마케팅도구의 효과에 대한 정보를 필요로 한다. 환경이 보다 급격하게 변화됨에 따라, 마케팅관리자들은 보다 시기적절한 정보를 필요로 한다.

마케팅조사는 마케팅 담당자에게 소비자, 고객, 일반대중을 연결시키고, 그에 관련된 논점을 처리하고, 정보수집방법을 디자인하고, 자료수집과정을 관리 및 시행하고, 결과들을 분석하고, 발견사항들과 그 영향들을 전달하는데 요구되는 정보를 규정하는 역할을 한다.

각 관리자의 의사결정이 어느 정도까지는 특유하지만, 대부분 관리자들이 직면하는 마케팅결정의 종류는 수행기간(장기 또는 단기), 전략(장기적 목적 달성을 위해 어떤 일을 꾸미고 이루어 나가는 교묘한 방법)과 전술(일정한 목적을 달성하기 위한 수단이나 방법)의 마케팅믹스 요소들과 효과적인 마케팅믹스 수행에 필요한 자원 및 구조 결정의 3가지 차

표 1-1 마케팅조사계획수립을 위한 의사결정 체크 리스트			
주제 영역	장기 전략	단기 전략	단기 전술
강조할 부분			
강조할 행위			
포지셔닝			
마케팅 믹스			
제공되는 혜택			
제공되는 서비스			
소비자 가격			
유통 채널			
판촉 수준			
판촉 경로			
판촉 메시지			
웹(Web) 전략			
홍보(선전)			
자원과 시스템			
동업관계(partnership)			
경영진(Management staff)			
현장직원(Line staff)			
보조원(Support staff)			
보고서작성시스템(Reporting systems)			
분석역량(Analysis capabilities)			
데이터베이스			

자료: Andreasen(2002), 28.

원을 따라 다양한 정보를 요구한다.

1.2 마케팅조사의 역할과 성공요건

1.2.1 마케팅조사의 역할

마케팅조사는 〈그림 1-1〉과 같이 필요한 정보 파악, 관련 자료수집으로 통제 가능 마케팅변수(상품, 가격결정, 홍보, 유통), 고객집단(소비자, 직원, 주주, 공급회사들), 통제

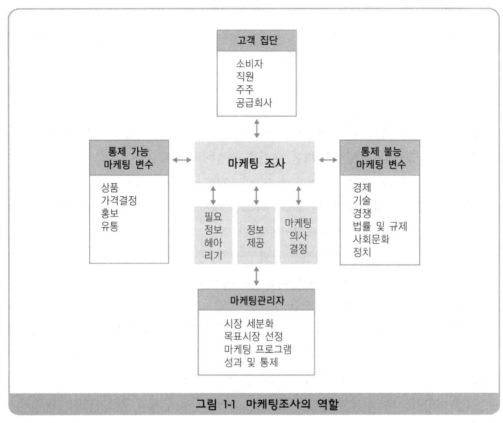

그림 1-1 마케팅조사의 역할

자료: Malhotra(2010), 11.

불능 환경요인들(국민경제, 기술, 경쟁여건, 법률 및 규제, 사회문화요인, 정치요인 등)에 대하여 마케팅관리자가 필요로 하는 정보를 수집한다.

　　그리고 수집한 관련 정보를 제공하여 시장세분화, 목표시장선정, 마케팅 프로그램, 성과 및 통제에 관한 마케팅의사결정 수행에 도움을 주는 역할을 한다.

1.2.2 마케팅조사의 성공요건

　　의사결정에서 마케팅조사는 마케팅의 모든 국면에서 사용되는 사실발견 및 예측기능을 제공하므로 아주 중요하다.

소비자는 마케팅조사를 사용하여 마케팅 전략·프로그램·전술의 유효성을 분석한다. 궁극적으로 효과적인 마케팅조사 및 소비자조사가 되기 위해서는 마케팅관리자에게 불확실성을 축소시키고 이윤을 증대시킬 수 있도록 의사결정에 적절한 정보를 제공해야 한다.

마케팅조사는 마케팅 문제 및 기회의 규명과 해법에 관련된 의사결정 개선을 목적으로 하는 정보의 체계적 및 객관적 규명, 수집, 분석, 보급, 사용 과정이다. 따라서 성공적인 마케팅조사를 위해서는 다음 요건을 충족해야 한다.

① 마케팅조사는 체계적이어야 한다. 마케팅조사 프로세스의 모든 단계에서 체계적 계획수립을 달성하도록 각 단계에서 따르는 절차들은 방법론적으로 유효하고, 관련 증거가 많고, 사전에 최대한 계획되어야 한다.

② 마케팅조사는 사전에 설정한 관념 또는 가설(notions or hypotheses)을 검정하도록 자료를 수집하고 분석하는 과학적 방법을 사용해야 한다.

③ 마케팅조사는 사건의 진정한 상태를 반영하고 정확한 정보를 제공하도록 시도해야 한다. 그래서 마케팅조사는 객관적이며, 조사자 또는 경영자의 개인적 또는 정치적 편견(biases)에 의해 영향을 받지 않아야 한다. 따라서 모든 조사자는 "찾아내고, 찾아낸 그대로 말하라"는 것을 좌우명(motto)으로 삼아야 한다.

④ 마케팅조사는 정보의 규명, 수집, 분석, 보급, 사용 단계로 구성되므로, 마케팅조사 문제 또는 기회를 규명 또는 규정한 뒤에, 그것의 조사에 필요한 정보를 결정해야 한다.

⑤ 관련 정보원천들을 규명하고, 세련도와 복잡성 기준에서 다른 일단의 자료수집 방법들을 유용성에 따라 평가해야 한다. 따라서 가장 적합한 방법을 사용하여 자료를 수집하고, 분석 및 해석하여 추론을 도출해야 한다.

⑥ 마케팅 의사결정을 위해 정보를 사용할 수 있고, 직접 그에 따라 행동할 수 있는 구성방식(format)으로 발견사항, 시사점, 추천사항을 제공해야 한다.

마케팅조사의 목표와 분류

1.3.1 마케팅조사의 목표와 분석대상

마케팅조사는 고객이 무엇을, 어디서, 언제 구입하는지의 질문에 대한 해결방안을 모색하도록, 경쟁사와 비교방법, 판매홍보 형식에 대한 고객반응의 이유, 새로운 법규 도입에 따른 여건변화 효과 등과 같은 질문에 대한 마케팅정보를 수집하는 데 목표를 둔다.

따라서 마케팅조사를 통한 각종 분석에서 획득하려는 목표 자료들은 다음과 같이 규정할 수 있다.

① **시장분석**(market analysis): 시장 수익성, 시장 성장률 추세, 시장의 주요 제품, 고객태도 및 구매행동, 주요 경쟁사들과 시장점유율 분포, 유통 패턴, 시장에서 사용되는 마케팅 전략들

② **제품조사**(product research): 신제품, 현행 제품들과 인식의 격차, 소비자 조사, 국제시장 조사, 경쟁사 조사, 장기 경제상황 연구, 현행 제품들 만족수준과 추세

③ **가격결정연구**(pricing decisions): 경쟁사 제품 가격들, 가격에 대한 소비자 태도, 소비자의 예상가격, 소비자의 지급의향 가격, 각 가격수준에서의 가능한 판매수량

④ **광고 및 홍보**(advertising and promotion): 잠재시장 크기, 사용자의 인구통계학적 특징, 세분시장의 인구통계학적 개요, 여러 세분시장의 행동과 태도, 고객들의 제품 토론 사용 언어, 경쟁사 비교 소비자 마인드 점유율

⑤ **판매의사결정**(sales decisions): 판매지역, 영업사원 효율성, 매출액 통계량, 매출액 예측치, 판매 유인정책조치

⑥ **물류조사**(Distribution Research): 유통형태, 유통경로구성원 태도, 도매 및 소매 포함의 강도, 유통경로 이익, 도매 및 소매 직판점 위치

따라서 마케팅정보 및 마케팅조사는 의사결정 정보와 조사결과, 고객 데이터베이스 구축, 전후사정에 따른 마케팅조사, 조사방법론, 사업 장점 개발을 위한 정보의 제시 및 평가를 중요한 목표로 수행한다.

1.3.2 마케팅조사의 분류

마케팅조사는 마케팅문제를 규명하고, 그 해법을 모색하는 목적에 따라 문제규명조사(problem-identification research)와 문제해결조사(problem-solving research)로 구분할 수 있다.

① 문제규명조사는 표면적으로 명백하지 않지만 여전히 존재하거나 또는 미래에 발생할 가능성이 있는 문제들을 규명하는 데 도움을 주도록 수행된다. 경제적, 사회적, 문화적 추세들의 인식을 통해 기초적 문제 또는 기회를 파악하기 위한 다음 조사들로 구성된다.

- 시장잠재력조사(Market Potential Research)
- 시장점유율조사(Market Share Research)
- 이미지조사(Image Research)
- 시장특징조사(Market Characteristics Research)
- 판매량분석조사(Sales Analysis Research)
- 장단기 예측조사(Forecasting Research)
- 사업추세조사(Business Trends Research)

② 문제해결조사는 문제나 기회가 규명된 후에 해결책을 찾도록 수행된다. 문제해결조사의 발견사항들은 특정 마케팅문제 해결 의사결정에 사용된다.

- 세분화조사(Segmentation Research): 고객조사(customer research), 추세조사(trend research), 판매실적조사(sales research), 마케팅환경조사(marketing environment research) 등의 형태로 수행되며, 세분화 기준 결정, 각 세분시장에 대한 시장 잠재력 및 민감성 확인, 목표시장 선택과 생활방식 프로파일, 인구변동, 대중매체, 상품이미지 특징의 창조 등으로 구성
- 상품조사(Product Research): 개념 검정, 광학제품 디자인, 패키지(일괄 프로그램) 검정, 제품 변경, 브랜드 포지셔닝 및 재포지셔닝, 테스트 마케팅(어떤 제품을 일정 지역에서 시험적으로 판매하는 일), 제어저장 검정
- 가격결정조사(Pricing Research): 브랜드 선택에서 가격의 중요성, 가격결정 정책, 제품계열 가격결정, 수요의 가격탄력성, 가격변화에 대한 반응

- **판촉조사**(Promotion Research): 최적판촉예산, 판매촉진관계, 최적판촉믹스, 복제결정, 매체결정, 창조적 광고시험, 클레임 입증, 광고 유효성 평가
- **물류조사**(Distribution Research): 유통형태, 유통경로구성원 태도, 도매 및 소매 포함의 강도, 유통경로 이익, 도매 및 소매 직판점 위치

1.4 마케팅조사 계획 고려사항 및 절차와 예비검정

1.4.1 마케팅조사 계획수립의 고려사항

계획수립은 미래 사건들 및 여건을 예상하여 조직 목표들을 달성하는 최상의 방식을 결정하는 과정이다. 시장조사를 위한 계획수립 및 제안에는 다음과 같은 내용들을 포함해야 한다.

① 시장조사의 이유와 조사 완료에 따라 제공할 결과들
② 시장조사문제를 초래한 여건과 기회
③ 시장조사분야에서 알려진 사항들 파악 결과
④ 시장조사의 목표 집단 규명
⑤ 시장조사에서 필요한 특수정보들
⑥ 조사수행 필요 예산
⑦ 조사방법에 대한 생각들
⑧ 필수 보고사항들
⑨ 조사결과 제출 시점 및 제안자의 관련 인증서 등 제시

1.4.2 마케팅조사 계획과정

의사결정을 하는 동안 적기에 올바른 정보가 제공되면 의사결정의 기회는 양호하게 개선된다. 효과적인 마케팅조사 계획과정은 크게 문제 재정립(redefine), 조사설계, 조사 및 의사결정의 3가지 단계로 구분할 수 있다.

첫째, 조사문제 재정립을 위해 단계별로 "사업 상황 검토→마케팅 쟁점 또는 문제 규정 → 탐색조사 수행 → 이전 조사 검토 → 사내 조사 → 문제 재정립"의 구체적 조치를 취한다. 기업에 대한 문제검사(problem audit)는 그 원천과 특성을 파악할 목적으로 마케팅문제에 대한 다음 사항들을 포괄적으로 검토한다.

- 행동이 필요한 결정을 가져오는 사건들 또는 문제의 역사(이력)
- 의사결정자에게 이용 가능한 선택 가능한 행동방침
- 선택 가능한 행동방침을 평가하도록 사용할 기준들
- 조사 발견사항들을 기초로 나타날 것으로 가정된 가능한 행동들
- 의사결정자의 질문들에 대답을 하는데 필요한 정보
- 의사결정자가 결정을 하는 데 있어 각 정보 항목을 사용할 방식
- 의사결정에 관련되는 기업 문화

둘째, "취지서 발표(Brief issued) → 조사기관 선정 → 조사 설계 → 2차 자료조사(탁상조사) → 1차 조사(정성 및 정량조사) 설계"의 단계로 조사설계를 수행한다.

특히 1차 조사는 조사현실에 새로운 것이며, 전화조사, 대면면접법 또는 온라인조사 등의 방법으로 수행된다. 그리고 정량조사는 조사이유에 대한 심층적 파악보다는 조사수행주체와 조사크기의 문제에 대한 해결책을 제공한다.

정량조사는 모집단 전체의 행동에 대한 통계를 기반으로 하는 가정을 하도록 모집단의 표본을 사용하여 문제해결을 위한 정형적 접근법을 사용한다. 정량조사결과는 보통 설문지를 통해 수집되고 기록된다. 그리고 대면, 전화, 우편 또는 온라인의 여러 매체들을 통해 설문지를 전달할 수 있다.

셋째, "시험사용검정(Pilot) → 실사(fieldwork) → 입력자료 부호처리 및 편집 → 자료분석 → 조사결과요약 → 발견결과 및 권고방안 도출 → 보고서 제출/발표설명 → 관리자 의사결정"의 단계로 조사수행을 통한 의사결정 도달을 유도하도록 한다.

1.4.3 예비검정 필요성과 현장연구

조사 수행 이전에 반드시 자료수집방법이 논리적으로 타당한 여부를 점검하도록 시험사용(pilot) 또는 검정을 해야 한다.

조사 시험사용은 질문들의 구조 및 순서결정에 도움을 주며 지금까지 고려되지 않

앉던 질의영역(questioning areas)을 규명해 줄 수 있다.

현장연구인 실사는 관찰, 정량 및 정성자료의 수집을 포괄한다. 올바른 방법론의 사용이 전체 프로젝트에 영향을 주기 때문에 아주 중요하다. 그런데 전문가현장관리자 또는 현장연구기관이 실사를 관리하므로, 의사결정자와 조사자 사이에는 다음 7C의 특징을 갖는 쌍방향 대화가 수행되어야 한다.

- 소통(Communication)
- 협조(Cooperation)
- 신뢰(Confidence)
- 정직(Candor)
- 친밀감(Closeness)
- 연속성(Continuity)
- 독창성(Creativity)

실사과정은 다음과 같은 조사들로 수행할 수 있다.

① 종단적 조사(Longitudinal research): 추세를 검토하기 위해 시간에 따른 자료수집을 수행

② 기술적 조사(Descriptive research): 잠재적으로 발생이유를 설명하지 않으면서 시장에서 발생하는 사건들에 대해 기술

③ 인과관계조사(Causal research): 변수들 사이의 인과관계를 검토

④ 관찰조사(Observation research): 질의의 대안 또는 보완조치이며, 1차 자료 획득을 위한 비언어적(non-verbal) 수단 등을 사용하여 관찰

1.5 🔧 마케팅조사회사

1.5.1 마케팅조사회사의 역할

마케팅조사기능의 크기와 조직형식은 보통 회사의 구조에 관련된다. 일부 기업들은 여러 제품라인, 상표 또는 지리학적 구역(geographic areas)을 지원하도록 조사단위들

을 조직한다. 다른 회사들은 판매분석, 신제품 개발, 광고 평가 또는 매출액예측과 같이 수행할 필요가 있는 조사형태들에 따라 조사기능들을 조직한다.

많은 기업들이 자사 조사 니즈를 외부에 위탁하여 독립적인 마케팅조사기업들에게 의존한다. 이러한 독립적 조직들은 소비자면접법 수행과 같은 보다 큰 조사의 일부만을 처리하는데 전문화할 수 있다. 기업들 역시 전체 조사연구를 위탁(도급)계약을 한다.

마케팅 담당자들은 보통 어떤 연구를 내부적으로 또는 비용을 지불하여 외부기관을 통해 수행할 것인지의 여부를 결정한다. 또 다른 중요한 고려사항은 외부 기관에 의해 수집된 정보의 신뢰성 및 정확성이다. 마케팅자료 수집은 이러한 외부기관들이 전담으로 하는 것이기 때문에, 그 기관들이 수집한 정보는 자주 경험이 부족한 사내 직원이 수집한 것보다 철저하고 정확하다.

대부분의 초기 조사는 기업 생산품의 구매자들이 제공하는 서면 추천서(testimonial)보다 더 많은 정보를 거의 얻지 못한다. 통계 기법들의 발전이 표본추출 절차의 개선과 조사 발견사항의 정확성 증대를 가져옴에 따라 조사방법들은 보다 세련되어졌다.

최근 컴퓨터 기술의 진보가 마케팅조사의 양상을 현저히 변경시켰다. 자료수집의 속도를 가속화시키고 기반을 확장시켰을 뿐만 아니라, 정보를 기초로 하는 문제 및 기회에 대한 결정을 마케팅 담당자들이 하는 데 도움을 주었다.

예컨대 의태분석은 마케팅 담당자들이 "가정의 문제 질문"(what-if questions)을 제시하여 대안들을 평가할 수 있게 해준다. 많은 소비재기업들에서 마케팅조사자들은 실제 제품출시 위험의 감수 또는 테스트마케팅(한정지역 시험판매, test marketing) 시행 여부를 결정하기 위해 컴퓨터 프로그램을 통한 제품 소개를 의태시킨다.

자주 외부 마케팅조사 기업은 회사 마케팅부서 내부에서 입수할 수 없는 전문적 지원 및 전문지식을 제공할 수 있다. 외부 공급회사들과의 상호작용 역시 조사자가 단지 좋아하는 관점이나 선호하는 방안을 입증하게 어떤 연구를 수행하지 않도록 보장을 하는 데 도움을 준다.

기업들은 자주 현행 고객들의 만족수준에 초점을 두고 일정 비용을 지불하면서 전문조사기관에 조사를 의뢰한다. 고객의 이탈을 초래하는 기초적인 원인에 대한 정보는 주의해야 하는 문제 영역을 규명하는 데 도움을 준다.

1.5.2 마케팅조사회사의 분류

마케팅조사회사는 개인기업(sole proprietorship)부터 시작하여 ACNielsen, Information Resources, Arbitron 등의 국제적 기업까지 다양하다. 마케팅조사회사들은 의뢰인에게 제공하는 서비스 형태에 따라 판매서비스(syndicated services), 포괄편의제공(full-service) 공급자 또는 한정서비스(limited service) 공급자로 구분할 수 있다.

① 판매서비스는 모든 고객들에게 자료의 표준화된 집합을 정기적으로 제공하는 조직이다. 예컨대 Mediamark Research는 광고 매체에 대한 성인들의 노출에 관해 성인들과 개인면접을 기초로 하는 연합 제품조사서비스를 운영한다. 의뢰인들은 광고제공회사, 광고회사, 잡지, 신문, 방송사, 유선방송 등이다. 한편 J.D. Power and Associates는 세계적인 마케팅정보기업으로 California주에 본사를 두고 고객만족, 제품 품질, 구매자 행동 설문조사를 전문으로 하고 있다.

판매서비스회사(syndicated service)는 수수료(fee)를 대가로 많은 의뢰인들을 위해 표준화된 정보를 제공하는 조사공급회사(research supplier)이다. 이러한 회사는 표준화된 조사결과들에 대한 일종의 슈퍼마켓으로 역할을 한다. 표준화된 조사서비스공급회사들은 사업전문영역(business specialty area) 조사를 위한 특유한 조사방법론을 개발한다. 기업이 사내에서 조사과업을 수행할 수 있는 경우에도, 조사공급회사는 더 낮은 비용으로, 보다 신속하고, 상대적으로 보다 객관적으로 프로젝트를 수행할 수 있을 것이다.

② 포괄편의제공 조사 공급자는 완전한 마케팅조사 프로젝트를 수행하도록 의뢰인들과 계약을 하는 조직이다. 예컨대 멕시코의 마케팅조사기업 Brain Research Group은 소매판매점에 대한 정보수집을 위해 대면(face-to-face) 및 전화 면접법, 온라인 면접법, 다국적 연구, B2B면접법, 미스터리 쇼퍼(mystery shopper)[1] 조사 등과 같이 정량 및 정성조사, 각종 현장조사를 제공한다. 풀서비스 조사 공급사는 의뢰인 회사에서 마케팅조사과정의 모든 단계들을 수행하는 마케팅조사 부문이 된다.

③ 한정서비스 조사 공급자는 현장면접 수행이나 자료처리를 담당하며 한정된 활동들에 전문화된 마케팅조사기업이다.

예컨대 Nielsen Media Research는 어떤 사람들이 TV를 보고, 어떤 것을 시청하는

---

[1] 일반 고객으로 가장하여 매장을 방문한 후 직접 상품구매나 서비스를 이용하면서 매장 직원의 친절도·판매기술, 매장 분위기 등 여러 서비스 항목을 평가 또는 개선점을 제안하는 사람.

지를 30개 국가 이상에서 추적하는 것을 전문으로 한다. 의뢰인들이 광고전략을 개발하고, 인식 및 흥미 사항을 추적하는 데 도움을 준다. 연합서비스 역시 한정서비스 조사공급사의 한 형태로 간주할 수 있다.

1.6 본 책의 구성

〈그림 1-2〉와 같이 본 마케팅조사론은 제1장의 마케팅조사 본질의 골자를 기초로 제12장의 조사프로젝트 제안서 및 보고서 작성의 효과적 수행에 대한 기초 지식을 얻을 수 있도록 모두 3부 12장으로 구성된다.

제1부는 조사본질과 조사방법론을, 제2부는 조사유형과 설문조사를, 제3부는 조사 분석도구와 조사보고서를 설명한다.

제1부에서는 제1장 마케팅조사의 본질과 마케팅조사회사, 제2장 조사문제의 개념

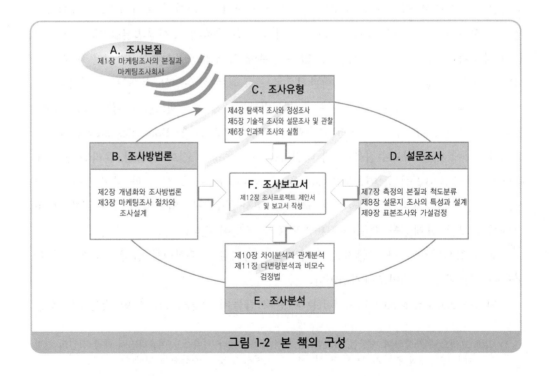

그림 1-2 본 책의 구성

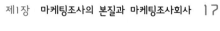

화와 조사방법론, 제3장 마케팅조사 절차와 조사설계를 다룬다.

제2부에서는 제4장 탐색적 조사와 정성조사, 제5장 기술적 조사와 설문조사 및 관찰, 제6장 인과적 조사와 실험, 제7장 측정의 본질과 척도분류, 제8장 설문지 조사의 특성과 설계, 제9장 표본조사와 가설검정을 다룬다.

제3부에서는 제10장 차이분석과 관계분석, 제11장 다변량분석과 비모수검정법, 제12장 조사프로젝트 제안서 및 보고서 작성을 다룬다.

CHAPTER 02

MARKETING
RESEARCH

개념화와
조사방법론

개념화와 조사방법론

2.1 개념화와 모형

2.1.1 개념화와 문제정의

2.1.1.1 개념의 정보계층

우리는 어떤 것(생물과 무생물), 진행 중인 사건, 어떤 것과 사건들의 관계, 사건들이나 대상들의 특성을 나타내는데 개념(concepts)이라는 용어를 사용한다.

개념은 구체적인 사회적 사실들 또는 개별적인 특수한 사실이나 원리로부터 일반적이고 보편적인 명제 및 법칙을 유도해 내는 귀납을 하여 일반화한 추상적인 사람들의 생각이다.

이러한 개념은 가설과 이론의 구성요소로써 보편적 관념 안에서 특정 현상을 일반화시켜 나타내는 추상적 표현이다. 그리고 개념은 여러 관념 속에서 공통된 요소를 뽑

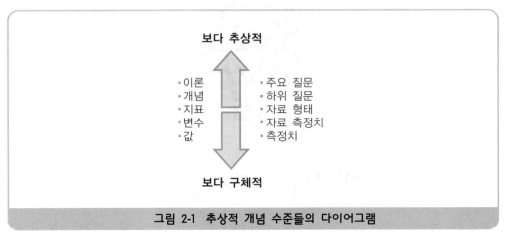

그림 2-1 추상적 개념 수준들의 다이어그램

자료: Walliman(2011), 69.

아내어 종합해서 얻은 하나의 보편적인 관념으로 언어로 표현되며, 일반적으로 판단에
의하여 얻어지는 것이나 판단을 성립시키기도 한다.

　개념은 보통 전달하기 위한 상징들이다. 명백히 확실한 생각들을 전달하려면, 개념
을 명확히 규정해야 한다. 일상적 대화에서는 개념을 규정하는 데 대해 크게 신경을 쓰
지 않는다. 보통 우리가 사용하는 많은 단어들은 그 단어들의 의미를 정확히 모르더라
도 명확하게 이해를 한다.

　조사의 원료가 되는 자료를 지식에 전반적으로 관련시키는 방법은 전체에서 특정
분야로, 추상적인 것에서 구체적인 것으로 진행되는 정보 계층(hierarchy of information)
의 일부로 간주하는 것이다.

　이러한 정보 계층 이해는 조사문제를 이론적 언어로 표현하여 측정이 가능한 보다
실용적인 구성요소들로 분해를 할 수 있게 해준다. 추상적 개념(abstraction)의 수준에 따
라 정보 계층은 〈그림 2-1〉과 같이 표시할 수 있다.

　① 이론(theory): 조사에서 어떤 현상에 대해 주장을 하는 추상적 진술이며, 일들이
　　　서로 관련된 방식에 대한 예측을 포함하는 어떤 사건들의 공식적이며 논리적인
　　　설명(formal, logical explanation)이다.
　　● 이론은 어떤 현상들에 다른 일들이 대응하는 방식을 기술하여 그 현상들에 대
　　　한 설명을 제공하는 논리 정연한(coherent) 보편적 명제들(general propositions)

의 집합으로 구성된다.

- 명제(Propositions)는 개념들 사이의 관계에 관련된 진술이며, 개념들 간의 보편적 연결 및 논리적 관련(logical linkage)을 설명한다.
- 가설(hypothesis)은 어떤 결과를 설명하는 공식적 진술이며, 실증적으로는 검정 가능한 입증되지 않은 명제에 대한 공식적 진술이다.
- 이론의 목적은 이해와 예측(understanding and predicting)이다. 이론은 현상을 설명하고 예측할 목적으로 경험이나 개별 사실을 법칙적 및 통일적으로 파악하여 결과를 도출하는 귀납적 법칙을 이끌어낸 논리체계이다.
- 많이 입증되어 온 이론을 법칙(law)이라고 부른다. 법칙은 실증적으로 증명된 2개 이상 변수들의 정량적 관계이다.
- 우량한 이론의 4대 요건은 ① 많은 다른 사건들을 요약할 수 있도록 일반적이고, ② 그 사건들에 대한 최대한 가장 간결한 설명을 제공하도록 간결성이 있어야 하고, ③ 미래 조사를 위한 아이디어를 제공해야 하고, ④ 해당 변수들을 충분하게 측정할 수 있고 이론에 의해 예측되는 변수들 사이의 관계를 조사를 통해 잘못된 것을 제시할 수 있게 반증 가능해야 한다.
- 모형(model)은 어떤 개념이나 아이디어를 보다 명확히 이해하도록 하는 개념의 물질적, 상징적 또는 언어 표현이다. 모형은 이론적 관점에 따라 이론적 개념을 단순화하도록 개발된다. 따라서 이론이 규명된 각종 문제들에 대한 해답이라면, 모형은 이론을 설명하기 위해 작성한 표현으로 간주할 수 있다.

② 개념(concept): 보통 추상적이어서 직접 측정을 할 수가 없는 이론의 구성요소(building block)이며, 어떤 종류의 대상, 속성, 발생사건, 과정에 대한 이름을 부여한 일반화된 아이디어(generalized idea)이다. 이론 개발을 위해 특정 현상에 대해 아주 추상적이거나 또는 아주 구체적으로도 표현되는 용어이며, 모든 사람들이 동일한 방식으로 이해할 수 있도록 명확히 규정되어야 한다.

③ 지표(indicators): 연구하는 개념의 존재 유무의 징후(sign)이며, 연구하려는 변수를 반영하는 것으로 고려하도록 선택한 관찰치이다. 지표는 개념의 존재를 가리키는 현상들을 표시하도록 명시가능 측면(specifiable aspect)인 차원(dimension)을 가져야 한다.

④ 변수들(variables): 측정이 가능한 지표들의 구성요소들로 다음 특성을 갖는다.

- 변수는 속성들의 논리적 집합(logical sets of attributes)이다.
- 속성(attributes)은 값(value)이라고도 하며, 대상을 서술하는 특징이나 자질이다. 예컨대 성별 변수는 남자와 여자 속성들로 구성된다.
- 변수들은 1차원(unidimensional) 또는 다차원(multidimensional)일 수 있다. 예컨대 신장, 중량, 출생순서, 연령, 결혼 여부는 1차원 변수들(unidimensional variables)이며, 측정이 상대적으로 쉽다. 이와는 달리, 보수적 또는 진보적과 같은 정치 성향(political orientation)은 다차원이어서 측정하기가 아주 어렵다. 또한 소득과 같이 간단히 보이는 것조차 다차원적이다. 은퇴한 선생님의 연간소득을 측정하려면, 연금 이외에도 개인연금저축, 자녀로부터 받는 용돈, 세금공제(tax credits), 저축 이자, 현금으로 받는 임금, 식품할인구매권(food stamps) 등을 측정해야 하기 때문이다. 이러한 경우에 2가지 값들을 갖는 변수인 양분변수(2분변인, dichotomous variable)와 같은 방식으로 변수를 단순화시키는 것이 측정과 해석을 용이하게 해준다.

⑤ 값들(values): 변수들의 실제 측정 단위들이며, 단어(words) 또는 숫자(numbers)로 측정하는 가장 구체적 형식의 자료들이다.

2.1.1.2 개념의 조건

일단 개념이 규정되면, 그 개념을 조사과정에서 측정하는 어떤 방식이 필요하다. 정량조사에서는 그 개념이 존재하는 정도 또는 크기를 계산하도록 하는 어떤 지수, 척도, 또는 유사한 측정지표를 창조한다. 그리고 정성조사는 그 개념이 의미하는 것과 그 개념을 규명하고 검토하는 방법에 대한 동의를 얻어야 한다. 따라서 개념은 다음의 조건들을 충족시켜야 한다.

① 한정성: 사실 또는 현상을 명확하고 한정적으로 그 특징을 나타내야 한다.

② 통일성: 동일한 하나의 현상을 하나의 개념으로 누구에게나 통일적으로 사용해야 한다.

③ 적절한 범위 고려: 개념이 나타내는 범위를 적절히 정하여 측정이 용이하도록 해야 한다.

④ 체계적 의미 고려: 명제 및 이론에서 구체화되는 체계성을 갖고 연관되어 취급되어야 한다.

2.1.1.3 개념화

개념화(conceptualization)는 애매하고 부정확한 관념이나 개념을 보다 구체적이고 정확하게 만드는 정신적 과정이다. 개념화는 우리가 생각하는 하나 이상의 지표들을 규정하여 어떤 개념에 대한 명확한 의미를 제공한다.

따라서 개념화는 조사에서 특정용어를 사용하는 경우에 우리가 의미하는 것을 규정하는 과정이며, 연구목적에 대해 어떤 개념에 대한 특정한 합의된 의미(specific, agreed-on meaning)를 제공한다.

개념화는 추상적 개념들의 개선 및 명시(구체화)를 말하는 반면에, 연산이 가능하게 하는 행위인 조작화(operationalization)는 현실세계에서 추상적 개념들을 표시하는 실증적 관찰치들을 수집하도록 특정 조사절차들을 개발하는 것이다.

예컨대 중대사건기술(critical incident technique)은 핵심적인 참가자 경험들을 사용하는 질문접근법이며, 참가자들이 조사 질문들에 대한 실마리인 중대사건 또는 많은 사건들을 상세하게 기술하도록 요청하는 방법이다. 중대사건은 결과들이 명백하여 참가자가 그 효과들에 대해 명확한 생각을 갖는 활동이나 사건으로 규정된다.

2.1.1.4 개념적 정의와 조작적 정의

정의(definition)는 개념의 뜻을 밝히는 조치이며, 개념적 정의와 조작적 정의로 구분한다.

① 개념적 정의(conceptual definition): 이해를 용이하게 하도록 단어로 분명히 표현되는 추상적 개념(abstractions)이며, 사물이나 현상 등의 변수를 개념적으로 설명하는 것이다. 개념적 정의는 사전에서 보는 종류의 정의이다.

개념을 보다 명확하고 정확히 표현하여 의사소통을 가능하게 하도록 어떤 개념에 대해 다른 개념을 사용하여 사전적 정의로 개념의 뜻을 명료하게 풀이하는 개념적 정의를 수행한다.

개념적 정의는 특정 개념을 측정 가능한 발생(measurable occurrence)으로 규정하는 과학적 조사과정의 한 원소이며, 내용분석(content analysis)을 수행하는 경우에 특히 중요하다. 가설을 실증 검정하기 위해 실제 현상에 대한 관찰을 하며 구체적 현상과 연결시키는 개념적 정의를 한다.

② **조작적 정의**(operational definition): 개념적 정의를 관찰이 가능하게 측정할 수 있도록 구체적 지표로 표현하는 정의를 말하며, 추상적 개념을 측정 가능한 구체적 현상과 연결시키는 과정이다. 따라서 조작적 정의는 개념변수(conceptual variable)를 측정변수(measured variable)로 전환시키는 방식에 대한 정밀한 진술이다. 측정변수는 개념변수의 측정치(measure)라고 한다.

조작적 정의(operational definition)는 어떤 변수, 조건 또는 대상의 존재와 수량을 결정하기 위해 사용되는 특정과정 또는 검증시험(validation test)을 조건으로 하는 어떤 과정에 대한 설명이다.

그러므로 조작적 정의는 완전히 정의된 어떤 변수를 측정하는 방식에 대한 설명들 집합으로 구성되며, 추상적 개념을 적절히 대변할 수 있는 대체개념을 잘 개발하도록 수행되어야 한다.

2.1.2 변수의 종류

변수는 수행기능과 내재적 속성에 따라 다음과 같이 구분한다.

① 수행기능에 따라 독립변수, 종속변수, 제3의 변수로 구분한다.

- **독립변수**(independent variable): 원인이 되는 가설적 변수로 연구자에 의해 조작화되며, 종속변수에 대해 시간적으로 앞서는 변수

  ✓ 예측인자(변수)(predictors): 종속변수의 예측을 위해 사용하는 독립변수

  ✓ 회귀인자(변수)(regressors): 종속변수를 추정하기 위해 사용하는 방정식에서 사용되는 값이 알려진 독립변수

  ✓ 설명변수(explanatory variables): 종속변수의 특성을 사용하기 위해 사용되는 독립변수

  ✓ 원인변수(causal variables): 변수 자체 값의 변화가 종속변수의 변화를 초래하는 독립변수

  ✓ 외생변수(exogenous variables): 회귀방정식과는 다른 외부에서 사전에 값이 결정되는 독립변수

  ✓ 통제변수(control variables): 종속변수의 반응을 조사하기 위해 값을 변경시킬 수 있는 독립변수

✓ 선결변수(predetermined variables): 시간순서가 종속변수보다 먼저 값이 결정되는 독립변수
- **종속변수(dependent variable)**: 결과가 되는 예측변수이며, 독립변수에 의해 영향을 받는 결과를 표시하는 변수
- **제3의 변수**: 독립변수와 종속변수와 같은 실험변수들이 아니면서, 실험변수들 사이의 관계에 영향을 주는 변수
  ✓ 매개변수: 독립변수와 종속변수 사이에 개입하여 독립변수만으로 모든 설명이 불가능한 것을 가능하게 해주는 변수[예컨대 종교는 사회적 통합을 통해 자살률을 낮춘다는 명제에서, 종교는 독립변수, 자살률은 종속변수, 사회적 통합은 매개변수]
  ✓ 구성변수: 포괄적인 개념을 구성하는 변수[사회계층의 개념을 교육수준, 직업, 소득의 구성변수들로 측정]
  ✓ 외재변수(extraneous variables): 독립변수 및 종속변수와는 관계가 없지만, 종속변수에 직간접적으로 영향을 주어 관계가 있는 것처럼 허위적으로 보이는 허위변수[소방관 수가 화재피해에 영향을 준다는 명제에 대해, 소방관의 수는 독립변수, 피해규모는 종속변수, 화재규모는 허위변수]
  ✓ 억제변수: 독립변수와 종속변수에 대해 원래 관계가 있지만, 관계가 없는 것처럼 억제하는 변수[교육수준이 소득수준에 대해 높은 영향을 주지만, 연령변수가 개입되어 교육수준과 소득수준 간의 상관이 없는 것처럼 나타나는 경우에, 연령변수는 억제변수임]
  ✓ 왜곡변수: 인과관계의 역할을 바꾸거나 관계를 반대로 나타나게 왜곡시키는 변수[X와 Y는 양의 상관관계를 가진 경우에, Z변수를 통해 X와 Y가 음의 상관관계를 갖는다면 Z는 왜곡변수]
  ✓ 잠재변수: 직접 관찰이 불가능한 변수[태도, 지능 등]
  ✓ 관찰변수: 직접 관찰이 가능한 변수
② 변수는 속성에 따라 연속, 불연속, 일반적, 구체적 변수로 구분할 수 있다.
- **연속 변수**: 단일연속선상에 배열이 가능하며, 수치화가 가능한 양적 변수이다. 이산변수와 연속변수로 구분[상품 판매량, 연령, 소득 등]
- **불연속 변수**: 가감승제(4칙 연산)가 불가능한 질적 변수로 범주화만이 가능한 유목변수(categorical variable)[종교, 성별 등]

종속변수(Dependent variable)	독립변수(Independent variable)
피예측치(Predictand)	예측인자(변수)(Predictors)
결과변수(outcome variable)	예측인자변수(predictor variable)
피회귀인자(Regressand)	회귀인자(변수)(Regressors)
피설명변수(Explained variables)	설명변수(Explanatory variables)
효과변수(Effect variables)	원인변수(Causal variables)
내생변수(Endogenous variables)	외생변수(Exogenous variables)
표적 또는 반응(Target or response)변수	통제변수(Control variables)
후결변수(Postdetermined variables)	선결변수(Predetermined variables)

표 2-1 종속변수와 독립변수의 속성별 명칭

- 일반적 변수: 특정 시간 및 공간적 상황과는 무관하게 값을 부여할 수 있는 변수 [집권화 정도 등]
- 구체적 변수: 특정 시간 및 공간에 관련된 값들을 부여할 수 있는 변수[자본주의 등]

2.2 조사방법론

2.2.1 조사철학과 조사 피라미드

조사철학(research philosophy)은 지식개발과 지식특성에 관련된 관점과 신념으로, 특정분야 지식을 개발하는 조사를 시작하는 경우에 수행하는 일들에 관한 관점과 신념 등이다. 〈그림 2-2〉와 같이 조사철학은 관련 접근법, 전략, 선택방안, 시간구조, 수행 기법 및 절차로 구성된다.

조사철학은 세상을 살펴보는 방식에 대한 중요한 가정들을 포함한다. 세상의 관찰 방식에 대한 가정들은 조사전략과 그 조사전략의 일부로 선택하는 조사방법의 근거를 제공한다.

적절한 조사행위의 선택은 조사 피라미드(research pyramid)를 통해 수행할 수 있다. 조사 피라미드는 아래의 아주 구체적 수준에서 위의 아주 추상적 수준으로 조사기법

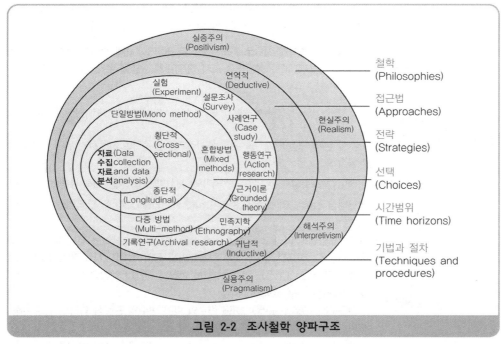

그림 2-2 조사철학 양파구조

자료: Saunder *et al.*(2009), 108.

(research techniques), 조사방법(research methods), 조사방법론(research methodology), 조사패러다임(research paradigm)의 4대 조치단계(처리수준, action levels)로 구성된다.

표 2-2 조사 패러다임에 따른 연구의 유형

분류 기준	분류 내용	비 고
연구방법	정성연구	주관적, 해석적 연구방법, 대상 파악을 목적으로 수행, 탐색적, 귀납적, 확장주의적
	정량연구	연구대상의 속성을 양적으로 표현하여 통계분석을 통해 관계를 규명, 확증적, 추론적, 연역적, 축소주의적 실험과 서베이가 포함, 대규모분석에 유리
접근방법	횡단연구	일정한 시점을 기준으로 모든 관련변수에 대한 자료를 수집하는 연구, 표본조사
	종단연구	하나의 연구대상을 일정 기간 동안 관찰하여 변화를 파악하는 연구, 현장조사
연구목적	탐색적 연구	조사설계 확정 이전에 타당도 검증을 위해 예비적으로 실시하는 기초연구 또는 형성연구 부족한 사전지식이나 개념 확인을 위해 수행하며, 문헌조사, 경험자(전문가)조사, 특례분석(소수사례분석)조사 등으로 운영

	기술적 연구	현상의 정확한 기술을 위해 수행, 발생빈도와 비율 파악, 상관관계 기술을 위해 탐색적 연구에 따른 지식과 자료를 활용, 횡단연구와 종단연구로 분류
	설명적 연구	기술적 연구 결과를 기초로 인과관계를 규명하거나 미래 예측을 수행하는 진단적, 인과적, 예측적, 가설검증적 조사, 인과관계 규명을 위해 실험설계 등의 방법을 사용
연구용도 및 응용수준	기초조사	조사자의 지적 호기심 충족을 위해 사회적 현상에 대한 지식 자체만을 순수하게 획득하려는 순수조사
	응용조사	특수한 문제 해결과 개선을 위해 조사결과를 응용하여 사용하기 위해 수행하는 개발적 또는 생산조사
	평가조사	정책이나 프로그램 등의 효과 평가와 개선방안 도출을 위해 수행하는 조사
연구대상 범위	전수조사	연구대상 전부에 대해 수행, 문제가 되는 측면만을 전부 조사, 국세조사, 인구조사 등
	표본조사	표본추출방법에 따라 조사대상 중 일부를 선정하여 수행하는 부분조사, 표본오차가 있지만 비표본오차가 전수조사에 비해 작아 정확한 자료 획득이 가능
연구대상 시점	횡단연구	현황조사(status survey): 어떤 사건과 관련된 상태나 상황을 정확하게 파악하여 기술하는 것을 목적으로 수행 상관연구(relational study): 어떤 변수와 다른 변수의 관련성 파악을 위해 수행되며, 상관계수 계산을 통해 확인
	종단연구	추세조사(trend study): 일정 기간 동안 전체 모집단 내부의 변화를 연구 코호트조사(cohort study): 동기생, 동시경험집단 연구를 일정기간 동안 어떤 한정된 부분 모집단의 변화를 연구하여 수행 패널조사(panel study): 동일집단 반복연구이며, 패널(panel)이라는 특정 응답자 집단을 선정하고 상당히 긴 시간 동안 지속적으로 연구자가 필요로 하는 정보를 이들로부터 획득, 사건에 대한 변화분석이 가능하고 추가자료 획득과 정확한 정보획득으로 인과관계를 명확히 규명
기타 연구들	서베이 조사	모집단을 대상으로 추출한 표본에 대해 설문지, 면접조사표 등의 표준화된 조사도구를 사용하여 직접 질문으로 필요한 자료를 수집, 정보획득방법은 면접조사, 우편조사, 집합조사, 전화조사, 통제관찰 등
	사례조사	특정 사례조사로 문제를 파악하고 실증분석수행, 종단적 연구방법에 속함
	현지조사	연구문제 또는 가설설정을 위해 현장에서 직접 자료를 수집, 관찰법, 면접법, 사례연구 등을 사용
	실험조사	독립변수의 효과 또는 종속변수와의 인과관계에 대한 가설을 검증하는 조사
	미시 및 거시조사	미시조사: 개인이나 개별적 개체가 분석단위인 조사 거시조사: 큰 지역이나 집합체가 분석단위인 조사

2.2.2 조사행위와 조사 패러다임

조사행위는 패러다임, 방법론, 방법, 기법의 4가지 행동수준들로 구성된다. 이러한 행동들은 패러다임수준의 추상적 행동부터 기법수준의 아주 구체적 행동까지를 포함하는 상호 연관된 사건들의 논리사슬(logical chain)이다.

조사 패러다임(paradigm)은 연구자가 현실을 검토하는 방법으로 조사의 기초적 접근법(basic approach)이다. 패러다임은 이론이 아니라, 사건들에 대한 이론들을 발견하는 기초적 원칙들(basic rules)이다. 따라서 패러다임은 여러 관점들 중 하나의 가능한 관점보다는 관찰결과들을 조직화시키고, 관찰결과들을 이해하는 기초적 모형이나 계획이다.

조사 패러다임 또는 이론적 관점(theoretical perspectives)은 조사방법 선택뿐만 아니라 존재론적 및 인식론적으로 기초적인 방식으로 조사를 인도하는 기초적 믿음시스템 또는 세계관(world view)으로 정의된다. 조사에 관련된 패러다임 또는 해석 프레임워크는 다음과 같다.

① **방법론**(Methodology): 세상에 대한 지식을 획득하는 방식에 대한 초점
② **인식론**(Epistemology): 연구자가 상황을 알게 되는 방법
③ **존재론**(Ontology): 현실 특성을 기초로 하는 질문으로 어떤 종류의 존재에 대한 가정

2.2.3 조사방법론

조사방법론(Research methodology)은 조사 패러다임에 맞도록 조사를 수행하는 방식이다. 따라서 조사방법론은 근본적으로 조사자가 현상들을 기술, 설명, 예측하는 작업을 시작하는 절차들이며, 조사문제의 해결책을 구하는 체계적 방식(systematic way)인 과학적 조사수행방식을 연구하는 학문이다.

조사방법론은 지식을 획득하는 방법들의 연구로 정의될 수 있으며, 조사의 작업계획(work plan)을 제공하는 것을 목표로 한다.

방법론은 어떤 종류의 조치 이해(action reading) 또는 조치 레퍼토리(action repertoire)로써 특정문제를 처리하기 위해 조사를 수행하는 방식이다. 이러한 수행방식은 조사자가 자신이 해답을 찾길 원하는 질문에 대해 조사의 논리를 구성한 것에 따라 전제조건

들, (이론적) 고려사항들, 실제 여건들의 집합을 기초로 조사행위 레퍼토리를 정하는 행위판독(action reading)으로 구성된다.

따라서 방법론인 조치 이해는 일단의 전제, 이론적 고려사항, 실용적 조건을 기초로 어떤 형태의 레퍼토리를 작성하여, 그에 따라 해답을 찾고자 하는 문제에 대해 자신의 조사논리를 구성하는 것을 의미한다.

조사방법은 어떤 문제의 해를 얻는데 도움을 주는 반면에, 조사방법론은 조사자가 조사를 수행하고 특정 문제를 처리하도록 선택한 방식이다. 조사방법론은 조사연구의 수행 이유, 조사문제의 표현방식, 수집할 자료형태, 사용할 조사방법, 자료 분석기법의 사용 이유를 규명하는 방식을 제공한다.

그러므로 조사방법론은 어떤 지수 또는 검시를 개발하는 방법, 평균, 최빈치, 중앙값, 표준편차, 카이자승 통계량을 계산하는 방법, 특정 연구기법을 적용하는 방법, 어떤 방법이나 기법이 적절한지를 판단하는 방법, 조사 방법이나 기법이 의미하고 나타내는 내용을 파악하는 방법 등이다.

연구자의 방법론은 그들의 존재론 및 인식론 가정들에 따라 다르지만, 일반적으로 실증주의자(positivist)와 현상학적(phenomenological) 2가지 형태의 조사방법론으로 구분할 수 있다.

첫째, 실증주의(Positivism)는 자연과학에서는 보다 지배적 접근법이며, 사상들의 패턴 및 규칙성(regularities)과 같은 원인설명(causal explanation)에 관련된다. 그러므로 실증주의자 접근법은 특성상 연역적(deductive)이다. 명제(proposition)를 확인 또는 반박하기 위해 문헌에서 이론을 가져와서 그 이론을 조사한다.

둘째, 현상학(Phenomenology)은 사회과학에서 실증주의자 접근법의 주요 대안이며, 해석적 방법론(interpretive methodology)이다. 그러므로 현상론적 접근법은 조사가 이론의 구성을 인도하므로 특성상 귀납법(inductive)이다.

2.2.4 조사방법과 조사기법

조사방법 또는 기법(research methods or techniques)은 조사활동(research operations) 수행과정 동안 설득력을 갖도록 어떤 엄격한 순서에 따라 사용되는 특수 조치들(행위, 국면, 각종 절차, 계획, 단계별 접근법, 연산법 등)로써 방법론의 하위 개념이다.

조사방법론 연구는 선택된 문제에 대해 관련이 있는 방법, 재료, 과학적 도구의 선택에 대한 훈련과 기법의 훈련을 제공하는 반면에, 조사방법의 연구는 문제에 조사방법들을 적용하는 훈련을 제공한다.

조사방법은 계획적, 과학적, 가치중립적(value-neutral)이며, 이론적 절차, 실험연구, 수치계획(numerical schemes), 통계적 접근법 등을 포함하고, 표본 및 자료 수집과 문제의 해결책을 찾는 데 도움을 준다. 또한 조사방법은 조사기법을 선정 및 구성하는 데 사용하는 행위 및 수단을 말한다.

조사방법은 자료수집관련방법, 자료 및 미지수 관계 확립에 사용되는 통계기법, 획득결과의 정확성평가에 사용되는 방법들의 3가지 집단으로 구분할 수 있다.

한편 조사기법(Research techniques)은 자료를 생성, 수집, 분석하기 위한 실용적 수단이나 도구들이며, 관찰, 자료기록, 자료 처리 기법 등과 같은 조사활동 수행에 사용하는 행위 및 수단을 말한다.

따라서 조사기법은 조사자에게 자신의 경험, 합리적 자문, 과학적 지식, 계산결과 등을 기초로 특정 목표들을 달성하기 위해 사용하는 명시적, 강제적, 처방적 특성을 갖는 구체적 활동 지시서의 역할을 수행한다.

2.2.5 과학적 조사의 개념과 목표

과학적 조사(또는 기초적 조사)는 일반적 현상에서 관계가 있을 것으로 생각되는 가설적 명제들을 체계적, 통계적, 비판적으로 탐구하는 활동이다.

과학적 조사의 목적은 현상에 대한 사실을 요약, 기록하여 서술하고, 주어진 현상의 원인분석과 인과관계를 규명하는 설명과 함께, 과거 현상의 원인과 결과를 기초로 현재 현상에 따른 미래의 결과를 추정하는 예측을 포함한다.

과학적 조사에서 (어떤 대상에 대하여 배우거나 실천을 통하여 알게 된 명확한 인식이나 이해 사항들인) 지식은 진술(statements), 모형(models), 개념(concepts), (총괄적) 이론((grand) theories)의 형식으로 표현할 수 있다.

광의의 개념에서 과학적 조사의 목표는 질문에 대한 해답을 찾고, 새로운 지식을 획득하는 것이다. 이러한 목표는 2개 이상의 변수들 간의 관계에 대해 유효한 추론을 도출하는 조사를 수행하여 달성할 수 있다. 일반적으로 과학적 조사의 목표는 다음 3가지로 요약할 수 있다.

① 기술(description): 과학적 조사의 가장 기초적이며 쉽게 이해되는 목표이며, 관심 대상 현상들의 규정, 분류 또는 범주화 과정을 말한다. 기술적 조사는 집단의 평균 구성원들에 대한 중요한 정보를 제공할 수 있기 때문에 도움이 된다.

② 예측(prediction): 예측기반 조사는 이전에 수행된 기술적 조사로부터 파생되는 경우가 많다. 조사자가 두 변수들 간의 어떤 관계가 있는 것을 발견한다면, 하나의 변수에 대한 지식을 기초로 다른 변수를 예측할 수 있다.

③ 이해/설명(understanding/explanation): 어떤 것을 기술할 수 있는 능력과 다른 것에 대한 지식을 기초로 어떤 것을 예측할 수 있는 능력을 갖는 것이 과학적 조사의 중요한 목표들이다. 그러나 이러한 기술 및 예측 능력은 어떤 현상에 대한 진정한 이해를 조사자에게 제공하지 못한다. 어떤 현상에 대한 진정한 이해는 조사자들이 그 현상의 원인을 성공적으로 규명하는 경우에 달성된다.

과학적이라는 용어를 사용하기 위해, 조회방법은 특정 추론원리를 조건으로 하는 실증적 및 측정 가능 증거를 기초로 해야 한다. 과학적 방법의 4대 필수요인(four essential elements)은 조사목표(subject of inquiry)의 특징, 관찰, 규정, 측정 등의 규정들의 반복(iterations), 순환(recursions), 끼워 넣기(interleavings), 순서결정(orderings)이다.

이러한 과학적 방법의 단계는 가설설정(Hypothesize), 조작화(Operationalize), 측정(Measure), 평가(Evaluate), 반복·변경·보고(Replicate, revise, report)의 5개 핵심단계로 축약하여 HOMER이라는 연상기호(mnemonic)를 사용하면 쉽게 기억할 수 있다.

2.3 조사접근법

모든 조사접근법들은 일반적으로 탐색적 및 확정적 조사로 구분하고, 확정적 조사는 기술적 및 인과적 조사로 구분한다.

따라서 일반적으로 조사목적에 따라 조사는 탐색적, 기술적, 인과적 조사의 3가지 범주로 구분할 수 있다. 이러한 범주는 조사목적, 조사질문, 구성 가설의 정확도, 사용되는 자료수집방법들에 따라 현저하게 다르다.

2.3.1 탐색적 조사

탐색적 조사(exploratory research)는 예비조사 또는 형성적 조사라고도 하며, 문제 규명을 주된 목적으로 한다. 다음과 같이 연구문제에 대한 사전 연구들이 충분하지 않을 때 연구자가 앞으로 진행할 조사에 앞서 예비적으로 실시하는 조사이다.

- 사전지식이 부족한 경우, 주로 미개척 분야에서 기본적 자료를 제공하려는 경우에 예비지식(background information) 확보와 함께 용어 및 개념의 규정
- 좀 더 정확한 조사를 위해 연구문제의 명료화와 연구 가설 설정 및 진술
- 조사 주제들의 우선순위 결정

탐색적 조사는 문제의 전반적 특성, 가능한 결정 대안들, 고려할 필요가 있는 관련 변수들에 대한 통찰력들을 추구하는 경우에 사용된다. 새로운 관심사항의 검토뿐만 아니라 지속적 현상에 대해서도 적용할 수 있다.

탐색적 조사는 예비조사 성격을 띠고 있어 탄력성 있게 운영될 수 있고, 수정·변경이 가능하다. 탐색적 조사에는 2차 자료(문헌, 보고서 등)조사, 경험자조사(전문가의견조사), 특례조사(소수사례분석), 초점집단 면접법 등이 있다.

탐색적 조사에서 획득된 통찰력은 결정적 조사에 의해 증명되거나 또는 정량화시킬 수 있다. 결정적 조사의 목적은 특정 가설을 검정하고 특정 관계를 검토하는 것이다. 이를 위해서는 조사자가 필요한 정보를 명확히 명시해야 한다. 〈표 2-3〉과 같이 탐색적 조사가설은 모호하고 불분명하다. 그렇지 않다면 전혀 탐색적 조사 가설이 존재하지 않는다.

2.3.2 기술적 조사

기술적 조사(descriptive research)는 어떤 현상을 정확히 기술하는 것을 목적으로 관심을 갖는 상황에 대한 특성 파악과 특정 상황의 발생빈도를 조사한다. 따라서 탐색적 조사와는 달리 문제, 구체적 가설, 상세한 정보 욕구의 명확한 진술에 의해 표시된다.

기술적 조사의 목적은 어떤 주어진 상황의 그림을 제공하도록 대상들, 사람들, 집단들, 조직들 또는 환경들의 특징을 기술하는 것이다. 따라서 기술적 조사는 "누가, 무엇을, 언제, 어디서, 왜, 어떻게"의 질문들을 처리한다.

기술적 조사는 탐색적 조사와는 달리 조사자가 연구하는 상황의 확실한 파악을 한 후에 수행하며, 세분시장을 기술하는데 자주 도움이 된다. 한편 진단분석(diagnostic analysis)은 사업결과들에 대한 이유들을 진단하여 특히 특정 쟁점에 대해 응답자들이 갖는 믿음과 느낌에 초점을 둔다.

기술적 조사는 관련 변수들 사이의 상호관계의 정도를 파악하지만, 인과관계를 파

표 2-3 조사접근법의 3가지 범주와 적용 사례

조사 형태	조사 목적	조사 질문	가 설
탐색적 조사 (exploratory research)	•어떤 신상품을 개발해야 하는가? •광고에서 어떤 상품 매력이 효과적일까? •서비스를 어떻게 개선할 수 있는가?	•취학 아동 점심 제공을 위해 대안적 방식들은? •사람들이 상품에서 어떤 이익을 추구하는가? •고객 불만의 특성은 무엇인가?	•점심 도시락이 다른 형식보다 더 좋다. •구성개념들이 알려져 있지 않다. •비인격화의 이미지가 문제라고 의심된다.
기술적 조사 (descriptive research)	•어떤 방식으로 신상품을 유통해야 하는가? •목표 세분시장은 무엇인가? •상품을 어떻게 변경시켜야 하는가?	•현재 사람들이 유사 상품들을 어디서 구입하는가? •어떤 종류의 사람들이 현재 상품을 구입하고, 우리 상표는 누가 구입하는가? •우리의 현행 이미지는 무엇인가?	•상류층 구매자들은 전문점을 사용하고, 중산층 구매자들은 백화점들을 사용한다. •노년층은 당사 상표를 구입하는 반면에, 젊은 기혼자들은 경쟁사 상품을 많이 사용한다. •우리 상품은 보수적이며 시대에 뒤진 것으로 간주된다.
인과적 조사 (causal research)	•서비스직원 증가는 이익이 될 수 있는가? •어떤 대중교통 광고 프로그램이어야 하는가? •기본서비스 등급의 항공요금이나 새로운 예산을 도입해야 하는가?	•서비스 직원의 규모와 매출액 간의 관계는? •사람들이 자가용에서 대중교통으로 바꾸게 할 것은? •기본서비스 등급의 항공요금이 새로운 승객들을 충분히 창출시켜 기존 승객들에서의 매출액 손실을 상쇄시킬 것인가?	•소규모 조직들의 50% 이하의 매출액 증가는 한계비용을 초과하는 한계수입을 발생시킨다. •광고프로그램 A는 프로그램 B보다 더 많은 새로운 탑승객들을 발생시킨다. •새로운 항공요금은 새로운 승객들로부터 충분한 수입을 유인할 것이다.

자료: Aaker *et al.*(2013), 74−80.

악하는 것은 아니다. 연구가설을 설정한 후에 실시하기도 한다. 따라서 기술적 조사는 어떤 사건이나 현상의 모양, 분포, 크기, 비율 등 단순통계분석이며, 도수분포, 중위수, 산포도, 공동변화 등 정량적 형태로 기술한다. 또한 기술적 조사는 접근방법에 따라 횡단조사, 종단조사 등으로 구분한다.

〈표 2-3〉에서와 같이 기술적 조사에서 가설들이 자주 제시되지만, 가설들은 잠정적이고 추측에 근거한 것이다. 일반적으로 연구된 관계들은 특성상 인과적이 아니겠지만, 예측에서 성과를 얻을 수 있다.

2.3.3 인과적 조사

인과적 조사(causal research)는 원인-효과(인과)관계(cause-effect relationship)의 증거 획득을 목적으로 어떤 현상에 대해 어떤 변수들이 원인(독립변수)이고 어떤 변수들이 효과(종속변수)인지를 파악하고, 원인변수들과 예측될 효과 사이의 관계 특성을 결정한다.

인과적 조사는 기술적 조사 결과의 축적을 토대로 사실과의 인과관계를 규명하거나 또는 이러한 규명결과를 기초로 미래를 예측하는 연구이므로 가설검증조사 또는 설명적 조사(explanatory research)라고 한다.

2.4 조사의 기초적 형태

2.4.1 기술적 조사와 분석적 조사

기술적 조사는 설문조사들(surveys)과 여러 종류의 사실발견 탐문으로 구성되며, 주된 목적은 현재 존재하는 그대로의 상황에 대한 기술이다. 이를 사후(과거소급)조사(Ex post facto research)라고 하며, 조사자가 변수들에 대해 어떤 통제도 하지 않는 것이 주된 특징이다.

한편 분석적 조사는 조사자가 사실 또는 이미 입수한 정보를 사용하고, 이들을 이용하여 자료의 중요한 평가를 해야 한다.

2.4.2 응용조사와 기초조사

응용조사(Applied research)는 실험과 설문조사를 통해 획득한 지식을 직접 및 간접적으로 사회적 현상에 응용하여 어떤 사회, 개인 또는 기업조직이 직면하는 당면문제의 해결책 및 개선방안을 찾는 것을 목표로 한다.

응용조사는 마케팅관리자에게 흥미가 있는 특정 맥락에서 변수 간의 관계를 모색한다. 많은 소비자조사자들이 당면해 관심을 갖는 특정 사업관련문제들을 해결하려고 하므로, 응용조사가 더 보편적으로 사용되고 있다

기초조사(fundamental research) 또는 순수조사(pure research)는 자체 목적을 위한 지식을 획득하는 깃을 조건으로 어띤 이론의 일반화 및 공식화에 주로 관련된다. 기초조사는 특정 상황과는 무관하게 변수 간의 일반적 관계를 모색한다.

기초조사의 가장 중요한 이익은 그 결론들이 일반적으로 각종 상황들에 적용되며, 조사자들이 이러한 일반화를 사용하여 전략적 계획수립을 이끌고 마케팅전술을 개발할 수 있게 해준다는 것이다. 따라서 기초조사는 마케팅관리자들이 보다 많은 정보기반 결정을 할 수 있도록 도움을 준다.

2.4.3 정량조사와 정성조사

정량조사(Quantitative research)는 수량이나 금액의 측정을 기초로 하며, 수량을 조건으로 표현할 수 있는 현상에 적용된다. 한편 정성조사(Qualitative research)는 특징이나 종류에 관한 현상인 질적 현상에 관련된 것이다. 정성조사는 인간행동의 기초적 동기를 발견하는 목적의 행동과학에서는 특히 중요하다.

정량접근법은 공식적 및 엄격한 방식의 철저한 정량분석을 조건으로 하며, 조사에 대한 추론, 실험, 의태접근법으로 세분할 수 있다. 이러한 접근법의 목적은 다음과 같다.
① **추론접근법**: 모집단의 관계나 특성을 추론하도록 자료기반을 구성
② **실험접근법**: 조사환경을 보다 더 통제하도록 다른 변수들에 대한 효과를 관찰하도록 일부 변수들을 처리
③ **의태접근법**: 관련 정보 및 자료를 생성시킬 수 있도록 인위적 환경을 구성
새로운 마케팅조사문제를 다루는 경우에는 적절한 정성조사를 수행한 후에 정량조

사를 실시해야 한다. 가끔 정성조사는 정량조사 획득 결과의 설명을 위해 수행할 수도 있다.

한편 다원조사(pluralistic research)는 정성조사와 정량조사 모두의 장점들을 획득할 목적으로 하는 두 조사방법들의 조합으로 정의된다. 다원조사를 사용하여, 선정한 중개상들에게는 심층면접 또는 고객들과는 일련의 초점집단 토론들과 같은 탐색적 정성기법(exploratory qualitative techniques)으로 그들이 경쟁사들 제품 및 서비스와 비교하여 자사의 제품 및 서비스를 어떻게 인식하는지를 파악하려는 시도를 할 수 있다. 문제를 파악하여 조사과업의 표면적 쟁점으로 제시하기 위해 관찰연구를 사용할 수도 있다.

다원조사를 하는 경우에 정성단계는 추후 정량단계의 틀을 만드는 데 도움을 준다. 그리고 일부 경우에 정량단계의 발견사항들을 조사자가 파악하는데 도움을 주도록 정량연구 후에 정성단계를 적용한다.

표 2-4 정성조사와 정량조사

	정성조사	정량조사
목표	기초적 이유와 동기의 질적 이해사항 획득	자료를 정량화시켜 표본의 결과를 관심 모집단으로 일반화시킴
표본	적은 수의 비대표적 사례	많은 수의 대표적 사례
자료 수집	비구조화	구조화
자료 분석	비통계적	통계적
결과	초기 이해사항 개발	최종 행동방침 권고

자료: Malhotra(2010), 139.

2.4.4 개념연구와 실증연구

개념연구(Conceptual research)는 어떤 추상적 아이디어 또는 이론에 관련되며, 새로운 개념의 개발이나 기존 개념의 재해석을 위해 사용된다. 한편 실증연구(empirical research)는 시스템 및 이론에 대한 상당한 참작(due regard)이 없이 경험이나 관찰에만 의존한다. 실증연구는 자료기반 연구이며, 관찰이나 실험에 의해 입증될 수 있는 결론들을 찾아낸다.

2.4.5 전략조사와 전술조사

대기업들은 가장 유망하며 수익성이 높은 방책(courses of action)을 결정하는 데 도움을 주는 전략조사(strategic research)와 가장 유망한 것으로 보이는 방책을 달성하는 최상의 방법을 결정하는 데 도움을 주는 전술조사(tactical research)의 2가지 종류의 조사를 수행한다.

전략조사는 로드맵을 작성하고 운영할 최상의 방향을 결정하는 데 목적을 두는 반면에, 전술조사는 전략적 방향 달성에 필수적인 중요한 세부사항들 모두를 효과적으로 수행하도록 보장하여 전략적 방향을 강화시키는 데 목적을 둔다.

2.4.6 횡단조사와 종단조사

2.4.6.1 횡단조사

횡단조사(cross-sectional research)는 특정 시점에서 여러 연구대상을 조사하여 비교하는 방법이다. 가장 보편적인 형식의 연구이며, 해당 모집단의 표본에서 각종 특성들을 한 시점에서만 측정하며, 상이한 특성을 지닌 집단 간 차이의 비교분석에 주로 사용된다.

탐색적, 기술적, 설명적 조사에서 모두 사용될 수 있지만, 주로 기술적 연구로 진행된다. 횡단연구는 기술적 설계의 가장 유명하고, 가장 빈번히 사용되는 가장 중요한 형태의 기술적 설계이다. 횡단연구는 단일 횡단면 또는 복수 횡단면 디자인으로 구분할 수 있다.

① 단일 횡단면 디자인(single cross-sectional designs)에서는 단지 하나의 응답자 표본들만이 목표 모집단에서 도출되며, 정보는 이러한 표본에서 단지 한 번 획득된다. 이러한 디자인들은 표본설문조사설계(sample survey research designs)라고 한다.

② 복수 횡단면 디자인(multiple cross-sectional designs)에서 2가지 이상의 응답자표본들이 있고, 각 표본에서의 정보가 단지 1회에서 획득된다. 다른 표본들로부터의 정보는 장기 구간들에 대한 다른 시점들에서 획득된다. 복수 횡단면 디자인은 총체적 수준에서 비교를 허용하지만 개별 응답자수준에서의 비교는 제공하지 않는다. 설문조사를 수행하는 각 시점별로 다른 표본을 추출하므로, 설문조사들에 대한 개인 응답자에 대해

측정치를 비교하는 것은 불가능하다. 특별히 관심을 받고 있는 것은 코호트분석(cohort analysis)이다.

코호트분석은 적절한 기간으로 수행되는 일련의 설문조사들로 구성되며, 코호트(집단, cohort)는 기초 분석단위로 역할을 한다. 코호트(cohorts)는 386세대, 베이비붐세대, X세대 등과 같이 일반적으로 유사한 환경에서 생활을 해온 같은 연령의 사람들이며, 동일한 기간 동안에 동일한 사건을 경험한 응답자들의 집단이다. 코호트효과(cohort effect)는 공통된 특징을 공유하는 집단들의 격차를 말한다.

코호트는 동일한 시기에 태어난 사람들과 공통된 경험을 가진 사람들의 집단이 될 수 있다. 어떤 집단의 회원들이 다른 경험을 가진 다른 집단의 사람들과는 일관되게 다른 경우에 코호트효과가 발생한다. 일부 코호트효과는 세대차(generation gap)라고 한다.

코호트조사를 동기생 또는 동년배 연구라고 하며, 집단의 성격을 시간변화에 따라 구분한다. 용어 코호트분석은 2가지 이상 시점에서 하나 이상의 코호트들의 어떤 특징에 대한 측정치들이 있는 연구를 말한다. 2가지 시점에서 획득한 표본에 하나의 시점에서 연구된 개인들이 포함될 것 같지 않기 때문에, 코호트분석은 중요한 횡단면 디자인이다.

2.4.6.2 종단조사

종단조사(longitudinal research)는 동일한 현상을 동일한 대상에 대해 반복적으로 측정하여 조사하는 방법으로, 조사 기간 동안 발생한 변화를 측정할 목적으로 수행된다. 종적 디자인에서 모집단 원소들의 고정된 표본은 동일한 변수들로 반복적으로 측정된다.

종단 또는 순차적 자료(longitudinal or sequential data)는 많이 사용하는 보편적인 자료이다. 일별·주별·월별·사분기별·반기별·연도별로 상품가격, 금융상품 가격, 환율, 주식가격들을 표시하거나 국민이나 특정 지역 주민들의 정당 지지도 비율들을 정기적으로 표시하는 자료 등 여러 형태로 자료를 수집할 수 있다.

종단연구(longitudinal study)는 상대적으로 시간이 지나도 일정하고 반복적으로 측정되는 (점포, 개인 등의) 패널(panels)을 포함한다. 패널은 진정패널(true panels)과 옴니버스(총괄)패널(omnibus panels)의 2가지 형태로 구분한다.

① 패널조사(panel study)는 표본대상에 해당되는 동일한 집단(패널)의 사람들을 대상으로 동일한 주제로 반복적인 조사를 실시하여, 의견, 태도가 시간이 경과함에 따라

달라지는 변화를 조사하는 기법을 말한다.

종적 디자인을 패널(panel) 또는 진정패널(true panel) 또는 연속패널(continuous panels)이라고 한다. 연속패널은 패널 구성원들에게 각 패널 측정치에 대해 동일한 질문들을 하여, 계속하여 동일한 정보를 기록하도록 패널구성원들에게 묻는다.

연속패널은 동일한 변수들에 대한 반복측정치를 기초로 특정시점들에서 동일한 정보를 보고한다. 이러한 정보는 다른 관련정보와 비교할 수 있다. 패널은 어떤 기간 동안 정보를 제공하는데 대해 동의한 응답자들 표본으로 구성된다. 패널 구성원들은 선물, 쿠폰, 정보, 또는 현금 등으로 참가에 대한 보상을 받는다.

한편 옴니버스패널은 불연속패널(discontinuous panels)이라고 하며, 한 패널측정치에 대한 질문들을 다른 패널측정치에 대한 질문들과는 다르게 한다. 여러 목적들에 대해 사용되고, 불연속패널에 의해 수집된 정보는 각 패널측정치마다 다르다. 불연속(옴니버스)패널의 장점은 불연속(옴니버스)패널이 조사에 대해 이용할 수 있는 사람들의 집단이라는 것이다.

② 추세조사(trend study)는 시간 변화에 따라 조사대상의 변화를 연구하는 것으로 추이연구 또는 시계열연구(time series study)라고 한다. 시계열분석(time series analysis)은 진정종단분석(true longitudinal analysis)이라고도 하며, 동일변수들의 반복 측정치들을 갖는 형태의 자료만을 사용하여 수행될 수 있다.

③ 코호트연구(cohort study)는 특정 집단을 선정하여 시간의 변화에 따라 조사대상 집단의 특성 변화를 조사하는 것이다. 추세조사에서 조사대상이 되는 집단 구성원의 모집단이 변화하고, 패널조사는 선정된 동일한 사람을 조사대상으로 하지만, 코호트(동시경험집단)조사는 집단 구성원의 모집단이 같지만 표본은 달리한다. 이러한 코호트조사는 종단조사이면서 복수횡단조사의 성격을 갖는다.

2.4.7 전수조사와 표본조사

조사는 관찰대상의 전체 집합인 모집단을 전부 조사하는지의 여부에 따라 전수조사(complete enumeration survey or total inspection)와 표본조사(sample survey)로 구분한다.

전수조사는 연구대상 모집단 전체를 조사한다. 그러므로 표본 통계량에서 모집단 추정치를 구하는 과정에서 발생하는 표본오차가 없다. 그러나 자료의 조사과정과 집계과정에서 발생하는 비표본오차가 발생한다. 경제성과 신속성이 낮다.

　표본조사는 통계학적 원리에 의해 모집단을 대표하는 특성을 지닌 표본을 추출하여 조사대상 전체를 추정하는 방법이다. 이는 표본을 조사하여 자료와 정보를 얻는 방법이어서, 일부조사, 표본추출조사 등이라고 한다.

　표본조사는 모집단의 특성을 알기 위해 수행한다. 전수조사보다 더 정확한 자료를 얻을 수 있고, 비표본오차는 전수조사보다 적다. 시간과 비용이 적게 소요되지만, 표본추출이 잘못되면 연구결과를 일반화시킬 수 없다.

2.4.8 기타 형태의 조사

　여타 형태의 조사들은 앞서 언급된 모든 형태들에 대해 조사목적, 조사수행시간, 수행환경, 또는 기타 유사요인을 기초로 변형들을 만든 것이다.

　① 1회 조사(one-time research)는 단일 시기로 한정된 조사인 반면에, 종단적 조사(longitudinal research)는 여러 시기들에 대해 수행되는 조사이다.

　② 현장환경 조사(field-setting research), 실험실조사(laboratory research) 또는 의태조사(simulation research)는 조사 수행환경에 따라 구분하는 것이다.

　③ 기초인과 관계의 도달을 위해 사례연구방법이나 심층접근법(indepth approaches)을 따르는 임상 또는 진단조사(clinical or diagnostic research)가 있다. 이러한 조사는 어떤 것이 발생하는 빈도 또는 연관된 다른 것을 결정하는 데 목표를 두고 수행된다. 이는 아주 작은 표본이나 아주 심층적인 탐색자료 수집 수단들을 사용하여 원인을 파고드는 것이어서 탐색적 또는 공식화될 수 있다.

　④ 과거조사(historical research)는 과거 사건이나 아이디어를 연구하기 위해 과거원천들을 사용한다.

　⑤ 결론지향(위주, 중심)조사(conclusion-oriented research)는 연구자가 자유롭게 문제를 선정하여 그 질문을 다시 디자인하고 원하는 방식으로 개념화한다.

　⑥ 운영조사(operations research)와 같은 결정지향조사(decision oriented research)는 의사결정자의 필요에 따라 자신의 성향과는 다르게 의사결정자가 통제하는 운영에 대한 정량적 결정기반을 제공한다.

⑦ 예비조사(pilot survey)는 조사연구 문제의 요소를 정확히 알지 못하는 때에 핵심적 요점과 요소를 명확히 하도록 수행하는 탐색적 성격의 조사이다. 연구문제의 특정화, 가설의 명확화, 조사표 작성을 위한 기초자료 제공을 위해 수행한다. 일정한 조사문제에 대한 관계정보를 다각적·전문적으로 획득하기 위한 준비과정으로 기초조사에 해당한다.

탐색적 조사는 조사·연구문제에 대해 사전지식이 결여된 경우 문제영역을 결정하기 위한 조사이지만, 예비조사는 문제영역이 결정된 상황에서 조사문제의 핵심적 사항을 찾아내기 위한 조사이다.

⑧ 사전검사(pre-test)는 본조사 수행에 앞서 본조사와 똑같은 절차와 방법으로 질

표 2-5 조사형태와 방법 및 기법들

조사형태	조사방법	조사기법
도서관 조사 (Library research)	과거기록 분석	노트기록 녹음(녹화), 내용분석(content analysis), 테이프 및 영화 청취 및 분석
	서류분석	통계적 편집 및 처리, 참조 및 추론지침, 내용분석
현장 조사 (Field research)	비참가자 직접 관찰	관찰 행위 척도, 점수표 사용 등
	참가자 관찰	녹음기, 사진 등 사용한 상호영향 녹음(녹화)
	여론조사(mass observation)	공공장소에서 독립적인 관찰자를 이용한 대중행위 면접 녹화(녹음)
	우편설문	응답자의 사회경제적 배경 규명
	앙케트(opinionnaire)	태도척도 사용, 투영기법, 사회성측정 척도 사용
	개인 면접법	자유 및 제시형 질문을 갖는 상세한 예정표 사용
	표적 면접법	어떤 주어진 경험 및 그 효과에 주의를 집중
	집단 면접법	소규모 응답자집단에 대해 동시에 면담
	전화설문조사	정보획득 및 견해파악을 위한 설문조사기법 사용, 설문지의 후속조치(follow up)로 사용 가능
	사례연구, 생애이력	집중분석(intensive analysis)을 위한 횡단자료분석, 집중특성에 대한 종단자료 수집
실험실 조사 (Laboratory research)	소규모 집단의 무작위 행위, 동작 및 역할분석 연구	오디오-비디오 녹음장치 사용, 관찰자 사용 등

자료: Kothari(2004), 7.

문지가 잘 구성되어 있는지를 시험하기 위해, 모집단과 유사한 소규모 표본을 대상으로 질문문항들의 타당성을 검사하는 과정이다.

조직적인 검사로서 자료수집도구의 초안을 마련한 후에 그 타당성 및 신뢰성을 검증한다. 검사결과의 일반화를 목적으로 하지 않기 때문에, 이질적 집단을 대상으로 개략적 검사로 수행하여 검사결과를 사용하여 질문문항들을 보완시킨다. 특히 응답의 내용이 일관적인지, 질문이 적절한지, 응답이 편파적이 아닌지, 질문 구성은 타당한지 여부를 검토한다.

2.5 ㅍ 조사의 요건과 인식오류

2.5.1 우량한 조사의 요건

우량한 조사는 전문적인 수행방법으로 도출하여 의사결정에 믿고 사용하고 신뢰할 수 있는 자료들을 제공하는 반면에, 불량한 조사는 경솔하게 계획되고 수행되어 수집한 자료로는 관리자가 자신의 의사결정위험을 감소시킬 수 없다.

사업조사는 의사결정자의 과업과 최종결과에 대한 기여도에서 타당해야, 수행할 가치가 있다. 이러한 관점에서 우량한 조사는 과학적이 되도록 반복 가능한 조사를 발생시킬 수 있게 계통적이며 공적 타당성을 갖도록 실증적 기반을 둔 절차들로 구성된 과학적 방법의 표준요건들을 따른다.

① 목적을 명확히 정의한다. 포함된 문제의 규명 또는 수행할 결정과 같은 사업조사의 목적을 명확히 규정하고 최대한 확실한 용어를 사용하여 또렷하게 설명해야 한다.

특히 절감의 법칙인 오컴의 면도날(Occam's razor)과 같이 어떤 현상을 설명하는 데는 가장 단순한 가설로 시작해야 하며, 가설을 필요 이상으로 설정하지 않아야 한다. 이는 설계에서 핵심목표가 간단함이라는 KISS(Keep It Simple, Stupid 또는 keep it short and simple 또는 keep it simple and straightforward)원칙을 기초로 한 것이다.

② 조사과정을 세부적으로 명시한다. 다른 조사자가 동 조사를 반복할 수 있도록 사용된 조사절차를 충분히 상세하게 설명해야 한다. 이러한 설명에는 참여자 및 설문동

의서(informed consent) 획득 단계들, 표본추출방법들 및 대표성, 자료수집절차 단계들을
포함한다.

비밀유지(secrecy) 조건의 경우를 제외하고는 조사보고서는 솔직하게 자료원천과
자료획득수단을 나타내야 한다. 중요한 절차 세부사항들을 누락하면 자료의 타당성 및
신뢰성 추정을 곤란하게 하여, 조사 결과기반 권고방안과 조사 자체에 대한 독자의 신
뢰를 당연히 약화시키게 할 것이다. 따라서 조사자는 완전한 조사 제안서를 제공해야
한다.

③ 조사 디자인을 철저히 계획한다. 조사의 절차별 디자인과 여러 디자인들 중 선택
한 디자인을 명확히 설명하고, 최대한 객관적 결과들을 가져오도록 신중히 계획한다.
문헌검색(bibliographic search)은 최대한 철저하고 완전하게 수행하고, 실험들은 내적
타당성(internal validity)에 대한 위협을 축소시키고 외적 타당성(일반화)[external validity
(generalization)]의 확률을 제고시키도록 만족스럽게 통제할 수 있어야 한다.

따라서 탐색적 절차는 정의된 구성개념을 사용하여 설명하고, 표본단위는 표본추
출방법론에 따라 명확히 설명하며, 자료수집 절차를 선정하고 디자인한다. 자료의 선택
및 기록에서 개인적(사적) 편견(personal bias)이나 추천서(testimonial) 영향을 최소화시키
도록 노력해야 한다.

- **종족의 우상**: 모든 것의 측정을 인간의 감각(human sense)에 따라 그릇되게 주장
  하는 문제
    - ✓ 자기충족예언(self-fulfilling prophecy): 어떤 것이 진실이라고 믿는 경우에 우
      리 믿음에 맞는 사건들을 기억하고, 우리 믿음과는 맞지 않는 사건들을 잊어
      버리거나 무시하려는 경향
    - ✓ 도박사의 오류(gambler's fallacy): 많은 사람들이 자신의 직감과 확률에 대한 인
      식된 믿음을 신뢰하여, 상식에 너무 의존한 논리적 추론(logical reasoning)을
      거듭하는 오류
- **동굴의 우상**: 개인적 경험에 대한 과도한 의존에 따른 판단으로 넓은 세계를 제대
  로 파악하지 못하게 되는 폐단
- **시장의 우상**: 단어의 의미와 사용에 따른 믿음의 편견으로, 상황 서술에 잘못된 언
  어를 사용함으로써 사물의 이해를 방해하는 편견, 실험이나 사물 자체의 관찰을
  통해 극복 가능

● **극장의 우상**: 교육의 효과를 반영하며, 우리가 배운 많은 것들이 우리를 오도한다는 주장이다. 관습, 습관, 권위에 대한 맹종으로 인해 초래되는 편견

④ 높은 윤리규범(ethical standards)을 적용한다. 조사자는 프로젝트의 디자인 결정 및 수행에서 자신과 연구 참가자, 조직, 의뢰인을 보호하도록 안전장치를 준비하고, 권고방안은 연구의 범위 내에서 제시하고, 조사자의 저지와 정확성에 대한 우려(관심사)를 반영하도록 연구의 방법론 및 한계를 작성한다.

⑤ 솔직히 한계를 밝힌다. 조사자는 아주 솔직하게 절차상 디자인의 결함을 보고하고, 그 결함들이 결과사항들에 대해 갖는 효과를 추정해야 한다.

⑥ 의사결정자 니즈를 충족시키도록 충분한 분석을 수행한다. 자료 분석은 관리자들이 통찰력을 얻을 수 있도록 충분히 광범위해야 한다.

자료의 타당성과 신뢰성을 신중하게 점검해야 한다. 조사자가 적절한 결론에 도달하여 그 결론에 이르게 한 발견사항들을 명확히 밝히는 데 도움을 주는 방식으로 자료를 분류해야 한다. 통계적 방법들을 사용하는 경우에는 적절한 기술적 및 추론적 기법 선정, 오차확률 추정 및 통계적 유의성 기준 적용을 수행해야 한다.

⑦ 발견사항들을 분명하게 제시한다. 조사자의 기량 및 진실성(integrity)에 대한 일부 증거는 보고서 자체에서 발견될 수 있다. 예컨대 절약원칙(parsimony)에 따라 간결하며, 차분하고, 명확하며 정확한 표현, 신중히 도출하고 적절한 예비수단들(reservations)로 대비된 주장, 최대한 객관성 달성을 위한 명백한 노력은 의사결정자에게 조사자에 대한 호감이 가는 인상을 남기는 경향이 있다.

자료의 발표설명은 포괄적이며, 타당하게 해석되고, 의사결정자가 쉽게 이해해야 하고, 정리되어 의사결정자가 쉽게 중요한 발견사항들을 정확히 파악하도록 해야 한다. 따라서 조사자는 발견사항을 문장, 표, 그래프를 사용하여 명확히 제시하고, 관리자 문제에 대한 결정을 용이하게 할 수 있도록 발견사항들을 논리적으로 정리하고, 결론의 사업개요(executive summary)를 서술하고, 내용물의 상세한 표를 결론 및 발견 발표설명에 관련되도록 작성한다.

⑧ 결론의 타당성을 제시한다. 결론들은 자료가 충분한 근거를 제시하는 범위로 한정시켜야 한다. 유능한 조사자들은 항상 그들의 결론이 타당하게 보일 수 있는 여건들을 구체적으로 명시한다.

조사자는 의사결정기준 결론들을 세부적인 발견사항들과 대응하여 제시한다. 그리

고 추가 조사에 의해 결론적인 설명들 중 변경될 수 있는 것을 인식하여 잠정적 설명으로 제시해야 한다.

⑨ 조사자 경험을 반영시킨다. 조사자가 경험이 있고, 조사에서 명성을 갖고, 진실한 사람이라면 조사에 대해 더 큰 신뢰를 보장받는다.

조사보고서의 독자가 조사자 배경에 대해 충분한 정보를 얻는다면, 이러한 기준은 조사가 보장하는 신뢰정도를 판단하고 조사를 기초로 하는 각 결정의 가치를 판단하는 최상의 기반들 중의 하나가 될 것이다. 이러한 이유로 조사자는 보고서에 경험 및 자격증(credentials)을 제시하여, 조사자의 자격요건(qualifications)에 대한 정보를 포함해야 한다.

2.5.2 인식의 오류

지각(perception)은 사람들이 주위에서 정보를 선택하고, 조직화시키고, 해석하고, 검색하고, 반응을 하는 과정이다. 그리고 지각은 자신들과 다른 사람들 및 일상생활 경험에 대한 생각을 하는 방식이며, 사용할 정보를 선별하는 심사도구 역할을 한다.

사람의 지각은 여러 요인들에 의해 영향을 받아, 동일한 상황이라도 사람에 따라 아주 다르게 인식된다. 그리고 대상의 특성(규모, 강도, 대비, 동작, 반복, 새로움과 친밀함)으로 나타나는 외부적 요인, 평가자의 내부적 요인(욕구 및 동기, 과거 경험, 자아 개념, 성격 등), 평가 수행 여건을 구성하는 상황적 요인(선택 문제, 조직, 지각 오류 촉발 요인 등)에 의해 지각은 영향을 받는다.

첫째, 특수한 사례나 상황에 초점을 맞추고 관찰하는 경우에 선입견을 갖고 관찰하여 발생하는 오류이다. 지나친 일반화에서 초래되는 경우가 많다. 싫어했던 사람은 장점이 있어도 선입관에 따라 단점만 보이는 경우가 이에 해당된다.

주목단계에서 다양하게 발생할 지각을 단순하게 일축해 버리는 수단 중에는 고정관념(stereotype), 후광 효과(halo effect), 선택적 인식(selective perception)이 있다.

- 고정관념은 어떤 집단에 관련된 속성들을 특정 개인에게 치부해 버리는 결과를 가져온다. 여기에는 성 고정관념(gender stereotypes), 능력 고정관념(ability stereotypes), 연령 고정관념(age stereotypes) 등이 있다.
- 후광 효과는 하나의 뛰어난 특징 때문에 어떤 사람이나 상황 전체의 가치를 과대평가하는 것이다. 후광 효과는 관리자의 부하직원 업무 성과 평가에 영향을 줄 수

있어 아주 중요하다.

- 선택적 인식은 어떤 상황, 사람 또는 대상의 측면들 중에서 개인이 자신의 필요성, 가치관, 태도에 맞는 측면들만 선별하려는 경향이다. 특히 인식과정의 주목단계(attention stage)에서 가장 큰 영향을 주므로, 개인의 섣부른 판단으로 인해 불필요한 정보만을 수집하는 경우가 있다.

- 지나친 일반화는 소수의 사례를 갖고 일반적 사실로 받아들일 때 발생하는 오류이다. 우연히 관찰한 몇 가지 예외적 현상을 전체 현상 속에서 볼 수 있는 규칙적 특성으로 일반화할 때에 주로 발생한다.

둘째, 인식의 해석단계에서 오류를 초래할 수 있는 추정은 다른 개인들에 대하여 한 개인의 속성들을 부여하는 행위이다. 전형적 오류(classic error)는 필요, 가치관, 관점을 타인에게로 추론하여, 개인 차이를 규명할 수 없게 하는 것이다.

셋째, 어떤 것에 대한 의미부여 또는 해석을 최근에 발생한 사건이나 상황과 대조를 하여 수행하는 대조효과(contrast effect)가 발생할 수 있다. 이러한 형식의 인식적 왜곡은 강력하게 의견을 표현한 사람 뒤에서 의견을 제시하는 경우에 중요성을 인정받는 데 손해를 보는 형태로 나타날 수 있다.

넷째, 직관에 따른 지식획득은 탐구활동 자체에 개인의 편견이 개입되어 객관성을 상실하고 관찰과정 또는 탐구과정 자체가 주관적 편견에 의해 부정확하게 이뤄질 가능성이 높다.

자신이 발견할 것으로 예상하는 것을 다른 상황이나 개인에게서 만들거나 찾으려고 하는 경향인 자기충족예언(self-fulfilling prophecy) 역시 인식적 왜곡을 초래할 수 있다. 원하는 여성의 형상을 미리 조각을 하여 나중에 찾아서 결혼을 했다는 그리스 조각가 이름을 따서 자기충족예언을 피그말리온 효과(Pygmalion effect)라고도 한다.

또한 귀인이론(attribution theory)은 사건들의 원인을 인식하고, 결과들에 대한 책임을 조사결정하여 관련 사람들의 성격 특성들(personal qualities)을 평가하는 방식에 대한 주장이다. 귀인이론에 따르면, 인과관계(causality)의 내부 또는 외부 결정에 대해 분명함(distinctiveness), 합의(consensus), 일관성(consistency)의 3대 요소가 영향을 준다.

① 분명함: 개인행동이 상황이 다른 경우에도 일관적인 정도를 표시
② 합의: 유사한 상황에 직면하는 사람들이 모두 동일한 방식으로 반응할 가능성을 고려

③ 일관성: 한 개인이 시기가 다르더라도 동일한 방식으로 반응하는지의 여부

다섯째, 성급한 종결은 지나친 일반화와 선별적 관찰이 함께 나타나는 경우이다. 성급한 종결은 모든 해답을 갖고 있으며 정보를 구할 필요도 없고, 더 이상 의문을 가질 필요가 없는 경우에 발생하는 오류이다.

CHAPTER 03

MARKETING
RESEARCH

마케팅조사 절차와
조사설계

마케팅조사 절차와 조사설계

3.1 마케팅조사 수행 절차

〈그림 3-1〉과 같이 조사자는 먼저 문제를 규정하고, 탐색적 조사를 수행하여 검정할 가설을 진술한다. 그리고 조사 연구에 대한 디자인을 구성하고 필요한 자료를 수집한 후에, 조사 정보를 해석하고 제시한다.

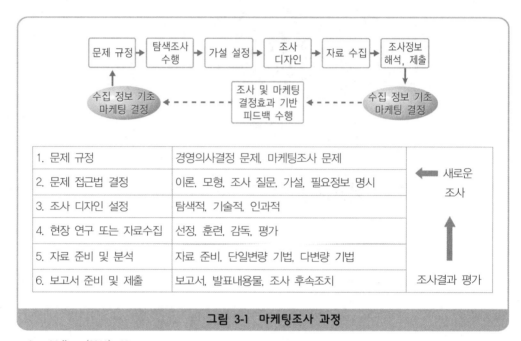

그림 3-1 마케팅조사 과정

자료: Malhotra(2010), 28.

3.1.1 문제 규정

3.1.1.1 문제 규정의 역할과 개념화 및 조작화

명확한 문제는 문제를 절반 해결한 것이라는 유명한 일화가 있다. 명확한 문제는 조사자가 해결책을 위해 필요한 정확한 정보를 확보하는데 전념할 수 있게 해준다. 조사자가 답을 필요로 하는 문제를 명확히 규정하는 것은 조사과정의 속도 및 정확성을 증가시킨다.

- 관심사 문제를 파악하고, 그 관심사항에 따른 아이디어를 구체화시켜 명시할 변수 또는 개념을 규명하고, 관련 이론들을 분석한다. 이와는 달리, 연역법적으로 이론의 발견에서부터 새로운 아이디어를 생산하고, 새로운 관심사를 창조할 수 있다. 조사의 목적은 관심사를 탐색하거나, 특정 아이디어를 검증하거나 또는 복잡한 이론을 입증하는 것이다.
- 기억된 이미지인 심상(mental image)에 대한 전문용어를 구상하는 개념화(con-

ceptualization) 과정을 통해 정확하게 용어를 구체화시켜 의미하려는 것에 동의를 얻도록 해야 한다. 이러한 과정을 통해 우리가 관찰한 일들과 구상들을 연결하는 결과인 개념(concept)을 획득한다. 이러한 개념화는 연구목적의 개념 또는 구상개념(reification)에 대한 구체적으로 동의하는 의미를 만드는 실체화의 과정이다.

- 연구자는 파악된 문제에 대해 개념화를 통해 관찰범위를 결정하도록, 연구해야 하는 개념들 및 변수들의 의미를 명시하는 명목정의(nominal definition)를 수행한다. 그리고 조작화(operationalization) 과정에 따라 연구개념에 대한 조작적 정의(operational definition)를 통해 관찰할 대상, 관찰할 방법, 여러 관찰치의 해석방법을 정확히 명시하고, 실제로 측정(measurements)을 수행할 수 있도록 한다.

3.1.1.2 문제 규정의 절차

마케팅조사에서 문제의 3가지 기초적 원천은 예상치 않은 변화, 계획한 변화, 새로운 아이디어 형식의 우연한 발상이다. 특히 발생할 것으로 가정된 것과 발생했던 것 사이의 격차, 발생했던 것과 발생할 수 있었던 것 사이의 격차를 기초로 문제의 유발원천을 규명할 수 있다. 문제 규정 과정(problem-definition process)은 보통 다음 단계들로 수행된다.

- 사업상황의 이해와 핵심 징후 규명
- 징후에서 핵심 문제들을 규명
- 경영 결정 진술서와 해당 조사 목적들을 작성
- 분석 단위를 결정
- 관련 변수들을 결정
- 조사 질문들 또는 조사 가설들을 작성

3.1.1.3 문제 규정의 고려요인

효과적인 문제규정을 위해 의사결정자와 토론, 전문가 면담, 2차 자료분석, 정성조사를 수행한다. 특히 의사결정자와 조사자의 쌍방향대화(interaction)는 소통(Communication), 협조(Cooperation), 신뢰(Confidence), 정직(Candor), 친밀(Closeness), 연속성(Continuity), 독창성(Creativity)의 7C 특성을 가져야 한다. 또한 문제 규정을 위해 환경적 맥락에서 고려할 요인들은 다음과 같다.

- 과거정보/예측치(past information and forecasts)
- 자원 제약요인들(resources and constraints)
- 의사결정자 목표(objectives of the decision maker)
- 구매자 행동(buyer behavior)
- 법적 환경(legal environment)
- 경제적 환경(economic environment)
- 마케팅 및 전문 기량(marketing and technological skills)

3.1.1.4 문제 규정의 검토사항

규정된 마케팅조사 문제의 원천과 특성을 파악하도록 규정된 문제에 대해 다음 사항들을 검토해야 한다.

- 행동이 필요한 결정을 가져오는 사건들 또는 문제의 역사(이력사항들)
- 의사결정자가 이용할 수 있는 선택 가능한 행동방침
- 선택 가능한 행동방침을 평가하도록 사용할 기준들
- 조사 발견사항들을 기초로 나타날 것으로 가정된 가능한 행동들
- 의사결정자의 질문들에 대답을 하는데 필요한 정보
- 의사결정자가 결정을 하는 데 있어 각 정보 항목을 사용할 방식
- 의사결정에 관련되는 기업 문화

한편 시장조사문제의 규정에서 발생할 수 있는 오류는 구체적 절차들에 대한 지침을 제공하지 못하도록 하는 너무 광범위한 규정이나 문제의 중요한 구성요소들을 놓칠 수 있는 너무 협소한 규정으로 구분할 수 있다.

3.1.2 문제 접근법 결정

해결책을 구하려는 문제를 규정한 후에 문제에 대한 접근법을 개발한다. 조사자는 탐색조사를 시작할 수 있다. 탐색조사(exploratory research)는 기업 내·외부의 소식통과 마케팅문제를 토의하고 2차 원천의 정보를 검토하는 과정이다.

예컨대 마케팅 담당자들은 고객, 공급회사, 소매상, 영업사원 등과 논의를 하고, 상황분석을 위해 매출액 및 이윤 분석, 회계자료, 마케팅비용분석 등의 내부 자료와 입수 가능한 경쟁상황 자료를 검토해야 한다. 그리고 외부의 소식통들과의 탐색적 면접을 위해 비공식조사를 사용할 수도 있다

문제 규정과 탐색조사 수행 후 마케팅 담당자는 어떤 특정 사건에 대한 잠정적(불확실한) 설명인 가설을 진술할 필요가 있다. 가설은 변수들 사이의 관계와 이러한 관계의 검정에 대한 명확한 결과를 가져오는 진술이다. 가설은 조사자가 검정할 필요가 있는 것을 보다 명확히 하여 보다 심층적 연구에 대한 단계를 설정한다.

그러나 모든 연구가 특정 가설들을 검정하는 것은 아니다. 그래서 주의 깊게 디자인을 한 연구는 자료 수집 및 분석을 개시하기 전에 가설을 개발하여 도입되는 정확성의 이익을 얻을 수 있다.

3.1.3 조사설계의 설정

마케팅 문제에 대해 가설들을 검정하고 해결책을 찾기 위해, 마케팅 담당자는 반드시 마케팅조사를 수행하기 위한 종합계획(master plan) 또는 모형인 조사설계(research design)를 만들어야 한다.

조사 프로젝트 계획수립에서 마케팅 담당자들은 그들이 측정하려고 의도하는 것을 연구에서 측정하도록 반드시 보장해야 한다.

다음으로 중요한 조사설계 고려사항은 응답자 선정이다. 마케팅 조사자들은 표본추출기법들을 사용하여 연구에 포함시킬 소비자들을 결정한다. 조사설계의 공식화는 다음 과정을 통해 조사수행에 관한 디자인을 하는 것이다.

- 목표설정에 따른 필요한 정보의 규정
- 2차 조사(2차 자료 분석)
- 1차 조사설계
    - ✓ 정성조사 설계 및 수행
    - ✓ 정량자료 수집방법(설문조사, 관찰 및 실험 등) 결정
    - ✓ 측정수단 및 척도결정
    - ✓ 설문지 디자인

✓ 표본추출 과정과 표본크기 결정

✓ 자료 분석의 계획

3.1.4 자료수집

자료수집의 원천은 크게 2차 자료(secondary data)와 1차 자료(primary data)로 구분한다. 마케팅조사자는 사전에 발간되거나 편집된(compiled) 원천에서 획득한 정보인 2차 자료(Secondary data)와 마케팅조사 연구를 위해 처음으로 특별하게 수집한 정보인 1차 자료(Primary data)를 현장연구(fieldwork) 등을 통해 수집한다.

3.1.4.1 1차 자료의 특성

1차 자료는 가까운 장래 또는 현재의 조사목적을 위해 구체적으로 수집한 새로운 자료들이다. 따라서 1차 자료는 어떤 상황의 최초이며 가장 신속한 기록이다.

또한 1차 자료는 사건에 대해 조사되었거나, 경험했거나 또는 기록된 밀접한 자료들이며, 조사자가 현안문제의 결론 도달을 위해 특수하게 획득하는 자료이다.

1차 자료의 수집은 〈그림 3-1〉과 같이 마케팅조사과정의 6단계(문제 규정, 문제에 대한 접근법 개발, 조사 디자인 공식화(명확한 표현), 현장연구 또는 자료수집, 자료 준비 및 분석, 보고서 준비 및 발표)를 모두 포함한다. 이러한 1차 자료의 장단점은 다음과 같다.

① **1차 자료 장점**: 특정 프로젝트(과제)에 대해 구체적이고 적절히 통용되며, 자료수집의 통제 가능

② **1차 자료 단점**: 아주 비용이 크고, 자료의 수집·조직화·분석을 위해 상당한 시간 소요

표 3-1 1차 자료조사의 구조				
1차 자료 수집	실험조사 (experimental research)	실험실조사(laboratory studies)		
		현지(야외)조사 (field studies)		
	비실험조사 (nonexperimental research)	정성조사 (qualitative research)	초점집단 (focus groups)	오프라인(offline)
				온라인(online)
			심층면접 (depth interviews)	구조화(structured) 면접
				비구조화(unstructured) 면접
			투영(투사)기법 (projective techniques)	어연상(언어 연상) (word association)
				그림 해석 (picture interpretation)
				문장 완성 (sentence completion)
				표현기법[제3자 기법과 역할 연기(third–person technique and role–playing)]
				만화기법(cartoon technique)
		정량조사 (quantitative research)	기술자료 (descriptive data)	조사자료(Survey data)
				관측자료 또는 기타 자료
			인과관계자료 (causal data)	실험자료 (experimental data)

자료: Malholtra(2009), pp. 176−233; Shao(2002), pp. 150−175.

3.1.4.2 실험조사와 비실험조사

1차 조사(primary research)는 〈표 3−1〉과 같이 실험조사(experimental research)와 비실험조사(nonexperimental research)의 두 범주로 구분할 수 있다.

첫째, 실험조사는 조사자가 각 변수의 영향을 측정하기 위해 실험환경의 요인들을 통제 및 조종할 수 있을 때에 수행된다. 실험조사는 실험실조사(laboratory studies)와 현장조사(field studies)의 두 그룹으로 구분된다.

① 실험실조사는 고도로 통제된 환경에서 수행된다. 여러 변수들을 통제하고, 하나의 관심 변수를 조종하여 특정 상황에서의 그 행위를 결정하도록 한다.

② 현장조사는 "실제 세상"에서 수행되며, 보통 소비자들이 해당 제품을 구매하려고 하는지의 여부를 결정하기 위해 선정한 장소들에서 시험판매(test marketing)에 의해 수행된다. 1차 자료는 현장연구를 통한 수집방식에 따라 다음 4가지 형태로 구분한다.

- **측정**(Measurement): 득표수, 시험 결과, 자동차 주행거리, 오븐 온도 등과 같이 크기를 표시하는 숫자들 수집결과
- **관찰**(Observation): 자신의 감각을 통해 그리고 카메라, 녹음기, 현미경 등의 수단들을 이용하여 경험한 사건들, 상황들, 형편의 기록
- **심문**(Interrogation): 사람의 혐의, 호불호(likes and dislikes) 등에 대한 정보와 같이 묻고 탐지하는 자료의 획득 행위
- **참여**(Participation): 직접 실행하여 자료를 획득, 예컨대 단순한 관찰과는 달리 자전거를 타는 경험은 균형 잡기, 교통신호 대응 등의 다른 일들에 대한 학습 경험을 제공

둘째, 비실험조사는 정량 및 정성자료를 획득하기 위해 관찰(observation), 설문조사(surveys), 통제실험(controlled experiments), 투사(투영)기법(projective techniques) 등 여러 방법을 사용하여 수행한다.

소비자행동을 관찰하는 조사방법은 기술진보와 함께 보다 세련된 형태로 발전해왔다. 출입인원 측정기부터 시작하여 특정 웹사이트(web site) 접속 횟수 분석, 소비자행동 비디오녹화까지 여러 형태로 관찰을 수행할 수 있다.

또한 조사자가 자연스런 환경에서 어떤 고객이나 특정 고객집단을 관찰하여 그 환경의 사회문화적 특징의 해석내용을 기초로 그들의 행동을 해석하는 관찰조사방법을 해석조사(interpretative research)라고 한다.

해석조사에는 언어, 이상, 가치관, 예상을 좌우하는 문화를(즉, 모집단을 문화적 관점에서) 연구하는 민속지적(민속학적) 연구(ethnographic study)가 있다.

3.1.4.3 2차 자료의 특성

2차 자료(secondary sources or data)는 사용자가 다른 원천을 통해 간접적으로 수집한 자료이며, 1차 자료를 해석하거나 또는 기록한 문헌자료(written sources)이다. 2차 조

사(Secondary research)는 (기록·통계에 의한) 탁상조사(desk research)라고도 하며, 기존 조사의 요약, 대조조사(collation), 합성 등으로 수행된다.

2차 자료는 뉴스 방송이나 특보(news bulletins), 잡지, 신문, 서류, 광고, 인터넷 등의 형식으로 제공된다. 2차 자료는 포괄적으로 묶어서 함축된 기사로 제공되거나 또는 이해하기 쉬운 효과적 어구로 제공된다. 자료의 질적 수준은 발표 원천 및 방법에 따라 다르다. 2차 자료의 장단점은 다음과 같다.

① 2차 자료 장점: 쉽게 입수 가능, 풍부한 세부내용, 인터넷 검색이나 도서관 방문을 통해 저렴한 비용으로 사용 가능

② 2차 자료 단점: 빠른 사장 가능성, 현안에 대한 통용성과 관련성 결여

특히 2차 자료의 사용은 다음 조치 수행에 도움을 주는 뚜렷한 이익을 제공한다.

- 문제의 규명
- 문제의 보다 양호한 정의
- 문제에 대한 접근법의 개발
- 적합한 조사설계 공식화
- 조사 문제의 대답 규명과 일부 가설 검정
- 1차 자료를 보다 통찰력 있게 해석

이러한 2차 자료의 장점으로 인해, 입수 가능한 2차 자료의 검토는 1차 자료 수집의 전제조건이다. 따라서 방법론 참고사항, 오류 또는 자료의 정확성, 자료가 수집된 시점, 자료의 목표 및 자료 수집의 목적, 자료의 특성이나 내용, 자료의 신뢰가능성을 기준으로 2차 자료의 질적 수준을 검토하여 최대로 활용해야 할 것이다. 그리고 2차 자료 내용을 모두 철저히 검토하여 거의 이익이 없는 경우에는 1차 자료를 수집해야 한다.

3.1.4.4 2차 자료의 분류

2차 자료의 원천은 〈그림 3-2〉와 같이 조직내부원천(internal organizational sources)과 외부원천(external source)으로 구분할 수 있다. 또한 외부원천은 온라인 지수 및 데이터베이스, 특정 정기간행물 및 책자, 국내·외 정부 및 국제기구 원천으로 구분할 수 있다.

첫째, 내부자료는 조사가 수행되는 조직 내부에서 발생된 자료이다. 특히 조직내부원천 자료에는 기업의 판매기록, (고객 만족 및 불만사항, 연락처, 주소 등의) 고객 데이터

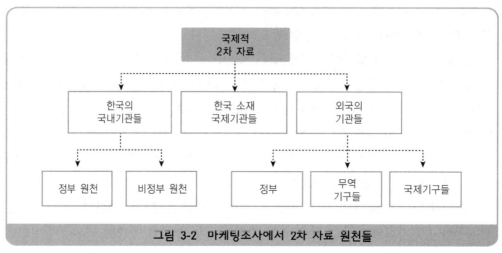

그림 3-2 마케팅조사에서 2차 자료 원천들

자료: Malholtra(2009), 142.

베이스, 재무제표, 판매인력 관찰기록, 방문판매 기록, 재고자산 기록, 회사의 과거 조사
보고서 등이 있다.

　　이러한 정보는 경영의사결정 지원시스템에 의해 관례적으로 제공되는 정보와 같이
사용 준비된 체제로 이용 가능할 수 있다. 한편 조사자가 사용할 수 있도록 상당한 처리
를 해야 하는 자료들도 있다.

　　내부원천들은 2차 자료 모색의 출발점이 되어야 한다. 대부분 조직들은 많은 내부
정보를 갖기 때문에, 일부 자료는 쉽게 입수할 수 있으며 도움이 되는 통찰력을 제공할
수 있다.

　　둘째, 외부자료는 조직 외부 원천들에서 발생된 자료들이며, 인터넷(검색엔진 사용),
디렉토리(Directories), 국가정보, 마케팅조사보고서 발간물, 기타 원천 및 토론 학술지
일람표, 동업자단체(trade association)의 민간자료, 2차 자료 온라인 원천 등이다. 이러한
자료들은 발간자료, 컴퓨터 저장 데이터베이스, 연합서비스에 의해 입수 가능한 정보의
형식으로 존재할 수 있다. 외부 2차 자료를 수집하기 전에, 내부 2차 자료를 분석하는
것이 도움이 된다.

3.1.4.5 2차 조사의 방법론

2차 조사의 주된 방법론은 보통 메타분석 통계기법들(meta−analytic statistical tech-niques)을 사용하는 계통적 검토이다. 이러한 2차 조사는 전형적으로 조사 발간물 및 보고서 형식의 다른 기관들의 주된 조사를 사용한다.

시장조사에서 2차 조사는 〈그림 3−3〉과 같이 당사자들이 수집한 어떤 자료를 그 당사자나 다른 당사자가 재사용하는 것을 포함하도록 수행된다. 가끔 2차 조사는 이미 알려진 것과 어떤 새로운 자료가 필요한지를 결정하거나 또는 조사설계 정보를 제공하도록 하는 조사 예비단계들에서 요구된다.

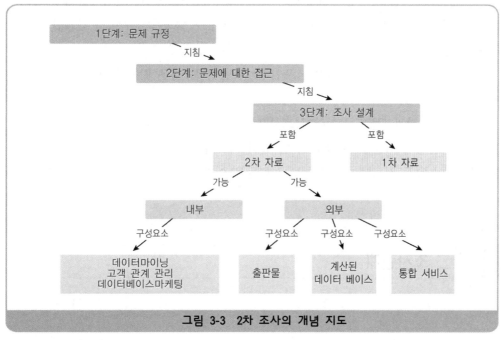

그림 3-3 2차 조사의 개념 지도

자료: Malholtra(2009), 142.

3.1.5 자료 분석 및 보고서 작성

마케팅조사를 통해 획득한 발견사항을 해석하여, 관리자가 효과적 판단을 할 수 있도록 하는 서식(format)으로 제출을 해야 한다. 마케팅조사자와 조사보고서 독자 사이에 조사결과들의 해석에서 발생 가능한 차이들은 다른 배경, 지식수준, 경험에 따른 것이다. 구두 및 서면보고서 모두 그러한 오해를 최소화시키도록 구성된 방식으로 제시되어야 한다.

마케팅조사자들과 조사 사용자들은 반드시 각 조사과정 단계에서 협력해야 한다. 관리자들이 조사한계 또는 생소한 용어에 대한 장황한 논의를 듣는 경우에 조사 결과들이 거의 소용이 없을 것을 두려워하여 많은 연구들이 전혀 사용되지 않는다.

마케팅조사자들은 자신의 보고서가 다른 조사자들이 아니라 관리자들에게 전달되는 것을 기억해야 한다. 조사 결과의 결론을 실행할 수 있도록 명확하고 간결한 용어로 표현해야 한다.

조사방법의 전문적 세부사항을 포함시켜야만 하는 경우에는 부록에서 한정적으로 제시하여야 한다.

특히 의사결정자들은 신속하게 조사결과가 의미하는 것과 취할 필요가 있는 조치들에 대해 합의에 도달할 수 있도록, 한 번의 회의에서 모든 핵심간부에게 조사 결과들을 제출하여 모든 사람들이 조사 발견사항들을 이해할 수 있도록 보장해야 한다.

3.2 조사설계

3.2.1 조사설계의 개념

조사설계(research design)는 조사목적을 위해 연구조사를 인도하는 데 사용되는 상세한 골자(framework) 또는 청사진(blueprint)이다.

따라서 조사설계는 조사문제에 대한 명확한 진술, 정보수집 절차 및 기법, 연구대상 모집단, 자료 처리 및 분석방법에 관한 내용의 의사결정이다. 조사연구를 설계하는

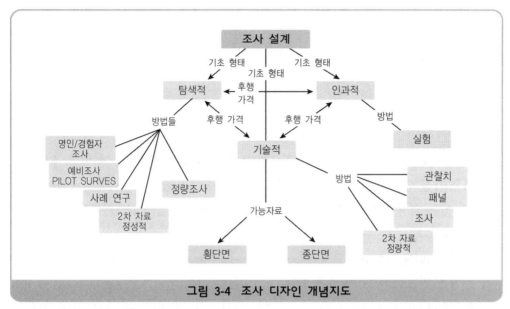

그림 3-4 조사 디자인 개념지도

자료: Malholtra(2009), 111.

과정은 많은 상호 관련된 결정들을 포함하며, 마케팅조사 문제들의 구조를 규명하고 해결하는데 필요한 정보를 획득하는 절차들을 상세히 열거한다.

조사설계의 목적은 조사 질문 및 목표들을 다루는 증거를 획득하는 데 있기 때문에, 조사설계는 과학적 엄격함(rigour)과 객관성에 확고한 기초를 두는 기반을 보유해야 한다. 조사설계는 〈그림 3-4〉와 같이 다음 구성요소들을 갖는다.

- 필요한 정보의 규정
- 조사 과업 및 활동의 종합계획(master-plan), 청사진, 순서 배열을 통해 조사의 탐색적, 기술적, 인과적 국면들을 설계
- 관리자가 필요로 하는 자료를 조사자가 수집 및 분석하는 데 사용하는 방법들과 절차들에 관한 계획
- 연구 질문에 대한 해답 모색을 조사자가 시작할 방법에 대한 계획
- 측정 및 척도결정 절차들의 명시
- 설문지(면접 양식) 또는 적절한 자료수집 양식의 구성과 사전검사
- 조사질문에서 도출되는 명확한 목표들을 갖고, 자료를 수집할 정보원천, 자료형

태, (설문조사, 관찰, 실험 등의) 설계기법들, 표본추출 방법론 및 절차와 표본크기, 계획표 및 예산을 규정
● 자료분석을 위한 계획 개발

3.2.2 조사접근법 구성요소

조사접근법(research approach)은 정보를 획득할 방법을 결정하기 때문에, 조사접근법 선택은 가장 중요한 결정이다. 선택된 조사는 귀중한 마케팅 정보수집도구들에 도움이 될 수 있는 의사결정시스템을 수용할 수 있도록 충분한 신축성을 가져야 한다. 조사접근법은 다음과 같은 구성요소들을 갖는다.

① **객관적이며 이론적인 골자**(objective/theoretical framework): 일반적으로 조사는 객관적 증거를 기초로 하고, 이론에 의해 지지되어야 한다.

객관적 증거(objective evidence)는 편견이 없고, 실증적 발견(empirical findings)에 의해 지지되는 증거이다. 또한 조사의 지침이 되는 적합한 이론은 서적이나 학술 논문을 검토하여 규명할 수 있다. 조사자들은 이론 검토를 통하여 조사설계와 표본 선택방법을 찾고, 변수를 규정하여 측정하는 방법에 대한 정보를 획득해야 한다. 2차 자료 분석을 통해 획득하는 이론적 골자는 적절한 분석모형 개발의 기초를 제공할 것이다.

② **분석모형**(analytical model): 어떤 실제 시스템이나 과정의 전부 또는 일부를 나타내도록 설계된 변수들과 그들 상호관계들의 집합이다. 모형들은 보편적으로 구두모형, 그래프, 수리적 구조들을 갖는다.

● **구두모형**(verbal models)은 변수들과 그들 상호관계들을 산문형식으로 서술하는 방식으로 이론의 주요 원리를 단순히 고쳐 언급하는 방식이다.
● **그래프모형**(graphical models)은 시각적이며, 변수들을 격리시키고 관계들의 방향들을 제안하는 데 사용할 수 있다. 그렇지만 숫자로 표시한 결과들을 제공할 수는 없다. 그래프모형은 수리모형 개발을 위한 논리적인 예비단계모형들이다.
● **수리모형**(mathematical models): 현상들에 대한 통계적 추정 및 검정을 용이하게 하도록 방정식 형식으로 변수들 간의 관계를 명시적으로 설정한다. 수리모형들은 조사설계의 공식화 지침으로 사용될 수 있고, 처리에 알맞은 장점을 갖는다.

③ **조사질문**(research questions): 문제의 특정 구성요소들에 대한 정제된 진술들

(refined statements)이다. 그러나 문제의 구성요소들이 특정 용어들로 문제를 규정하지만, 접근법을 개발하기 위해서는 추가 세부요소들이 필요할 수 있다. 문제의 각 구성요소는 조사질문들의 하위구성요소들로 세분되어야 하고, 조사질문은 요구되는 특수한 정보를 묻도록 구성되어야 한다.

조사질문의 진술은 문제 규정뿐만 아니라 채택된 이론적 골자 및 분석모형에 의해 결정되어야 한다.

④ 가설(hypotheses): 조사자가 알려고 하는 요인이나 현상에 대해 증명되지 않은 진술이나 명제이다. 명제(proposition)는 어떤 문제에 대한 하나의 논리적 판단 내용과 주장을 언어 또는 기호로 표시한 것이다. 예컨대 2개 이상 변수들 간의 관계에 대한 잠정적 진술은 이론적 골자 또는 분석모형으로 규정할 수 있다.

하나의 가설은 조사질문에 대해 하나의 가능한 대답이다. 가설은 추구하는 대답들에 대한 단순한 질문이 아니라 관계들의 진술 또는 명제이기 때문에 조사질문보다 더 큰 차원들을 갖는다.

조사질문들은 질문형식이지만, 가설들은 서술적이며 실증적으로 검정될 수 있다. 가설의 중요한 역할은 조사설계에서 포함시켜야 할 변수들을 제안하는 것이다. 따라서 객관적이며 이론적인 프레임워크의 검토를 통해 조사질문들을 도출하고, 분석모형에 따라 조사질문들을 검토하여 가설들을 설정해야 한다.

⑤ 필요한 정보의 명시(specification of the Information needed): 문제의 각 구성요소와 분석 프레임워크 및 모형, 조사질문, 가설들을 기초로 조사자는 마케팅조사에서 획득할 정보를 결정한다. 특히 문제의 각 구성요소들을 검토하여 수집해야 할 모든 정보를 명시하는 일람표를 작성하는 것이 좋다.

3.2.3 조사설계 항목과 의사결정사항

전체 조사설계(overall research design)는 다음 4대 항목으로 구분할 수 있다.

① 표본디자인(sampling design): 해당 연구를 위해 관찰할 항목들을 선정하는 방법을 구성

② 관측디자인(observational design): 관찰을 수행하는 여건을 규명

③ 통계디자인(statistical design): 얼마나 많은 항목들을 관찰하고 수집 정보 및 자료

를 분석하는 방식을 결정

④ 운영디자인(operational design): 표본·통계·관찰 디자인에서 지정된 절차들을 수행할 수 있는 기법들을 결정

이러한 설계절차에 따라 특기 탐문조사 또는 조사연구에 관해 무엇을, 어디서, 어떻게, 얼마나 많이, 어떤 수단으로 할 것인가 등에 대한 다음 결정들이 조사설계를 구성한다.

- 연구대상(What is the study about?)
- 연구수행 이유(Why is the study being made?)
- 연구수행 분야(Where will the study be carried out?)
- (정성 또는 정량자료에 대한) 소요 자료형태(What type of data is required?)
- 소요 자료 입수 분야(Where can the required data be found?)
- 연구수행 포함기간(What periods of time will the study include?)
- 표본 설계(What will be the sample design?)
- (질문표현, 응답서식, 질문배열순서, 설문지배치 등의) 자료수집 사용기법(What tech-niques of data collection will be used?)
- 자료 분석방법(How will the data be analysed?)
- 보고서 작성방식(In what style will the report be prepared?)

3.2.4 조사설계의 전술적 수행과정

일단 조사접근법을 선택했다면, 전술적 조사결정을 수행한다. 여기서 수행해야 하는 특정 측정, 물어야 하는 질문, 설문지의 구조와 길이, 면담을 해야 하는 표본선택절차에 초점을 둔다. 이러한 전술적 결정들은 연구를 수행하기 전에 시간 및 예산 입수 가능성에 의해 제약을 받아, 추정비용은 예상가치와 비교되어야 한다.

어떤 것을 설계하는 것은 조각들이 서로 맞도록 보장하는 것을 의미한다. 대상들, 조사 접근법, 조사전술 사이의 맞춤의 달성은 본질적으로 이전의 결정들이 계속 차후 결정들에 비추어 고려해야 하는 쌍방향과정이다. 이러한 관점에서 조사설계과정은 복잡하고 새로운 통찰력 확보를 위해 많은 수정을 포함할 수 있다.

한편 조사설계의 중요한 과정은 다음과 같이 예비 기획단계, 조사설계, 수행의 3단

계로 구분할 수 있다.

① 예비 기획단계(preliminary planning stage)

- 기획시스템(전략 및 전술계획)과 정보시스템(데이터베이스, 의사결정지원시스템) 구축
- 조사목적(결정 대안들, 문제 또는 기회, 조사 사용자) 규정
- 조사목표(조사 질문, 가설 개발, 조사 한계) 규정
- 조사정보 가치의 추정

② 조사설계(research design)

- 조사접근법(탐색적, 기술적, 인과적 조사) 선택, 자료수집방법(2차 및 표준자료, 정성 방법, 설문조사, 실험)과 조사 공급자 역할(프로젝트 설계, 원 자료 수집) 결정
- 조사전술(관심 측정치 개발, 설문지 구성, 실험 설계, 표본추출 계획 설계, 분석결과 예상)

③ 수행(implementation)

- 비용 및 수행기간 추정치를 예상가치와 비교하여 조사 종결 또는 수정 및 지속 여부를 결정
- 자료 수집(현장 연구, 자료 처리)와 자료 분석(통계분석, 해석)
- 결론 및 권고방안 작성

3.2.5 탐색적 설계와 결정적 설계

조사설계는 〈표 3-2〉와 같이 탐색적 설계(exploratory designs)와 결정적 설계(conclusive designs)로 구분한다. 탐색적 설계는 대부분 정성적 특성을 갖는 반면에, 결정적 설계는 대부분 정량적 특성을 갖는다.

결정적 설계는 형식적이며 구조화된 것이며, 대규모의 대표적 표본을 기초로 획득된 자료를 정량분석에 적용한다. 이러한 조사에서 획득된 발견사항들은 관리 의사결정의 투입자료로 사용된다는 점에서 특성상 결정적이다. 결정적 조사는 여러 행동 대안들 중에서 선택을 하는 관리자의 의사결정을 지원하도록 설계되는 조사이며, 기술적 조사와 실험조사로 구분된다. 그리고 기술적 조사는 사례연구와 통계적 연구로 구성된다.

그런데 결정적 설계는 기술적 설계(descriptive designs)와 인과적 설계(causal designs)로

표 3-2 조사 설계의 분류와 특성 비교

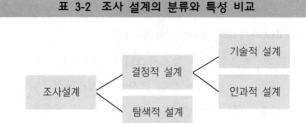

	탐색적	기술적	인과적
강조사항	아이디어와 통찰력 발견	발생 빈도	원인과 효과를 결정
특성	신축적, 비구조화	기초 가설, 구조화	변수 통제
사용 기법	초점집단, 심층면접, 정성조사, 전문가 조사, 2차 자료의 정성분석, 예비 조사	2차 자료의 정량분석, 설문조사, 관찰, 패널자료, 정량조사	실험 수행

구분한다. 그리고 기술적 설계는 횡단설계(cross-section designs)와 종단설계(longitudinal designs)로 구분한다. 또한 횡단설계는 단일횡단설계(single cross-section designs)와 복수 횡단설계(multiple cross-section designs)로 구분한다.

가장 유망한 가설을 규명하는데 탐색적 조사를 사용하고, 그 가설을 검정하기 위해 결정적 조사를 수행한다. 종결적 조사 결과에 따라 설정된 가설이 타당하다면 그에 따른 의사결정을 수행하고, 타당하지 않으면 다시 새로운 탐색적 조사를 수행해야 한다.

3.2.6 자료수집방법

조사 설계자는 자료수집방법을 크게 1차 또는 2차 원천의 사용을 기준으로 구분할 수 있다.

2차 자료(secondary data)는 현재 문제 해결 이외의 다른 목적을 위해 수집되어 이미 입수 가능한 반면에, 1차 자료(primary data)는 특정 조사목표를 처리하기 위해 특별하게 수집된다.

〈표 3-3〉은 자료수집방법과 조사범주의 관계를 보여주고 있다. 각종 방법들이 다른 목적으로 사용되므로, 차례대로 방법들을 사용하여 그 결과들을 서로 다른 방법에서

표 3-3 자료수집방법과 조사범주의 관계

자료수집방법		조사 범주		
		탐색적	기술적	인과적
2차 원천	정보시스템	아주 적합	*약간 적합*	
	여타 조직 데이터뱅크	아주 적합	*약간 적합*	
	통합 서비스	아주 적합	*약간 적합*	*약간 적합*
1차 원천	정성조사	아주 적합	*약간 적합*	
	설문조사	*약간 적합*	아주 적합	*약간 적합*
	실험		*약간 적합*	아주 적합

자료: Aaker *et al.*(2013), 78.

사용할 수 있다.

3.2.7   국제마케팅조사 설계

국제마케팅조사의 수행에서는 환경 격차가 주어지면, 한 국가에 대한 조사설계는 다른 국가에 대해서는 적합하지 않을 수 있다는 것을 주의해야 한다.

한국과 말레이시아에서 가정들의 가전제품에 대한 태도를 결정하는 문제를 고려하자. 한국에서 탐색적 조사를 수행하는 경우에 가정의 남자 및 여자 가장을 함께 초점집단으로 결정할 수 있다. 그러나 말레이시아에서 이러한 초점집단을 구성하는 것이 적합하지 않다. 회교문화 전통에 따르면, 아내들은 남편들이 있는 경우에 자유롭게 참가를 하지 못한다. 이러한 경우에는 1대1 심층면접을 수행하는 것이 보다 도움이 된다.

많은 개도국들의 경우에 소비자 패널들이 개발되지 않아, 기술적 종적 조사를 수행하는 것이 어렵다. 마찬가지로 많은 국가에서 (소매, 도매, 광고, 판촉 인프라 등의) 마케팅 지원 인프라가 부족하여, 현장 실험 등의 인과적 디자인을 수행하는 것이 불가능하다.

조사설계 공식화에서, 다른 국가들로부터 획득된 2차 자료와 1차 자료의 동등함 및 비교가능성을 보장하기 위해서는 많은 노력이 필요하다. 1차 자료 수집의 맥락에서, 정성조사, 설문조사방법, 평가척도기법, 설문지 디자인, 표본추출 고려사항들이 특히 중요하다.

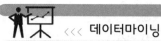 <<< 데이터마이닝

데이터마이닝(data mining)은 도움이 되는 패턴 발견을 위해 대규모의 복합한 자료를 탐색하는 학문, 예술 및 기술이다.

데이터마이닝은 자료에서 지식 채굴(knowledge mining)로 많은 원료에서 귀중한 귀금속 덩어리를 발견하는 과정의 특징을 갖는다. 이는 자료에서 지식 채굴, 지식 추출, 자료/패턴 분석, 자료 발굴 고고학(data archaeology), 자료 준설(data dredging)을 의미한다.

데이터마이닝은 다음의 지식발견과정에서 하나의 근본적인 단계이며, 많은 자료에서 흥미로운 패턴과 지식을 발견하는 과정이다.

● 자료 정제(Data cleaning)
● 지료 통합(Data integration)
● 자료 선정(Data selection)
● 자료 변환(Data transformation)
● 데이터마이닝
● 패턴평가
● 지식제시

 <<< 데이터베이스마케팅과 CRM

데이터베이스마케팅(database marketing)은 고객 프로파일과 구매 세부사항을 포착하고 추적하도록 컴퓨터를 사용한다. 이러한 2차 정보는 마케팅 프로그램의 기초로 또는 고객행동에 관련된 정보의 내부원천으로 역할을 한다. 많은 회사에서 고객관계를 육성하고, 확장하고 보호하는 데 필요한 근본적 도구를 제공하도록 데이터베이스를 다음과 같이 구축한다.

● 매출요구 보고서 또는 송장에서 발견된 그대로의 원래 매출액 정보를 초소형 컴퓨터로 이전시킨다.
● 이전된 소비자 정보를 동일 고객들에 대한 인구통계학적 및 사이코그래프 정보를 추가하여 개선시킨다.
● 사업관계의 수명동안 고객의 활동을 조건으로 소비자 정보를 분석하고, 그 결과를 추가한다.
● 대규모 및 소규모 사용자들의 프로파일, 용도 관계의 변화 징후 또는 연중행사와 같은 중요한 고객 수명주기 사건들을 규명하고 그에 따라 행동할 수 있도록 분류하여 처리한다.

CRM(customer relationship management: 고객관계관리)은 특유한 형태의 데이터베이스 주도 마케팅이다. 데이터베이스마케팅은 아주 세련된 목표를 가진 마케팅프로그램을 제공할 수 있다.

MARKETING
RESEARCH

탐색적 조사와
정성조사

탐색적 조사와 정성조사

4.1.1 탐색적 조사의 목적

탐색적 조사의 주된 목적은 조사자에게 직면하는 문제에 대한 통찰력과 이해를 제공하여, 공식화를 통해 새로운 통찰력을 달성하는 것이다. 탐색적 조사는 문제를 보다 정확히 규정하고, 관련 행동방안을 규명하거나 또는 접근법을 개발할 수 있기 전에 추가 통찰력을 얻어야 하는 경우에 사용한다. 탐색적 조사의 목적은 다음과 같다.

- 문제의 공식화 또는 보다 정확한 문제 규정
- 대안적 행동방침 규명
- 가설 개발
- 추가 검토를 위해 핵심 변수들 및 관계들을 격리

- 문제에 대한 접근법 개발을 위해 통찰력 획득
- 추가 조사를 위해 우선순위 확립

4.1.2 탐색적 조사 설계

탐색적 조사는 문제 해결을 위해 해당 현상에 대한 새로운 가설을 발견하는 데 목표를 두므로, 조사 수행에서 융통성(flexibility)과 독창성(ingenuity)이 필요하다. 탐색적 조사에서는 특정 양식을 따르는 공식적 설계(formal design)가 없기 때문에 조사자의 상상력이 가장 중요한 요인이 될 수 있다.

여러 방법을 사용하여 탐색적 조사를 수행할 수 있다. 정성조사분석에 사용하는 방법들 이외에 많이 사용되는 방법에는 2차 자료조사(study of secondary data), 관련지식 보유자조사(survey of individual with ideas), 사례연구(case study, case method)가 있다.

① 2차 자료조사 또는 문헌조사는 조사대상이나 조사분야에 대한 지식이 부족한 경우에 실시한다. 특정문제 파악을 위해 학술지 또는 국가 기관, 대기업, 상업전문조사 업체가 작성하여 발간한 과거 자료인 2차 자료를 활용하는 것이다. 문제를 규명하고 가능한 가설을 발견하는 신속하고 경제적인 방법이며, 기술발달에 따라 인터넷을 통해 검색 기업을 이용하여 세계적 정보원천들을 쉽게 이용할 수 있다.

② 관련지식 보유자조사 또는 전문가의견조사(경험자조사)는 어떤 조사문제에 대해 아이디어를 갖는 관련지식 보유자들(또는 사전에 미리 파악한 상상력이 풍부한 소비자들)을 기초로 명부를 작성하여 구성한 집단을 활용하여 새로운 아이디어들이나 필요한 정보를 획득하는 방법이다. 전문가로부터 연구문제에 대한 의견이나 조언을 구하기 위한 조사이다. 일대일 대인면접 또는 심층면접법(in-depth interview)으로 조사한다.

경험조사(experience surveys)를 예비연구(pilot research)라고도 하며, 문헌조사의 보완적 수단으로 활용할 수 있다. 또한 기술분야(technology field)에서는 핵심 정보제공자 기법(key-informant technique)이라고 한다. 그리고 신기술의 선도사용자(lead user)로부터 정보를 획득하기 위해 선도사용자조사(lead-user survey)를 사용한다.

특정 문제에 대한 아이디어를 가지면서 서로 다른 특성을 갖는 이질적 집단의 소비자들을 포함하도록, 조사에 협조할 것으로 기대되는 사람들, 조사문제에 대해 아이디어를 가진 것으로 생각되는 사람들, 중요하다고 판단되는 사람들로 표본을 선정하여 찾고자 하는 아이디어와 논제를 자유롭게 선택하도록 하여 수행한다.

③ 사례분석(case analysis) 또는 특례조사는 주어진 문제와 유사한 사례를 찾아서 분석하여, 주어진 문제에 대한 간접적 경험과 사전지식을 갖게 하여 현 상황에 대한 논리적인 유추에 도움을 주는 방법이다.

실제 사례를 분석하거나 시뮬레이션과 같은 가상의 사례를 분석하기도 한다. 사례연구는 관련지식 보유자조사의 일종으로 어떤 소수의 구체적 상황을 포괄적으로 조사하여 중요하고 복잡한 여러 요인 간의 관계를 분석한다. 특히 약간 모호한 상황에서 여러 증거를 사용하여 수행하는 마케팅 상황분석에 대한 경험적 조사로 규정할 수 있다.

사례연구에서는 포함되는 사례들의 수와는 무관하게 각 사례에 포함되는 요인들의 관계를 완전히 기술하고 파악하는 것을 목표로 한다. 따라서 사례연구는 여러 요인들의 상호관계를 포함하는 문제를 해결하거나 또는 개별요인의 이해를 위해 문제에 포함되는 요인들의 관계를 규명하는 데 사용된다.

사례연구의 분석방법에 유추법(analogy)을 가장 많이 사용한다. 사례를 수집한 후에 전체 집단의 모든 사례에 공통된 특성(전체사례공통특성), 전체 집단의 모든 사례에는 공통되지 않지만 일부 특정 하위집단의 사례에 공통되는 특성(부분사례공통특성), 어떤 특정사례에 고유한 특성(특정사례고유특성)의 3가지 요인을 중심으로 조사를 수행한다.

4.1.3 정성적 예측방법

계획수립자들은 판단적 또는 주관적 지표를 원하는 경우에 정성적 예측방법들을 적용한다. 정성적 예측방법에는 경영진의견 심사위원회(jury of executive opinion), 델파이기법(Delphi technique), 영업사원 종합추정치(sales force composite), 구매자의도 설문조사(survey of buyer intentions) 등이 있다.

① 경영진의견 심사위원회 기법은 마케팅, 재무, 생산 등의 영역에서부터 최고경영자들의 관점들(outlooks)을 결합하여 평균한다. 최고경영자들은 판매, 미래에 대한 마음이 열린 태도(open-minded attitudes), 판단 기초의 인식과 같은 역량을 그 과정에 가져온다. 이렇게 신속하고 저렴한 방법은 매출액 및 신제품개발에 대한 우량한 예측치를 발생시킨다. 단기예측에 최상의 영향을 준다.

② 델파이기법은 경영진의견 심사위원회와 같이 여러 사람들로부터 의견들을

요청하지만, 회사 경영진에 대해 완전히 의지하기보다는 학문적 연구원들(academic re-searchers)과 같은 기업 외부 전문가들로부터 투입물을 수집한다. 미래 매출액과 신제품에 대한 시장잠재력에 영향을 줄 수 있는 기술적 돌파구(technological breakthroughs)와 같은 장기적 논점들을 예측하는 데 가장 적절하게 사용된다.

델파이기법은 전문가 패널을 선정하고, 각 전문가에게 미래 사건에 관한 설문지를 보낸다. 대답을 종합하고 평균을 구한 후에, 이러한 결과를 기초로 또 다른 설문지를 개발하고 동일한 전문가들에게 설문지를 회송한다. 의견합치를 달성할 때까지 이러한 과정을 계속한다. 비록 미래 기술적 돌파를 예측하기 위해 성공적으로 델파이기법을 사용하더라도, 이는 시간이 걸리고 비용이 큰 방법이다.

③ 영업사원 종합추정치기법은 특화된 제품, 고객, 경쟁적 지식을 가진 구성원들인, 시장에 가장 근접한 조직구성원들이 단기 미래 매출액에 대한 최상의 통찰력을 제공한다는 믿음을 기초로 예측치를 개발한다. 먼저 경영자들은 구역수준에서의 영업사원들의 추정치들을 먼저 통합하고, 그리고 지역수준으로, 마지막으로 전국적으로 통합하여 3가지 수준 모두를 반영하는 매출액 종합 예측치를 획득한다.

영업사원 종합추정치접근법은 영업사원들이 자신 영역에 대한 매출액 할당을 결정하는 데 있어 예측치가 영향을 주므로 보수적 추정치를 결정할 가능성이 있다는 약점을 갖는다. 또한 영업사원들의 제한된 지형적 구역 내부에서의 협소한 관점은 여타 지역에서 발전되는 추세의 매출액에 대한 영향, 다가오는 기술혁신, 또는 마케팅전략의 중요한 변화를 고려하지 못하는 결과를 초래할 수도 있다. 따라서 영업사원 종합추정치는 다른 기법들과 함께 사용하여 최상의 예측치를 달성하도록 해야 할 것이다.

④ 구매자의도 설문조사는 우편설문지, 온라인 피드백, 전화 여론조사(투표, poll), 직접 면담을 통해 현재 및 잠재 고객들의 대표적 집단의 구매의도를 결정하도록 투입물을 수집한다. 이러한 방법은 제한된 수의 고객들에게 공급을 하는 기업들에게 적합하지만, 자주 수백만의 고객들을 가진 기업들에게는 비현실적으로(impractical) 판명되었다.

4.1.4 탐문방법

행동에 대해 타당하고 일반적인 설명을 제공하기 전에, 그 행동에 대한 정보를 수집해야 한다. 행동에 대한 지식은 여러 탐문방법(inquiry methods)으로 획득할 수 있다.

① (실험심리학적) 권위의 방법(method of authority: 어떤 문제에 권위를 가지고 있는 사람의 말에 근거하여 사실 여부를 확인하는 방법)은 책이나 사람 등의 전문가 원천(expert sources)을 사용하는 것이다. 권위의 방법 사용은 해당 쟁점에 대해 권위적(authoritative)으로 생각하는 어떤 원천을 참고하는(consulting) 것을 포함한다.

권위의 방법은 지식획득의 초기 단계에는 도움이 되지만, 참고한 원천이 진정 권위적이지 않을 수도 있거나 특정관점에 의해 편중될 수도 있어 문제에 대해 타당한 해결책을 제공하지 않을 수도 있다. 따라서 권위의 방법으로 획득한 정보에 따른 새로운 아이디어는 액면 그대로 수용하기보다는 철저한 과학적 검토(rigorous scientific scrutiny)를 거치게 해야 한다.

② 합리적 방법(rational method)은 17세기에 제안된 데카르트의 합리주의(rationalism) 원칙을 기초로 한다. 데카르트의 방법(Descartes' method)은 각종 믿음의 진실에 대해 의심을 하려는 의향(willingness to doubt)인 회의론(skepticism)으로 시작된다. 그리고 2가지 자명의 진리들(self-evident truths)을 가정으로 사용하고, 그 가정에서 연역논리학(deductive logic)은 확고한 결론을 도출한다. 이러한 데카르트 방법은 권위 또는 의식의 증거(evidence of one's senses)보다는 논리적 추론에 의해 좌우되므로 합리적 방법이라고 한다.

그런데 합리적 방법의 위력은 자명의 진리에서 논리적으로 연역된(추론된, deduce) 결론에 있다. 따라서 추론과정에 사용된 가정들이 올바르지 않다면, 논리적으로 추론된 결론은 가치가 없을 것이다. 이러한 이유로 과학적 설명의 개발에 합리적 방법은 사용되지 않지만, 변수들 관계에 대한 잠정적(tentative) 아이디어 개발에 사용된다. 주로 합리적 방법에 따라 추론된 가설을 실증검정으로 확인한다.

③ 과학적 방법(scientific method)은 실증사건(empirical events)의 행위에 관한 일반법칙들을 관련된 문제의 과학으로 입증하는 과학의 기능을 기초로 한다. 과학적 방법은 과학적 문제에 대한 해결책을 구하도록 반복적으로 수행할 수 있는 다음 4대 순환절차(cyclical steps)로 구성된다.

- 현상 관찰(observing a phenomenon)
- 원인 및 효과에 대한 잠정 설명 또는 진술의 체계적 표현(formulating tentative explanations or statements of cause and effect), 이러한 진술을 가설(hypothesis)이라고 부름
- 대안적 설명 배제를 위한 추가 관찰 또는 실험(further observing or experimenting

(or both) to rule out alternative explanations), 제안된 관계 가설의 타당성 검정을 위한 조사연구의 디자인, 연구대상 변수들 관계를 격리시키도록 실증조사연구를 디자인하는 과정을 덫 놓기 효과(trapping effect)라고 부름
  • 설명의 개선 및 재검정(refining and retesting the explanations)

과학적 연구의 수행에는 많은 시간이 소요되지만, 관찰결과에서 가설을 확인하지 못할 수도 있다. 그러나 계속 가설의 수정 및 점검의 반복을 통해 귀중한 아이디어를 얻을 수 있을 것이다.

4.2 ‖ 정성조사 기법과 타당도

탐색적 자료 수집을 위한 조사기법은 정성조사에 포함되며, 개인면접(individual interview)과 집단면접(group interview)으로 구성된다. 개인면접은 심층면접이나 투영법(projective techniques)으로, 집단면접은 초점집단면접(focus-group interview)으로 주로 수행된다.

초점집단과 심층면담은 프로젝트의 진정한 목적이 가장되지(disguised) 않고 응답자에게 알려지는 직접적 접근법(direct approach)이다. 한편 투영기법(projective technique)은 프로젝트의 진정한 목적을 숨기고 수행하는 간접적 접근법(indirect approach)이다.

정성조사가 표적 모집단을 반드시 대표하는 것은 아닌 정보를 제공하더라도, 특히 이전에 다뤄지지 않았던 현상들 또는 쉽게 정량화되지 않는 논제(중심문제, 주제, topic)를 탐색하려는 경우에는 효과가 있다.

정성조사는 자주 조사자들에게 해석주의적 접근방법에 따라 사람들이 행동하는 방식에 대한 이유를 물어보게 하지만, 정량화가 어려울 수 있는 주관적 의견들로 보통 구성된다. 보통 정량조사를 설계하기 전에 문제의 차원들을 찾아내기 위해 정성조사를 수행한다. 그리고 얼마나 많은 사람들이 정성연구에서 사용된 진술들에 대해 동의하는지를 찾아내기 위해 설문지 형태 조사(questionnaire-type survey)를 수행할 수도 있다.

4.2.1 브레인스토밍

브레인스토밍(Brainstorming)은 의사결정의 아이디어 생성국면(idea-generation phase of decision making)에서 사용되며, 조직에 대해 새롭고 중요한 결과를 주는 문제들의 해결책을 찾기 위해 시도하는 방법이다. 브레인스토밍에서는 집단을 소집하여 구체적으로 대안들을 발생시키도록 한다. 회원들은 아이디어를 제시하고, 간단한 설명을 통해 아이디어를 분명히 말해야 한다.

각 아이디어를 보통 플립차트(flip chart: 강연 등에서 뒤로 한 장씩 넘겨 가며 보여주는 큰 차트 또는 도해용 카드)를 사용하여 모든 회원이 다 보는데서(바로 앞에서)(in full view of all members) 기록한다.

자기삭제(자기검열)(self-censoring)를 회피하도록, 아이디어에 대해 평가하려는 어떤 시도라도 허용해서는 안 된다. 집단회원들(group members)에게 제시할 아이디어들이 아주 위험하거나 수행가능성이 없는 것처럼 보이더라도 제시를 하도록 권장해야 한다.

실제로 그러한 아이디어의 결여는 집단회원들이 자기 검열(self-censorship)을 하고 있다는 증거이다. 아이디어들을 기록하고, 회원들에게 검토를 하도록 배분한 후, 다음 회기에 대안들을 평가한다.

브레인스토밍의 의도는 집단회원들의 창의력을 자극하고, 다른 회원들의 제시 의견들을 기반으로 확장시키도록 권장하여 전적으로 새로운 아이디어들과 해결책들을 내어 놓도록 하는 것이다.

4.2.2 초점집단 면접법

4.2.2.1 초점집단 면접법의 개념과 특징

초점집단 면접법(focus group interview: FGI)은 전문지식을 보유한 소수 응답자 집단을 대상으로 연구자가 자유로운 토론을 유도하여 필요한 정보를 수집하는 방법이다. 대표적 탐색적 조사방법으로 집단심층면접법이라고도 한다.

토론사회자가 화제에 대해 토론을 집중시켜 무관한 점들에 대해 집단이 상세히 (장황히) 말하지 않게 하기 때문에 초점집단이라고 부른다. 초점집단은 R.K. Merton(1956)

의 "초점면담"(The Focused Interview)에서 처음 사용된 용어이다.

4.2.2.2 초점집단 면접법의 목적과 적용 방법론

초점집단 면접법의 목적은 어떤 논제의 정량적 측정보다는 소비자들과 제품 광고 및 판매활동 사이에 존재하는 복잡 미묘한 측면의 파악에 있다.

① 아이디어들을 생성하는 것이다. 제품이나 서비스 아이디어, 사용, 개선을 위한 출발점으로써 초점집단을 사용한다.

② 소비자용어(consumer vocabulary)를 이해하는 것이다. 제품을 기술하는 경우에 시류에 뒤지지 않도록(stay abreast of the world) 그리고 소비자들과의 제품 및 서비스 커뮤니케이션(가치제안)을 개선하도록 소비자들이 사용하는 어구를 사용하도록 초점집단을 사용한다.

③ 제품이나 서비스에 대한 소비자 니즈, 동기, 인식 및 태도를 표출시킨다. 제품이나 서비스에 대해 고객들이 느끼거나 생각하는 것에 대해 마케팅 팀이 상기할 수 있도록 초점집단을 사용한다. 이러한 초점집단의 적용은 차후 조사를 통해 처리될 수 있는 목표 설정에 도움이 된다.

④ 정량연구의 발견결과들을 이해하는 것이다. 초점집단을 사용하여 여타 설문조사에서 수집한 자료들의 이해를 보다 강화시킬 수 있다. 가끔 초점집단은 발견결과들이 특정방식으로 발생한 이유를 밝히는 데 성공적으로 사용된다.

4.2.2.3 초점집단의 분류

초점집단들은 탐색(exploratory), 임상(clinical), 체험(experiencing)의 3가지 형태로 구분할 수 있다.

① 탐색적 초점집단(exploratory focus groups)은 어떤 문제를 정확히 규정하는데 도움을 주기 위해 시장조사 초기단계에 보통 사용된다. 탐색적 집단들은 어떤 횡적 관계를 갖는 잠재적 소비자들로 구성하며, 미래 조사들을 위한 검정 또는 개념들에 대한 가설들을 만들기 위해 사용될 수 있다.

② 임상적 초점집단(clinical focus groups)은 가장 과학적 형식의 정성조사를 포함한다. 어떤 사안들에 대해서 자신들의 태도를 의식수준에서 잘 표명을 하지 못하는 응답자들에 대해 조사자가 사람의 참된 느낌이 표명되고 있는지의 여부를 판단할 수 있는

임상현장(환경)(clinical setting)을 사용하는 집단이다. 임상적 조사는 사람의 진정한 동기 및 느낌은 특성상 잠재의식적이라는 전제를 기초로 하는 과학적 노력으로 수행된다. 토론사회자는 이질적 응답자들의 집단을 대상으로 응답자 의식수준의 이면을 캐묻는다.

③ 체험초점집단(experiencing focus groups)은 조사자가 제품이 사용될 감정적 골자를 경험하고 소비자의 경험을 탐색하도록 해준다. 고려하는 상품종류에 대해 실제 고객들 집단의 생각을 조사자가 측정할 수 있도록 동질적 집단들을 사용하여 조사한다. 새롭게 쌍방향 초점집단(two-way focus group)이 부상하고 있다. 이는 하나의 목표집단이 어떤 관련 집단의 의견을 청취하여 학습할 수 있게 해준다.

4.2.2.4 초점집단의 장점

초점집단이 기타 자료수집기법들에 대해 여러 장점들을 제공한다. 이러한 기법들은 다음 10S들에 의해 요약된다.

① **공동(상승)작용**(synergism): 사람들 집단을 함께 보는 것은 사적으로 확보한 개별 응답보다 더 넓은 범위의 정보, 통찰력, 생각을 제공한다.

② **눈덩이처럼 불어남**(snowballing): 한 사람의 지적이 다른 참가자들의 연쇄반응 (chain reaction)을 촉발하는 점에서, 밴드웨건 효과(bandwagon effect)가 자주 집단 면접에서 작용한다.

③ **자극**(stimulation): 짧은 도입기간 후에 보통 응답자들은 집단에서 논제에 대한 전반적인 흥분 수준이 증가함에 따라 자신들의 생각을 표현하고 느낌을 표출하길 원한다.

④ **안도감**(security): 참가자들의 기분이 기타 집단 구성원들의 기분과 유사하기 때문에, 그러므로 참가자들은 편안하게 느끼고 기꺼이 자신들의 생각과 기분을 표현하려고 한다.

⑤ **즉흥적임**(spontaneity): 참가자들이 특정 질문에 대한 대답을 요구받지 않기 때문에, 참가자들의 응답은 자발적이고 독특하며(관습에 얽매이지 않으며) 그들 관점의 정확한 생각을 제공해야 한다.

⑥ **뜻밖의 기쁨**(serendipity): 개인면접보다 집단에서 갑자기 발생할 가능성이 더 크다.

⑦ **전문화**(specialization): 많은 참가자들이 동시에 개입되므로, 고도로 훈련되지만 비용이 비싼 면접관의 사용이 당연하게 된다.

⑧ **과학적 정밀조사**(scientific scrutiny): 관찰자들이 회기를 목격하고, 차후 분석을 위해 기록할 수 있다는 점에서, 집단면접은 자료수집 과정의 밀접한 정밀조사를 가능하게 한다.

⑨ **구조**(structure): 집단면접은 관련 논점과 처리되는 깊이에서 유연성을 허용한다.

⑩ **속도**(speed): 많은 개인들이 동시에 면접을 하기 때문에, 자료 수집 및 분석은 상대적으로 신속하게 진행된다.

4.2.2.5 초점집단의 단점

초점집단의 단점은 다음 5M으로 요약할 수 있다.

① **오용**(misuse): 결과를 탐색적보다 결정적으로 고려하여 초점집단이 남용 및 악용될 수 있다.

② **오심**(misjudge): 초점그룹 결과는 여타 자료수집기법들의 결과보다는 쉽게 잘못 판단될 수 있다. 초점집단은 특히 의뢰인과 조사자 편견에 영향을 받기 쉽다.

③ **조정**(moderation): 초점그룹은 조절이 곤란하다. 바람직한 솜씨를 모두 가진 조정자는 드물다. 결과의 질적 수준은 조정자의 솜씨에 크게 의존한다.

④ **번잡한**(messy): 응답의 비체계적 특징(unstructured nature)이 부호화(coding), 분석, 해석을 곤란하게 한다. 초점그룹 자료는 번잡하게 되는 경향이 있다.

⑤ **그릇된 설명**(misrepresentation): 초점그룹 결과들은 전반적 모집단을 대표하지 않고, 추정할 수 없다. 따라서 초점그룹 결과는 의사결정의 유일한 기초는 절대 아니다.

4.2.3 온라인 초점집단

4.2.3.1 온라인 초점집단의 특징

웹이 발달함에 따라 사람들의 관점을 원격적으로 발견할 수 있는 기회가 증가하고, 조사자는 이러한 기회를 정성조사에 적용시킬 수 있게 되었다. 하나의 방에 사람들을 소집하지 않는 것은 비용 및 시간의 상당한 절감을 제공할 것이다.

온라인 초점집단(online focus groups)은 소집하기 곤란하고, 민감한 화제들을 다루고, 온라인 기반으로 진행하고, 지리적으로 흩어진 시장들의 입지 결정 및 조사수행에 대해 이상적이다.

가장 보편적인 2가지 온라인 초점그룹면담법은 동시(실시간) 가상초점집단공간(real-time virtual focus rooms)과 비동기온라인전자게시판(asynchronous online bulletin boards)이다.

표 4-1 온라인 및 전통적 초점집단 면접 비교

특 성	온라인 초점집단	전통적 초점집단
집단 크기	4~6명의 참가자	8~12명의 참가자
집단 구성	세계 도처 가능	일정 지역에서 추출
지속 시간	1시간부터 1.5시간	1시간부터 3시간까지
물질적 환경	조사자 통제력 거의 없음	조사자 통제에 의해 수행
응답자 신분	확인이 어려움	쉽게 확인 가능
응답자 주의력	응답자가 다른 업무를 볼 수 있음	주의 깊음을 감시 가능
응답자 선발	보다 용이, e-메일, 자문단 또는 전통적 수단으로 온라인 모집	(전화, 우편, 우편 자문단 등의) 전통적 수단으로 모집
집단 관계역학	제한됨	상승적인 눈 뭉치(밴드왜건) 효과
응답자의 솔직함	대면접촉이 아니어서 응답자들은 보다 솔직함	민감한 논제 이외에는 응답자들이 솔직함
비언어적 의사소통	보디랭귀지 관찰 불능, 기호 사용으로 감정 표현	보디랭귀지 및 감정 관찰 용이
물리적 자극 사용	인터넷으로 보여 줄 수 있는 것에만 국한	(상품, 광고, 증명 등) 각종 자극 사용 가능
구술 기록	즉시 이용 가능	획득에 시간 소요 및 큰 비용
관찰자들의 조정자와의 의사소통	분할 화면으로 조정자와 관찰자들이 연락 가능	관찰자들은 쪽지를 친히 초점집단 룸으로 전달 가능
조정자의 특유한 솜씨	타자 입력, 컴퓨터 사용, 채팅 룸 속어 익숙함	관찰력
반환 시간	계획하여 며칠 후에 완성 가능	계획과 완성에 많은 일자 소요
의뢰인 여행비용	없음	비싸게 발생 가능
의뢰인 관여	제한	높음
기초적인 초점집단비용	아주 저렴함	시설임차, 식음료 제공, 비디오/오디오 녹음, 구술기록 등으로 높음

자료: Malhotra(2010), 152.

첫째, 가상초점집단공간은 6-10명의 참가자들이 동시에 참가하여 가상공간에서 토론을 90분 동안 진행한다.

둘째, 비동기온라인전자게시판은 며칠(보통 4-5일) 동안 12-20명의 참가자들이 자신의 의견을 남기는 형식으로 사용된다.

4.2.3.2 온라인 초점집단의 장단점

토론회기 동안 응답자들은 토론사회자의 모든 질문을 보고, 다른 응답자들이 입력하는 논평들을 볼 수 있다. 각 응답자는 실명이나 익명을 사용하여 식별이 가능하게 하고 응답은 색깔로 처리하여 빠르게 식별하도록 할 수 있다.

온라인 포커스그룹들이 미래에 나타날 것으로 보이는 빈면에, 오프라인 포커스그룹들은 현재 아주 인기가 있고 마케팅조사에서 중요한 역할을 하고 있다. 전통적 초점집단면담이 온라인에 대해 갖는 강점은 다음과 같다.

① 효과적인 조정자가 되어 컴퓨터 스크린 이면에서부터 권한을 확립하는 것은 극히 곤란하다.

② 많은 그룹 상호작용들이 컴퓨터 스크린 뒤에서 상실된다.

③ 온라인초점집단에서 말로 할 수 없는 반응을 설명하기는 불가능하다.

④ 온라인보다 전통적 초점집단에서는 아주 많은 보호장치가 있다. 참가자들은 전통적 초점집단에서 사진 신분증 제시를 요청받지만, 온라인에서는 그렇지 않다.

⑤ 온라인 초점그룹보다 생산한 현장에서 참여자들에게 사기진작을 보여주는 것이 아주 더 효과적이다.

4.2.4 심층면접

4.2.4.1 심층면접의 개념과 특성

심층면접(in-depth interviewing)은 직접 질문하여 응답을 얻기 곤란한 사항들에 대해 면접조사자들이 어떤 확정된 질문을 사용하는 대신에, 응답자가 조사문제에 대해 자유롭게 답변을 하도록 유도하는 기법이다.

고도로 훈련된 면접관이나 심리학자들이 조사를 수행하며, 면접의 깊이는 응답자들의 심연의 기분을 밝히기 위해 세부적 탐사질문들(probing questions)을 사용한다. 심층면접의 목표는 마케팅결정에 대한 응답자들의 표면적 이유의 속으로 파고들어 보다 기초적인 요인을 발견하는 것이어서, 이러한 이유로 심층면접이라는 용어를 사용한다. 다양한 기법들을 사용할 수 있는 (개인)심층면접은 초점집단에 비해 갖는 장단점을 〈표 4-2〉와 같이 요약할 수 있다. 심층면접의 특성들은 다음과 같다.

① 심층면접은 다양하지만, 신중한 계획, 훈련, 준비를 요구한다. 분석가가 글로 옮긴 기록으로 된 공통된 주제들을 찾고, 그 주제들은 보고서에 기록되기 때문에, 요약보고서는 초점집단연구와 유사할 것이다.

② 면접과정에서 응답자들이 제공한 말 그대로의 응답들을 기초로 분석가는 결론적 정보를 도출하고, 응답자들 논평에서 발견되는 견해의 중요한 격차들이 지적된다. 그리고 이러한 정성자료를 해석하는데 훈련받고 경험 있는 분석가를 사용하는 것이 필수적이다.

심층면접은 일반적인 면접으로는 수집이 곤란한 정보를 획득할 수 있다는 장점을 갖는 대신에, 면접조사 과정에서 많은 융통성을 발휘하는 결과로 인해 면접조사자들이 다른 경우와 여러 응답자에 대한 조사방식들이 동일하게 진행되기 어려워 수집 자료의 비교와 해석이 곤란할 수도 있다.

또한 아주 유능한 면접조사자를 고용하기 위해서는 많은 비용이 들고, 조사과정에서 조사자의 편견이 개입될 수도 있으며, 다른 면접법에 비해 더 많은 시간이 걸리고, 응답자의 협조를 구하기도 힘이 든다는 단점을 갖는다.

③ 초점집단면접이나 개인면접 모두 사람들이 거의 태도(감정)를 반영하지 않는 쟁점들에 대해 질문을 하고 광범위하게 캐묻는 것이다. 그러므로 응답자들을 마음 상하게 하거나 불안감을 주지 않도록 주의해야 한다.

개인심층면접 조사자들은 가끔 해석학조사(hermeneutics research) 기법을 사용하여 목표를 달성한다. 해석학조사는 소비자 파악(이해)의 기초로써 해석에 초점을 둔다. 해석은 조사자와 응답자 사이의 대화를 통해 나타난다.

해석학조사에서 조사자는 참가자의 질문에 대답을 하고, 전통적 방법과 같이 응답자에게 단지 질문을 한다. 어떤 예정된(사전 결정된) 질문도 없지만, 질문들은 대화가 시작됨에 따라 자발적으로 발생한다.

④ 기밀유지(confidentiality)의 문제이다. 정량조사에서는 응답자 신원이 일반적으로

표 4-2 개인 심층면접의 초점집단면접법에 대한 장단점	
장 점	단 점
● 집단압력이 없어 응답자는 보다 솔직한 기분을 제시 ● 개인별 1대1 상황이 응답자 생각과 기분이 중요하며 실제로 필요하다는 관심집중의 기분을 제공 ● 응답자는 뒤에 숨을 집단이 없고, 계속 면접관과 대화를 해야 하므로 인식상태를 높일 수 있다. ● 개별응답자에 대해 할당된 시간이 길수록 새로운 정보의 폭로(드러냄)가 권장된다. ● 응답자들에게 진술의 기초가 되는 기분과 동기를 상세히 캐물을 수 있다. ● 집단과정을 구출해야 하는 제약이 없이, 새로운 방향들의 질문들을 보다 쉽게 변동할 수 있다. 개별면접들을 주된 쟁점에 대해 중요한 통찰력(간파)를 제공할 수 있도록 인과관계 발언 및 무관한 쟁점들을 보다 유연하게 탐색할 수 있도록 한다. ● 밀착된 1대1 관계는 면접관이 비언어적(말로 할 수 없는) 피드백에 보다 신중할 수 있게 한다. ● 다른 사람들의 영향 없이 한 응답자로부터 단일한 관점을 얻을 수 있다. ● 초점집단시설과는 달리, 어디에서라도 면접이 가능하다. ● 심층면접은 경쟁자들이 같은 방에 모이도록 요구하는 집단접근법의 상황들에서도 유일하게 실행 가능한 기법이다.	● 심층면접의 총비용은 초점집단보다 더 클 수 있지만, 응답자별 분당 면접비용은 초점집단보다 아주 낮다. ● 심층면접은 초점집단과 같은 정도의 고객 관여를 얻지 못하는 경우가 많다. 먼저 정보에서 이익을 얻도록 심층면접의 여러 시간 동안 대부분 의뢰인 직원들이 앉아 있을 것으로 확신하기는 곤란하다. ● 심층면접은 사회자가 신체적으로 진을 빼는 일이기 때문에, 심층면접이 초점집단처럼 하루에 많은 횟수를 수행하지 못한다. 대부분 사회자들은 하루에 기껏해야 4-5회 심층면접을 힐 수 있다. 그에 비해 2개 초점집단으로 하루에 약 20명을 관여시킬 수 있다. ● 초점집단은 사회자가 1대1 회의로는 얻을 수 없는 반응들을 얻도록 집단의 역학관계를 좌우할 수 있는 능력을 제공한다.

중요하지 않다. 조사과정의 일부로써 개인들을 드러내지 않으면서 정성적 발견결과에 도달할 수 없다. 이로 인하여 응답자들은 정성적 조사에 참여하지 않으려 하거나 또는 참여하더라도 대답을 하는데 조심스러워 할 것이다.

4.2.4.2 개인 심층면접의 성공요건

개인 심층면담은 응답자가 특정 질문들에 대해 "예"나 "아니오"로 대답하기보다는 주제에 대해 이야기하도록 권유받는 비지시적(non-directive) 또는 반(준)구조화(semi-structured) 면담들이다.

개인 심층면담은 밀접하게 관계가 있는 집단토론기법과 마찬가지로, 크기보다는 조사되고 있는 영역의 특성을 이해하도록 노력한다. 비지시적 면접(non-directive interviews)에서 응답자는 면담관에게 흥미있는 화제들의 범위에서 자유롭게 응답을 한다. 반구조화(semi-structured) 또는 초점개인면담(focused individual interviews)에서 인터뷰 진행자는 특정 논제들 일람표 또는 특정 연구하위구분들 일람표를 다루려고 시도한다.

각 질문에 대해 배정된 시기결정(timing), 정확한 표현(exact wording), 시간은 면접관의 재량에 맡긴다.

개인 심층면접은 보통 30분 정도 진행되며, 면접관, 응답자모집, 면접, 참가 수당, 보고서 작성의 비용이 소요된다. 응답자와의 대화시간 단위를 분으로 사용할 경우에, 분당 비용은 초점집단에 비해 1/3 이하의 수준으로 아주 낮다. 그러나 총비용은 진행시간과 면접자의 이동시간을 고려하면 초점집단보다 더 높은 경우가 많다.

보통 1회 면접이 1-2시간 지속될 수도 있으며, 나중에 해석을 위해 응답자의 허락을 얻어서 녹음을 할 수 있다. 이러한 형태의 면접은 바쁜 중역과 기술자에게 특히 유효하다. 기술, 시장수요, 입법행위, 경쟁사의 활동, 유사한 정보의 추세들과 같은 기초적 시황(market intelligence)은 그러한 면접에 대해 처리할 수 있다.

① 면접관은 많은 경영간부들 주위의 비서 및 접수담당자의 방패를 통과하여 약속을 잡도록 충분히 설득력이 있어야 한다. 도전과제는 면접의 각 순간에서 (친밀한) 관계와 신뢰성을 확립하고, 그 분위기를 유지하는 것이다. 이에 대해 응답자들에게 자기 생각대로 관련될 수 있는 잘 아는 권위 있는 사람이 있다는 믿음을 주어야 한다. 이는 면접관이 제공한 특정정보에 대해 응답자가 반응하도록 요구하여 달성할 수 있다.

② 위협적인 질문들을 피하도록 주의해야 한다. 연구 발견사항들의 일부의 요약 등과 같이 대가로(보상으로) 주는 것을 제공하여 가끔 협조사항을 개선할 수 있다.

③ 면접 내용을 효과적으로 기록해야 한다. 일부 경영간부들은 녹음하는 것을 싫어하여, 질문을 하고 응답을 기록하는 것을 교대하도록 면접관들 팀을 사용하는 것이 필요할 수 있다.

④ 최대한 짧게 면담을 지속하도록, 답변을 피면접자의 직원에게 배정할 수 있는 원하는 특정 자료에 대한 구조화 설문지를 두고 가는 것도 아주 좋은 방법이다.

⑤ 적합한 응답자들 규명이 어려운 경우가 많고, 한 조직의 많은 부서를 대표할 수 있는 응답자이어야 하므로, 면접을 하는데 도움이 되는 다른 직원들에 대한 권유를 요청하는 것도 바람직하다.

4.2.4.3   고객서비스조사

심층면접의 변형은 고객서비스조사(customer care research: CCR)이다. CCR의 기초적 방안은 구매과정의 역학관계를 파악하기 위해 심층면접을 사용하는 것이다. CCR의 기초가 되는 7개 질문들은 다음과 같다.

① 이러한 구매를 하게 만든 최초의 동기는?

② 지금 구매를 하게 된 이유는?

③ 구매과정에서 가장 힘든 부분은? 구매를 하려다 꼼짝 못하게 되었던 점이 있습니까?

④ 구매 가격이 그런대로 괜찮다고 언제 그리고 어떻게 결정했습니까?

⑤ 이러한 구매에 관한 내막을 더 알 수 있도록 대화할 다른 사람이 있습니까?

⑥ 이러한 제품을 전에 구입했다면, 지난번 구입의 줄거리가 지금과 어떻게 다른지요?

⑦ 귀하는 어떤 점들에서 당사와 관련 직원이 귀하의 이해관계를 최상으로 충족시킬 것으로 믿도록 결정하셨습니까?

4.2.5   델파이방법

4.2.5.1   델파이방법의 개념과 특징

델파이방법(Delphi method)은 개별 전문가들로 구성된 전문위원회(panel)에 따라 전략이나 정책을 결정하는 체계적인 쌍방향 방법이다. 델파이방법은 전문가들의 집단조직에서 나온 예측치들이 비조직화 집단이나 개인들의 예측치보다 정확하다는 원리를 기초로 한다.

기업들이 제품이나 서비스에 창조적인 새로운 아이디어들을 찾는 경우에 신제품개발에 델파이방법(Delphi method)을 자주 사용한다. 델파이는 그리스 신화에 기원을 두는데, 델파이 도시는 활동 중심지로 하나의 높은 밀도의 정보의 거주 지역(populated areas)으로 문화, 종교, 관점을 종합했다. 델파이는 미래에 대한 뛰어난 통찰력(great insight)을 제공하는 것으로 믿었던 여성인 피티아(Pythia)의 신탁에 대한 발상지였다. 신탁은 미래에 대한 지식이 자신들이 인생에서 성공하도록 도움을 준다고 믿는 방문객들에게는 큰 영향력이었다.

전형적으로 델파이방법은 어떤 분야에서 전문가들인 사람들에게 의존한다. 그러한 전문가들은 제품개발조사자, 마케팅관리자, 전문가(의사, 엔지니어 등), 잡지 편집자, 간부, 성직자(priest) 등이다. 델파이 회기의 목적에 따라 전문가들의 형태는 다르다.

델파이의 핵심 특징은 익명성, 반복, 피드백, 집단 응답들의 집계(aggregation of group responses)이다. 델파이 방법의 목표는 의견 피드백을 배치한 일련의 집중적 설문지들을 통해 가장 믿을 수 있는 의견합치를 획득하는 것이다.

델파이연구에서 익명성의 목적은 집단갈등 및 개인 지배 등의 여러 문제들을 초래할 수 있는 집단 상호작용(group interaction)을 배제시키는 것이다. 델파이연구는 집단의 사결정에 대한 구조화된 간접적 접근법에 의존한다. 그래서 참가자들이 만나지 않고, 그 대신에 개인 예측들 및 아이디어들의 통계적 집계를 기초로 수행된다.

4.2.5.2 델파이방법의 수행방법

델파이방법은 여러 번의 자료수집을 포함한다. 전통적인 델파이 절차에서는 1차는 개별 전문가들이 자신들의 관점에 따라 적절한 쟁점들을 상대적으로 자유롭게 규명하고 상술하도록 비구조화 질문을 한다. 그리고 난 후에 이러한 쟁점들을 조사자는 구조화 설문지에 통합시킨다.

차후에 이러한 설문지를 사용하여 정량적 형식으로 전문가들 패널의 의견들 및 판단들을 끌어내도록 사용한다. 응답들을 분석하고, 통계적으로 요약한 후에, 추가 고려사항들을 위해 토론자들(panelists)에게 회송한다. 이러한 피드백의 형식은 논제에 따라 다르다. 이는 단순히 생각들의 집계가 될 수 있다.

그리고 나서 응답자들은 피드백을 기초로 앞에서 제시한 견해들을 변경시킬 수 있도록 한다. 〈그림 4-1〉과 같이 2회 이상 평가하도록 기준 선정들에 대한 설문을 수행한다. 이러한 횟수를 2회부터 10회까지 반복할 수 있지만, 보통 1-2회 반복으로 수행된다.

집단 응답의 반복, 통제된 피드백, 집계는 의사결정의 성과를 개선하도록 전문가들 패널로부터 주어진 쟁점에 대해 최대한 고급 수준의 응답들을 얻는 데 목표를 두고 있다. 패널의 응답들을 집단 각 구성원에게 회송하여, 반복적 과정들을 통해 전문가들은

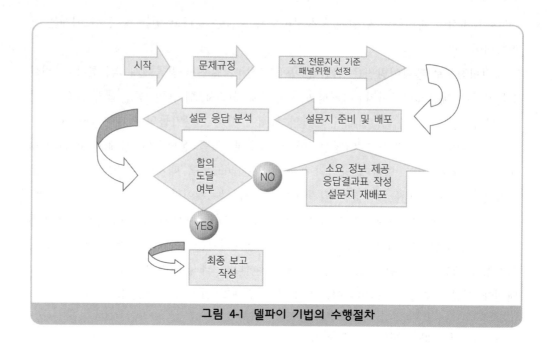

그림 4-1 델파이 기법의 수행절차

다른 사람들의 평가들을 기초로 자신들 추정치를 조정할 수 있다.

그런데 여러 번의 조사를 우편 설문으로 하는 과정에서 익명으로 참여를 하기 때문에, 응답자가 어떤 부문이나 단체의 대표자로써 신중한 응답을 하도록 하는 효과를 얻는 것이 곤란할 수 있다. 또한 대면 워크숍(face-to-face workshop)이나 브레인스토밍 회기(brainstorming session)에서 발생할 수 있는 자발적 토론들의 기회들이 부족하고 너무 의견합치를 강조하는 것 등이 델파이조사의 단점이다.

4.2.6 정책 델파이방법

1차 조사는 델파이방법을 사용하고, 2차 조사에서 공개적 토론으로 의견을 조사하는 기법을 정책 델파이기법(policy Delphi technique)이라고 한다. 이와는 달리 위원회 과정은 다음과 같은 약점들을 갖는다.

① 위원회를 지배적인 인물이나 마구 말하는 개인이 장악하여 다수의 의견이 묵살될 수 있다.

② 구성원들은 모든 사실이 알려져 대다수가 동의하기 전에는 어떤 논점을 주장하

지 않으려 하는 경향이 있다.

③ 고위직 인사의 의견에 대해 공개적으로 배치되는 주장을 하기가 곤란하다.

④ 자신의 견해를 일단 발표한 후에는 그 주장을 포기하지 않으려 하기 때문에 불합리한 의사결정이 초래될 가능성이 있다.

⑤ 말을 잘못하여 바보가 되고 체면을 잃지 않을까 하여 불확실한 생각을 제기하는 것을 두려워할 수 있어, 다양한 견해의 취합이 곤란할 수 있다.

델파이 방법은 위원회과정의 대체물은 아니지만, 위원회접근법의 유효성을 개선하는데 사용될 수 있다. 정책 델파이는 위원회 활동에 대한 어떤 선구자로써 10−50명으로 구성된 어느 조직에 대해서도 수행될 수 있다.

일단 델파이조사가 수행되면, 소규모 운용 가능 위원회들이 필요한 정책의 공식화를 하도록 조사결과들을 이용할 수 있다. 따라서 델파이는 위원회의 연구, 분석, 기안업무를 수행하도록 관련된 견해와 정보를 제공하여, 모든 가능한 선택안들을 고려하도록 하고, 특정 선택안의 영향 및 결과들을 추정하게 하고, 특정 선택안의 수락 가능성을 검토 및 추정하도록 해주는 역할을 한다.

4.2.7 투영기법

투영기법(projective techniques)은 명백히 관련이 없거나 모호한 시나리오에서 응답자들의 내재적인 믿음, 태도, 기분, 동기를 투사(투영)하도록 하는 비구조화된 간접적 형식의 질문방법이다. 이는 실제로 조사자가 파악하려는 내용과 다른 문맥의 질문을 통해 응답자가 조사자의 직접적 의도를 파악하지 못하게 하면서, 응답자들의 표면적 감정 이면에 있는 태도나 동기를 이끌어 내도록 응답을 유도하는 질문방법이다.

투영기법은 연상(association), 완성(completion), 구성(construction), 표현(expressive) 기법들로 구성된다. 특히 어떤 제품의 경쟁상표에 대한 소비자들의 이미지 파악에 도움이 된다.

투영기법들은 가끔 심층면접들에 통합된다. 투영기법들은 임상심리학 분야에 뿌리를 두고 있다. 대상자들에게 모호하며 비구조화된 상황들을 제시하고, 응답하도록 요청한다. 상황이 불확실하여 응답자들은 자신의 상상력을 사용해야 하며, 그러한 응답과정에서 응답자들의 진정한 느낌이 나타날 것이다.

투영기법은 직접 질문할 경우에 응답자를 당혹스럽게 하여 대답을 얻기 힘든 경우에 도움이 되는 장점을 갖는다. 특히 잠재의식이나 사회적으로 용납되지 않는 태도 및 동기를 알아낼 수 있다.

4.2.7.1 어연상검사

어연상검사(Word-association tests)는 특정 단어를 제시할 경우에 응답자가 가장 먼저 생각하는 것을 말하도록 하는 조사기법이며, 한꺼번에 여러 단어들을 제시한 후에 응답자의 머리에 가장 먼저 떠오르는 것을 말하도록 하는 방법이다.

마케팅조사자에게는 가장 실용적이며 효과적인 투영수단이다. 면접관이 어떤 단어를 응답자에게 읽어 주고, 먼저 생각나는 것이 무엇인지를 질문한다. 보통 개인은 동의어(synonym) 또는 반의어(antonym)로 응답을 한다.

어떤 방어기구가 역할을 할 시간을 주지 않도록 신속히 연속적으로 단어들을 읽는다. 만약 응답자들이 3초 이내에 대답을 하지 못한다면, 그 단어에 대한 어떤 감정적 연류를 가정할 수 있다.

어연상검사는 상표이름, 광고 선전 주제 및 구호(슬로건) 선택을 위해 사용한다. 이는 응답자가 자신의 응답을 검열할 틈을 주지 않는다면 응답자의 진정한 느낌을 밝힐 수 있다는 논리를 기초로 한다.

일련의 단어들을 제시하여 생각나는 하나 이상의 단어들로 응답하도록 대상자들에게 요구가 가능하다. 따라서 어연상기법은 모든 응답자에게 동일한 자극을 제시할 수 있어 응답결과를 비교하기 쉽고 편의도 적게 발생한다.

4.2.7.2 완성형검사

완성형검사(completion tests) 또는 문장완성법(sentence completion)은 응답자에게 완성되지 않은 불완전한 문장을 제시하고, 응답자가 이를 빠른 속도로 완성시키도록 하여 응답자의 태도나 의견을 조사하는 방법이다.

완성형검사는 공란을 채워서 문장이나 이야기를 완성(종료)하도록 대상자들에게 요구한다. 또한 이러한 방법은 스토리작성법(story telling)을 통해 어떤 그림이나 설명내용을 제시하고, 이를 기초로 응답자가 스토리를 만들어 보도록 할 수 있다. 응답자에게 어떤 회사나 제품에 대한 자신들 경험을 이야기하도록 요청한다. 이러한 스토리작성법을 비유(은유)기법(metaphor technique)이라고 하며, 잡지사진 등을 사용하여 경험을 잘 전달할 수 있도록 한다.

4.2.7.3 그림 및 만화검사

그림, 만화, 사진을 이용하여 소비자들의 인식이나 태도에 대한 정보를 획득할 수 있다.

① 소비자 그림검사(consumer drawings)는 소비자들에게 어떤 대상을 인식하는 방식 또는 그에 대해 갖는 기분을 그림을 그리도록 요청하여, 소비자들의 자극을 드러내거나 또는 인식을 표명하도록 하는 기법이다.

② 구조검사(construction tests) 또는 만화검사(cartoon tests)는 만화에 단어/생각 거품을 채우도록 대상자들에게 요구하는 만화구성 또는 대상자들이 어떤 그림에 대해 이야기하도록 하는 그림 구성으로 수행한다.

③ 사진 구분검사(photo sorts)는 기업 간부부터 대학생들까지 여러 형태의 사람들을 표시하는 특수하게 개발한 사진판을 구분하여 소비자들의 기분을 표시하도록 하는 방법이다.

상상열망기법(pictured aspirations technique: PAT)이라고 하는 사진 구분기법은 어떤 제품이 소비자 열망품목들에 어떻게 적합한지를 밝히려는 것이다. 소비자들은 자신의 열망들이 사진에 포함된 정도에 따라 사진판의 사진들을 구분한다.

4.2.7.4 표현검사

표현검사(Expression tests)는 다른 사람들의 행동을 묘사하도록 대상자들에게 요구하는 역할수행 활동(role-play activities), 제3자 기법(third-person techniques) 등으로 사용된다.

제3자 기법은 어떤 상황에서 (이웃이나 대부분 사람들인) 다른 사람이 행할 일들에 대해 생각하는 것을 응답자에게 이야기하도록 요청하는 방법이다. 이는 면접관이 응답자들에게 그들이 생각하는 것을 직접 질문하는 대신에, 당신의 이웃 또는 대부분 사람들과 같은 제3자에 대해 대답을 하도록 요청을 하여 응답자들의 기분을 알아보는 기법이다.

4.2.7.5 유추검사

유추검사(analogy)는 응답자의 성격을 유망한 구매(prospective purchase)에 연계시키는 방법이다. 유추검사는 마케팅관리자들이 특정 소비자집단을 목표로 하는 의사소통 전략 개발에 도움이 된다. 어연상검사(word associations)와는 약간 다르며, 유사성을 조건으로 두 항목들을 비교하는 것이다.

조사자는 응답자들이 선택하려는 점포 규명보다는, 품목을 구입한 선택 이유들을 결정하려고 한다. 어떤 응답자가 다른 응답자와는 다른 점포를 선택해도 점포에 관한 인식이 유사하면 점포선택 이유의 규명은 중요하지 않지만, 구입한 품목의 특성들에 대한 다른 인식을 규명하는 것은 중요하다.

4.2.7.6 의인화

의인화(personification) 역시 유추검사와 유사하며, 제품과 사람을 비교하는 방법이다.

예컨대 자동차 상표에 대해 그 자동차를 구입하는 사람의 특성을 기술하도록 하는 질문을 할 수 있다. 이러한 조사들을 통해 상표에 대한 응답자의 태도를 알 수 있어, 표준적 수준의 질문 성과보다 현저히 높은 성과를 달성할 수 있다.

4.2.8 프로토콜 분석

프로토콜 분석(protocol analysis)은 사람들을 의사결정 상황에 있게 하고 그들에게 선택을 하는 경우에 고려하는 모든 것을 이야기하도록 하는 기법이다.

이는 연구자는 피험자의 프로토콜을 분석하여 과제를 수행할 때 관여하는 하위 과정을 찾아내고, 이렇게 찾아낸 하위 과정은 시뮬레이션 기법을 통해 인지 과정에 대한 모형을 수립하고 수정하는 데 사용하는 기법이다.

이는 소비자의 의사결정 과정을 통찰하기 위해 개발된 정성조사 기법의 하나이다. 여러 사람들에게 프로토콜(실험 계획서, protocol)을 제공한 후에, 조사자는 그 사람들을 검토하고 사용된 평가기준들, 고려된 상표들의 수, 정보의 형태 및 원천 등과 같은 공통성을 찾는다. 프로토콜 연구는 다음 2가지 상황에서 도움이 된다.

첫째, 주택 구입과 같이 여러 의사결정요인들을 반드시 고려해야 하는 장기적 틀을 포함하는 구입에서 도움이 된다. 사람들에게 경험하는 단계들을 기술하도록 하여, 조사자는 과정들을 종합할 수 있다.

둘째, 의사결정 과정이 아주 단기인 경우에, 기억이 불완전하여 프로토콜 분석을 그 과정을 둔화시키도록 사용할 수 있다

4.3 정성자료의 분석

행위의 관찰결과를 기록한 후에, 조사자들은 사람들 행동을 요약하거나 또는 관찰결과의 신뢰도 결정을 위해 관찰자료를 분석한다. 조사자가 선택하는 자료분석의 형태는 수집한 자료와 연구목적에 따라 다르다.

조사자는 측정척도(measurement scale)를 사용하여 행동을 기록한 경우에는 통계량 요약과 분석을 수행하는 정량자료분석을 선택하고, 종합적인 서술적(이야기체) 기록(comprehensive narrative records)을 획득한 경우에는 정성분석이나 정량분석을 사용할 수 있다.

정성자료분석은 이야기체의 서술적 기록 분석에서는 자료 축소가 중요하며, 특정 기준들에 따라 행동들을 부호화하여 패턴을 분석할 수 있다. 내용분석법은 기록물(archival records)을 검토하여 관련원천 규명, 원천에서 일부 기록 표본추출, 분석단위 부호결정을 수행한다.

4.3.1 이야기체 기록 분석

종합적인 서술적 자료 또는 기록물을 사용하는 관찰연구는 많은 정보와 산더미 같은 서류, 비디오, 녹음자료들을 제공한다. 일단 자료를 수집한 후에 모든 정보를 요약하기 위해 자료축소 단계를 수행해야 한다.

자료축소는 행동자료를 초록하고(필요한 부분만을 뽑아서 적고) 요약하는 과정이다. 정성자료분석에서 조사자들은 관찰결과의 구두 요약을 제공하고, 이야기체 기록으로 행동을 설명하는 이론을 개발하려고 한다.

정성분석에서 조사자는 구두로 정보를 요약하고, 주제를 규명하고, 정보들을 분류하여 집단으로 나누고, 이야기체 기록의 자체 관찰결과들을 기록하는 방식으로 자료축소를 수행한다.

자료축소에는 부호처리 과정을 포함한다. 부호처리는 연구 목표들에 관련된 특수한 기준들에 따라 특정 사건들이나 행동단위들을 규명하는 것이다. 관찰자들은 행동패턴들을 분류하기 위해 코딩계획(coding schemes)을 사용한다. 이러한 방식으로 자료축소는 조사자들이 행동과 그 행동들의 선행사건들 간의 관계를 결정할 수 있게 해준다.

구분할 범주를 표시하는데 사용하는 계통적 문자 또는 숫자를 부호(code)라고 한다. 부호는 가능하면 0부터 9까지의 숫자를 사용하고, "−"나 "+" 부호는 사용하지 않아야 하며 질문지의 질문순서에 일치하도록 부호의 순서를 결정한다. 부호처리(coding)는 범주를 사전에 설정하여 항목들을 구분하는지의 여부에 따라 연역적(deductive) 및 귀납적(inductive)으로 구분한다. 부호처리에 사용되는 부호 종류는 다음과 같다.

① **연속부호**(sequence code): 부호화시킬 대상을 일정 기준에 따라 배열하고, 1부터 순차적으로 일련번호를 부여

② **블록부호**(block code): 일련의 연속 부호나 숫자를 몇 개의 블록으로 분류하고, 다시 각 블록을 공통된 특징을 갖는 일단의 항목으로 구성하여 각 블록별 또는 항목별로 부호를 부여

③ **집단분류부호**(group classification code): 항목 성격에 따라 대분류, 중분류, 소분류로 구분하고, 각 분류에 따라 부호들을 세부적으로 부여하여, 부호의 마지막 숫자는 특정 항목이나 측정 단위를 표시하고, 그 앞의 숫자들은 각 집단들을 표시하도록 하여, 각 항목이 소속된 집단을 명확히 구분

④ **유의수부호**(significant digit code): 부호화시킬 대상들의 측정결과들을 나타내는 숫자, 기호의 전부 또는 일부를 그대로 부호로 사용하는 방법

⑤ **식별부호**(identification code): 수집된 자료에서 각 변수의 사례를 식별하여 분석의 편의를 도모하도록 부호 또는 숫자를 부여

⑥ **연상기호부호**(mnemonic code): 숫자나 문자 또는 이들의 조합으로 기억하기 쉽게 부호를 부여

4.3.2 내용분석법

내용분석법(content analysis)은 서적, 신문, 문서 등과 같이 여러 문서화된 매체들을 중심으로 연구대상에 필요한 자료들을 수집하는 방법이다. 기록보관원천에서 관련 자료를 수집하는 것은 상당히 신중한 절차와 상대적으로 복잡한 원천의 내용분석을 필요로 한다. 일반적으로 내용분석법은 기록물의 특수한 특징을 기초로 추론을 할 수 있게 해주는 객관적인 부호처리기법으로 규정할 수 있다.

내용분석은 문헌연구의 일종으로 메시지의 현재 및 잠재적 내용을 분석대상으로 한다. 특정 자료에서 맥락에 대해 기술할 수 있고, 타당한 근거를 도출하는 방법이다. 이는 사례연구와 개방형 질문지 분석의 특성을 동시에 갖는다. 내용분석법을 사용하는 기록물의 정성자료분석은 이야기체 기록의 방법과 유사하며, 다음 3단계의 기초적 절차를 통해 수행된다.

첫째, 연구의 조사질문에 대한 해답을 제공하는 관련 기록원천을 규명한다.

둘째, 기록원천에서 적절한 표본추출을 수행한다. 기록원천의 무수히 많은 자료에서 조사자들은 대표적 표본을 획득하는 목표를 설정하여 일부 자료들을 선택해야 한다.

셋째, 연구 목적에 대해 적절한 기술적 범주들과 적합한 측정단위들을 규정하고, 기록자료에 대한 신뢰할 수 있는 판단을 하도록 정확한 조작적 정의를 사용하여 부호처리를 수행한다.

따라서 내용분석법은 연구문제 규정과 관련 가설 설정, 내용분석 자료들의 표본추출(모집단 규정, 표본추출 틀 및 단위 규정, 표본 사례들의 수 결정, 표본 크기 결정과 표본추출 방법 선택), 분석 범주 설정, 분석단위의 결정, 수집자료 집계와 부호화 작업 수행, 부호화 결과의 연구보고서 작성의 단계로 수행한다.

내용분석법은 가치관, 희망, 태도, 창의성, 인간성, 권위주의 등 다양한 심리적 변수를 효과적으로 측정할 수 있고, 관찰 등으로는 측정이 불가능한 가치문제의 연구를 할 수 있다. 또한 관찰이나 측정방법의 타당성 여부 조사와 함께, 다른 연구방법과 함께 사용할 수 있으며, 다른 조사에 비해 실패할 경우에 수행비용이 상대적으로 작아 위험부담이 작다.

내용분석은 본질적으로 부호화작업이다. 글 또는 언어에 의한 의사소통은 일정한 개념 틀에 따라 부호화하거나 분류한다. 예컨대 신문사설을 진보 또는 보수로, 라디오방

송은 선전적 또는 비선전적으로, 소설은 낭만적 또는 비낭만적으로 분류되도록 부호화할 수 있다.

내용의 특징을 분류하는 체계를 범주라고 하며, 범주는 내용분석을 위한 기준항목의 특성을 파악하기 위해 사용하는 개념적 틀이다. 범주는 포괄적이며 상호배타적이어야 한다.

4.3.3 정성조사의 타당도 평가

전통적으로 타당도(validity)는 측정치가 측정하려고 의도한 것을 실제로 측정했는지의 여부에 대한 평가이다. 타당도는 조사를 통해 달성한 효용으로 간주될 수 있고, 검정되는 측정성과 격차들에 대해 발견된 진정한 격차가 차지하는 정도이다. 정성조사에서 타당도 평가는 다음 2가지 형식을 갖는다.

첫째, 정성분석이 고객들의 사회적 및 심리적 생각을 파악하는데 정량분석보다 더 양호한 수단이라는 견해를 입증하도록 한다.

둘째, 확보된 자료의 타당성은 구술내용의 글로 옮겨 성과의 충실함이 최대화되는 것을 기준으로 평가할 수 있다.

정성자료의 인식론적 기원(epistemological origins)을 파악하여, 다음 사항들의 타당성에 대한 삼각측량(triangulation)을 정성조사결과의 타당도 평가 기준들로써 사용할 수 있다.

- 참가자 자체의 이해력
- 참가자의 솔직한 평가
- 일탈적 사례 포함 여부
- 이전 담화연구와의 일관성
- 자료 및 분석에서 풍부한 세부사항들
- 분석과정 해설
- 선정된 정량기법 사용
- 응답자 확인
- 발견사항

4.3.4 정성조사의 타당도 종류

정성조사는 문제의 파악을 위해서는 기술타당도(descriptive validity), 해석타당도 (interpretive validity), 이론타당도(theoretical validity), 일반화 가능성(generalizability), 평가 타당도(evaluative validity)를 충족시켜야 한다.

① 기술타당도: 설명의 사실적 정확도(factual accuracy of the account)이며, 구성적, 선택적 또는 왜곡적이 아니어야 하는 조건이다. 이러한 관점에서 타당도는 사실성과 유 사하며, 실제로 발생한 객관적 사실기반을 표시해야 한다는 신뢰도를 포함시킨다.

② 해석타당도: 참가자/피험자들이 상황 및 사건에 대한 자료가 자신들에 대해 갖는 의미, 해석내용, 조건, 의도 등을 포착할 수 있는 능력이다. 이러한 관점의 타당도는 충 실함(fidelity)과 유사하다. 조사된 개인이나 집단에 대한 주관적 해석내용이 실험 및 실 증 방법론에서 어떤 상충요인도 갖지 않아야 한다.

③ 이론타당도: 조사를 통해 현상을 설명하는 정도이다. 이러한 관점에서 타당도는 구성개념(construct validity)과 유사하다. 조사가 본래 의도한 측정대상인 이론적 구성개 념이나 특징을 어느 정도 적절히 측정하는가에 대한 정도를 나타낸다.

④ 일반화 가능성: 조사결과로 획득한 이론이 여타 유사한 상황들에서도 도움이 될 수 있다는 관점이다. 특정 집단, 공동체, 상황, 환경에서의 발견결과를 외부 공동체, 상 황, 환경에 유효하게 적용시킬 수 있다는 외적 타당도(external validity)를 강조한다.

⑤ 평가타당도: 조사대상의 평가 또는 판단 결과의 적용가능성에 대한 정도이다. 조 사자의 자체 평가 항목들이 중요한 이론적 관점에 적합하게 나타날 수 있는지 정도를 반영한다.

CHAPTER 05

MARKETING
RESEARCH

기술적 조사와
설문조사 및 관찰

기술적 조사와 설문조사 및 관찰

기술적 조사

5.1.1 기술적 조사의 개념과 특징

기술적 조사의 선택은 초기문제 또는 기회의 특성, 조사 질문(research questions), 조사 목표의 3가지 요인을 기초로 한다. 특히 기술적 조사 설계가 적합한 경우들은 다음과 같다.

- 조사 문제 또는 기회가 기존 시장상황의 특징을 서술하거나 현행 마케팅믹스 전략들을 평가하는 경우
- 조사 질문들이 목표 모집단 또는 마케팅전략들에 대한 "주체, 대상, 장소, 시기, 방법"의 질문들에 대한 대답들을 기술
- 변수들 간의 관계를 규명하거나 또는 집단들 사이에 격차가 있는지의 여부를 규

명하려는 경우

- 연구의 발견사항을 더 큰 모집단에 투영시키려는 경우

검정해야 하는 가설 또는 추측 진술(conjectural statements)에 따라 기술적 조사는 정해진 특정방향으로 수행된다. 이러한 점에서 기술적 연구 설계는 높은 신축성(융통성)을 갖는 탐색적 연구 설계와는 아주 다르게 융통성이 없이 엄격하다. 기술적 연구는 단순한 사실수집시도(fact-gathering expedition)뿐만 아니라, 조사 현상에 대한 많은 사전지식을 전제로 한다.

5.1.2 기술적 조사연구의 분류

기술적 조사연구는 횡단연구와 종단연구로 구분할 수 있다. 마케팅조사에서는 횡단연구가 종단연구 및 인과연구(causal studies)보다 더 많이 사용되고 있다. 횡단연구는 1회용 측정치(one-time measurement)여서 모집단의 스냅사진이라고도 한다.

횡단연구는 보통 아주 큰 표본크기들을 사용하며, 많은 횡단연구들을 표본설문조사(sample surveys)라고 한다. 표본설문조사는 특정 모집단을 대표할 수 있는 방식으로 표본을 추출한 횡단연구이다.

표본설문조사는 조사결과가 어떤 오차한계(margin of error) 이내에서 모집단의 진정한 값을 대표하며 정확하도록 설계해야 한다. 표본설문조사는 규정된 계획에 따라 사전에 결정된 수로 추출하도록 요구한다.

한편 종단연구는 성공적인 수행을 위해 패널(panel)이라는 동일한 구성원들의 표본을 사용하여, 반복 측정치들을 획득한다.

- 연속패널(continuous panels)은 브랜드전환과 같은 소비자들의 태도 변화를 관찰하거나 또는 시간에 따른 특정변수들(시장점유율, 판매량 등)을 측정하는.데 사용된다.
- 불연속(옴니버스)패널은 조사에 대해 이용할 수 있는 사람들의 집단이 있다는 장점을 기초로 매우 다양한 목적에 대해 신속하게 이용할 수 있다.
- 기술적(descriptive)이라는 용어는 가끔 정성조사를 서술하는데 사용되지만, 정량조사를 서술하는데 기술적이라는 용어를 사용하는 경우에는 의미가 다르다.

정성조사는 소비자, 소비 전후 상황, 문화에 대한 생생하고 상세한 원문기술(textual description)을 제공한다는 의미에서 기술적이다. 한편 정량연구는 인구통계학, 태도, 행

기술자료 (descriptive data)	관찰자료 (observation data)	개인적(personal) 자료	
		기계적(mechanical) 자료	
	조사(측량)자료 (Survey data)	전화(telephone)	전통적(traditional)
			컴퓨터 활용 전화 면담(computer-assisted telephone interviewing)
		개인(personal)	가택 방문(in home)
			쇼핑몰 면담(mall intercept)
			컴퓨터 활용 개인 면담
		우편(mail)	우편/팩스
			우편 패널조사(mail panel)
		전자적(electronic)	E-mail
			Internet

그림 5-1 정량기술자료(quantitative descriptive data)의 개념 지도(concept map)

자료: Malholtra(2009), 233.

동을 요약하는 숫자들과 통계량들을 사용한다는 의미에서 기술적이다.

정량적 기술적 조사연구를 위한 자료 수집에 일반적으로 질문(asking questions)과 관찰(observation)의 2가지 접근법을 사용한다. 따라서 정량기술자료는 〈그림 5-1〉과 같이 관찰자료와 조사자료로 구성된다.

기술적 조사 설계(descriptive designs)는 응답자들에게 그들이 생각하고, 느끼고, 수행하는 것에 대한 구조화질문(structured questions)을 하는 것을 포함하는 자료수집방법들을 자주 사용한다.

그래서 기술적 조사 설계는 자주 질의응답과정(question/answer process)을 통해 대규모 사람들 집단들로부터 정량자료(quantitative data)를 수집하는 설문조사방법(survey research methods)을 사용하게 된다.

5.1.3 기술적 정량조사의 목적

기술적 조사는 다음과 같이 대상의 특징 서술, 어떤 행동방식 추정, 특수한 예측수행 등을 목적으로 사용할 수 있다.

① 특정 집단들의 특징을 서술한다. 예컨대 소득, 성별, 연령, 교육수준 등에 대해 어떤 회사 상표에 대한 사용자들의 개요(프로필) 작성을 시도할 수 있다.

기술적 조사는 전형적으로 자연히 존재하는 어떤 변수 또는 변수들 집합의 측정을 포함한다. 기술적 조사전략은 변수들 사이의 관계에 대한 것이 아니라, 개별 변수들의 서술에 대해 수립된다.

기술적 조사의 목표는 어떤 단일한 변수를 서술히기니 또는 여러 변수들이 연관된 경우에 각 변수의 개별적 서술을 얻기 위한 것이다.

② 특정방식으로 행동하는 사람들의 비율을 추정한다. 예컨대 제안된 쇼핑단지 (shopping complex)의 특정 범위 이내에서 거주하거나 근무하는 사람들의 비율을 파악할 수 있다. 이와 같이 기술적 조사에서 획득된 결과들은 흥미롭고 자연스럽게 발생하는 행동을 파악하는 데 도움을 준다.

③ 특정 예측을 수행한다. 예컨대 향후 5년간 매출액을 예측할 수 있다면, 새로운 영업사원들을 고용하여 훈련시키는 계획을 할 수 있다.

기술적 조사전략은 조사의 초기단계인 예비조사(preliminary research)로써 특히 도움이 된다.

5.2 설문조사

5.2.1 설문조사의 개념

마케팅조사에서 1차 자료를 획득하는 3가지 기초적 방식은 설문조사, 관찰, 실험이다. 설문조사(survey)는 대표적인 개인들 표본과의 연락을 기초로 1차 자료를 수집하는 방법이다. 설문조사는 어떤 시점에서 즉석사진을 제공한다. 설문조사방법들은 마케팅조사에서 가장 많이 사용된다.

정량 설문조사방법(quantitative survey research methods)의 주된 목표는 응답자들의 대규모 대표적인 표본으로부터 사실 및 추정치들을 제공하는 것이다. 설문조사는 응답자들의 대답이 목표 모집단 구성원들이 응답하는 방식이라는 전제를 기초로 하는 표본 설문조사(sample survey)이다. 응답자들은 질문에 대답을 하는 사람들이다.

마케팅조사는 마케팅개념을 채택하는 회사들이 많이 사용하고 있다. 소비자들이 생각하는 것을 파악하기 위한 단순한 방식은 소비자들에게 질문을 하는 것이다. 마케팅 개념 채택에 어울리는 소비자 지향을 위해서는 고객들의 생각을 파악해야 하며, 여기에 적합한 주요도구가 설문조사이다.

5.2.2 설문조사의 장단점

설문조사연구(survey research)의 장점은 다음과 같이 모집단에 대한 정보를 평가하는 신속하고, 저렴하며 효율적이고 정확한 수단이며, 표본설문 결과들 분석에 통계적 도구를 아주 쉽게 적용할 수 있다는 것이다.

① 표준화(standardization): 설문조사방법들은 모든 응답자들에게 동일한 문제들을 질문하여 동일한 선택응답들을 갖도록 하나의 설문지로 제시된다. 또한 조사결과들을 목표 모집단에 대해 일반화시킬 수 있도록 대규모 표본크기를 수용할 수 있다.

② 하위집단 격차에 대한 민감도(sensitivity to subgroup differences): 설문조사는 아주 많은 응답자들을 포함하므로, 인구통계학적 집단들 또는 기타 하위집단으로 표본을 분할하기가 상대적으로 쉽다. 이에 따라 설문조사는 아주 작은 격차까지 규명할 수 있도록 충분히 정밀한 추정치들을 제공한다.

③ 관리 용이성(ease of administration): 구조화 질문들을 사용하여 응답자들이 스스로 작성하는 자기설명 면접법(self-explicated interview) 등을 이용하여 초점집단이나 심층면접에 비해 조사과정을 쉽게 관리하고 기록할 수 있다.

④ 도표 작성 및 통계분석 적합성(suitability to tabulation and statistical analysis): 수집된 원자료에 숨겨진 패턴들 또는 주제 해석과 관련된 고급 통계분석을 용이하게 한다.

⑤ **이면 타진능력**(ability to tap the unseen): 주체, 방법, 이유, 수단에 대한 4가지 질문을 사용하여 직접 관찰이 불가능한 개념들과 관계들을 연구할 수 있다.

한편 설문조사는 적합하게 수행하면 많은 이익들을 제공하지만, 조사자들이 설문조사수단 및 표본추출 틀을 설계하는데 주의를 하지 않는다면 설문조사는 효과가 없거나 호도할 수 있다. 또한 잘 설계되고 신중하게 수행된 설문조사라도 설문조사결과를 너무 늦게 인도하거나 대상을 잘못 조사한 경우에는 효과가 없다. 또한 설문조사는 다음과 같은 단점들을 초래할 수 있다.

- 응답자 태도 및 행동을 정확하게 측정하는 질문들을 개발하는 것이 어려울 수 있다.
- 심층 자료(in-depth data) 획득이 곤란할 수 있다.
- 낮은 응답률이 문제가 될 수 있다.
- 조사자들이 실제 행동을 연구하려는 경우에 응답자가 자신이 한 일 또는 하려는 일에 대한 질문에 대한 대답에서 실수할 수 있어 설문조사는 오류의 추가원천이 된다.

각 설문조사는 어떤 특유한 단점들을 갖는다. 그러나 모든 형식의 설문조사에 대해 오류는 보편적이어서, 조사자는 오류로 인한 잘못된 효과를 완화시킬 수 있도록 주어진 상황에 알맞은 설문자료 수집접근법을 적용해야 한다.

5.2.3 표본오차

오차는 조사자가 수집한 자료의 정확성 및 품질을 저하시킬 수 있다. 설문조사의 질적 수준을 평가하는 경우에는 그 정확성을 추정해야 한다. 설문조사연구에서 초래되는 총오차(total error)는 연구하는 변수의 (모집단 내부의) 진정한 평균값과 조사연구를 통해 획득된 관찰된 평균값 사이의 격차이다.

〈그림 5-2〉와 같이 설문조사연구오차(survey research error)는 크게 무작위표본(추출)오차(random sampling error)와 비표본오차(nonsmapling error) 또는 계통오차(systematic error)로 구분된다.

표본오차는 선정된 특정 표본이 관심 모집단을 불완전하게 대표하는 경우에 초래되는 표본에서 얻은 발견사항과 모집단의 진정한 값들 사이의 격차이다. 이는 모집단을

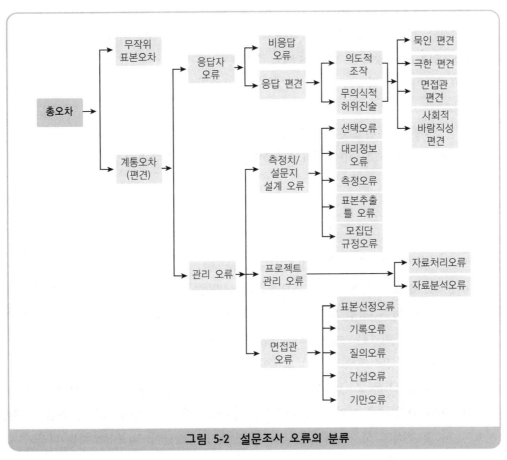

그림 5-2 설문조사 오류의 분류

자료: Zikmund and Babin(2010b), 149.

대표하는 표본에서 획득된 측정치와 전체 모집단에서 단지 획득될 수 있는 진정한 측정치 간의 격차이며, 표본추출로 인해 발생하는 모집단 모수와 표본통계량 간의 격차로 나타난다.

엄밀히 기법이 적합한 무작위확률표본을 사용하는 경우에도, 표본에 대해 선정된 요인들의 우연한 변화로 인해 통계적 오차가 발생한다. 따라서 표본에서 자료를 수집하는 설문조사연구 설계는 어떤 오차를 가지며, 이러한 통계적 문제는 표본크기가 400개를 초과하는 아주 큰 표본을 사용하지 않으면 피할 수가 없다. 그렇지만 무작위표본오차의 정도는 추정할 수 있다.

　　따라서 무작위표본오차는 모집단에서 일부를 표본으로 추출하여 조사한 결과를 기초로 모집단 전체에 대한 추론을 하는 과정에서 발생하는 오차이다. 이는 표본크기가 모집단과 일치하지 않다면, 어떤 표본도 주어진 모집단을 완벽하게 표시하지 않기 때문이다. 표본오차는 추정량에 대한 표본분포의 표준편차인 표준오차를 사용하여 측정할 수 있다.

　　표본오차는 사용된 표본추출방법과 표본크기에 의해 초래된다. 따라서 표본오차는 표본크기를 증가시키고, 적합한 표본추출방법을 사용하여 축소시킬 수 있다.

5.2.4 비표본오차

5.2.4.1 비표본오차의 개념과 특징

　　비표본오차 또는 계통오차는 표본추출과는 관련이 없는 설문조사연구 설계에서 발생하는 오차들이며, 무작위표본추출절차에 의해 초래된 오차들 이외의 모든 원천의 오차들을 포함한다. 비표본오차는 모집단을 조사하여 오차가 발견되는 경우에 나타나는 오차이며, 표본과 전수조사(census) 모두에서 발견될 수 있다.

　　비표본추출오차는 조사의 설계단계부터 보고단계까지의 모든 과정에서 부주의, 실수 또는 여타 원인 등으로 인한 문제 규정 오차, 접근, 척도, 설문지 디자인, 면담방법들, 자료 준비 및 분석의 오차들과 같은 여러 원천에서 나타난다. 비표본오차는 다음과 같은 특징들을 갖는다.

　　① 비표본오차는 자료에서 계통 변화 또는 편의(bias)를 초래하는 경향이 있다. 표본편의(sample bias)는 표본의 결과가 모집단 모수의 진정한 값과는 어떤 하나의 방향으로 괴리되는 지속적인 경향이다.

　　② 비표본오차는 통제 가능하다. 비표본오차는 설계나 설문조사 수행에서 어떤 인위적인 경미한 사고로 인한 것이다.

　　③ 표본오차는 통계적으로 측정될 수 있지만, 비표본오차는 직접 측정할 수 없다.

　　④ 하나의 비표본오차는 다른 비표본오차들을 초래할 수 있어, 수집되는 자료와 의사결정자에게 제공될 정보의 품질을 저하시킨다.

　　비표본오차들의 원천은 응답자오류(respondent error)와 관리오류(administrative errors)

로 구분할 수 있다. 또한 관리오류는 측정/설문지 설계 오류(measurement/questionnaire design errors), 맞지 않는 문제 규정(incorrect problem), 프로젝트 관리오류(project administrative errors)로 구분할 수 있다

계통오차 또는 비표본오차를 추정하는 기법은 표본통계량들에 비해 정밀도가 낮지만, 경험기반의 보수적인 주먹구구식을 사용할 수 있다.

소비자조사의 경우에 능숙한 조사자들은 신제품을 구매하겠다고 응답한 사람들의 단지 몇 %만이 실제로 구입을 할 것으로 결정한다.

5.2.4.2 응답자오류

응답자오류는 응답자들에게 도착하지 못하거나, 응답자들이 참여하길 거절하거나, 또는 응답자들이 진정한 대답을 나타내지 않는 방식으로 질문에 대해 의도적 또는 비의도적으로 응답하는 경우에 발생한다. 응답자오류는 무능력오류(inability error)와 비의향오류(unwillingness error)로 구성된다.

무능력오류는 응답자가 정확한 대답을 제공하지 못하여 발생한다. 이와는 달리 비의향오류는 응답자가 정확한 정보를 제공할 의향이 없거나, 응답자들이 사회적으로 수용 가능한 응답을 제공하려고 하거나, 당황스러운 결과를 회피하거나, 또는 면접관을 즐겁게 하도록 의도적으로 응답을 틀리게 보고하는 형태로 발생할 수 있다. 이러한 응답자오류는 비응답오류(non-response error)와 응답오류(response error)로 구분할 수 있다.

① 비응답오류는 획득한 최종표본이 계획된 표본과 다른 경우에 발생하는 계통편의(systematic bias)이다. 이는 응답한 사람들만을 포함하는 설문조사와 응답하지 않은 사람들도 포함하는 설문조사 사이의 통계적 격차이다. 비응답오류는 표본에서 미리 선정한 유망한 응답자들의 충분히 많은 수가 참여를 거절하거나 또는 이들을 접촉할 수 없는 경우에 발생한다.

비응답자들(nonrespondents)은 접촉하지 못하거나 협조를 거절한 사람들이다. 비응답자들은 연락두절과 거부로 구분할 수 있다.
- 연락두절자들(no contacts)은 첫째 및 둘째 연락에서 집에 없거나 또는 접근할 수 없는 사람들이다.
- 거부자들(refusals)은 조사 프로젝트에 참여하지 않으려는 사람들이다. 우편설문조사의 경우에 조사자는 비응답자가 참여를 거부한 것인지 아니면 단지 무관심한

것인지를 알 수 없다. 자기관리 설문지들에서 자주 문제가 되는 것은 자기선택편견(Self-selection bias)이다.

어떤 사람들은 조사 보증인(research sponsor)을 믿지 않거나, 응답에 대해 거의 전념하지 않는다. 한편 다른 사람들은 자신들의 사생활 침해로 분하게 여긴다. 응답을 하는 사람들과 하지 않는 사람들 사이의 격차는 아주 클 수 있다.

응답률을 높이기 위해 복수 재통보(multiple callbacks) 또는 온라인 연락, 후속조치 우편물(발송)(follow-up mailing), 장려책, 조사 보증인 신뢰도 제고, 온라인이나 기타 형태 설문지 완료 요구 시간표시, 보다 짧은 설문지 등을 사용할 수 있다.

② 응답오류 또는 응답편의(response bias)는 응답자가 진실을 잘못 표현하는 어떤 편향된 관점을 갖고 의도적 또는 무의식적으로 대답을 하려는 경향을 보이는 편견이다. 응답오류는 표본에서 변수의 진정한 평균값과 마케팅조사프로젝트에서 획득된 관찰된 평균값 사이의 차이로 나타난다. 응답오류는 잘못된 기억(faulty recall) 또는 자료오차(data errors)라고 하며, 응답자가 기억 손상을 갖거나 정확히 대답을 하지 못하는 오류이다. 응답오류는 의도적 조작과 무의식적 허위진술로 구분된다.

- 의도적 조작(deliberate falsification)은 사람들이 의도적으로 허위대답을 하는 것이다. 사람들이 알면서 대답을 잘못하는지의 여부를 알기는 곤란하다. 그렇지만 의도적 조작은 사람들이 아는 것처럼 보이거나, 개인정보를 숨기거나, 어색함을 피하려는 등의 이유로 대답을 다르게 하는 경우에 발생하는 응답편의이다.
- 무의식적 허위진술(unconscious misrepresentation)은 응답자들이 정직하고 협조적이지만, 질문 체제에 따른 이해 곤란, 질문 구성내용 또는 어떤 자극들에 의한 피로 및 지루함 등으로 인하여 발생하는 응답편의이다.

한편 응답편의는 묵인편견(acquiescence bias), 극한편견(extremity bias), 면접관편견(interviewer bias), 사회적 바람직성 편견(social desirability bias)으로 다시 구분할 수 있다.

- 묵인편의는 응답자들이 특정 입장에 대해 동조하려는 경향이다. 일부 응답자들은 모든 질문이나 대부분 질문들에 대해 찬성하려는 경향을 보인다. 이러한 편견은 특히 신제품조사에서 현저하게 나타난다. 한편 모든 질문들에 대해 일부 사람들이 반대하는 경향으로 나타난다.
- 극한편의는 일부 응답자들은 질문들에 대한 응답에서 극단들을 사용하는 경향을 보여 발생하는 응답편의이다. 응답 스타일이 사람마다 달라서, 극단적 응답들이

자료에서 극한편의를 초래할 수 있다.

- 면접관편의는 면접관의 존재가 응답자의 대답들에 영향을 주어, 응답자가 허위 또는 수정된(untrue or modified) 대답을 하도록 하는 응답편의이다. 이는 면접관과 응답자 간의 상호 작용으로 발생할 수 있는 응답편의이다.

- 사회적 바람직성 편의는 응답자들이 의식적 또는 무의식적으로 체면을 차리거나 다른 사회적 역할로 보이도록 하려는 욕구에 의해 초래되는 응답편의이다. 조사자들에 질문을 하는 경우에 응답자들은 기억을 찾아, 생각하고, 그 생각들을 응답으로 제시한다. 가끔 응답자들은 올바른 대답을 하지만, 다른 경우에는 자신들이 보다 우호적으로 보이도록 그들이 사회적으로 바람직한 응답이라고 믿는 것이나 단순히 추측하는 것을 제시한다. 응답자들은 자신들의 과거 행동을 보고하는 경우에 잊어버릴 수도 있어, 인간의 기억이 응답오류의 원천이 된다.

기억은 (원하는 것을 알고는 기억하는) 선택적 지각 오차(selective perception)와 (실제보다 더 최근에 발생한 일들로 기억하는) 시간압축오차(time compression)에 의해 영향을 받을 수 있다. 또한 응답자들은 과거 사항들을 세부적으로 기억하지 못하는 기억복구문제(memory retrieval problem)를 극복하기 위해 평준화를 사용한다.

5.2.4.3 관리오류

관리오류(administrative errors)는 조사 과업의 설계, 수행, 처리를 부적절하게 관리하여 초래되는 오류이다.

① 측정치/설문지 설계 오류(measurement/questionnaire design errors)는 측정치를 잘못 규정하거나, 설문지 질문의 설계 오류로 인하여 발생하는 편의이다. 조사자 유발오차(researcher-induced error)라고도 한다.

- 선택오류(selection error): 비확률 표본추출방법에 의해 획득된 표본이 모집단을 대표하지 않는 경우에 발생−쇼핑몰 방문자들의 쇼핑습관을 조사하려는 쇼핑몰 면접관이 아동을 데리고 온 사람들과 면담을 회피한다면, 그는 조사연구에서 선택오차를 유발하는 것임

- 대리정보오류(surrogate information error): 마케팅조사문제에 필요한 정보와 조사자가 찾은 정보 사이의 차이에 의해 발생−신제품을 기존 제품의 맛을 비교하여, 맛의 변화뿐만 아니라 제품 변화에 대한 소비자 태도의 변화를 규명하려는 연구

는 대리정보오차를 초래

- **측정오류**(measurement error): 조사자가 연구 목적에 따라 구하려는 정보와 조사자가 사용하는 특정 측정절차에 의해 생성된 정보 간의 격차 또는 변동으로 발생, 측정오차는 수단의 개발부터 자료분석 및 해석단계까지 어떤 단계의 측정과정에서라도 발생 가능－조사자가 응답자의 개인소득을 알려고 하면서 연간 가계소득을 질문하는 것은 조사연구에서 측정오차를 초래

- **표본추출 틀 오류**(sampling frame error): 표본선정오류(sample selection error) 또는 응답자선정오류(respondent selection error)라고도 하며, 표본설계나 표본추출절차 수행에서의 오류로 인해 대표적 표본을 선정하지 못하여 초래되는 오류－표본추출 틀(sampling frame)은 표본을 선정하는 모집단 원소들의 디렉토리(directory) 역할 수행, 오류조사자가 규정한 모집단과는 적합하지 않은 표본추출 틀에서 표본을 추출하는 경우에 발생, 표본추출계획의 수행 절차에서 오류를 피하는 것이 어렵기 때문에 표본선정오류가 항상 발생할 수 있음－트럭 구매자의 상표 선택 동기를 조사하려는 관찰자가 승용차 디자인 잡지의 구독자들에서 표본을 추출했다면 표본추출 틀 오류 초래

- **모집단규정 또는 상정오류**(population definition or specification error): 조사연구를 위해 자료를 획득하려고 선정한 모집단이 조사목적에 적합하지 않은 경우에 발생－조사연구 목표가 애완견 사료 상표 선호도 파악인데, 고양이를 더 많이 보유한 집단에서 표본을 선정하는 오류

② 프로젝트 관리 오류(project administrative errors)는 조사 과업 수행을 부적절하게 관리하여 초래되는 오류이며, 이는 자료처리오류와 자료분석오류로 구성된다.

- **자료처리오류**(data-processing error): 사람이 자료를 편집하고, 부호 처리하여, 컴퓨터에 입력을 하는 과정에서 초래될 수 있는 오류－컴퓨터 처리 자료의 정확성은 정확한 자료입력 및 프로그램 설정에 의해 결정

- **자료분석오류**(data analysis error): 설문지들에서의 원자료를 조사 발견사항으로 전환시키는 과정에서 나타나는 오류

③ 면접관 오류(interviewer errors)는 표본선정오류, 기록오류, 질의오류, 간섭오류, 기만오류로 구성된다.

- **표본선정오류**(sample selection error): 면접관들이 표본추출 설계에 의해 명시된 응

답자들과는 다른 응답자들의 선정 등과 같이 표본추출 설계와는 일치하지 않는 방식으로 응답자들을 선정하는 경우에 발생

- **기록오류**(recording error): 면접관들이 설문조사 응답들을 정확하게 기록하지 못하거나 또는 대답을 말 그대로 기록하도록 충분히 빠르게 기록지를 작성하지 못하는 경우에 초래된다. 또한 선택적 지각 오차 역시 면접관들이 자신의 태도들 및 의견들을 지지하지 않는 자료들은 틀리게 기록하게 하여 기록오류를 초래
- **질의오류**(questioning error): 응답자들에 대한 질문에서 또는 더 많은 정보가 필요한 경우에 캐묻지 않거나 조사 설계와는 다르게 질문을 하여 발생
- **간섭오류**(interference error): 자료를 수집하는 동안 면접관이 간섭을 받거나 또는 정확한 절차를 준수하지 않는 경우에 발생
- **기만오류**(cheating error): 면접관기만(interviewer cheating)이라고도 하며, 면접관이 활동을 하면서 설문지를 조작하거나 거짓 대답(fake answer)으로 채워 넣기를 하는 등의 기만을 저지르는 경우에 발생하는 오류 — 면접관들이 실제로는 없었던 응답자들에 대한 응답들로 채워 넣기를 하는 것을 갓돌 쌓기(curb-stoning)라고 함.

5.2.5 설문조사기법

설문조사(survey)는 단순히 응답을 요청하는 구조화 질문들(structured questions)의 집합이며, 연구의 어떤 측면에 대한 정보를 체계적으로 수집, 분석, 해석하는 활동이다.

시장조사에서 정량 설문조사는 표본추출 및 그를 통해 선정된 개인들과의 면접을 수단으로 정보를 수집하는 데 특히 많이 사용된다. 정량설문조사방법들은 크게 개인관리 설문조사(person administrative), 전화관리 설문조사(telephone-administrative survey), 자기관리 설문조사(self-administered survey)로 구분할 수 있다.

① 개인관리 설문조사: 숙달된 면접관이 질문을 하고 피험자(subject)의 대답들을 기록한다. 개인관리 설문조사방법에는 가내면접법(in-home interview), 쇼핑센터 현장조사(mall intercepts) 등이 있다.

② 전화관리 설문조사(telephone-administrative survey): 전화 기술을 통해 수행하는 질의응답교환기법(question-and-answer exchanges)이다. 전화관리 설문조사방법들에는 전화면접법(telephone interviews), 컴퓨터지원 전화면접법(computer-assisted telephone

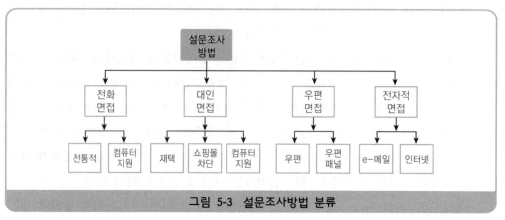

그림 5-3 설문조사방법 분류

자료: Malhotra(2010), 180.

interview) 등이 있다.

③ **자기관리 설문조사:** 훈련받은 면접관이 없이 응답자들이 설문조사 질문들을 읽고 자신의 응답을 기록하는 자료수집기법이다. 자기관리 설문조사는 주로 우편설문조사(postal survey or mail survey), 우편패널조사(mail panels), 원격 설문조사(drop-off survey), 인터넷 설문조사(Internet survey) 등으로 구성된다.

일반적으로 〈그림 5-3〉과 같이 설문조사 면접들은 e-메일, 전화, 웹 사이트, 문자 전송 또는 실제 대면 질의응답토론(actual face-to-face question and answer discussion)을 통해 수행된다.

5.2.5.1 개인관리 설문조사방법

① 가내면접법은 대면개인면접법(face-to-face personal interviews) 또는 (가가호호, 집집이)방문대인면접법(door to door personal interview)이라고 한다. 면접자가 피험자 가정을 방문하여, 1대1로 만나는 대면접촉(face-to-face contact)을 하여 구조화 질의응답 교환을 하고 면접결과들을 서류 또는 PC 등에 기록, 저장한다.

대면면접은 TV 또는 컴퓨터 웹 페이지(web page)의 "도움" 버튼(help me button)을 통해 원격으로 수행되는 면담자(면접관) 관리(운영) 설문조사(interviewer-administered surveys)와는 구별될 수 있다.

대면조사에서는 모호한 질문, 애매한 질문, 사회적 바람직함 편향(social desirability

bias)에 따른 대답 유도, (면접관의 특성으로 인해 특정 방향으로 대답이 유도되는) 면접관 편향(interviewer bias) 등이 발생하지 않도록 신중하게 설문지를 작성하고, 대면을 수행해야 한다.

면접관 편견은 면접관 연령, 성별, 용모, 언어 또는 비언어적 반응과 같은 변수들 또는 면접관을 즐겁게 하려는 욕구에 의해 응답자가 영향을 받는 경우에 발생한다.

이러한 재택 또는 방문(문간)면접법(in-home or doorstep interviews)은 응답자의 집에서 수행되며, 우편번호 또는 주거형태에 의해 표본이 결정되어야 하는 경우에는 중요한 방법이다. 응답자로부터의 즉각적 피드백, 복잡한 과업의 설명능력, 면접 속도를 높이거나 또는 자료 품질 개선을 위한 시각적 접촉(visual contact)을 요구하는 특수한 설문지 기법들의 사용 능력, 응답자 제품인식 및 평가에 대한 기초 자극들을 보여줄 수 있는 능력 등을 활용할 수 있다. 또한 응답자들이 익숙하고 편안한 상태에서 설문을 진행하는 장점을 갖는다. 그렇지만 수행이 곤란한 단점이 있다. 방문면접은 1970년대 초에 급격히 위축되어, 이제는 실제로 거의 사라졌다. 주된 이유는 거부율이 계속 증가할 뿐만 아니라, 면접관의 여행시간, 거리, 조사시간에 대한 지급비용으로 인한 것이다. 그러나 방문면접은 개도국에서는 여전히 사용되고 있다.

② 고객들에 대한 대면(face-to-face) 질문을 위해 기업들은 자주 쇼핑몰과 쇼핑센터에서 조사 참가자들을 모집한다. 이러한 기법을 쇼핑센터 현장조사(mall intercepts)라고 하며, 쇼핑몰의 공영지역이나 조사자의 현장 사무실에서 수행한다.

소비자에게 도달하기는 편리하지만 응답자들은 면접자와 대면하여 민감한 것을 토론하는 것을 꺼릴 수가 있다.

몰 설문조사는 아예 거꾸로 면접자에게 응답자들이 오는 것이기 때문에, 방문면접보다 저렴하다. 면접자들은 실제로 더 많은 인터뷰를 할 수 있고, 면접을 하기 위한 사람을 찾는데 시간을 더 적게 소비한다. 몰 면접자는 이동할 필요가 없다. 몰 조사는 비용이 저렴하고 또한, 응답자들이 현장에서 제품을 검정할 수 있어 방문면접보다 더 많은 장점을 갖는다.

그렇지만 특정 몰의 쇼핑객들로부터 거대도시지역을 대표하는 표본을 얻기가 사실상 불가능하다. 비록 대규모 몰이더라도 쇼핑객들은 상대적으로 작은 지역에서 왔기 때문이다. 또한 쇼핑몰들은 보유 점포들을 기초로 특정 형태의 사람들을 유지하는 경향이 있어, 일부 유형의 쇼핑객들에게 편중될 수 있다. 그리고 많은 사람들이 몰 면접을 거부한다. 따라서 몰 설문조사는 훌륭한 대표적 표본을 제공할 가능성이 낮다. 특히 쇼핑몰의 환경이 면접을 수행하는데 편안한 장소가 아니어서, 응답자들이 급하거나 또는 어떤 것에 사로잡혀 타당한 대답을 제공하지 못한다.

일부 조사자들은 쇼핑몰의 공용장소 면접 대신에 구매시점(point-of-purchase)의 점포에서 설문조사를 수행한다.

③ 간부면접(executive interviews)은 방문면접의 산업계 상당수단(industrial equivalent)이다. 산업계의 방문면접과 같다. 이는 형태의 조사는 사업가들의 사무실에 방문하여 산업용 제품이나 서비스에 대한 면담을 하는 것이다. 이는 산업용 제품이나 서비스의 예상 고객들을 찾아내어 면담을 해야 하기 때문에 비용이 크다.

첫째, 문제의 제품에 대한 구매결정에 관련된 개인들을 규명하여 찾아내아 한다. 가끔 예상 고객 일람표를 여러 원천에서 획득할 수 있지만, 전화로 보다 자주 가려내기를 해야 한다. 실제로 특정회사에는 찾는 형태의 개인들이 있지만, 대규모 조직에서 그러한 사람들을 찾아내는 것은 비용이 크고 시간이 걸릴 수 있다.

둘째, 일단 자격이 있는 사람을 찾아내면, 그 사람이 면담에 동의하게 하고 면담할 시간을 결정해야 한다. 대부분 전문가들은 자신들의 업무에 관련된 주제에 대해 담화를 좋아하므로 이는 보통 어려운 것이 아니다.

셋째, 면접자가 지정한 시간에 특정 장소로 가야한다. 자주 오래 기다려야 하고, 취소되는 것이 보통이다. 이러한 형태의 조사는 고도로 숙련된 면접자들을 필요로 하는데, 이는 노련한 면접자들은 자신이 거의 모르는 주제에 대해서도 자주 면접을 하기 때문이다. 간부면접은 본질적으로 방문면접과 동일한 장단점을 갖는다. 더 많은 간부면접들이 온라인 면접으로 이동하고 있다.

④ 심층면접법(in-depth interview: IDI)은 고도로 훈련된 면접관을 통해 응답자와 친밀한 관계를 확립한 후에, 개략적으로 구조화된 토론을 통해 1시간 이상 동안 1대1 면담으로 조사를 하는 방법이다. 이는 복잡한 행동들에 대한 정보를 얻거나 아주 민감하거나 감정적으로 부담이 되는 쟁점에 대해 특히 적합하다. 이는 응답자의 겹겹이 쌓인 감정, 생각, 행동들을 하나씩 밝혀낼 수 있다는 장점을 갖는다. 그러나 시간 및 비용이 많이 들고 고도로 훈련된 면접관이 필요하며, 응답자에게 면접시간에 대한 보상을 해야 하고, 수집된 자료를 분석 및 해석하기 곤란한 경우가 많다는 단점을 갖는다.

⑤ 집단조사법(gang surveys)은 응답자가 스스로 질문서에 기록하게 하는 자기기입

식 방식으로, 응답자를 한 장소에 집단적으로 모아놓고 질문서를 교부하여 응답자로 하여금 기재하는 방식이다.

⑥ 거리면접법(street interviews)은 가장 가시적인 형식의 마케팅조사이다. 거리면접법은 재택 면접보다 저렴한 비용으로, 남녀노소 구분에 따라 다양한 응답자들에게 대답을 구할 수 있는 장점을 갖는다. 한편 일부 쇼핑센터에서는 조사를 금지시키거나 수수료를 요구하고, 비가 오는 경우 등 일기가 불순한 때에 응답을 요청하기 곤란하고, 최대한 빠르게 응답을 구해야 하며, (어린아이 또는 친목 모임 등과 같이) 응답자별로 주의산만한 요인들이 많이 발생할 수 있는 단점을 갖는다.

5.2.5.2 전화관리 설문조사방법

① 전화면접법에는 두 가지가 있다. 전통적 전화면접법(traditional telephone interview)은 면접자가 직접 응답자와 전화를 이용하여 면접하는 방식이다. 한편 ARS(automatic response system: 자동응답시스템) 전화조사는 질문내용을 녹음하는 방식으로 수행된다.

전화면접법(telephone interviews)은 콜 센터를 통한 대규모 설문조사에 사용되며, 면접자가 전화내용을 녹음하거나 감시할 수 있고, 지리적으로 분산된 표본에 적합하며, 신속하고 저렴하게 조사를 수행할 수 있고, 다시 통화를 하여 편리한 시간을 맞출 수 있고, 문자 메시지를 이용하여 통화약속을 할 수 있는 장점을 가진다.

전화면접은 응답률이 저조하고, 응답자들이 쉽게 대답을 거절할 수 있고, 짧게 통화를 해야 하며, 일부 계층은 전화번호가 표시되어 있지 않고, 전화번호를 구하기 어려우며, 국제시장의 경우 전화접근이 곤란하고, (판매)전화권유(cold calling)가 마케팅담당자에게 문제를 야기할 수 있고, 응답 촉진요인들의 사용이 제한적이라는 단점을 갖는다.

또한 여러 응답선택사항들(answer options)을 반복해야 하므로 묻는 질문들의 수를 감소시켜야 한다. 특히 5-10분을 초과하여 계속 전화로 응답할 사람들은 거의 없다.

전화는 상대적으로 저렴하게 조사자료를 수집할 수 있는 방식이며, 전화면접은 전통적으로 높은 품질의 표본을 만들 수 있고, 대부분 가정에서 전화를 가져 무작위숫자 표본추출(random-digit sampling) 또는 무작위숫자 전화걸기(random-digit dialing)가 자주 사용되는 표본추출접근법이다.

한편 전화면접에서는 응답자들이 어떤 것도 볼 수 없어 판단이 어렵고, 짧은 시간 이내에 어떤 판단을 하는 것도 곤란하고, 얻을 수 있는 정보의 양과 범위가 제한되어 있으며, 개방형 질문에는 적합하지 않으며, 스팸전화로 간주되어 응답자와 접촉 자체가 불가능하고, 외향적이며 성실한 성격을 가진 응답자들이 주로 참여하는 형태의 성격편향(personality bias) 문제를 갖는 단점을 갖는다.

중심위치 전화면접(central location telephone interviews)은 시설을 사용하여 수행된다. 이는 통제가능성으로 인해 인기가 있다. 면접수행과정을 감시할 수 있고, 대부분 중심위치 전화면접시설들은 감독자가 수행되고 있는 면접에 대해 들을 수 있는 비간섭적 감시 기기를 갖고 있다. 부적절하게 면접하는 면접관들을 시정시킬 수 있고, 적절한 면접을 하지 못하는 면접관들은 종료시킬 수 있다.

② 컴퓨터지원 전화면접법(Computer Assisted Interviewing over the telephone: CATI)은 전화면접의 분석 및 디자인 관리를 원활하게 해준다. 설문지를 응답자 맞춤형으로 작성하고 구두(구술) 언급내용(verbal comments)을 녹음할 수 있다. 비일관적 응답들을 강조하여, 조사자가 비일관성을 시정하도록 탐색할 수 있다. 그리고 자동화된 호출을 가능하게 하여 면접자의 효율적 관리를 가져온다.

각 면접관을 컴퓨터 단말기 또는 P/C 앞에 앉도록 하고, 자격 있는 응답자들과 연결되게 하여 면접관들이 키보드를 입력하여 면접을 하게 한다. 질문과 복수선택 대답들이 한 번에 화면에 나타난다. 면접관은 질문을 읽고 응답을 입력하며, 컴퓨터는 적절한 다음 질문으로 앞으로 건너 뛰어 진행한다.

컴퓨터는 설문지를 고객에 맞게 바꾸는 데 도움을 준다. 긴 면접의 시작부분에서 응답자에게 보유한 자동차의 연수, 제조사, 모델을 묻는다. 그리고 나서 보유한 각 특정 자동차에 대한 질문들을 묻는다.

컴퓨터지원 전화면접의 또 다른 장점은 언제라도 컴퓨터 도표작성을 수행할 수 있다는 것이다. 도표작성을 통해 조사에 추가할 질문들의 필요성을 규명할 수 있고, 이전의 면접결과들에서 알려진 사항들을 요약 및 비교할 수 있다.

③ 컴퓨터지원 대인면접(Computer Assisted Personal Interviewing: CAPI)은 보통 PDAs(Personal Digital Assistants: 개인(휴대)정보단말기)를 사용하여 대면으로 수행된다. 만약 휴대전화망(mobile telephone network)에 PDAs를 연결할 수 있으면, 조사결과들을 즉시 업로드할 수 있다.

④ 컴퓨터지원 웹기반 면접법(Computer Assisted Web-based interviews: CAWI)은 웹페이지에서 "호출"(call me) 또는 "도움"(help me) 버튼을 사용하여 면접자 지원이 어느

정도 이루어지게 하는 면접방법이다. 질문에 대해 대답하는 과정에서 "도움" 버튼을 누르면 팝업 대화 스크린(pop-up)이 나오게 하거나, "통화"(phone me) 버튼을 누르면 응답자가 전화 연결을 통해 설문지에 대해 도움을 받도록 하는 설문기법이다.

이러한 CAWI는 관리, 디자인, 인도, 분석을 저렴한 비용으로 수행할 수 있고, 내용을 신축적으로 관리하고 이미지나 음악을 포함시킬 수 있으며, 관리와 보고서 작성이 신속하고, 세계를 대상으로 즉석에서 낮은 비용으로 조사를 할 수 있고, 소비자 및 기업 시장 모두에서 고객행동을 복제할 수 있으며, 창의 한 쪽에 "자료화면 상하 이동장치"(browser scrolls)로 팝업 창을 자동으로 띄울 수 있으며, 통제가 쉽고, 응답자가 편리하게 완성할 수 있다는 장점을 갖는다.

그런데 기술 변화로 컴퓨터 사양들이 달라 첨부자료(attachments) 또는 HTML(Hypertext Mark-up Language: 하이퍼텍스트 기술용 언어)[1] e-메일들이 열리지 않을 수도 있고, 청하지 않은(unsolicited) e-메일이나 스팸이 많아 설문지 인식에 영향을 주고, e-메일 일람표들이 신뢰하기 어렵고 인터넷에서 접근이 제한되어 표본들을 구성하기 곤란하며, 컴퓨터를 사용하여 응답한 사람이 누구인지 입증이 곤란할 수 있고, 사람들은 인터넷을 의심하여 비밀유지(confidentiality) 보장을 요구하고, 응답자에게 비용이 발생할 수 있고, 일부 기관에서의 용이한 사용은 특정 경우에는 아주 열악한 조사결과를 초래할 수 있다는 단점을 갖는다.

5.2.5.3 자기관리 설문조사방법

① 우편조사는 질문서를 우편으로 발송하여 응답자로 하여금 이를 완성하여, 조사자에게 반송하는 방법이다. 질문서의 우송방식에 따라 우편, 팩스, e-메일 설문조사로 구분할 수 있다. 우편조사, 팩스 설문조사(fax survey), e-메일 설문조사는 상대적으로 저렴하지만, 응답률은 전형적으로 5-20% 정도로 낮다.

우편면접(mail interviews)은 마케팅조사에서 즉석 우편설문(ad hoc mail surveys)과 우편패널(mail panel)의 2가지 형태로 주로 사용된다.

1회성 우편설문(one-shot mail surveys)이라고도 하는 즉석 우편설문에서 조사자는

---

1) 하이퍼텍스트: 사용자에게 비순차적인 검색을 할 수 있도록 제공되는 텍스트, 문서 속의 특정 자료가 다른 자료나 데이터베이스와 연결되어 있어 서로 넘나들며 원하는 정보를 얻을 수 있다. 텍스트는 문장보다 더 큰 문법 단위로 문장이 모여서 이루어진 한 덩어리의 글을 표현하는 용어.

적절한 원천에서 이름들 및 주소들의 표본을 선정하여, 선정된 사람들에게 설문지들을 우송한다. 보통 어떤 사전 연락도 없고, 표본은 단일 프로젝트에 대해서만 사용된다. 그러나 전체 응답률을 증가시키기 위해 동일한 설문지를 비응답자들에게 여러 번 보낼 수도 있다.

우편패널은 일종의 종단연구(longitudinal study)이다. 종단연구는 여러 시점에서 동일한 응답자들에게 질문을 하는 연구이다. 먼저 우편은 조사자료 수집의 매력적 방식으로 나타난다. 모집, 훈련, 감시, 비용지급을 할 면접관들이 없다. 전체연구를 하나의 위치에서 보내고 관리할 수 있다. 연락이 곤란한 응답자들에게도 쉽게 전달할 수 있다. 우편조사는 편리하고, 효율적이며 저렴한 것으로 나타난다. 익명성에 대한 약속 역시 또 다른 혜택이다. 직접면접(personal interview)과 우편면접에서 수집된 모든 정보들이 비밀로 유지되며, 수신인불명 우편(blind mail)조사는 이를 절대적으로 보장한다. 이는 비밀 또는 개인특성의 정보를 제공하도록 요청을 받을 수 있는 사람에게는 특히 중요하다.

자기기입식 설문지와 같이 우편설문은 면접관이 없다는 것에 관련된 문제를 갖는다. 특히 개방형질문에 대한 응답들을 탐문하지 않고, 이는 추구될 수 있는 정보 형태들에 대한 실질적 제약이다. 질문들의 수와 그에 따른 획득 가능한 정보의 양은 보통 면접관을 포함하는 조사보다 우편조사에서 제한된다.

즉석 우편조사는 높은 비응답률과 참석자 체계적 오류를 당하게 된다. 우편조사에서 비응답은 모든 사람이 동일한 비응답 확률을 갖는다면 문제가 아니다. 그러나 많은 연구들이 많은 교육을 받은 사람들, 고소득 직업을 가진 사람들, 여성들, 주제에 관심이 적은 사람들, 학생들과 같은 어떤 형태들의 사람들이 다른 형태 사람들보다 비응답 확률이 더 크다는 것을 보여 주었다.

여러 단점에도 불구하고, 우편설문조사는 마케팅조사에서는 여전히 인기가 있는 자료수집기법이다.

② 자기기입식 설문지(self-administered questionnaire)는 우편조사방법과 마찬가지로 면접관이 전혀 개입되지 않는다는 것이 다른 방법들과는 다르다. 자기기입식 설문지의 중대한 단점은 응답자에게 질문에 대해 설명할 사람이 없다는 것이다.

자기기입식 면접은 조사자가 싫지만 듣지 않을 수 없는(그 자리를 뜰 수 없는) 청중(captive audience)에게 접근할 수 있는 쇼핑몰 또는 기타 중심위치(central location)에서 자주 사용된다. 예컨대 항공사들은 비행 도중에 설문지를 자기기입하는 프로그램들을 자주 갖는다. 승객들에게 항공사 서비스들의 각종 측면들을 평가하도록 질문을 받고, 그 결과들을 사용하여 시간에 따른 서비스의 승객인식들을 추적하는 데 사용한다.

직접적인 컴퓨터 면접 분야에서 최근 발전은 키오스크 기반(kiosk-based) 컴퓨터 면접이다. 키오스크들이 받침대 없이 서 있는 캐비닛(freestanding cabinet)에 포함된 복수매체(multimedia) 터치스크린(touch-screen) 컴퓨터로 개발되었다.

③ 우편패널설문조사(mail panel survey)는 사전에 참여를 동의한 개인들의 집단인 패널에 설문지를 보내고 작성하게 하여 회수하는 기법이다. 이는 우편설문조사의 일부 단점들을 극복하기 위해 사용한다. 설문조사 전에 미래 조사자가 패널이 대표성을 갖는지를 확인하도록 검사를 할 수 있다. 그리고 사전에 동의를 구했기 때문에, 높은 응답률을 달성할 수 있다. 또한 종단조사연구에도 사용할 수 있다.

④ 배포설문조사(drop-off survey)는 조사 대표자가 사전에 선정한 응답자들에게 직접 설문지를 전달하고, 완성된 설문지를 우편으로 회송하거나 조사 대표자가 직접 회수하는 방식이다. 이러한 배포조사법에는 전통적 방식과 컴퓨터지원 방식의 두 가지가 있다.

- 전통적인 배포조사는 직장 또는 가정에 질문서를 전달하고, 응답자로 하여금 직접 기입하게 한 다음 나중에 질문서를 회수하는 방식이다.
- 컴퓨터지원 배포조사는 질문서를 디스켓에 저장하여 조사대상자에게 전달하고, 조사대상자는 이를 자신의 pc에 설치한 후 응답한 결과를 디스켓으로 조사기관에 우송 또는 전달한다.

배포설문조사의 장점은 일반적 질문에 대답할 수 있는 사람들을 이용할 수 있고, 잠재적 응답자들을 선별하여, 설문지 작성에 흥미를 느끼도록 할 수 있다는 것이다. 한편 직접배포로 인해 우편조사보다 아주 비용이 높은 단점을 갖는다.

⑤ 인터넷 조사는 온라인설문조사(online survey)라고도 하며, 인터넷상에서 이루어지는 조사로서 별첨 파일 없이 화면에서 응답 기입 후 완료하는 방식이다. 인터넷조사는 표본추출 틀에 따라 다음과 같이 분류할 수 있다.

- **회원조사**(member survey): 가입자 데이터베이스를 표본추출틀로 사용하여 회원들에게 전자우편으로 조사 참여를 공지한 후 웹 문서를 이용하여 질문을 제시하고 응답하도록 하는 방법
- **방문자조사**(visitor survey): 인터넷에 특정 사이트를 개설하고, 설문지를 게시하여

인터넷 또는 신문 광고로 방문자를 모집한 다음 이들이 자발적으로 참여하도록 하는 방법

- **전자우편조사**(e-mail survey): e-메일 주소록의 대상자들에게 전자우편 형태로 송신하고, 응답자가 응답한 내용을 수신하는 형식의 방법
- **전자설문조사**(electric survey): 가입자 데이터베이스에 있는 사람을 조사대상으로 설문지를 게시하여 응답자를 모집

5.2.6 적절한 조사접근법 선택

저절한 설문조사기법을 결정하기 위해서는 상황, 과업, 응답자 관련 요인들을 점검하고, 〈표 5-1〉과 같은 설문조사기법의 장단점을 고려해야 한다.

① 상황특징(situational characteristics)을 고려해야 한다. 이상적 상황에서는 조사자들이 정확한 자료수집에만 집중할 수 있다. 그러나 세상은 불완전하여 조사자들은 예산, 시간, 자료 품질의 상충적 관계를 해결해야 한다.

설문조사방법 선택의 목표는 최대한 단기간에 최소의 비용으로 사용 가능한 자료를 획득하는 것이다. 따라서 조사자는 예산 제약, 완성 기간, 자료 품질요건 등의 많은 상황 특징을 함께 고려하여 조사방법을 선택해야 한다.

- **예산**(budget): 가용 자금과 설비, 직원 규모 등의 기타 자원
- **완성 기간**(completion time frame): 설문조사 완성 마감 시한까지의 기간
- **품질 요건**(quality requirements): 자료 완성도(data completeness), 자료 일반화 가능성(data generalizability), 자료 정밀도(data precision)를 원하는 수준으로 달성하도록 척도 측정치, 설문지 설계, 표본 설계, 자료 분석 사항 검토

② 과업특징(task characteristics)을 과업 난이도, 소요 자극수단(required stimuli), 응답자들에서 획득할 정보 크기, 조사 논제의 민감성의 관점에서 검토해야 한다.

- **과업난이도**(task difficulty): 면접 수행을 위해 질문에 대답할 능력을 갖춘 응답자들을 모집하는 과업 달성이 필요
- **응답 유도를 위해 필요한 자극대상**(stimuli needed to elicit the response): 기호 검사를 위한 상품, 광고 조사를 위한 시청각 홍보자료 등이 필요
- **필요한 응답자 정보 크기**(amount of information need from the respondent): 조사방

표 5-1 설문조사방법들의 장단점		
조사방법	장 점	단 점
대인설문조사	• 가정에서 응답자가 편안하고 확실하게 작성, 대면 접촉, 응답자 가정이나 직장 파악으로 면접자가 자료 제시, 설명, 응답자 탐색 등이 가능 • 많은 심층정보 획득이 가능 • 관찰, 시각적 단서, 자기 기입방식 절 등의 복수방법 자료수집이 가능 • 관계 및 신뢰 구축이 가능	• 면접자 편견 가능성 증가, 표본추출에 내재된 문제 • 외근 직원(field staff) 요구 • 면접 단위 비용이 높음, 면접자는 응답자 거주지로 이동해야 함 • 자료수집기간은 대부분 절차들보다는 길게 결정
인터셉트 설문조사	• 면접자가 집집마다 방문하여 보여주고, 설명하고, 캐묻기 • 신속하고 편리한 자료수집 • 대인조사와 동일	• 거리환경에서 많은 산만요소 존재, 응답자들이 성급하거나 또는 적합하지 못한 마음가짐을 보임, 비확률적 표본추출문제 • 특정 쇼핑몰에서 인터셉트 회사가 자주 독점적 면접권한을 가짐
전화 설문조사	• 대인설문조사보다 더 낮은 단위 면접비용 • 대인설문조사보다 면접자가 시작하고 관리하는 것이 용이 • 전반적 모집단에서 무작위 번호 선정 표본추출 • 우편보다 일람표 표본에 더 높은 응답률 가능성	• 전화가 없는 응답자를 제외해야 하므로 표본추출 한계 • 무작위 번호추출과 연관된 비응답이 면담조사보다 더 높음 • 사전 접촉이 없다면 개인 또는 민감한 질문에 대해 보다 적절치 못함 • 응답 대안들에 대한 제한, 시각적 보조물 사용 제한, 면담자 관찰 제한 등의 설문지 또는 측정 제약
우편 설문조사	• 면접자 및 관련 편견 제거, 편리한 경우에 응답자들은 설문지를 완성 가능, 응답자들은 정보를 물색하고 자체 보조로 근무 • 응답자들이 시간을 내어 생각 깊은 응답을 하고, 기록을 찾거나 또는 다른 사람과 상담 가능 • 전화 면접에 비해 시각적 도움이 필요한 질문 제시가 용이 • 면접자 비용이 제거됨	• 특히 신중한 설문지 디자인 필요 • 낮은 응답률 • 보통 개방형 질문 사용이 어려움 • 면접자는 모든 질문에 대답을 하거나, 질문 목적 충족 또는 제공된 대답의 질적 수준에 대해 질적 수준 통제를 할 수가 없음
온라인 설문조사	• 창조 및 투고 용이 • 관리 비용 저렴, 응답자는 자극물과 가능한 보수를 제시 받을 수 있음 • 신속히 자료 수집 • 응답자의 낮은 단위 비용 • 아주 신축적이며 신속한 온라인 통계분석 이용 가능	• 응답자는 인터넷에 반드시 접근 가능 • 모집단은 젊고, 평균 초과 소득 응답자들로 왜곡됨 • 비제약된 표본은 단순 편의표본 • e-메일 일람표 구매는 비용이 높고 갱신이 되지 않음, 사람들이 e-메일 번호를 전화번호보다 더 자주 변경시킴 • 익명성 상실

자료: Schmidt and Hollensen(2006), 145.

법이 획득해야 하는 정보크기에 적합하도록 결정
- **조사 주제 민감성**(research topic sensitivity): 특정한 조사질문이 응답자에게 사회적으로 용인되는 응답을 하도록 하는 정도인 주제 민감성을 고려하여 응답자들의 응답 거절 최소화를 도모

③ 응답자특징(respondent characteristics)을 다양성, 발생률, 참여능력, 참여의사를 고려하여 적합한 설문조사를 선택해야 한다.
- **다양성**: 응답자들이 특징을 공유하는 정도이며, 다양성이 높을수록 응답자들이 공유하는 유사성은 보다 감소
- **발생률**(incidence rate): 전체 모집단에서 시장조사의 주제로 나타나는 비율이다. 발생률을 높이기 위해서는 전화설문조사를 통해 먼저 응답자들을 선별하고, 다시 우편설문조사를 하여 검색시간 축소와 유망응답자 인증비용의 감소 달성이 가능
- **참여능력**(ability to participate): 면접관과 응답자 모두 질의응답 상호교환을 함께할 수 있는 능력이다. 산란요인들 최소화로 참여능력 제고
- **참여용의**(willingness to participate): 응답자가 자신의 생각을 공유하려는 의향과 성향
- **지식수준**(knowledge level): 선정된 응답자들이 설문조사 주제에 대한 질문들에 대답을 할 수 있도록 지식이나 경험을 가진 것으로 생각하는 정도

5.3 관찰조사

5.3.1 관찰조사기법의 대표성 및 외적 타당성 요건

관찰은 사람들의 실제행동패턴, 대상물, 사건들 발생을 목격함에 따라 기록하여 자료를 수집하는 귀납법적 방법의 체계적 과정(systematic process)이다. 관찰방법 자료수집을 사용하는 조사자들은 발생하는 사건을 주시하는 동안 정보를 목격하여 기록하거나 또는 스캐너 또는 인터넷활동기록과 같은 추적시스템을 이용한다.

관찰은 조사환경 및 참가자들의 많은 측면들에 대한 자료를 수집하는 전체론적 접

근법(holistic approach)이다. 관찰기법들은 관찰대상자들이 실제로 하는 행위를 측정할 수 있지만, 관찰만으로 어떤 사람의 근본적인(근원적인) 동기부여(underlying motivations), 태도, 선호를 나타낼 수는 없다. 또한 소비자가 사적이라고 생각하는 관찰조사결과 자료를 사용하려는 경우에는 윤리적 쟁점이 제기될 수 있다.

과학적 관찰(scientific observation)은 정확하게 규정된 조건들에 입각하여 체계적이며 객관적 방식으로, 신중하게 기록관리(record keeping)를 하면서 수행한다.

관찰방법(observational methods)의 주된 목표는 행동을 기술하는 것이다. 그렇지만 이러한 목표달성에는 여러 가지 도전과제들이 있다. 어떤 사람의 행동을 모두 조사하는 것은 거의 불가능하다. 사람들 행동의 표본들을 관찰하여 판단하기 위해서는 그 표본이 사람들의 일상 행동을 대표하는지의 여부를 결정해야 한다. 또한 관찰자의 연령, 성별, 사회적 계층, 가치관, 배경지식, 예상 등으로 인해 관찰 자료의 수집과 분석과정에서 무의식적으로 오류가 발생하는 관찰자편견(observer bias)을 회피하려는 시도가 필요하다.

행동 표본추출을 위해서는 행동의 대표적 표본(representative sample)을 획득하고, 관찰결과를 일반화시킬 수 있어 외적 타당성(external validity)을 확보할 수 있도록 행동의 표본추출을 수행해야 한다.

타당성은 진실성에 관한 것이다. 연구결과의 외적 타당성 확보를 위해서는 조사결과들이 관찰대상 이외의 사람들, 환경, 여건들을 정확하게 기술할 수 있는 정도를 검토해야 한다. 따라서 관찰 조사결과(observational findings)의 외적 타당성 제고를 위해 시간, 사건, 상황 표본추출을 사용할 수 있다.

① 시간 표본추출(time sampling)은 계통적 또는 무작위로 관찰을 하기 위한 시간 간격들(time intervals)을 선택하는 것이다. 조사자는 관찰을 위한 각종 시간 간격을 선택하여 대표적 표본을 확보해야 한다. 시간 표본추출은 행동이 정기적이거나 자주 발생하는 경우에 적합하다.

② 조사자는 드물게 또는 예측 불가능하게 발생하는 사건들을 조사할 경우에는 행동의 표본 설정을 위해 사건 표본추출(event sampling)을 수행해야 한다. 조사자는 사전에 결정한 규정을 충족시키는 각 사건을 기록하여, 자연재해나 기술재난(technical disasters) 등과 같이 예측 불가능하게 발생하는 사건들에서 나타나는 행동 관찰을 가능하게 하도록 할 수 있다.

그러나 사건 표본추출 역시 가장 편리하거나 사건 발생이 확실한 시점에서만 표본을 추출하도록 하여, 여타 시점들에서의 동일한 행동을 대표하지 않을 수도 있다.

③ 상황 표본추출(situational sampling)은 최대한 다른 장소들과 최대한 다른 환경 및 여건들에서 행동을 관찰하는 것을 포함한다. 상황 표본추출을 사용하여 관찰 조사결과들의 외적 타당성을 현저히 증가시킬 수 있다.

각종 상황들의 표본을 추출하여 조사결과들이 특정 사정이나 여건에 특유하게 될 가능성을 감소시킬 수 있다. 조사자는 여러 상황들을 표본추출하여 대상(문제)표본 (subject sample)의 다양성을 증가시켜, 특수 형태의 개인들만을 관찰하는 경우에 조사결과들의 일반성을 더 크게 달성할 수 있다

5.3.2 관찰방법의 분류

일반적으로 관찰을 하는 방식은 관찰시점을 기준으로 직접 대 간접(direct versus indirect), 공개 여부를 기준으로 공개 대 비밀(overt versus covert), 관찰대상의 사전결정 여부를 기준으로 구조화 대 비구조화(structured versus unstructured), 관찰환경의 가공 (조성) 여부를 기준으로 현장(제자리) 대 가공(in situ versus invented), 수행 주체에 따라

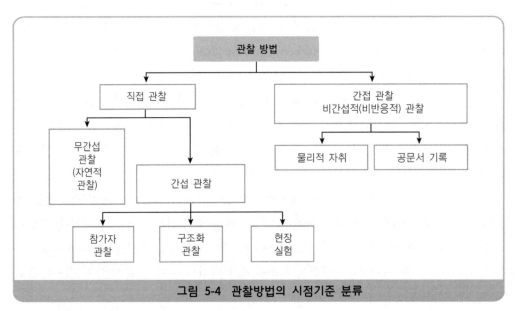

그림 5-4 관찰방법의 시점기준 분류

자료: Shaughnessy *et al.*(2012), 93.

사람 대 기계(human versus mechanical) 관찰들로 구분한다.

5.3.2.1 직접관찰과 간접관찰

① 직접관찰(direct observation)은 행동이 발생하는 대로 행동을 관찰하는 것이다.
〈그림 5-4〉와 같이 직접관찰은 무간섭관찰(observation without intervention) 또는
자연적 관찰(naturalistic observation)과 간섭관찰(observation with intervention)로 구분한다.
그리고 간섭관찰은 참가자관찰(participant observation), 구조화관찰(structured observa-
tion), 현장실험(field experiment)으로 구분한다.

- 무간섭관찰인 자연적 관찰의 목표는 행동을 보통 발생하는 그대로 기술하고 변수
  들 간의 관계를 검토하는 것이다. 이러한 비통제(비조직적) 관찰은 주로 탐색적 조
  사에 많이 사용하며, 조사목적에 부합하는 자료를 다양하게 관찰하는 방법이다.

이러한 자연관찰은 실험실 조사결과의 외적 타당성을 확인하는 데 도움을 준다. 특
히 윤리적 및 도덕적 고려사항들로 인하여 실험통제가 곤란한 경우에 자연적 관찰은 중
요한 조사전략이 된다. 또한 설문조사를 통한 무간섭관찰에 따른 자료수집의 중요한 장
점은 응답자가 직접 작성한 보고서를 확보할 수 있어 왜곡, 부정확성 또는 기억오류, 사
회적 바람직성 편견 등으로 인한 기타 응답 편견을 제거할 수 있다는 것이다.

한편 목격하는 관찰자의 인지행동(cognitive behavior)이나 조치들로부터 초래되는
측정왜곡을 관찰자편견(observer bias)이라고 하며, 무간섭관찰에서 관찰자의 기억, 작성
속도, 관찰사실의 해석방식 등이 관찰자편견을 초래할 수 있다.

- 간섭관찰의 참가자관찰은 관찰자가 관찰 대상집단 내부에 참여하여 구성원의 하
  나가 되어 함께 생활하거나 활동하면서 관찰하는 방법이다. 참가자관찰은 비변장
  또는 변장 여부와는 관계없이 과학적 관찰로는 보통 공개되지 않은 행동과 상황
  들을 관찰할 수 있다.
  - ✓ 비참여관찰: 관찰하는 사실과 관찰내용을 대상 집단에게 밝히고 객관적 입장
    에서 관찰을 하는 방법
  - ✓ 준참여관찰: 관찰자를 관찰대상에게 노출시키지 않으면서 자연스러운 상태에
    서 관찰하는 방법
- 간섭관찰의 구조화관찰은 자연적 관찰로는 관찰이 어려울 수 있는 행동들을 기록
  하도록 설정된다. 이러한 통제관찰(조직적 관찰)은 사전에 계획된 절차에 따라 관

찰조건을 표준화하여 질문지 또는 조사표 등을 사용하여 수행한다.
- 간섭관찰의 현장실험에서는 조사자들이 자연스러운 상황에서 하나 이상의 독립 변수들을 조작하여 행동에 대한 효과를 결정할 수 있다.

② 간접관찰(indirect observation)은 행동 자체보다는 행동의 효과 또는 결과를 관찰하며, 비간섭적(비반응적)관찰[unobtrusive (nonreactive) observation]이라고도 한다. 이는 과거 행위들과 같은 일부 행동들은 직접 관찰할 수 없기 때문이다. 간접관찰은 기록보관소(archives)와 물질적 흔적(physical traces)으로 구분할 수있다.

- 기록보관소는 현재 문제에 적용될 수 있는 과거 기록들과 같은 2차 자료 원천이다. 이러한 원천들은 풍부한 정보를 포함하므로, 간과하거나 과소평가해서는 안 된다. 많은 기업들이 가격변화, 판촉선전, 포장크기 변경의 효과 등을 파악하기 위해 스캐너자료를 발굴하고 있다. 스캐너자료는 소비자들 구매행동의 기록보관소이다.
- 물질적 흔적은 어떤 과거 사건의 물증(tangible evidence)이다. 예컨대 어떤 지역의 쓰레기나 폐기물로 그 지역의 사회를 연구 및 분석하는 쓰레기 사회학(garbology or garbageology)을 플라스틱 우유병이 얼마나 많이 재생되는지를 발견하는 방식으로 이용할 수 있다. 청량음료 회사는 쓰레기 검사(litter audit)를 하여 시골지역에 대해 알루미늄 캔이 얼마나 크게 영향을 주는지를 헤아릴 수 있다.

5.3.2.2 공개관찰과 비밀관찰

관찰사실을 관찰대상자인 피험자(subject)나 응답자가 누군가가 자신을 관찰하고 있다는 것을 인식하는 공개관찰(overt observation)은 피험자의 지식을 알기 위한 경우가 많다. 이와 같이 기록을 수행하는 관찰자 또는 기계장치가 피험자들에게 쉽게 알려지는 공개관찰을 보이는(가시) 관찰(visible observation)이라고도 한다. 공개관찰은 실험실 환경, 판매 방문 기록, 시청률 조사 등에 사용된다.

한편 피험자가 관찰되는 것을 인식하지 못하는 비밀관찰(covert or hidden observation)에는 피험자의 전형적 행동을 관찰하기 위한 반투명유리, 몰래카메라 등의 사용이나 점원의 서비스 및 예의를 기록 및 보고하기 위해 고용하는 미스터리 쇼퍼(mystery shopper) 등이 있다.

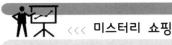 <<< **미스터리 쇼핑**

미스터리 쇼핑객(수수께끼 손님, 서비스나 품질 등에 대한 정보를 캐려고 상점 등에 손님으로 가장하여 가거나 전화를 거는 사람, mystery shopper)은 어떤 점포에 대한 관찰 자료를 모으고, 고객-직원 상호작용들에 대한 자료를 수집하기 위해 사용한다.

미스터리 쇼핑객은 상품의 가격, 상품의 색상들, 배달 시간 등에 대해 질문을 한다. 이러한 대화는 면접이 아니며, 직원의 행동 및 대답을 관찰하기 위한 것이다. 따라서 비록 대화가 개입되지만, 미스터리 쇼핑은 관찰마케팅조사방법으로 분류가 된다. 미스터리 쇼핑 개념은 수집정보의 깊이와 형태에 따라 4가지 수준으로 구분된다.

① 수준 1(level 1): 미스터리 쇼핑객이 미스터리 전화를 한다. 미스터리 쇼핑객은 의뢰인 점포에 전화를 하여, 대본의 대화에 따라 전화로 받은 서비스를 평가한다.

② 수준 2(level 2): 미스터리 쇼핑객은 사업장을 방문하여 신속하게 구입을 하여, 거의 고객-직원 대화가 필요하지 않다. 수준 2의 미스터리 가게에서 미스터리 쇼핑객은 어떤 품목을 구입하고 거래와 그 시설의 이미지를 평가한다.

③ 수준 3(level 3): 미스터리 쇼핑객은 사업장을 방문하고, 대본이나 시나리오를 사용하여 서비스 및 판매 대리인과 대화를 시작한다. 보통 수준 3의 미스터리 쇼핑객은 실제 구매를 하지 않는다.

④ 수준 4(level 4): 미스터리 쇼핑객은 탁월한 대화 기량과 제품 지식을 요구하는 방문을 수행한다. 주택 대출, 신차 구매과정 또는 아파트 방문 등에 대한 대화 등을 한다.

미스터리 쇼핑은 여러 목표를 가질 수 있다. 보편적으로 직원 훈련 상태를 측정하는 것을 목표로 한다. 그 외에도 조직이 상품이나 서비스 인도 표준 및 사양의 준수상태 감시, 광고 및 판촉에서 했던 약속과 실제 서비스 인도의 격차 검토, 제품이나 서비스 사양에 대한 일치 또는 준수에 대한 훈련 및 성과개선 계획의 영향 검토, 일자·장소·제품이나 서비스 형태·품질 변경 원천에 대한 고객 경험의 격차 규명을 위해 미스터리 쇼핑을 수행한다.

<<< 반투명거울관찰

반투명거울관찰(one-way mirror observation)은 의뢰인들이 집단토론이 개시됨에 따라 집단토론을 관찰할 수 있게 해준다. 예컨대 신제품 개발관리자들은 각종 패키지 원형들을 사회자가 보여줌에 따라 소비자들이 갖는 반응에 주목할 수 있다. 또한 의뢰인들은 소비자가 말하면서 나타내는 감정의 도를 관찰할 수 있다.

아동심리학자와 장난감 디자이너들은 어린이들이 노는 것을 관찰하기 위해 반투명거울을 가끔 사용한다. 그리고 초점집단을 관찰하는 경우에 관찰실의 조명수준은 초점집단실 조명보다 아주 희미해야 한다. 그렇지 않으면 초점집단 참가자들이 관찰실을 볼 수 있기 때문이다.

5.3.2.3   구조화관찰과 비구조화관찰

구조화관찰(structured observation)을 사용하는 조사자는 관찰하여 기록해야 하는 행동들을 사전에 규명하고, 다른 여타 행동들은 모두 무시한다. 관찰자들이 특정요인들에만 집중할 수 있게 대조표(checklist)나 표준관찰양식(standardized observation form)을 자주 사용한다.

비구조화관찰(unstructured observation)은 관찰자가 기록하는 사항에 대해 사전에 어떤 제한도 하지 않는다. 비구조화관찰은 탐색적 조사에서 자주 사용되며, 관찰자는 단지 총괄적인 관심영역에 대해 통보를 받는다. 관찰자는 상황을 주시하고, 흥미가 있거나 관련이 있는 것으로 보이는 사항들을 기록한다.

5.3.2.4   현장관찰과 가공관찰

현장(제자리)관찰(in situ observation)에서는 관찰자가 행동을 정확히 발생하는 그대로 관찰한다. 예컨대 장난감 가게를 방문한 엄마와 딸의 구매행동 관찰, 어떤 가정에서 식사를 시작부터 끝까지 관찰하기, 미스터리 쇼핑 등은 현장관찰이다.

가공관찰(invented or contrived observation)은 조사자가 가설 검정을 수행하기 위한 인위적 환경을 조성하도록 특정 상황을 만들어 수행한다. 예컨대 조사자는 새로운 욕실 세제를 시험하기(try out) 위해 조사자는 비디오 제작을 요청할 수 있다.

<<< 가상쇼핑

컴퓨터기술 진보는 조사자들이 컴퓨터 스크린에서 실제 소매점 환경을 흉내낼 수 있게 해주었다. 의태형태에 따라 쇼핑객들(shoppers)은 모니터(화면)에 나타나는 이미지를 클릭하여 패키지를 선택하여, 모든 면을 살펴보도록 회전시킬 수 있다.

대부분 온라인 소매상에서의 구매와 같이, 쇼핑객은 장바구니(basket)에 한 품목을 추가하기 위해 쇼핑 카트를 클릭한다. 쇼핑과정 동안 컴퓨터는 드러나지 않게 그 소비자가 각 제품 범주에서 쇼핑하는데 소비한 시간, 포장상품의 각 측면을 검토하는데 소비한 시간, 구입한 상품 수량, 주문한 구입 품목들을 기록한다. 이와 같은 컴퓨터 의태환경들은 이전 조사방법들에 비해 다음과 같은 장점을 제공한다.

① 초점집단, 콘셉트 테스트(concept test), 기타 실험실접근법들과는 달리, 가상점포(virtual store)는 실제 시장의 마음을 산란하게 하는 잡동사니를 재현한다. 소비자들은 실제와 같은 수준의 복잡하고 다양한 환경에서 쇼핑을 할 수 있다.

② 조사자들은 검사를 아주 신속하게 설정하고 변경시킬 수 있다. 일단 제품 이미지가 컴퓨터로 스캔이 되면, 조사자는 상표들, 제품 포장, 가격결정, 홍보, 진열공간에서의 모음을 변화시킬 수 있다. 자동적으로 컴퓨터가 표로 작성하여 저장하므로, 구입에 의해 발생된 정보는 신속하고 오류가 없다.

③ 전시를 컴퓨터로 하기 때문에 생산비용이 낮다. 일단 하드웨어와 소프트웨어를 설치하면, 검사의 비용은 낮다. 이는 일반적으로 작은 참가 인센티브(incentive)를 받은 응답자들의 수에 의해 거의 결정되기 때문이다.

④ 의태를 아주 유연하게 수행할 수 있다. 이는 전적으로 새로운 마케팅 개념들을 검사하도록 사용될 수 있고, 기존 프로그램들을 미세 조정을 하는 데(fine-tune) 사용될 수 있다. 의태는 또한 현장 실험에서 존재하는 잡음을 많이 제거할 수 있도록 해준다.

가상쇼핑조사(virtual shopping research)는 Goodyear, Coca-Cola 등의 회사들이 이러한 형태의 관찰조사에서 얻은 이익을 발표함에 따라 급격히 사용이 증가하고 있다. 새로운 소비자 패키지상품(package goods)의 소개가 증가하고 있지만, 아주 제한된 소매점 진열 공간(선반면적)을 차지하기 위해 경쟁해야 한다. 그래서 제품개발시간을 단축시키고 원가를 낮출 수 있는 가상쇼핑과 같은 과정이 제조(생산)회사들에 의해 항상 환영을 받는다. 제조사들은 신제품을 소매상들에게 판매하기 위해, 조속하게 흥미를 얻도록 자사 제품진행(product pipeline)에 대해 더 많이 보여주려고 한다.

표 5-2 관찰방법의 특성

관찰 형태	관찰 방법별 특성				
	사람	기계	감사(audits)	내용(content)	물질적 흔적 (physical trace)
직접/간접	직접	간접	간접	간접	간접
변장/비변장 (disguised/ undisguised)	모두	모두	비변장 (꾸밈 없음)	변장(꾸밈)	변장
구조화/비구조화	비구조화	모두	구조화	구조화	모두
사람/기계	사람	기계	모두	모두	모두

자료: Shao(2002), 172.

5.3.2.5 사람관찰과 기계관찰

사람관찰(human observation)은 조사하기 전에 쉽게 예측할 수 없는 상황이나 행동에 가장 적합하다. 한편 기계관찰(mechanical observation)은 슈퍼마켓의 스캐너 또는 차량계수기(traffic counters) 등에 의해 수행된다. 기계관찰은 정례적, 반복적 또는 계획에 따르는 상황들이나 행동들을 아주 정확히 기록할 수 있다. 거짓말 탐지기 등과 같이 정교한 기계를 이용한 관찰 역시 기계관찰에 속한다.

사람관찰이나 기계관찰은 자주 응답자와 어떤 대화도 없이 진행하는 무간섭관찰(unobtrusive observation)로 수행된다. 예컨대 슈퍼마켓 경영자가 고객이 점포에서 쇼핑을 하는 시간을 직접 묻기보다는, 손님이 들어와서 점포를 떠나는 시간까지의 시간간격(time interval)을 관찰하고 기록할 수 있다.

관찰자료 수집의 무간섭 특성은 피험자의 지식이 없이 자료를 획득하게 한다. 특히 비밀의 무간섭관찰은 응답자오류를 최소화시켜 준다.

5.3.3 관찰연구의 사용방식

관찰기법(observational techniques)을 사용하여 사람들 행동에 대한 지식을 갖거나 갖지 않은 경우에도 사람들 행동을 기록할 수 있다. 관찰연구(Observational studies)는 다음의 3가지 기본 형태를 갖는다.

① 표본조사(sample survey)는 특정 시점에서의 모집단에 대한 정보(현행 정보)를 제공하는 연구이다.

② 전망(전향적)연구(prospective study)는 표본조사를 사용하여 현재의 모집단을 관찰하고, 특정 결과의 발생을 기록하도록 미래 시점으로 표본의 주제(문제 사안)를 적용해 나가는 연구이다.

③ 회고적(후향성)연구(retrospective study)는 표본조사를 사용하여 현재 모집단을 관찰하고, 이미 발생한 특정 결과들의 발생에 관해 표본의 주제에 대한 정보를 수집하는 연구이다.

전망 및 회고적 연구는 모두 특성상 비교연구이다. 이러한 연구 중 특수하게 하나의 범주에만 속하는 연구는 코호트연구(cohort studies)와 케이스-컨트롤연구(case-control studies)가 있다.

코호트연구는 하나의 조사 대상그룹에서 나중에 어떤 영향을 받는 대상들과 받지 않는 대상들의 특성들에서 나타나는 격차를 관찰하도록 미래 시점으로 적용한다. 예컨대 교육적 및 사회적 배경에 대한 정보와 범죄 전과를 조사하여 미래에 범죄를 저지를 가능성을 예상할 수 있다.

한편 케이스-컨트롤연구는 과거 영향을 받았던 대상들 그룹과 받지 않은 대상들 그룹의 2개 그룹을 규명하여, 과거 영향에 관련된 위험요인들에 대한 정보를 2개 그룹에서 수집한다. 그리고 수집된 위험요인들 자료의 특성에서 2개 그룹의 격차를 도출한다.

5.3.4 관찰조사의 장단점

관찰조사는 탐색적 연구, 사회변화과정, 풍부한 현상기술, 성과 개선 가능성, 생성 자료 신뢰도, 이론 확보에 적합한 장점들을 갖는다.

- 신축적이며 창의적인 조사 설계를 갖는 관찰연구는 거의 알려지지 않은 주제를 탐색하는데 효과적이다.
- 조사자가 대상자들과 의사소통이 없거나 곤란한 경우에 관찰조사가 적합하다.
- 관찰은 시간에 따른 대중행위 또는 사회적 과정들의 연구에 아주 적합하다.

- 관찰대상을 여러 측면에서 풍부하게 기술하여 현상의 이해를 증가시킨다.
- 면접수행 등 다른 방법과 결합한 관찰은 보다 강력한 성과를 제공한다.
- 상대적으로 무간섭 및 무반응 관찰조사들이 많이 수행되어 자료의 신뢰도가 높다.
- 이론 생성을 위한 신정보의 발견과 이론 확인을 위한 기존 지식의 확인에 적합하다.

한편 관찰조사는 인지과정 조사 부적합, 간접 관찰의 장기적 소요기간, 일반화 곤란, 과도한 자원투입 가능성, 조사자 편견 등의 단점을 갖는다.

- 관찰조사는 직접 관찰할 수 없는 인지과정에는 적합하지 않다.
- 드물게 발생하는 행위들은 현장에서 장기간 시간을 허비해도 포착하기가 곤란하다.
- 하나의 특정 장소에 상당한 시간과 여타 자원들을 투입해야 하므로, 다른 환경으로 조사결과들을 이전시킬 가능성에 대한 의문이 초래된다.
- 조사결과의 외적 타당성 개선을 위해서는 여러 환경에서의 반복 관찰과 독자에게 도움을 주도록 서술 내용을 증가시켜야 한다.
- 조사자가 자신의 지식을 기초로 자료의 관찰 및 해석을 하는 경우에 조사자 편견 (observer bias)이 발생할 수 있다. 조사자 편견을 감소시키기 위해서는 자료원천, 조사자, 방법의 삼각측량(triangulation), 부정적 사례분석, 구성원 점검, 동료 간 협의(peer debriefing), 관찰사항의 풍부한 설명, 관찰기간 연장을 통한 미예상 현상 발견 등의 조치를 취해야 한다.

5.3.5 관찰연구의 유의사항

관찰조사에 관련된 많은 윤리적 문제들 중에서 중요한 사항은 조사자의 기만이다. 사람행동에 대한 비밀관찰은 응답자의 사생활 권리 침해 쟁점을 초래한다. 또한 참가자를 호도하거나 거짓 역할을 가정한 비밀관찰을 하는 것은 고지 입각 동의 원칙(principle of informed consent)을 파기시키는 것이다. 고지 입각 동의 원칙에 따라 윤리적 쟁점들에 대해 적절한 주의와 관심(due care and attention)을 기울여야 한다. 조사자들은 비밀을 유지하여 참가자들의 신원을 보호하고 조사 과정에서 관련 개인에게 해를 줄 수 있는 민감한 정보 폭로를 거절해야 한다. 특히 불법적 방식으로 획득하는 불법지식 확보는 시도하지 않아야 한다.

따라서 사람의 관찰은 공개적으로 관찰이 보편화되는 행동, 관찰되는 피험자의 익명성 보장 환경조성, 관찰에 대한 동의 획득을 검토해야 한다.

한편 실물현상을 관찰연구 목적으로 수행하는 물질적 대상 관찰의 경우에 물증(physical-trace evidence)은 어떤 과거 사건이나 발생사항에 대해 보이는 흔적이다. 예컨대 이러한 흔적에 소비시점에서 발생하는 행동에 대해 중요한 어떤 것을 표시하는 어떤 문화권 내부에서 사람이 만들고 소비했던 물건들인 유물, 소매상과 도매상 매출여건 조사에 대한 재고수준 등을 사용할 수 있다.

그리고 사람과 실물대상을 관찰하면서, 내용항목, 광고 메시지, 신문기사, TV 프로그램, 편지 등을 관찰하고 분석하여 자료를 획득하도록 내용분석(content analysis)을 사용할 수 있다. 내용분석은 메시지 자체를 연구하고, 그 전달사항의 (생각을 떠올리게 하는) 표출성내용에 대한 정량적 기술 절차를 체계적으로 관찰하고 기록하도록 설계하는 방법이다. 특히 문화연구를 위해 인류학에서 널리 사용되고 있는 민족지학적 조사(ethnographic research)는 여러 기법들을 혼합하여 보다 나은 고객정보를 포착할 수 있는 기법이다.

이상과 같이 관찰을 효과적이며 윤리적으로 수행하기 위해서는 짧은 시간간격(short time interval), 쉽게 관찰할 수 있는 환경에서 발생하는 행동인 일반인행동(public behavior), 행동이나 활동이 아주 반복적이거나 자동적이어서 관찰대상이 문제의 행동에 대한 세부내용(specifics)을 기억할 수 없는 불완전기억(faulty recall)의 3대 고려 요인들에 해당하는지를 점검해야 한다.

5.3.6 온라인 자료 관심 사이트

5.3.6.1 뉴스그룹

뉴스그룹(newsgroup)은 인터넷의 토론방이며, 이는 인터넷의 다른 전문 집단 및 특수이해 집단과의 주요 의사소통 수단들이다. 인터넷 연결 및 뉴스리더(newsreader) 소프트웨어를 사용하여, 서비스제공자의 지원을 받는 인터넷 토론방을 방문할 수 있다. 사용하는 서비스 제공자가 토론방을 제공하지 않는 경우에도, 공개적으로 이용 가능한 토론방 서버를 찾아서 토론방을 이용할 수 있다.

토론방은 특별한 주제 또는 관심사항에 대한 게시판과 아주 유사한 기능을 한다.

토론방은 특정 주제에 대해 초점을 두도록 설정된다. 독자들은 그 토론방에 잠시 들러서 다른 사람들이 남긴 메시지들을 읽고, 다른 사람들의 질문들에 대한 응답을 올리고, 자신들이 반대하는 비판에 대해 반증을 보낸다. 일반적으로 주제 영역 내부에서 토론을 지속하고 모욕적인(불쾌한) 자료를 제거하도록 메시지에 대해 어떤 관리를 한다. 네스케이프, 인터넷 익스플로러 등과 같은 인터넷 자료들을 읽을 수 있게 해 주는 프로그램들인 브라우저들(browsers)은 토론방리더 기능을 제공한다. 특정 토론방을 찾기 위해서는 다음 절차들을 따르면 된다.

① 인터넷에 연결한다.

② 뉴스리더 프로그램을 연다.

③ 흥미 주제를 검색한다. 대부분 뉴스 리더들이 주제어 또는 주제에 대한 토론방들의 이름들을 검색할 수 있게 해준다. Microsoft 인터넷 익스플로러와 같은 일부 뉴스 리더들은 대부분 토론방에 첨부된 간단한 설명을 검색할 수 있게 한다.

④ 관심 토론방을 선택한다.

⑤ 훑고 지나가는 메시지를 시작한다. 각 메시지의 제목은 일반적으로 그 주제(subject matter) 표시를 제공한다.

토론방 메시지들은 e-메일 메시지들과 비슷하게 보인다. 토론방 메시지에는 타이틀(제목) 주제(subject title), 저자, 메시지 본문을 포함한다. 보통 e-메일 메시지와는 달리, 토론방 메시지들은 일련의 의견들로 구성된 토론내용들이다. 원래 메시지에서 출발하여 각각 연속적 응답들에 대한 연결들(links)을 따라 2명 이상의 사람들이 토론을 할 수 있다. 이미지, 음원 파일, 비디오 클립(video clip)을 메시지에 첨부하여 누구나 내려받아 검토하게 할 수 있다.

5.3.6.2 블로그

블로그(blog) 또는 웹로그(weblog)는 특정 개인이 자신의 관심사에 따라 자유롭게 칼럼, 일기, 취재 기사 등을 기록하여 올리는 웹 사이트이다. 오늘날 회사들은 고객들과 다른 기업들과의 대화를 위해 블로그를 사용한다. 블로그 제작(blogging)은 자동공개시스템(automated published system)의 도입과 함께 인기가 높아지고 있다.

마케팅 조사자들은 생각할 수 있는 어떤 주제에 대한 중요한 정보원이 되는 블로그들을 찾아야 한다. 또한 설문조사의 응답자 모집을 위해 블로그를 사용하기도 한다. 블로그들을 대부분 검색엔진에서 찾을 수 있지만, "blogsearchengine.com"과 같은 전문적인 검색엔진들을 블로그 검색을 위해 자주 사용한다.

5.3.6.3 인터넷 검색방법

인터넷에서 찾을 것을 결정한 후에 해당 사항을 찾고, 다시 찾은 것의 품질을 평가하여 검색행위가 효과적이며 효율적인 측면에서 성과를 최대화시키도록 해야 한다. 이를 위해서는 다음과 같은 검색절차가 요구된다.

① 검색하기 전에 사전 검색분석을 수행해야 한다. 관심 주제에 관련된 특유한 단어, 독특한 이름, 축약어 또는 두문자어(머리글자들, acronym)를 결정한다. 그리고 주제 관련 정보를 제공하는 조직, 공동체, 집단 등을 고려한다. 그리고 찾으려는 주제만을 가진 정보 및 관련 파일을 얻기 위해 "and not"을 기록하거나 스페이스 없이 단어를 기록하고 또한 "pdf", "hwp", "doc" 등의 형식 지정을 하는 형태로 검색 주제를 어떻게 시작할 것인지를 분석한다.

② Google과 같은 검색엔진에서 단어나 구문으로 시험 수행을 하고, 동의어 또는 대등한 용어들을 고려하여 사용한다.

③ 검색으로 입수한 것에 대해 학습을 하고, 접근방법을 변경시켜 검색을 계속한다. 찾기를 원하는 것을 자신이 알고 있다고 단정하지 않아야 한다. 검색결과들을 검토하고, 생각하는 것에 대해 추가로 사용할 수 있는 다른 것을 찾아야 한다.

④ 효과 없는 전략에 집착하지 않아야 한다. 주제별 디렉토리(subject directory)를 사용하여 검색엔진들과 차례를 바꾸어 고려하라.

⑤ 원하는 것을 찾지 못했다면, 다시 앞의 절차들을 사용하여 계속한다.

일단 웹 검색자(web surfer)가 온라인 점포의 가상 통로(virtual aisles) 주위에서 시작을 하면, 온라인 점포주는 고객들의 각종 일거수일투족을 감시할 수 있다. 그렇게 하는 가장 유명한 방법에는 사용자 컴퓨터에 설치하여 방문자가 해당 웹사이트를 재방문할 때에 중앙서버에 정보를 보내어 그 사용자를 규명해주는 텍스트(문서)파일(text file)인 쿠키(cookie) 등이 있다.

쿠키는 어떤 사이트 내부에서 사용자 행동을 감시하는 강력한 장치이며, 사용자가 어떤 상품을 계속 검토하는지에 대한 정보를 제공한다.

MARKETING
RESEARCH

CHAPTER 06

인과적 조사와 실험

인과적 조사와 실험

인과적 조사의 목표와 요건 및 설계

6.1.1 인과적 조사의 요건

인과적 조사(causal research)는 원인－효과(인과)관계(cause-effect relationship)의 증거를 얻기 위해 사용된다. 인과적 조사를 설명적 조사(explanatory research)라고 하며, 기술적 조사 결과의 축적을 토대로 사실과의 인과관계를 규명하거나 또는 이러한 규명결과를 기초로 미래를 예측하는 연구라는 의미에서 가설검증조사라고도 한다.

탐색적 및 기술적(설문) 조사 설계는 비인과적 관계(noncausal relationship) 파악에 목표를 두는 반면에, 인과적 조사 설계는 인과관계(causality)를 평가하는 것이다.

인과관계가 있다는 추론을 증명하려면, 한 변수가 다른 변수보다 선행하고, 그 관계를 설명하는 어떤 다른 인과적 요인들도 없다는 타당한 증거를 가져야 한다. 탐색적 조사가 기술적 조사의 토대를 구축하는 반면에, 기술적 조사는 인과관계 조사의 근거를 확립시킨다. 따라서 인과적 조사는 연구할 현상들에 대한 원리, 이론의 정확성을 판단하고, 더 좋은 설명력을 확보하여 이론과 원리를 새로운 영역이나 이슈로 확장하는 것을 목표로 원인에 대한 해답을 제공하도록 수행되어야 한다.

인과적 조사는 어떤 현상에 대해 어떤 변수들이 원인(독립변수)이고 어떤 변수들이 효과(종속변수)인지를 파악하고, 원인변수들과 예측될 효과 사이의 관계 특성을 결정하는 것을 목적으로 한다. 인과적 조사는 기술적 조사와 마찬가지로 계획 및 구조화 디자인을 요구한다.

6.1.2 인과추론 3대 요건

변수들 간에 인과관계가 존재하는 것을 정확히 판단하기 위해서는 인과관계 증거의 3대 기본조건들이 다음과 같이 충족되어야 한다.

① 시제연속(temporal sequence) 또는 시간적 발생순서(time order of occurrence): 독립변수가 종속변수의 원인이 되는 것을 증명하도록, 독립변수 변화가 종속변수 변화를 관찰하거나 측정하기에 앞서 발생되어야 하는 시간적 순서(temporal order) — 행동이 결과에 선행한다는 증거가 있어야 한다. 변수들 X와 Y의 발생의 순차적 정리(sequential ordering)는 두 변수 간의 인과관계 증거를 제공하는 데 도움을 준다.

② (공동)수반변동(concomitant variation): 독립변수 및 종속변수 간에 어떤 형태의 중요한 연관 존재로 어떤 예측 가능한 방식으로 독립변수와 종속변수가 공동으로 변화해야 하는 조건 — 동작과 관찰 결과 사이에 강력한 연관성이 존재하는 증거를 가져야 하는 조건이다.

공변(concomitant variation)은 경험적 관계에서 첫째 변수의 크기가 둘째 변수의 크기에 따라 변하는 것을 말한다. 공변의 증거는 독립변수와 종속변수가 가설에 의해 예측된 방식으로 함께 발생하거나 함께 변동하는 정도이다. 인과는 양의 관계 또는 역의 관계로 변동할 수 있다. 카이자승검정, 상관, 회귀 또는 분산분석 등의 통계적 검정은 수반변동의 정도를 표시한다. 그렇지만 수반변동만으로는 인과관계를 추론하는데 불충분하므로, 발생의 시간적 순서와 기타 가능한 인과요인들의 제거 여부를 고려해야 한다.

③ 비허위적 연계(nonspurious association), 상충되는 인과적 설명들의 부재(absence of competing causal explanations), 또는 여타 가능원인요인들 제거(elimination of other possible causal factors): 독립변수 이외에 종속변수 변화를 초래할 수 있는 여타 다른 변수들(외재변수, 허위변수, 억제변수, 교란변수 등)을 통제하여, 독립변수와 종속변수 사이의 어떤 공변동이 참으로 유지되도록 종속변수가 독립변수를 제외한 어떤 다른 변수에 의한 영향을 받지 않는 조건-관계에 대해 어떤 강력한 상충적 설명이 없어, 관찰되는 인과관계에 높은 수준의 내적 타당성이 존재하는 증거가 있어야 한다. 조사자가 원인과 결과 모두에 관련된 제3의 변수를 발견한다면, 이는 원인과 결과 사이의 상관관계를 크게 감소하게 하여 인과관계추론을 지지하는 것이 곤란하게 될 수도 있다.

따라서 조사자는 가장 가능한 제3의 변수들을 규명하여 어떤 방식으로든 통제해야 한다. 여타 가능한 설명들을 제거하기 위해, 물리적으로 다른 요인들을 일정하게 유지할 수 있거나 또는 다른 요인들 효과를 제거하기 위해 결과들을 조정할 필요가 있다.

예컨대 전시(X)가 매출액 증가(Y)의 원인이 된다는 결론을 타당하게 얻기 위해, 가격, 점포크기, 상품형태, 품질 등의 다른 설명요인들을 제거할 필요가 있다.

그러므로 인과관계 조사는 먼저 적절한 인과관계 순서 또는 사건들의 순서를 확인하고, 추정된 원인과 추정된 결과 사이의 수반변동을 측정한 후에 대안적으로 타당한(plausible) 인과관계 요인들의 존재를 고려하여 허위성 가능성을 검토하는 방식으로 수행해야 한다.

6.1.3 인과적 조사 설계

기술적 조사와는 달리 인과적 조사는 실험설계(experimental designs)를 사용하여 자료를 수집한다. 인과적 조사 설계는 다음과 같은 특징을 갖는다.

① 탐색적 및 기술적 설계와는 달리, 인과 설계(causal designs)는 통제 메커니즘(control mechanism)을 보유한다. 탐색적 및 기술적 설계들은 모두 사후 조사(ex post facto research)의 사례들이라는 점에서 실험적 설계와는 구분된다.

사후 조사에서 기준변수 Y가 관찰되고, 우리는 하나 이상의 원인변수들 Xs를 찾기 위해 시도한다. 원인변수들은 Y가 발생한 이유에 대해 타당한 것 같은 설명들을 제공한다. 이러한 종류의 회고적 분석은 원인변수들에 대한 통제를 거의 허용하지 못하므로, 오류의 가능성이 크게 포함된다. 그래서 종속변수 변화는 조사되는 원인변수들보다는 다른 원인변수들로 인해 발생할 수도 있다.

② 탐색적 및 기술적 설계들은 거의 항상 설문조사들을 사용하여 자료를 수집하는 반면에, 인과적인 실험설계는 설문조사 및 관찰을 모두 사용하여 자료를 수집한다. 최근 온라인 관찰조사가 실험설계를 기초로 보다 많이 수행되고 있다.

③ 인과적 조사는 변수들 간의 인과관계들 검토 질문들이 한 변수가 또 다른 변수에 대해 초래하는 특수한 영향이나 영향력에 초점을 두도록 프레임을 설정한다.

이와는 달리, 기술적 및 탐색적 조사 설계는 처음 질문들의 틀을 광범위하게 잡고, 가설들은 인과관계가 아니라 연관성의 정도 및 방향에 대해 중점을 둔다.

6.1.4 인과관계의 정도와 개념 규정

인과관계(causality)는 그 정도에 따라 절대적, 조건부, 기여적으로 구분한다.

① **절대적 인과관계**(absolute causality): 원인이 결과를 발생시키는 필요충분조건(necessary and sufficient conditions)이 되는 인과관계

② **조건부 인과관계**(conditional causality): 원인이 결과 발생의 필요조건이지만 충분조건은 아닌 인과관계

③ **기여적(조성적) 인과관계**(contributory causality): 원인이 결과 발생의 필요조건도 충분조건도 아닌 인과관계

인과관계의 일상적 개념(everyday notion)인 상식적 개념(commonsense notion)과 과학적 개념(scientific notion)은 〈표 6-1〉처럼 아주 다르다.

표 6-1 인과관계의 상식적 개념과 과학적 개념 비교

상식적 개념	과학적 개념
• 사건에는 단일한 원인이 존재한다. 그래서 X는 Y의 유일한 원인이다.	• 2개 이상의 원인들이 존재한다. 그래서 X는 Y의 여러 원인들 중 단지 하나이다.
• X와 Y 사이에 결정적 관계가 존재한다.	• X와 Y 간에는 확률적 관계만이 존재한다.
• X와 Y 간의 인과관계는 증명할 수 있다.	• 인과관계는 결코 증명될 수 없다. 그래서 우리는 X가 Y의 원인이라고 추론할 수 있을 뿐이다.

자료: Aaker *et al.*(2013), 326.

"X가 Y를 초래한다"는 진술의 일상적 해석은 X가 유일한 원인이라는 것을 암시하는 반면에, 과학적 진술은 X가 많은 결정조건들(determining conditions)의 하나라고 간주한다. 또한 일상적 해석은 완전히 결정적 관계(deterministic relationship)를 의미하여, X는 반드시 Y를 초래한다는 것을 의미한다. 그러나 인과관계의 과학적 해석은 확률적 관계(probabilistic relationship)를 의미하여 X의 발생은 Y의 발생 가능성을 더 많게 한다는 것을 의미한다.

또한 과학적 개념은 X가 Y의 원인이라는 것을 결코 증명할 수 없다는 것을 의미한다. 우리는 어떤 통제된 실험환경에서 획득한 자료를 기초로 어떤 관계가 존재한다고 추론한다. 그렇지만, 과학적 접근법은 어떤 절차라도 오류 가능성이 있다는 것을 인정한다. 그래서 과학적 추론을 지원하기 위해 어떤 종류의 증거를 사용해야 하는지의 문제가 대두된다.

결과적인 인과적 추론이 발견된 특정 환경 이외의 경우로 일반화될 수 있다면 높은 수준의 외적 타당성을 갖는다. 그리고 발견 결과가 장기적으로 지속될 수 있다면, 관리조치의 성과를 높일 수 있을 것이다.

6.2 실험의 개념과 관련 용어

6.2.1 실험의 개념

실험(experimentation)은 다른 제반 영향변수들을 통제하면서, 조사자가 제안된 원인독립변수(causal independent variable)를 조작하여 종속변수에 대해 제안된 효과를 관찰(측정)하는 신중하게 설계된 자료수집절차들로 구성된 방법이다.

실험은 인과관계를 결정하는 최상의 방법이다. 이러한 이유로 실험을 보통 "인과조사"라고 한다. 실험은 조사자가 수행과정을 통제할 수 있도록 하여 인과관계 증거를 제공할 수 있다. 실험은 탐색 또는 기술 설계보다 인과관계의 확인적 증거를 보다 많이 제공할 수 있다.

실험을 설계하는 경우에 조사자들은 먼저 변화가 가능한 변수들을 규명한다. 변수들은 크게 독립변수들, 종속변수들, 상수들로 구분한다. 마케팅조사자는 하나 이상의 요인들(독립변수들)을 조작하고 통제하며, 또 다른 요인들(종속변수들)에 대한 효과들을 측정한다. 독립변수와 종속변수를 실험집단이라 하고, 독립변수는 아니면서 비교기준으로 사용하는 집단을 통제집단(control group)이라고 한다.

실제로 조사자는 특정 관찰을 위한 하나의 설명만을 보기 위해 나머지를 제외시키도록 실험을 사용한다. 실험조사방법은 조사자가 특정 검정집단을 통제 또는 조작하고, 실험통제나 조작을 받지 않는 통제집단의 조사결과와 비교하는 과학적 조사이다.

마케팅조사에서 응답자들에게 어떤 것을 수행하도록 요청하거나 또는 어떤 품목을 보여주고 응답자들의 반응을 조사하기 위한 방법으로 실험을 사용할 수 있다. 실험은 통제된 환경에서 변수들의 관계를 결정하기 위해 조작한다. 마케팅 담당자기 기장 보편적으로 사용하는 실험기법은 특정 지역에 신제품을 소개하여 그 성공 정도를 관찰하는 테스트마케팅(test marketing)이다.

테스트마케팅을 생략하려는 회사들은 컴퓨터 의태분석, 유사제품 실적자료 접속적용 예측, 국가별 특정 지역 비교, 단일 소매점 한정 판매실험 관찰 등 여러 다른 방안을 선택할 수 있다.

그런데 특정 시험판매시장의 선택에서 통제문제가 쟁점이 될 수 있다. 전자시험판매(electronic test market)에서, 시험시장의 가게들의 패널을 선발하고, 인구통계학적 정보(demographic information)를 얻는다. 이러한 가정들에 있는 사람들에게 식료품점에서 비용을 지불하고 나가는 때 보여주는 ID카드를 준다.

그러한 가정의 사람들이 구입하는 모든 것이 자동적으로 기록되고, 지역의 모든 슈퍼마켓에서 스캐너를 통해 발견되는 가정들과 연관된다. 이러한 서비스의 공급자들은 각 가정의 텔레비전 시청 행위를 역시 모니터할 수 있다. 그리고 구매행동과 상업방송에 대한 노출을 상관시킨다. 이는 새롭거나 변경된 상품 및 기타 마케팅요인들의 소비자 수락에 대한 측정을 허용한다.

그리고 전면적(full-scale) 시험판매를 위한 전주곡(서곡, prelude)으로 의태시험판매(simulated test market: STM)가 자주 사용된다. 쇼핑몰에서 소비자들과 면담을 하여, 신상품에 노출시키고, 그 특성 평가를 부탁한다. 그리고 소비자들이 신상품과 경쟁사 상품들을 광고방송(commercials)에서 보도록 한다. 의태된 점포환경에서, 소비자들은 종잣돈 또는 쿠폰을 사용하여 상품을 구입할 수 있는 기회를 갖는다. 시험상품을 구입하지 않는 소비자들은 전형적으로 무료견본을 받는다. 사용 기간 후에 참가자들의 상품에 대한 반응 및 참가자들의 반복구매의도를 평가하도록 후속조치 전화면담(follow-up phone interviews)을 수행한다. 모든 정보를 컴퓨터 모형에 입력하여, 반복구매에 대한 방정식을 갖고, 시장점유율을 검사모형으로 구할 수 있을 것이다. 의태에 대한 핵심은 컴퓨터모형에서 구축된 방정식들이다. 타당성조사들(validation studies)은 대부분 의태시험판매모형들이 사례의 2/3에서 실제 판매들의 ± 3%로 나타날 수 있다는 것을 나타낸다.

의태시험판매의 주된 장점은 경쟁사들에 대한 보호이다. 의태시험판매들은 시험 및 반복 구매행동을 감정하는 데 사용될 수 있다. 완전규모 검사보다 신속하고 저렴하며, 경쟁력이 약한 상품들을 발견하는 데 적합하다.

의태시험판매의 치명적 약점(아킬레스건, Achilles' heel)은 의태된 특성이 주어지면 거래 지원이나 경쟁적 반응에 대한 정보를 제공하지 않는다는 것이다. 그래서 의태시험판매는 자주 전혀 새로운 상품보다는 상품 확장(product extensions)에 더 적합하다.

6.2.2 실험의 기초요인과 형태

진실험(true experiment)이라고도 하는 실험은 한 변수의 변화가 또 다른 변수의 변화에 대해 직접 영향을 주는 것을 증명하여 인과관계를 규명하려는 시도이다. 이러한 목표 달성을 위해 실험은 다음 4대 기초요인들을 포함한다.

① **조작**(manipulation): 조사자는 2개 이상의 처리조건들 집합을 창조하도록 원인 또는 종속변수 값을 변화시켜 조작한다.

② **측정**(measurement): 각 처리조건에서 점수들 집합을 얻도록 참가자들 집단에 대해 종속 또는 결과변수를 측정한다.

③ **비교**(comparison): 한 처리조건의 점수들을 또 다른 처리조건의 점수들과 비교한다. 처리들 간의 일관된 격차들은 조작이 점수변화를 초래했다는 증거이다.

④ **통제**(control): 모든 다른 변수들은 검토되는 두 변수들에게 영향을 주지 않도록 통제되어야 한다.

실험은 절대실험(absolute experiment)과 비교실험(comparative experiment)의 2가지 형태로 구성될 수 있다.

만약 농작물 수확에 대한 비료의 영향을 결정하길 원하면, 이는 절대실험의 경우이다. 그러나 어떤 비료의 영향을 다른 비료의 영향과 비교하여 결정하길 원한다면, 이는 비교실험이다. 실험을 설계하는 경우에는 자주 비교실험을 수행한다.

6.2.3 실험조사 설계 관련 개념

실험조사(experimental research)는 외재적 요인들에 대해 의도적 통제를 하고 인위적 조건을 조성하여 독립변수의 효과를 측정하거나 독립변수와 종속변수 간의 인과관계를 검증하는 방법이다. 실험조사 설계의 효과적 수행을 위해서는 여러 조사형태에 따라 조사설계가 다르게 계획되어야 하고, 설계에 관련된 각종 개념들을 이해해야 할 것이다.

① 종속 및 독립변수(dependent and independent variables): 여러 정량적 값들을 가질 수 있는 어떤 개념(concept)을 변수(variable)라고 부른다. 중량, 신장 등의 개념들은 모두 변수들의 예제가 된다. 정성적 현상들(또는 속성들) 역시 관련 속성의 존재 또는 부재를 기초로 정량화된다. 비록 소수점으로도 정량적으로 다른 값들을 가질 수 있는 현상들은 연속변수(continuous variable)라고 부른다.

만약 변수들을 정수 값들에 의해서만 표현할 수 있다면, 그 변수들은 비연속변수(non-continuous variables) 또는 통계학 용어로 이산변수(discrete variables)라고 한다. 나이는 연속변수인 반면에, 어린이들의 수는 비연속변수이다.

만약 한 변수가 다른 변수에 의해 좌우되거나 또는 다른 변수의 결과라면, 그 변수를 종속변수(dependent variable)라고 하며, 종속변수에 대해 선행되는(antecedent) 변수를 독립변수(independent variable)라고 한다. 만약 신장이 연령에 의해 좌우된다면, 신장은 종속변수이고 연령은 독립변수이다.

② 측정단위(test units): 관찰하고 측정하려고 하는 실험처리에 반응하는 대상 또는 독립체(entity)이다.

③ 조작(처리, manipulation): 독립변수의 조작은 그 변수에 대해 여러 값을 만드는 행위이다. 실험에서는 실험집단에게만 독립변수가 발생하도록 하는 것을 처리 또는 조작이라고 한다. 실험조사는 조작에 의한 그 독립변수의 각 수준의 종속변수에 대한 효과를 관찰한다. 실험변수조작(experimental variable manipulation)의 가능한 수준들 중의 하나를 실험조건(experimental condition)이라고 한다.

④ **실험처리**(experimental treatments): 조사할 독립변수에 대한 선택 가능한 조작들이며, 광고실험의 경우에 낮은 노출수준, 중간 노출수준, 높은 노출수준으로 실험처리를 설정할 수 있다.

어떤 하나의 실험변수의 여러 수준들 간의 실험으로 인해 발생한 종속변수 평균들 격차를 주요효과(main effects)라고 한다. 한편 상호작용효과(interaction effect)는 독립변수들의 특수한 조합에서 발생하는 종속변수 평균들의 격차를 말한다.

⑤ **실험집단**(experiment group): 실험처리에 노출된 대상들의 집단이다.

⑥ **통제집단**(control group): 실험처리에 노출되지 않은 대상들의 집단, 통제집단은 처리를 받지 않아, 처리 효과 비교에 대한 기준(benchmark)으로 역할을 한다.

⑦ **가외(외부)변수**(extraneous variable): 조작되는 독립변수들 이외의 변수들이며, 측정단위들의 반응에 영향을 주어 실험조사의 결과에 영향을 준다. 따라서 연구 목적과는 관련이 없지만 종속변수에 영향을 줄 수 있는 독립변수들이다. 이러한 변수들은 종속변수 변화를 방해하여 실험의 결과를 혼동되게 하므로, 혼란(교락)변수(confounding variables)라고도 한다. 종속변수가 가외변수의 영향을 받는다면, 종속변수와 독립변수의 관계는 가외변수에 의해 혼돈되었다고 한다. 이를 혼돈관계(confounded relationship)라고 한다.

예를 들어 사회연구 업적에서 어린이 이익과 어린이 자기개념이 관계가 있다고 가정하자. 이러한 경우에 자기개념은 독립변수이며 사회연구 업적은 종속변수이다. 지능(기밀, Intelligence) 역시 사회연구 업적에 영향을 줄 수 있지만, 지능은 연구자가 수행하는 연구목적과는 관련이 없기 때문에 지능을 가외변수(extraneous variable)라고 한다.

가외변수의 결과로 인해 의식된 종속변수에 대한 효과를 전문용어로 실험오차(experimental error)라고 한다. 따라서 연구는 종속변수에 대한 효과가 가외변수가 아니라 독립변수에 의해 전적으로 귀인되도록 설계되어야 한다.

⑧ **무작위(임의)추출**(randomization): 집단들에 대한 대상 및 처리의 할당을 우연에 따르도록 하는 절차이며, 임의추출은 가외변수에 대한 통제를 보장하여 실험의 신뢰도를 증가시킨다.

⑨ **차단**(blocking): 집단들이 비조작 변수에 대해 균등하다는 것을 보장하도록 실험에 비조작 변수를 도입하는 절차, 이는 집단들에 대해 무작위(임의)할당을 채택한 후에도 어떤 관련 변수에 대해 체계적 방식으로 실험집단들이 다르게 나타나는 때가 있기

때문이다.

⑩ **짝짓기(matching)**: 응답자들의 각 집단이 적절한 특성들을 기초로 짝을 이루게 보장하도록 집단들에 대해 대상들을 할당하는 절차이다.

⑪ **처리효과(treatment effect)**: 실험 자체의 수행은 조작효과를 변경시켜, 실험 결과에 영향을 줄 수 있다.

⑫ **호손효과(Hawthorne effects)**: 실험대상자들이 실험에 참여하고 있는 것을 의식하게 되어 그 대상들에 의해 실험조사의 결과들이 비의도적으로 변경되는 형식의 처리효과이다. 예컨대 이중눈가림방법(double-blinded technique)을 사용하고 대조그룹을 만들어 실험그룹과 비교한다고 하자. 이러한 경우에 대조그룹에서 가짜약을 받은 환자도 혈압약을 먹지 않았지만 연구에 참여한다는 사실을 알고 자각하기 때문에 실제로 혈압이 떨어지는 현상이 나타난다. 이를 위약효과(placebo effect)라고 한다.

한편 존 헨리효과(John Henry effect)는 특별한 처리를 받지 못한 대조그룹 연구 참가자가 평소와는 다르게 행동하거나 고의로 실험그룹보다 더 좋은 결과가 나타나도록 노력하는 경우에 발생하는 효과이다.

⑬ **요구특성(demand characteristics)**: 실험자의 가설에 대하여 대상자들에게 비의도적으로 의식하게 하는 설계절차, 참가자들이 실험자의 예상이나 요구사항을 인식한다면, 그들은 실험처리에 일치하는 방식으로 행동할 가능성이 있어, 이는 실험결과에 오차를 초래한다.

⑭ **통제(Control)**: 우량 조사설계의 한 가지 중요한 특성은 가외변수의 효과나 영향을 최소화시키는 것이다. 가외독립변수의 효과를 최소화시키는 연구를 설계하는 경우에 전문용어(technical term) 통제가 사용된다. 실험조사에서 통제라는 용어는 실험조건들의 억제를 말한다.

⑮ **조사가설(Research hypothesis)**: 과학적 방법으로 검정하려는 예측 또는 가설설정 관계를 조사가설이라고 한다. 조사가설은 독립변수를 어떤 종속변수에 관련시키는 예측진술(predictive statement)이다. 보통 조사가설은 하나의 독립변수와 하나의 종속변수를 반드시 포함해야 한다.

객관적으로 입증되지 않는 예측진술이나 검정되지 않는 것으로 가정된 관계는 조사가설이라고 하지 않는다. 한편 조사목적이 조사가설을 검정하는 것이라면, 그 조사는 가설검정조사이다. 가설검정조사는 실험설계 또는 비실험설계로 구성될 수 있다. 독립변수가 처리되는 조사를 실험가설검정조사(experimental hypothesis-testing research)라 하고, 독립변수가 처리되지 않는 조사를 비실험가설검정조사(non-experimental hypothesis-testing research)라고 한다.

6.2.4 실험조사 수행 지침

실험을 설계하고 분석하기 위해서는 실험에 관여된 모든 사람들이 연구할 대상, 자료수집방법, 수집자료를 분석하는 방법에 대한 정성적 파악에 관해 사전에 명확한 방안을 가질 필요가 있다. 바람직한 실험 수행절차는 다음과 같다.

① **문제의 인식 및 진술**(recognition of and statement of the problem): 아주 명백한 것 같지만, 실험이 필요한 문제를 명확히 보여주도록 관련 진술을 개발하는 것이 간단하지 않은 경우가 많다. 문제의 명확한 진술은 현상의 더 나은 파악과 문제의 최종해법에 대해 크게 기여하는 경우가 많다.

② **요인 및 수준들의 선택**(choice of factors and levels): 실험은 반드시 실험에서 변경시킬 요인들, 그 요인들의 변경 범위들, 수행할 특정한 수준들을 선택해야 한다. 이러한 요인들을 원하는 수준에서 통제하고 측정할 방법에 대해 생각해야 한다. 외생변수의 통제를 위해 무작위할당과 짝 맞추기 방법을 사용할 수 있다.

- **무작위할당**(random assignment): 실험집단과 통제집단에서 조사 대상이 선정될 확률을 동일하게 부여하여 변수를 통제
- **짝 맞추기**(matching): 주요 변수들을 미리 알아내어 실험집단과 통제집단에서 그 주요변수들의 분포가 동일하게 나타나도록 하는 작업, 정밀통제와 빈도분포통제에 의해 수행

③ **반응변수의 선정**(selection of the response variable): 반응변수 선정에서 실험 수행자는 이러한 변수가 실제로 연구에 대해 도움이 되는 정보를 제공하는지를 확신해야 한다.

④ **실험설계의 선택**(choice of experimental design): 처음 3단계들이 정확히 수행되면, 이러한 절차는 상대적으로 쉽다. 실험설계의 선택은 연구대상 선정, 실험환경 선정, 표본크기 고려, 실험 시도에 대한 적합한 수행순서의 선택, 구획결정 또는 기타 무작위 표집 및 할당 선택 제약의 포함 여부 결정, 사전 검사 등을 포함한다.

⑤ **실험수행(performing the experiment)**: 실험 진행에서 모든 것을 계획에 따라 수행하도록 보장하기 위해 진행 과정을 신중하게 감독하는 것이 중요하다. 이러한 단계에서 실험절차의 오류는 실험타당성을 저하시킬 것이다.

⑥ **자료분석(data analysis)**: 결과들 및 결론들이 판단보다는 객관성을 기초로 하도록 자료분석에 대해 통계적 방법들을 사용해야 한다. 만약 실험이 올바르게 설계되고, 설계에 따라 수행한다면, 요구되는 통계적 방법들은 복잡하지 않을 것이다.

⑦ **결론과 권고사항들(conclusion and recommendations)**: 자료를 분석한 후에, 실험수행자는 결과에 대한 실용적 결론을 도출하고, 행동방침(course of action)을 추천해야 한다. 그래프 방법들은 이러한 단계에서 자주 도움이 되며, 특히 결과들을 다른 사람들에게 보고하는 경우에 특히 도움이 된다. 후속조치 수행(follow-up runs)과 확인 검정이 실험결론을 타당하게 하도록 수행되어야 한다.

6.2.5 실험조사의 한계

실험수행은 마케팅 의사결정의 효과에 대한 타당한 예측을 하고, 기초 이론을 개발하길 원하는 확실한 관계를 모색하는데 강력한 도구이다. 실험실 실험은 내적 타당성이 보장되므로, 선호되는 방법이다. 그러나 실험실 환경에서의 극심한 외적타당성 문제로 인하여 관리자들은 실험실 실험에 의존하는 것을 꺼린다. 불행히도 현장실험은 점포들간의 단기비교, 상품 변형의 집배치 등에 대해 광범위한 문제들에서 많이 발생할 수 있다.

사회 프로그램, 마케팅 프로그램 또는 광고선전을 가진 대규모 실험들은 상대적으로 주어진 년도에 거의 수행되지 않는다.

① 비용과 시간 압력이 첫째 장애물이다. 간단한 점포 내 검정(in-store tests)은 협조 획득을 위해, 적절하게 전시, 가격 또는 홍보를 제시하도록, 비통제 변수들 측정을 위해, 그리고 그에 따른 매출액 격차를 회계감사를 하기 위해 추가 노력을 요구한다. 여러 지리적 영역들에서 선택가능한 광고주제들 비교와 같은 더 큰 개입들이 고려된다면, 관리자들은 비용들이 이익들을 초과할 것에 대해 아주 조심한다. 어떤 크기의 재면접 또는 특수한 광고조작, 상품 또는 기타 통제가능변수들이 요구되면, 이러한 비용들은 상당할 것 같다.

조사가 관리 의사결정을 지연시키는 것 역시 비용을 초래한다. 어떤 실험들에 대해 실험처리의 효과는 1년 또는 그 이상과 같은 장기간에 걸쳐 연장될 수 있다. 만약 특히 관찰 후에 실험이 충분한 시간을 허용하지 않다면, 결과들의 타당성이 손해를 볼 것이다. 이와는 달리, 실험이 너무 장기간이라면, 그에 따른 정책의 결정 및 수행의 지연은 아마 수락 가능하지 않게 길 수 있다. 시간압력 제약을 회피하기 위한 하나의 방식은 반복 결정의 예상에서 실험의 계속 프로그램을 수행하는 것이다. 그래서 일부 회사들은 각종 상황에서 마케팅 프로그램에 대한 응답들의 자료 파일을 구축하고 있다.

　② 보안(security) 역시 또 다른 비용이다. 현장실험은 당연히 시장에서의 마케팅 프로그램 노출을 포함한다. 그래서 자사 현장 판매인력(field sale force), 점포 직원, 조사 공급회사, 거래원천과 접촉하는 경쟁사에 대해 숨기기가 어렵다.

　예컨대 하나의 소비자상품회사가 한 도시에 있는 여러 점포들에 금요일에 8시간 동안 상품 전시를 구성했다고 하자. 일자의 종료시점에서 검정의 모든 자취가 제거되었다. 그러나 월요일까지 중요한 거래잡지와 경쟁사들은 검정을 알고, 검정상품 세부사항을 안다.

　③ 실험에 대해 다음과 같이 많은 수행문제들(implementation problems)이 있다.

- 조직 내부에서 협조를 구하기 쉽지 않을 수도 있다. 지역관리자들은 판매인력의 규모와 방문 빈도(call frequency)를 변경하는 실험에 대한 제안에 저항한다. 그들은 그들 시장 영역이 축소된 판매노력에 예속되는 것을 원하지 않을 수도 있다. 사회 프로그램 관리자들은 사람들을 무작위로 처리에 할당하기 위한 노력들에 저항할 수 있다. 그들은 서비스에서 이익을 얻을 수 있는 사람과 가장 적합한 서비스에 대해 할당을 결정하는 것을 원할 것이다.

- 계획된 실험영역에 대해서만 처리가 되도록 제한하지 못하는 무능력으로 인한 오염은 시장영역 실험들에서는 특히 민감하다. 하나의 지역에서 온 구매자들은 인접 지역을 방문하거나 또는 다른 지역의 매체 메시지를 받을 수 있다. 판매 측정 및 거리가 정확히 일치하도록 지리적 시장영역을 분할하는 것은 거의 가능하지가 않다. 통제집단에서 프로그램에 할당된 사람들을 관련시키고, 사람들이 하고 있는 것을 배우기 때문에, 검정단위들로 사람들을 포함하는 실험들은 오염될 수 있다.

- 검정단위들에 대한 행동 변동가능성은 아주 커서, 실험효과를 검색할 필요가 없다. 물론 변동성의 일부는 구획설정 또는 짝 맞추기에 의해 제거될 수 있지만, 제

거되지는 않을 것이다. 질문은 실험효과들이 식별될 수 있도록 충분히 변동성이 축소될 수 있는가이다.

그러나 궁극적 문제는 통제에 이용하는데 입수 가능한 어떤 사람이나 지역이 없을 수 있다는 것이다. 이는 서로 의사소통이 되거나 또는 지리적으로 떨어져 있는 소수의 대규모 구매자들로 산업재시장이 구성되는 경우이다. 그러한 시장의 부분집합에 대해 신상품 도입을 제한하려는 어떤 노력이라도 성공하지 못할 것이다. 동시에 국가 전체에서 발효되는 연방 법안 효과를 평가하려는 시도에서 동일한 문제가 발생한다. 또한 실무자들이 그렇게 해야 하는 것으로 믿는 것은 실무자들은 전문적 의무에 대해 반하는 것이기 때문에, 특정 사회프로그램에 접근하는 것을 부인하지 않을 수도 있다.

④ 실험결과들 지속의 불확실성(uncertain persistency of results) 역시 현장 실험들의 수락 및 용법을 제한하는 문제들이다. 실험결과가 도움이 되기 위해서는, 이익이 되도록 행동하기에 충분히 길어야 한다. 지속성 가정에 대해 가장 해를 주는 2가지 요인들은 시장환경에서 기술적, 경제적, 사회적 변화의 높은 비율이며, 적극적인 경쟁행위이다.

실험수행 기간 동안 경쟁은 검정을 독립적으로 감독하도록 하고, 최대한 많이 배울 수 있도록 한다. 또는 결과들을 틀렸음을 입증하는 특수한 소비자 홍보와 같은 특이한 행위를 취할 수 있다.

마찬가지로 검정이 지역 또는 전국 시장으로 확장되는 경우에, 경쟁사들은 어떤 것도 하지 않거나 또는 보복할 수 있다. 이는 적어도 4가지 상황조합들이 있고, 각 조합은 연구될 인과 관계의 특징에 대한 다른 시사점들을 갖는다.

지속성과 그에 따른 실험결과의 가치는 의사결정자가 4가지 가능한 사상들 중 각 확률, 보복행위의 크기, 조치를 취하는 직접적인 경쟁사들의 수를 가늠하지 못하는 정도에 대해 불확실할 것이다.

6.2.6 의태 검정마케팅

비용, 관련시간, 사보타주(sabotage) 또는 경쟁사의 모방 등으로 나타나는 테스트마케팅과 같은 실험의 한계들 중 일부를 극복하기 위해, 많은 마케팅조사기업들은 의태된 검정마케팅(simulated test marketing)을 이용한다.

이러한 의태검정마케팅은 소비자들의 반응, 제조사들의 홍보지출계획, 기타 예측모형들에서 수집한 정보를 사용하여 시장상품출시(market launch)에 앞서 신상품의 판매량을 추정하는 데 사용된다.

이러한 검정방법은 성공 가능성을 최대화시키도록 기업들이 개발의 초기국면 동안 새로운 아이디어들과 유통자원들을 가려낼(screen) 수 있게 해 준다. 또한 신상품 계획을 추진하는 경우에 매출액 추정치, 마케팅계획 최적화, 기업 출시결정을 지원하는 추가 결정들을 제공하여 의태검정마케팅을 사용한다.

의태검정마케팅은 효과적인 사업계획작성을 위한 지원책으로써 포장상품산업(packaged-goods industry)에 의해 널리 사용되고 있다. 전통적 검정시장방법(traditional test market method)과 비교하여, 의태검정방법은 예측능력에 대해 속도, 경제성, 정확성 계산에서 점수를 얻는다.

6.3 █ 실험 타당성

6.3.1 실험 타당성의 개념

실험의 타당성은 조사자가 측정하려던 것을 그 실험이 실제로 달성하는 정도이다. 타당성은 유효한 조사의 중요한 열쇠이다. 타당하지 않은 조사는 가치가 없다. 최근 타당성은 실험의 측정성과뿐만 아니라, 여러 형식으로 파악되고 있다.

정성조사의 경우에 타당성은 달성된 자료의 정직성·깊이(심도)·풍부함·범위를, 접근한 참가자들, 삼각측량의 정도, 조사자의 사심 없음 또는 객관성을 통해 규명되고 있다.

한편 정량조사의 경우에 타당성은 신중한 표본추출, 적합한 수단사용(appropriate instrumentation), 자료의 적합한 통계처리를 통해 개선될 수 있다. 100% 타당한 조사는 불가능하므로, 최적의 완벽(optimism of perfection)을 찾아야 한다.

정량조사는 내재되고 인정되어야 하는 표준오차의 측정치를 갖는다. 정성자료에서 응답자의 주관성, 응답자 의견, 태도 및 관점들은 함께 편향(편의, 편견, bias)의 정도에 영향을 준다. 그래서 타당성은 절대적 상태보다는 정도의 문제로 간주되어야 한다. 그러므로 무효력을 최소화시키고, 타당성을 최대화시켜야 한다.

조사 연구의 설계와 방법론에서 정확성에 대해 직면하는 실험 타당성은 내부 타당성과 외부 타당성으로 구분한다. 그리고 실험의 타당성에 대한 잠재적 위협들을 인위적 결과(artifact) 및 편견(bias)의 원천들인 혼동요인들(confounds)이라고 한다.

6.3.2 내적 타당성

6.3.2.1 내적 타당성의 개념

내적 타당성(internal validity)은 실험자가 통제하는 독립변수의 변화가 실제로 종속변수 변화를 가져오는 정도이며, 다시 실험을 해서 동일한 성과를 달성할 수 있는 정도이다. 이는 관찰된 실험결과와는 상충되는 설명을 배제시킬 수 있는 정도를 말한다. 내적 타당성은 실험처리가 발생하는 변화를 온전하게 설명하는지 또는 다른 외재요인들(extraneous factors)이 작용하는지의 여부를 평가한다.

내적 타당성을 문항분석(item analysis)이라고도 하며, 종합적 측정에 포함된 각 문항이 측정에서 독립적 공헌을 하는지 아니면 다른 문항이 공헌하는 바를 단지 반복하는지에 대한 평가이다.

실험적 연구에 있어서 내적 타당성은 주어진 실험처치(experimental treatments)가 정말로 실험효과를 가져왔느냐 하는 정도를 나타낸다. 이러한 내적 타당성은 주어진 실험처치가 정말로 어느 정도 효과를 이 실험에서 가져왔느냐에 대한 질문의 답이 된다.

만약 조사자가 실험변수 또는 처리변수가 종속변수에서 관찰된 격차들을 발생시키는 것을 보여줄 수 있다면, 그 실험은 내부적으로 타당하다고 말한다. 이러한 종류의 타당성은 종속변수 변동이 처리변수에 대한 노출에 의해 초래되고, 다른 가능한 인과요인들이 없는 것을 증명하는 증거를 요구한다. 이는 결과 또는 이치에 맞는 경쟁적인 가설들(plausible rival hypotheses)을 배제시키거나 또는 그러한 가설들에 대해 믿기 어려운 대안적 설명을 하는 능력이다.

여기서 이치에 맞는 경쟁적 가설은 조사자의 원래 가설이 아닌 발견사항들에 대해 타당한 설명을 제공하는 종속변수 및 독립변수 상호작용에 대한 조사자의 대안적 가설이다. 그리고 대안적 설명(alternative explanation)은 특정 가설에 의존하지 않는 결과에 대한 타당한 설명이다.

하여튼 연구가 내적 타당성이 있는 경우에, 조사 디자인은 독립변수와 종속변수 사이의 관계에 대한 대안적 설명을 통제하고 배제시킬 수 있게 한다.

실험실 실험에서 내적 타당성은 관찰된 효과를 실험변수(experimental variable)의 결과로 간주할 수 있는 능력이다. 실험실 실험은 전형적으로 더 큰 내적 타당성을 갖는다. 실험실에서는 물리적으로 요인들을 일정하게 하거나 또는 통계적으로 요인들을 통제하여 관계를 무색하게 하거나 또는 당혹하게 만드는 여타요인들의 효과를 보다 잘 제거할 수 있다. 그래서 관찰된 효과는 실험변수의 조작에 따른 것으로 결론을 얻을 수 있다.

6.3.2.2 외재변수들의 종류

연구의 내적 타당성에 대한 위협을 (틀렸음을 입증하는) 교란변수(confounding variables) 또는 외재(가외)변수(extraneous variables)라고 한다.

교란 또는 외재변수들은 실험자극 효과로 오인될 수 있는 효과를 초래하는 요인들이다. 일반적으로 교란변수는 조사자가 통제하지 않지만, 독립변수와 상관된 변수이다. 조사자는 교란변수를 통제할 수 없기 때문에, 종속변수 변화의 결과들이 독립변수의 효과 또는 교란변수의 효과를 반영하는지의 여부를 확신할 수 없다.

교란변수들의 4가지 주요 형태들은 사건들의 무의식적 배열순서(unintentional sequence of events), 비동등 집단(nonequivalent groups), 측정오차(measurement errors), 인과 모호성(ambiguity of cause and effect)이다.

① 무의식적 배열순서(unintentional sequences)의 사건들은 내적 타당성을 저하시킨다. 이는 조사자가 통제하지 않거나 못하는 사건들의 배열순서를 자료가 반영할 때에 발생한다. 조사자가 사건들의 배열이 참가자 행동을 어떻게 변화시키는지를 연구하려는 경우에, 사건들 배열순서 상황에 따라 다음 효과로 인해 연구결과는 다르게 발생할 수 있다.

- **이월효과**(carryover effects) **또는 테스트효과**(testing effects): 참가자의 현재 또는 미래의 성과에 대한 참가자의 이전 경험/노출의 영향력－기대효과는 관찰자 편의(observer bias)라고 하며, 응답자들이 조사가설을 알고 있는 경우에 유리하게 답할 가능성이 큰 효과이다.

- **우연한 사건 또는 역사**(history): 조사 기간 중 연구자 의도와 상관없이 발생한 사건이 결과에 영향을 미침 – 실험이 발생되는 기간 동안 연구되는 관계에 영향을 주는 어떤 사건들이 발생하여 실험 결과를 혼동시키는 효과이다. 일부이력효과(local history effects)라고도 하며, 처리가 한 집단만 영향을 주고, 다른 집단에는 영향을 주지 않는 경우에 발생한다. 일부이력의 문제는 처리집단과 비교집단의 개인들 환경이 다를수록 더 크게 발생한다. 실험이 사전측정, 개입, 사후측정 설계를 갖는다면 O_1 X O_2로 표시한다.

- **성숙**(maturation) **또는 시간의 경과**: 시간 경과에 따라 연구대상이나 현상이 변화하여 결과에 영향을 미침 – 종단조사에서 관찰된 변화가 시간 경과 또는 사람의 성숙(검정대상 변화)이 독립변수의 종속변수에 대한 실질적 효과는 반영하지 못하는 상황에서 발생하는 효과이다. 응답자들이 시간이 지남에 따라 어떻게 변화할지를 아는 것이 곤란하므로, 수개월 이상 진행되는 마케팅조사와 추적조사는 실험대상자의 성숙에 의해 조사결과에 영향을 받을 수 있다.

② 조사자가 통제하는 독립변수들 이외의 요인들로 인하여 여러 조사대상 집단들이 서로 다른 경우에 추론 문제가 발생할 수 있다. 이러한 내적 타당성 저하문제는 비동등 집단들에 의해 초래되는 위협이다.

독립변수가 종속변수 변화를 초래한다는 가설 설정은 독립변수에 대한 노출 이전에 2개 이상의 집단들 또는 참가자들이 평균적으로 연구의 주된 초점이 되는 종속변수에 대해 서로 거의 동일하다는 것을 의미한다. 그런데 대상(피험자)변수(subject variables)의 비통제효과와 사망/소멸(mortality/attrition)이 실험대상이 되는 처리집단들(treatment groups)의 비동등화를 야기할 수 있다.

- **사망**(mortality) **또는 실험대상 탈락**: 조사기간 중 특정 대상인이 탈락하여 결과에 영향을 주는 효과 – 이러한 손실은 소멸이라는 단어로 보다 적합하게 표현할 수 있다. 참가자들은 여러 이유로 연구에서 이탈할 수 있다. 참가자 사망의 결과로 인한 연구 종료시점에서의 집단들 격차는 참가자들 일부의 제거 효과로 인한 것이지, 독립변수의 어떤 실질적 영향력에 의한 것이 아니다.

- **대상**(피험자)**변수들**(subject variables) **또는 선택 편의**(selection bias): 어떤 관련방식에서 모집단과는 계통적으로 다른 실험집단 선정(부적합한 검정단위 배정)으로 결과에 영향을 미치는 효과 – 사람들 관련 조사 프로젝트에서 개인격차 특성(individual difference characteristic)으로 알려진 피험자변수를 독립변수로 사용하는 경우에 조사자는 이러한 변수를 직접 통제하지 못하므로, 독립변수와 종속변수 관계에 대해 인과관계가 존재한다는 판단을 할 수 없다. 오염효과는 통제집단과 처리집단이 서로 다르게 대우를 받는 것을 아는 경우에, 실망하여 올바른 응답을 하지 못할 수 있는 효과이다.

- 선택–성숙 상호작용(selection–maturation interaction): 어떤 실험설계에서 선택 및 성숙의 상호작용 효과가 실험변수 효과로 오인될 수 있도록 결과에 영향을 미침, 어떤 집단의 개인들이 다른 집단의 개인들보다 더 빠른 속도로 보다 많은 경험을 갖거나, 보다 지치거나, 보다 지루해 하는 경우에 발생하는 선택 및 성숙의 추가 효과이다. 이러한 효과가 발생하면, 사전검사점수들이 처리집단과 통제집단에 대해 평균적으로 동일한 경우에도 두 집단들이 대등하다는 결론을 얻을 수 없다.

③ 신뢰할 수 없거나 잠재적으로 타당하지 않은 평가 또는 측정 수단을 사용하면, 인과결론에 대한 내적 타당성의 저하 문제가 초래된다. 이러한 문제를 측정오차(measurement errors)에 의해 초래되는 내적 타당성 위협이라고 한다.

측정 일관성(consistency in measurement)으로 규정되는 신뢰도가 적합한 수준의 측정치를 사용하는 경우에도 다음의 내적 타당성 위협요인들이 작용할 수 있다.

- 천장–바닥 효과(ceiling and floor effects): 독립변수 변화에 민감하지 않은 평가를 선정하여 측정오차가 발생하는 효과–너무 쉽거나 간단한 평가를 사용하는 것은 모든 참가자가 높은 점수를 얻게 되어 결과적인 시험점수(test scores)에 천장 효과(ceiling effect)를 초래할 수 있다. 한편 너무 어려운 평가를 사용하면 모든 참가자가 저조하게 수행을 하여 바닥 효과(floor effect)를 초래할 수 있다.

- 도구사용(instrumentation): 실험 또는 연구 과정에서 실제 측정도구(측정수단, 관찰자, 점수 등)를 변화시키는 경우에 발생하는 측정오차의 원천–여러 면접관들을 투입하는 경우에 측정도구가 변경되어 결과에 영향을 줄 수 있다. 이러한 쟁점은 자료수집을 위해 인터넷 조사를 하는 경우에 특히 발생하기 쉽다. 측정수단 변화들이 다른 집단보다 한 집단에서 더 크게 검색될 가능성이 있는 경우에 발생한다. 예컨대 상한 또는 하한 효과들은 검사 전부터 검사 후까지의 행동의 변화를 검색하는 것을 곤란하게 할 수 있다. 집단들 간의 불일치가 크고, 집단 점수들이 극단적으로 나타나는 경우에 이러한 효과의 내적 타당성에 대한 위협은 보다 증가한다.

- 평균에 대한 회귀의 통계적 현상(statistical phenomenon of regression to the mean): 실험과정 동안 극단적 점수들을 갖는 검정단위들이 재측정에서는 평균점수에 가깝게 변동하는(회귀하는) 효과−한 집단에서의 회귀가 다른 집단보다 크게 발생할 가능성이 있는 경우, 개인들이 극단적 점수들을 기초로 선정되는 경우에 평균으로의 회귀가 예상된다. 이러한 효과는 사람들이 어떤 시험에서 예외적으로 높거나 낮은 점수를 처음에 받고, 두 번째 시험에서 평균에 보다 근접하는 점수를 받는 형태로 나타날 수 있다. 따라서 이러한 평가점수 변화의 형태들은 평균으로의 회귀를 반영하지, 독립변수의 진정한 효과를 반영하는 것이 아니다. 차별적 회귀가 발생하는 경우에 검사 전에서 검사 후로의 변화는 처리효과로 잘못 해석될 수 있다.

- 테스트효과(testing): 실험대상에 대해 동일한 측정을 반복할 경우 프로그램 참여자들이 검사에 익숙하게 되어 실험결과에 영향을 주는 효과−한 측정 수행이 다음 측정 결과들에 대해 주는 영향이다. 반응에 영향을 주는 효과는 주요검정효과(main testing effect)와 쌍방향(대화형)검정효과(interactive testing effect)의 2가지로 구성된다. 주요검정효과는 사전관찰의 사후관찰에 대한 효과이며, 쌍방향검정효과는 사전측정의 실험변수에 대한 인식효과이다. $\{O_1 \ X \ O_2\}$ 연구에서 주요검정효과는 O_1에서 O_2로의 효과를 갖는다. 한편 쌍방향검정효과는 O_1에서 X로의 효과를 갖는다.

- 신규성효과는 처리집단의 개인들이 실험에서 수행할 책임보다 새로운 혁신적 대우조치에 대한 열망이 더 크게 작용하여 처리효과를 보다 좋게 평가하는 효과이다. 이는 호손효과를 가져올 수도 있다.

④ 인과 모호성(ambiguity of cause and effect)을 회피하기 위해서는 John Stuart Mill(1986)의 주장과 같이, 원인이 효과보다 먼저 발생하는지, 독립변수와 종속변수 간의 상관관계 증거가 존재하는지, 효과 변화에 대한 대안적 설명들을 배제시킬 수 있는지의 3대 쟁점을 고려해야 한다. 그러므로 인과가설(causal hypothesis)을 검정하는 연구를 디자인하는 경우에, 시간적 순서문제(temporal order problem)와 가능한 제3의 변수문제(third variable problem)에 특히 주의해야 한다.

표 6-2 내적 타당성 위협요인들과 사례

내적 타당성 위협요인	사 례
사건들의 무의식적 배열순서	이월효과, 성숙, 개입사건들
비동등 집단들	대상(피험자)변수들, 참가자 사망/소멸
측정문제	천장/바닥 효과, 측정오차 및 신뢰도, 수단설정, 평균으로의 회귀
인과 모호성	시간상 순서, 제3의 변수

자료: Weathington *et al.*(2012), 79; Aaker *et al.*(2013), 328.

6.3.2.3 외재변수들의 통제방법

외재변수를 효과적으로 통제하여 실험에서 독립변수들에 의해 발생한 종속변수 효과를 제대로 파악하기 위해서는 다음과 같이 제거, 균등화, 상쇄, 무작위선정의 방법들을 사용할 수 있다.

① 외재변수 작용 가능성이 있는 요인들을 실험대상에 개입되지 않도록 제거한다.

② 외재변수 작용 요인들을 사전에 아는 경우에, 해당 외재변수의 영향을 균등하게 받을 수 있도록 실험집단과 통제집단을 선정한다.

③ 하나의 실험집단에 2개 이상의 실험변수를 처리하는 경우에 외재변수의 작용강도를 다른 상황에 대해서는 다르게 실험을 한다.

④ 외재변수들을 모르는 경우에 모집단에서 실험집단과 통제집단을 무작위로 추출하여, 실험자가 조작하는 독립변수 이외의 모든 외재변수들이 주는 영향을 두 집단들에 동일하게 작용하도록 한다.

6.3.3 외적 타당성

6.3.3.1 외적 타당성의 개념

외적 타당성(external validity)은 실험에서 관찰된 인과관계를 외부 사람, 환경, 시대에 대해 일반화시킬 수 있는 정도를 말한다. 따라서 외적 타당성은 조사연구 결과의 실제세계 상황에 대한 적용의 일반화 가능성이다. 그러므로 외적 타당성은 한 특수한 연구에서 얻어진 연구결과를 그것이 수행된 맥락과는 다른 상황이나 피험자에까지 일반화시킬 수 있나 없나를 구분하는 정도이다.

외적 타당성의 쟁점은 실험에서 사용된 주제와 환경이 조사자가 그 결과들을 투영하려고 하는 다른 모집단들과 환경들을 얼마나 대표하는가이다. 외적 타당성 형태는 조사결과 일반성(보편성)(generality of findings)과 결론 일반성(generality of conclusions)으로 구분할 수 있다.

① 조사결과 일반성은 표본과 목표 모집단 사이의 연관성(link)을 나타낸다. 만약 표본이 충분히 모집단을 나타낸다고 가정하면, 표본자료의 결론들을 모집단으로 일반화시킬 수 있다.

② 결론 일반성은 한 모집단의 발견사항을 다른 모집단들로 일반화시킬 수 있는 능력을 나타낸다. 많은 경우에 특정집단의 사람들을 사용하여 연구를 수행하지만, 다른 집단으로 결과들을 확장시키길 원할 수도 있다. 예컨대 조사자가 공장 노동자들에게 대해 어떤 특정형태의 동기(부여)전략(motivational strategy)이 주효한지를 발견할 수 있다.

〈그림 6-1〉은 내적 및 외적 타당성 사이의 격차를 보여주고 있다. 이러한 타당성 형태들은 모두 자료와 모집단 사이에서 발생하여, 타당성은 모집단에 표본자료를 관련시킬 수 있도록 하는 과정이다. 외적 타당성은 발견사항의 일반성과 결론들의 일반성의 2개 부분들로 구성된다. 표본자료에서 조사자가 인과관계를 도출할 수 있기 때문에, 내적 타당성은 자료들의 해석을 나타낸다.

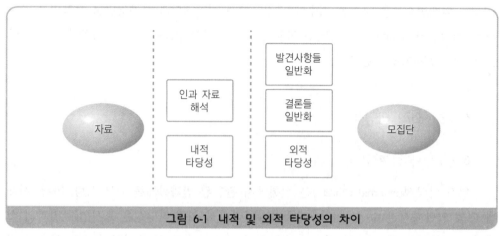

그림 6-1 내적 및 외적 타당성의 차이

자료: Weathington *et al.*(2012), 81.

외적 타당성 위협 요인	사 례
참가자 모집	연령별 결과의 일반화, 자발적 참가자의 모집단 대표성 문제
상황의 효과	특정 상황의 결과를 환경들이 아주 다른 일반 상황들에 대해 일반화시키는 문제
이력의 효과	특정 시간이나 장소에서 수행된 조사결과를 정치, 사회, 경제 여건이 변화한 후인 현재 시점에서 모집단으로 일반화시키는 문제

표 6-3 외적 타당성 위협요인들과 사례

자료: Weathington *et al.*(2012), 84; Aaker *et al.*(2013), 328-329.

6.3.3.2 외적 타당성 위협요인들

실험수행의 인위적 환경설정과 처리방식으로 인해 조사결과의 일반화를 저해하는 외적 타당성 위협요인들은 〈표 6-3〉과 같이 참가자 모집, 상황의 효과, 이력(내력, 역사)의 효과로 규명할 수 있다.

① **참가자들의 모집**(recruitment of participants): 조사 프로젝트를 개시할 때 조사자가 취하는 첫째 조치(first step)인 실험대상 선택(subject selection) 과정으로 인한 외적 타당성에 대한 위협 효과

- **선택 편의와 실험변수의 상호작용 효과**(interaction effect of selection biases and the experimental variable): 실험 대상들을 선택한 모집단이 목표시장과 동일하지 않을 수도 있고, 자발적 참가자들로 구성된 표본이 모집단을 대표하지 못하는 경우에 조사결과 일반화 가능성 축소
- **실험처리방식반응 효과**(reactive effect of experimental arrangements): 비실험 환경에서 실험변수에 노출된 사람들에 대한 실험변수 효과의 일반화가 곤란

② **조사상황의 효과**(effects of the research situation)): 어떤 환경에서 수행될 처리가 특수한 상황으로 인해 다른 상황들로 일반화를 곤란하게 할 수 있다. 실험환경 자체가 실험대상의 응답에 영향을 가질 수 있다.

- **측정의 반작용 또는 상호작용 효과**(reactive or interaction effect of testing): 직전 실험이 실험변수에 대한 응답자의 민감도 또는 반응을 증가 또는 감소시킬 수 있어, 직전 실험 모집단에서 획득된 결과가 실험응답자들을 추출한 직전 실험이 없는 모집단에 대한 실험변수 효과들을 대표할 수 없어 실험결과 일반화가 곤란

- **복수처리개입**(multiple treatment interference): 동일한 응답자들에게 복수처리들을 적용하는 경우에는 직전 처리들의 효과들이 제거될 수 없어 실험결과에 영향을 미치는 효과

- **위약효과**(placebo effect): 대상자가 주위의 특별한 관심을 받고 있다고 인식하는 경우 나타나는 심리적 반응으로 결과에 영향을 미침

③ **이력의 효과**(effect of history): 연구의 결과가 특정 시대에는 적합하지만, 이전에 수행된 조사결과들을 여건이 변화한 현대 상황들(contemporary situations)로 일반화시키는 것이 곤란할 수 있다

④ 실험자편향, 참여자효과, 호손효과, 평가 근심 등의 편향은 외적 타당성 저하를 초래한다.

- **실험자편향**(experimenter bias): 결과가 실험자가 바라는 방향으로 되길 바라는 마음에서 발생되는 편향

- **참여자효과**(participant effects): 참여자들이 연구 목적을 잘 아는 경우에 연구 결과에 유리한 형태로 응답을 하여 연구목적의 타당성을 훼손하는 현상

- **호손효과**(Hawthorne effect): 노동·교육에서, 단지 주목받고 있다는 사실 때문에 그 대상자에게서 나타나는 업적 향상의 효과—사람들이 자신들이 과학연구에서 관찰되고 있다는 것을 알기 때문에 자신들의 행동을 변경시킨다면, 그 연구결과는 타당성을 잃을 수 있음

- **평가 근심**(evaluation apprehension): 참가자가 실험에서 연구자에 의해 평가받는 것을 거북하게 생각하는 반응—참가자들이 자신들의 행위를 다른 사람들이 평가하려 한다고 생각하기 때문에 최상 행위들만을 진술하여 편향이 발생

- **생물사회적 효과**(biosocial effect): 연령, 성별, 인종 등의 조사자 특징이 참가자 행위에 영향을 주어 초래되는 편향

- **심리사회적 효과**(psychosocial effect): 인격이나 분위기 등의 심리적 특징에 의한 조사자의 태도가 참가자 행위에 영향을 주는 효과

6.3.3.3 참여자효과 방지방법

참여자효과를 방지하기 위해서는 다음 방법들을 사용할 수 있다.

첫째, 가능하면 항상 자동화 운영(automated operations)을 사용하는 것이다. 만약

참가자들이 지시문을 읽고 컴퓨터로 과업을 수행한다면, 실험자가 사람 행위에 영향을 줄 위험을 감소시킬 수 있다.

둘째, 확실한(설득력 있는) 표제기사(convincing cover story)를 사용한다. 표제기사는 연구의 실제목적을 전달하거나 또는 연구의 진정한 특성을 성공적으로 숨기는 연구에 대한 줄거리이다. 보통 조사자가 참가자에게 연구의 진정한 목적으로 가장하기 위해 개발한 허구적 이야기를 표제기사라고 한다.

셋째, 블라인드 테스트(맹검실험, blind test)를 사용한다. 블라인드 테스트는 조사자, 참가자 또는 모두 참가자가 받고 있는 대우를 모르는 조사 설계이다. 이러한 접근법에서는 참가자들이 자신들에게 할당된 그룹을 알지 못하므로, 그들이 받는 대우가 무엇인지를 알기가 더 어렵다. 그래서 연구의 전반적 특성을 알더라도, 예상에 일치하도록 노력할 가능성이 더 작다.

단일맹검실험(single blind study)에서는 참가자들이 어떤 그룹에 속하고 있는지를 참가자들 또는 조사자들이 모르는 방식이다. 여러 그룹의 참가자들이 모르는 단일맹검법이 진행되는 경우에, 참가자들은 자신들이 달성하려고 노력할 여러 예상들을 계통적으로 갖지 못한다.

실제로 연구를 수행하는 조사자들이 어떤 사람이 어떤 그룹에 소속된 것을 모르는 경우에, 조사자가 비고의적으로 참가자에게 단서를 제공하지 못하게 할 수 있다. 이중맹검실험(double blind study)에서는 조사자나 참여자 누구도 참가자가 어떤 그룹에 소속되어 있는지를 모르는 방식이다.

6.3.4 생태학적 타당성

생태학적 타당성(ecological validity)은 통제된 실험실 상황 또는 이와 유사한 상황에서의 연구결과가 실제 세계의 맥락에서 일반화되는 정도이다. 실험실－실세계의 관계 외에도, 측정－실세계의 관계에서 생태학적 타당성을 정의하면 생태학적 타당성은 측정 상황에서의 결과가 실제 세계에서의 삶에 적용되는 정도를 표시한다.

생태학적 타당성을 높이기 위해 가장 좋은 방법은 실세계와 매우 유사한 자연스런 상황을 만들어서 실험이나 측정을 실시하는 것이다. 윤리적인 문제에도 불구하고, 연구에서 속임수가 쓰이는 이유 중의 한 가지는 자연스런 상황을 꾸며내기 위함이다. 연구자는 연구설계에서 생태학적 타당성에 영향을 미칠 수 있는 호손 효과(Hawthorne effect), 신기성 효과(novelty effect), 실험자 효과(experimenter effect), 측정도구 효과(measuring instrument effect) 등의 요인들을 고려해서 통제할 필요가 있다. 이러한 요인들에 대한 통제가 이루어지지 않았을 경우에는 연구의 제한점으로서 언급하는 것이 바람직하다.

6.4 ᅴᄑ 실험설계

6.4.1 실험설계의 개념과 형태

실험설계(experimental designs)는 변수들 간의 인과관계 규명을 위한 조사방법이며, 조사자가 변수를 조작적으로 정의하여 주어진 상황의 현상 관찰을 통해 변수의 영향을 밝히는 것이다.

실험설계의 주된 목표는 실험집단과 통제집단에 대해 무작위로 조사 참가자들을 할당하여 내적 타당성에 대한 위협들에 대한 최대한의 통제력을 확보하는 것이다. 따라서 실험설계는 독립변수들을 처리들로 배열하고, 처리들을 단위들로 배정하기 위해 사용하는 특정 프로세스이다.

기초적 실험설계(basic experimental designs)는 단일종속변수(single dependent variable)에 대한 단일독립변수(single independent variable)의 효과를 관찰하기 위해, 그 독립변수를 조작하는 것이다.

한편 요인실험설계(factorial experimental designs)는 기초적 실험설계를 세련되게 변경시켜 2개 이상의 독립변수들 상호작용들을 조사할 수 있도록 하는 것이다.

실험설계는 자료를 수집하는 여건들에 대해 조사자가 행사하는 통제의 정도가 다른 조사설계들과는 다르다. 실험설계는 실험이 수행되는 환경들에 따라 현지(현장) 실험(field experiments)과 실험실 실험(laboratory experiments)으로 구분한다.

① 현장 실험: 최소의 인위적 요소를 가진 자연스러운 환경에서 수행되는 실험으로, 모형설정 및 실제 조건들을 기초로 가장 현실적인 실험환경을 조성한다. 그리고 종속변수를 측정하도록 현장 상황이 허용하는 대로 신중히 통제되는 조건들에서 독립변수들

을 조작하는 인과적 설계에 따른 관찰을 수행한다. 현장실험의 단점(downside)은 종속변수에 영향을 주는 변수들에 대한 통제력의 결여로 인해 더 많은 비용이 들고, 더 낮은 내적 타당성을 갖는다는 것이다.

가설 검정을 위해 조사자가 현실적인 사회생활에서 독립변수를 조작하여 종속변수의 결과를 측정하는 조사이다. 진실험설계에 비해 상대적으로 독립변수의 조작이 어렵고, 높은 정밀성과 정확성은 부족하지만, 일반 현실을 반영하여 외적 타당성은 높아 가설 검정에 많이 활용된다.

② **실험실 실험**(laboratory experiment): 조사자가 원하는 조건들을 가진 상황을 만들고 여타 변수들은 통제하면서 일부 변수들을 조작하는 실험이다. 실험자가 원하는 정확한 조건이 나타나도록 실험적 상황을 설정하여 변수를 조작하고 통제하면서, 무작위로 추출한 실험대상에 대해 실험하는 방법이다.

조사자는 다른 변수들을 일정하게 유지하면서(또는 여타 변수들 효과를 최소화시키면서) 종속변수에 대한 독립변수들의 조작효과를 관찰 및 측정할 수 있다.

외생변수 통제와 독립변수 조작을 통해 용이하게 인과관계를 증명할 수 있어, 비용이 낮고, 더 높은 내적 타당성을 가져 가능한 마케팅활동의 비밀유지를 더 크게 제공한다. 실험실 실험의 단점은 인위적 상황의 설정에서 중요한 상황을 배제시킬 가능성이 있기 때문에, 사실주의(현실성, realism) 손실과 더 낮은 외적 타당성이 초래된다. 인과관계 추론의 내적 타당성이 낮은 현지 실험에 비해 실험실 실험은 내적 타당성이 높다.

실험에서 발생시킬 정보의 형태와 그 의도된 용도가 주어진 상황에서 보다 적합한 실험환경의 형태를 나타낸다. 또한 실제 시장여건에서 실험실 연구의 발견사항들 입증을 위해 현지실험을 수행하는 것도 가능할 수 있다.

6.4.2 실험설계 기술기호

실험설계를 기술하는 데 도움을 주기 위해 개발하여 사용하는 기호들(Symbols)은 다음과 같다.

R: 사람들을 실험집단들에 또는 실험집단들 처리들에 대해 무작위로 할당

X: 실험 대상들 집단의 실험처리, 자극의 도입, 또는 어떤 수준의 독립변수에 대한

노출, 만약 독립변수의 여러 수준들이 사용된다면, X_1, X_2, …, X_n 으로 표시, 예컨대 마케팅믹스효소들은 모두 실험 처리들(experimental treatments)로 자주 사용

O: 조사자가 관심을 두고 있는 종속변수의 관찰치 또는 측정치, 검정단위들(개인, 집단, 점포, 영업사원들(sales reps) 등)의 관찰 또는 측정 과정을 표시

O_1: 실험 대상이 받는 시험 전 측정(pretest measure)

X_1: 동일한 처리에 노출된 집단들

O_2: 실험 대상이 받는 시험 후 측정(posttest measure)

O_3: 단지 시험 후 측정(posttest measure)만을 받은 실험 대상

좌측에서 우측으로의 표기법(left-to-right notation)은 사건들 발생의 시간순서를 표시한다. 예컨대 "RO_1XO_2"는 실험 대상들을 무작위로 이러한 집단 R에 배정하고, 시험 전에 측정하고(O_1), 실험 대상들을 처리에 노출시키고(X), 시험 후 측정을 하는(O_2) 것을 나타낸다.

한 줄로 된 모든 표기들은 단일한 응답자들 집단을 말하고, 수직적으로 함께 나타나는 표기법들은 동일한 시점에서 발생한 사건들을 규명한다. 실험 대상들이 2집단이라면 2줄로 표시된다

시간(time)은 수평적 배열(horizontal arrangement)의 Xs 및 Os에 의해 나타난다. 그래서 다음은 하나의 검정단위가 하나의 실험변수에 노출되고, 그 반응을 2가지 다른 시점들로 측정한 것을 나타낸다.

X O_1 O_2

한편 다른 검정단위들은 수직적으로 배열한다. 하나의 열 내부에서, 다른 집단들이 동시적으로 처리된다. 다음 상징적 배열은 2가지 다른 검정단위들의 집단들이 있고, 각 집단은 처음 시점에서 다른 실험적 처리에 노출되고, 후에 두 집단들의 반응들이 그 뒤에 (동시적으로) 측정된다.

X_1 O_1
X_2 O_2

EG: 실험처리에 노출된 측정단위들의 실험집단(experimental group)

CG: 실험에 참가하지만 실험처리에는 노출되지 않은 통제집단(control group)

R: 집단들에 대한 측정단위 및 실험처리의 무작위 할당을 표시, 무작위추출은 가외 변수들에 대한 통제를 보장하여 실험의 신뢰도를 증가시킴

M: 실험집단과 통제집단 모두 어떤 적절한 특징을 기초로 짝을 이룬 것을 표시, 짝 짓기는 선택편의(selection bias)에서 발생하는 실험오차 축소에 도움을 줌.

6.4.3 실험설계의 분류

실험설계는 〈표 6-4〉와 같이 고전적 설계(classical designs)와 통계적 설계(statistical design)로 구분하고, 고전적 설계는 종속변수에 영향을 주는 독립변수를 제외한 모든 여타 변수들인 혼란변수(confounding or extraneous variable)에 대한 통제를 위해 실험단위를 랜덤화시킨 정도로 나타나는 인과추론의 3대 조건(시간순서, 공동변화, 통제력) 충족 여부에 따라 진실험설계, 준실험설계, 사전실험설계로 구분한다.

① 진실험설계 또는 순수실험설계(true or pure experimental design)는 혼란변수의 통제를 위해 실험단위를 완벽하게 랜덤화하여 실험그룹과 대조그룹으로 구분한 실험설계이다. 따라서 이는 3대 인과추론 조건(시간순서, 공동변화, 통제력)을 모두 충족시키는 완전실험설계이다. 내적 타당성은 높지만, 현실적으로는 완전한 통제상황 확보가 어려워 일반화 가능성이 낮아 외적 타당성이 낮다.

② 준실험설계 또는 유사실험설계(quasi-experimental design)는 연구자가 완벽한 랜덤화과정을 통해 실험을 설계할 수는 없지만, 랜덤화가 가능한 실험단위로 구성된 원상태 그룹(intact group)이 있는 실험설계이다. 그러므로 무작위 배정 대신 다른 방법으로 실험집단과 유사한 집단을 구성하려고 시도하는 설계이다.

따라서 시간 선후성과 공동변화 조건은 충족시키지만, 허위관계 배제 조건은 충족시키지 않는다. 대표성이 있는 표본으로 실험집단과 통제집단을 구성하여 모집단 행동을 잘 대변할 수 있다. (인과관계의 효과적 추론으로 나타나는) 내적 타당성은 낮지만, 외적 타당성은 높은 설계이다.

③ 원시실험설계(pre-experimental design) 또는 사전실험설계는 실험단위에 대한 랜덤화과정(randomization process)을 거치지 않은 실험설계이다. 따라서 시간적 선후성

표 6-4 실험설계의 분류

실험설계 (experimental design)	고전적 또는 전통적 설계 (classical or traditional designs)	순수실험설계 (진실험설계)	통제집단 전후 비교설계
			통제집단 후 비교설계
			솔로몬 4집단 설계
			요인설계
		유사실험설계 (준실험설계)	비동일통제집단설계
			단순시계열설계
			복수시계열설계(연속패널설계)
			현장실험
		전실험설계 (원시실험설계)	1회 사례연구(one-shot study)
			단일집단 전후 검사설계
			정태적 집단비교설계
	통계적 설계 (statistical designs)	완전 임의설계(completely randomized design)	
		임의블록설계(난괴법, randomized block design)	
		라틴방형설계(Latin square design)	
		요인설계(요인배치법, factorial design)	

자료: Aaker *et al.*(2013), 332.

조건만 충족시키고, 혼란변수(confounding or extraneous variable)에 대한 통제가 전혀 없다. 탐색조사의 성격이 강한 설계이다.

④ 사후실험설계는 다음의 3대 인과추론조건들을 모두 충족시키지 않는다. 가설검정이나 탐색적 연구의 목적으로 사용된다.

인과추론 조건	진실험설계	준실험설계	사전실험설계	사후실험설계
시간적 선후성	충족	충족	충족	비충족
공동변화	충족	충족	비충족	비충족
허위관계 통제	충족	비충족	비충족	비충족

⑤ 통계적 설계는 외적 변수들(external variables)의 통계적 통제 및 분석을 가능하게 하는 연속적인 기초적 실험들(시리즈)이다.

통계적 설계는 특징 및 용도를 기준으로 완전 임의설계(completely randomized design), 임의블록설계(난괴법, randomized block design), 라틴방형설계(Latin square design), 요인설계(요인배치법, factorial design)로 구분한다.

실험설계에서 실험 전 검사(pretesting)는 실험대상들을 종속변수로 간주하여 측정하는 것이며, 그 후 실험대상들은 독립변수를 표시하는 자극(stimulus)에 노출된다. 그리고 실험 후 검사(posttesting)는 실험대상들을 종속변수로 간주하여 재측정한다. 그 후에 종속변수의 최초 측정치와 최후 측정치 간의 격차를 독립변수의 결과로 처리한다.

기초적인 실험설계(basic experimental design)는 실험집단에서 실험자극(처리) 전의 종속변수 측정치와 실험자극 후의 종속변수 재측정치 격차를 구하고, 동일하게 통제집단에서 실험자극(처리) 전의 종속변수 측정치와 실험자극 후의 종속변수 재측정치 격차를 구한다. 그리고 실험집단 종속변수 측정치들 격차에서 통제집단 종속변수 측정치들 격차를 비교하여, 그 최종적 격차를 실험처리의 효과로 판단한다.

6.4.4 사전실험설계

사전실험설계(pre-experimental design)는 실험결과에 대한 외재요인들의 영향을 거의 통제할 수 없는 탐색적 형태의 연구들이다. 엄격한 의미에서 사전실험연구는 인과추론 확인에 대해 거의 효과를 갖지 않아 실험조사로 분류할 수가 없다. 그러나 사전실험연구는 인과관계에 대한 가설들을 제공할 수 있다.

대강(대충) 실험(crude experiments)이라고 하며, 보다 강력한 실험설계를 할 수 없는 경우에만 수행해야 한다. 검정 대상들의 무작위선정이 없이 수행된다는 특징을 가지며, 동형 집단들 비교가 없기 때문에 내적타당성 기준을 충족시킬 수 없는 것이 가장 큰 약점이다. 그렇지만 일단 변수들의 인과관계에 대한 기초가설들이 개발되면, 추가 조사는 더 큰 신뢰도를 갖고 인과관계를 확인하도록 수행될 수 있다.

사전실험설계는 참가자들이 실험자극들에 노출되는 경우에 거의 통제를 하지 못하거나 또는 참가자들이 누가 되는지를 거의 통제하지 못한다. 마찬가지로 측정, 시기결정 또는 응답자에 대해 거의 통제를 하지 못한다.

실험 전(또는 전실험) 설계(pre-experimental designs)인 예비연구들(pilot studies)은 내적 타당성 수준이 무시할 정도로 낮아 증거기반관행 조사계층(evidence-based practice research hierarchy)에서 낮은 순위를 차지한다. 사전실험설계는 상관관계(correlation)와 시간 선후성(time-order)을 모두 규명하므로 예비연구로써 더 큰 가치를 가진다. 독립변수들에 대해 자극(개입)이 도입되는 전과 후에 종속변수를 평가한다.

실험 전 설계들은 내적 타당성이 극도로 제한적인 수준이지만 일부 가치가 있을 수 있다. 실험 전 설계들을 가치 있게 만드는 경향을 가진 것은 다음 목적들 중 하나 또는 그 이상에 대한 순전한 예비 연구로써의 그 용도들이다.

- 거의 알려지지 않은 것에 대한 새로운 개입에 관한 잠정적인 탐색적 또는 기술적 정보를 창출
- 의도대로 새로운 개입을 제공할 수 있는지 여부를 학습
- 미래에 대해 계획된 보다 내적으로 타당한 설계의 방법론적 측면들 수행에 대한 장벽들의 규명
- 예비연구 결과들을 기반으로 보다 엄격한 연구에 대한 가설이 타당한지의 여부를 검토

사전실험설계에서 가장 보편적으로 사용되는 것은 단일집단 사후설계(One group, After-only Design), 비동일 통제집단 설계(Nonmatched Control Group Design), 동일 통제집단 설계(Matched Control Group Design), 단일집단 사전사후설계(One group, Before-After Design)이다.

① 단일집단 사후설계: 단일시도사례연구(일회 검사 사례연구, one-shot case study)라고 하며, 단순하게 실험처리를 어떤 대상이나 집단에 적용하여 결과들을 측정한다. 특히 약한 실험 전 설계(particularly weak pre-experimental design)이며 상관관계를 확인하지 않는다. 탐색적 목적에서만 도움이 되는 실험이다. 이러한 디자인의 속기표기법(shorthand notation)은 다음과 같다.

EG   X   O

EG(experimental group)는 실험집단을 표시한다. 검정단위들의 단일 집단은 실험변수에 노출되고, 그 집단의 반응이 관찰된다. 검정단위들의 무작위할당은 없다. 그러나 그 집단은 자체 선택되거나(self-selected) 또는 실험자에 의해 임의로 선정된다. 이러한 설계에서 조사참가자들의 단일집단이 다른 집단과의 획득된 결과들과 비교가 없이 개입의 도입 후에 종속변수에 대해 측정된다.

② **단일집단 사전사후측정 설계**: 통제효과를 개선시키기 위해 사전측정(사전평가, be-fore measure)을 추가하는 단일집단 사전사후측정 실험설계(One-Group Pretest-Posttest (Before-After) Design)는 다음과 같이 도표로 그린다(diagrammed).

      EG O_1 X O_2

여기서 첨자 1과 2는 관찰치들의 순차적 순서(sequential order)를 나타낸다. O_1은 개입 전의 사전검사이며, O_2는 개입 후의 사후검사이다.

③ **정태적 집단 비교설계**(static-group comparison design): 비동일 통제집단설계 또는 비동일(또는 통제) 집단 포함 사후측정 실험설계(posttest-only design with nonequivalent or control groups)라고 하며, 2개 집단들을 사용하는 설계이다. 이는 역사 및 성숙효과를 통제하기 위해 통제집단을 도입한 것이다. 하나의 집단 EG는 X를 경험하고, 다른 집단 CG(control group: 통제집단)은 X를 경험하지 않는다. 핵심 특성은 집단을 무작위로 생성시키지 않는다는 것이다. 정태적 집단 비교설계는 도표로 그리면,

      EG   X O_1
      CG O_2

④ **동일 통제집단 설계**: 실험집단과 통제집단을 어떤 관심사항의 변수에 대해 일치시켜 선택편의를 축소시키는 형식의 설계이다. M은 어떤 관심변수에 대해 두 집단을 일치시키는 것을 표시하도록 다음과 같이 도식화할 수 있다.

      EG   M   X O_1
      CG   M O_2

동일한 통제집단의 사용은 표본설계와 표본추출 비용 고려사항들이 표본크기를 제한하는 경우에는 아주 도움이 된다.

> **사|례**
>
> 자전거 타기 운동이 체중감량에 미치는 효과를 실험을 통해 측정한다고 가정하자.
> (1) 단일집단 사후설계 또는 단일시도사례연구(일회 검사 사례연구, one-shot case study)는 자전거를 타고 난 후 몸무게를 측정하는 것이다. 이는 늘씬한 모양(trim shape)을 구성하는 요소들에 대한 직관적 표준을 찾는 데 사용한다.
> (2) 단일집단 사전사후측정 실험설계(One-Group Pretest-Posttest(Before-After) Design)는 동일한 사람이 자전거 타기 전에 측정한 몸무게와 자전거를 타고 난 후 측정한 몸무게를 비교하여 자전거 타기 운동의 감량 효과를 보는 것이다.
> (3) 정태적 집단 비교설계(static-group comparison design)는 두 사람을 대상으로 자전거를 탔던 사람의 몸무게와 자전거를 타지 않은 사람의 몸무게를 측정하여 비교한 후에, 그 격차를 통해 자전거 타기 운동의 감량 효과를 보는 것이다.

이러한 설계는 혼란변수들에 대한 또 다른 통제방법을 추가하여 민감도를 개선시켜 마케팅 전략들의 유효성을 입증하는데(주장하는데) 널리 사용되지만, 그 설계의 무관한 오차(extraneous error)에 대한 통제 실패는 그 결론을 무효화시킨다(nullify). 관찰치가 두드러지는(obtrusive) 경우에는 내적 타당성에 대한 여러 가능한 위협들이 발생한다. 실험변수(experimental variable) X와는 별도로 $O_2 - O_1$ 격차에 대해 원인이 될 수 있는 요인들 일부를 다음과 같이 고려할 수 있다.

- **사전측정효과**(before-measure effect): 응답자들이 연구되고 있다는 사실을 의식하게 하여 쌍방향 측정 효과(interactive testing effect)와 주요측정효과(main testing effect)를 도모
- **사망효과**(mortality effect): 일부 실험 대상자들이 실험에 참가하는 것을 중단하거나 후속조치 면접(follow-up interview)을 요구할 때에 응답을 하지 않을 수도 있는 가능성
- **도구사용효과**(instrumentation effect): 측정도구 변경의 결과로 나타나는 효과

6.4.5 진실험설계

진실험설계(true experimental designs)는 무작위추출(randomization)을 채택하는 실험

설계이다. 무작위추출은 모집단 원소에 동일한 선정확률로 실험처리표본을 추출하는 것이다. 무작위할당의 근본목적은 외재변수들(extraneous variables)의 효과를 무효화시키도록 처리집단들에 대상들을 할당하는 것이다.

진실험설계는 일반적으로 신뢰도를 갖는 인과추론에서 사전실험설계(pre-experimental designs)보다 아주 우월하다. 진실험설계는 하나 이상의 통제집단 존재와 각종 실험 및 통제집단들에 대한 측정단위들의 무작위할당이라는 2가지 핵심 특성들을 가져, 조사자들이 외제영향력들에 대해 엄격한 통제력을 행사할 수 있게 해준다.

진실험을 구별하기 위해서는 R로 처리에 대한 검정단위들의 무작위할당을 표시한다. 진실험설계에서 보다 많이 사용되는 것은 2개 집단 사전사후설계(two group, before-after design), 2개 집단 사후설계(two group, after-only design), Solomon 4개 집단 설계(Solomon four-group design)이다.

① 2개 집단 사후설계: 2개 집단 사후설계(two group, after-only design)는 사전측정 측정치를 생략하여 측정의 상호작용효과(interaction effect)를 제거하고, 실험의 효과를 측정하도록 다음과 같이 구성된다.

EG: (R)　　　X　　　O_1

CG: (R)　　　　　　O_2

여기서 R은 측정단위들은 측정 및 통제집단들(test and control groups)에 무작위로 할당되는 것을 표시한다. 유사한 측정집단과 통제집단을 제공하도록 표본크기가 충분히 큰 경우에는 무작위할당이 언제나 특히 적합하다. 그렇지만 이러한 설계는 선택편의 문제와 사망효과로 인해 타당성 저하가 우려된다.

② 사전사후 측정 통제집단 설계(befor-after with control group design or pretest-posttest control group design): 고전적 실험(classical experiment)이라고 하며, 실험집단에 대해 처리를 한다. 이러한 설계는,

EG: (R)　　　O_1　　　X　　　O_2

CG: (R)　　　O_3　　　　　　O_4

실험집단과 통제집단 모두에 대해 처리 전과 처리 후에 관찰을 하고, 실험처리의 효과를 $(O_2 - O_1) - (O_4 - O_3)$로 측정할 수 있다. 이러한 설계가 내적 타당성에 대한 많은

위협들에 대해 통제하지만, 검사 및 재검사(testing and retesting)의 가능한 효과들을 통제하지 않는다. 그리고 실험처리 X에 대한 사전측정의 효과(effect of the before measure)에 대해 통제를 하지 못한다. 사전측정은 응답자들을 예민(민감)하게 만들어(sensitize) 실험처리에 대한 응답자들의 반응을 왜곡시킬 것이다.

③ **솔로몬 4집단 설계**(Solomon four-group design): 4대 집단 6대 연구 설계(four-group six-study design)라고 하며, 쌍방향측정효과가 발생할 것 같은 경우에 적합하다.

$$
\begin{array}{llcccc}
설계\ 1 & EG\ 1: & (R) & O_1 & X & O_2 \\
& CG\ 2: & (R) & O_3 & & O_4 \\
설계\ 2 & EG\ 3: & (R) & & X & O_5 \\
& CG\ 4: & (R) & & & O_6 \\
\end{array}
$$

이러한 설계에서 그룹 1과 그룹 2는 고전적 실험을 구성하며, 그룹 3은 사전 실험이 없이 실험자극으로 관리되고, 그룹 4는 단지 사후 검사만을 수행한다. 이러한 설계는 고전적 실험인 2개 집단 사전사후설계에 2개 집단 사후설계를 추가하여 조합한 것이다.

솔로몬 4개 집단설계는 각종 효과들의 격리를 가능하게 하므로, 다른 설계들을 비교할 수 있게 표준으로 만들 수 있다. 이러한 설계는 보통 아주 사용할 수 없을 정도로 비용이 크지만, X와 O_2 모두에 대한 O_1의 사전측정효과를 통제하는 능력(힘)을 제공한다.

또한 (O_2-O_4), $(O_2-O_1)-(O_4-O_3)$, (O_6-O_5) 등과 같은 실험효과의 여러 측정치들을 제공한다. 이러한 측정치들에 대해 협의가 없었다면, $[(O_2-O_4)-(O_5-O_6)]$으로 나타나는 처리 및 사전측정효과들의 상호작용을 직접 측정할 수 있다.

여기서 실험변수(X)효과는 "$[O_5-(1/2)(O_1+O_3)]-[O_6-(1/2)(O_1+O_3)]$"로 나타난다. 그리고 상호작용효과 "$(O_2-O_1)-[O_5-(1/2)(O_1+O_3)]$", 무작위효과 "$(O_3-O_2)$", 주시험효과 "$(O_6-O_3)$", 상호작용 시험효과 "$(O_5-O_2)$"를 규정할 수 있다.

- (O_2-O_1) = 실험변수 효과 + 사전측정효과 + 측정·처리의 상호작용효과
  + 기타 외재변수 효과(역사, 성숙 등)
- (O_4-O_3) = 사전측정효과 + 기타 외재변수 효과(역사, 성숙 등)
- $O_5-(1/2)(O_1+O_3)$ = 실험변수 효과 + 기타 외재변수 효과(역사, 성숙 등)
- $O_6-(1/2)(O_1+O_3)$ = 기타 외재변수 효과(역사, 성숙 등)

사전측정효과는 EG 1과 CG 1에 대한 사후측정값과 EG 2와 CG 2에 대한 사후측정 값을 비교하여 계산하고, 측정·처리의 상호작용효과는 EG 1과 EG 2에 대한 사후측정 값들을 비교하여 계산할 수 있다

6.4.6 준실험설계

준실험설계(quasi-experimental designs)는 조사자에게 (진실험설계보다 더 큰) 어느 정도의 통제권을 제공하지만, 진실험설계와 같은 대상들의 무작위할당은 없다. 그렇지 만 준실험설계는 보통 전형적인 진실험설계보다 더 많은 측정치와 정보를 제공한다. 가 장 인기가 있고 많이 사용되는 준실험설계들은 시계열설계이다.

사전실험설계는 거의 통제를 할 수 없고, 진실험설계는 무작위를 기초로 통제가 가 능한 극단적 성격들을 갖는다. 이러한 극단적 설계들 사이의 특성을 갖는 유사실험설계 는 일부 변수들(가격수준, 매체 수단, 포장설계 등)을 통제할 수 있지만, 무작위로 동일한 실험집단과 통제집단을 추출할 수 없는 경우에 적합하다.

유사실험(준실험)설계(quasi-experimental designs)는 무작위 추출 실험보다는 내적 타당성이 작지만, 사전실험 설계보다는 인과 추론에 대해 더 많은 지원을 제공한다. 이 러한 형태로 많이 사용되는 것은 비동형 통제집단(nonequivalent control group)과 개별표 본 사전사후검사(separate-sample, pretest-posttest)이다.

① 시계열설계(time-series designs): 측정치들의 계열이 실험처리가 발생하는 경우에 채택된다는 것을 제외하면 단일 집단 사전사후 측정 설계와 유사하다. 시계열설계는 다 음과 같이 표시된다.

$$EG \quad O_1 \quad O_2 \quad O_3 \quad O_4 \quad X \quad O_5 \quad O_6 \quad O_7 \quad O_8$$

측정치들이 모두 동일한 표본에서 나온 것인지 또는 별도 표본들에서 나온 것인지 의 여부에 따라 이러한 설계는 추세연구(trend studies)와 패널자료(panal data)의 2가지로 구분한다.

추세연구(trend studies)는 동일한 모집단에서 추출된 연속적인 개별 무작위표본들 에서 나오며, 마케팅 의사결정 수행에서의 많은 기초정보들을 제공하는 시간에 따른 측 정치들이다. 패널자료는 보통 직접 개인으로부터 수집되므로, 측정 이전 효과에서의 내

적 타당성에 현저한 위협이 존재한다.

② **다중 시계열설계**(Multiple time-series designs): 비동등 비교집단설계들에 대해 시계열을 추가하기 때문에 단순 시계열설계보다 더 강력한 형식의 시계열분석이어서 더 큰 내적 타당성을 갖는다. 사회연구자들에게 가장 적용 가능한 다중 시계열설계는 비동등 비교집단 디자인을 갖는 중단된 시계열(interrupted time-series with a nonequivalent comparison group time-series design)이다. 이러한 설계는,

$$O_1 \quad O_2 \quad O_3 \quad O_4 \quad O_5 \quad X \quad O_6 \quad O_7 \quad O_8 \quad O_9 \quad O_{10}$$
$$O_1 \quad O_2 \quad O_3 \quad O_4 \quad O_5 \quad\quad O_6 \quad O_7 \quad O_8 \quad O_9 \quad O_{10}$$

이러한 설계에서 (무작위로 할낭뇌지가 않는) 실험집단과 비동등 비교집단 모두 실험집단에 개입을 도입하기 전과 후의 여러 시점들에서 측정된다.

③ **연속적 패널연구**: 측정단위들의 동일한 표본에 대한 일련의 측정치들을 연장된 기간에 대해 수집하는 방법이다.

연속적 패널연구는 다른 원천에서 획득될 수 없는 선택행위에 대해 통찰력을 제공한다. 타당성에 대한 다른 위협들은 역사, 수단변화, 비확률 선택을 포함한다.

④ **비동형통제집단**(nonequivalent control group)은 실험집단과 통제집단이 동등하지 (equivalent) 않다는 점에서 진실험설계와 다르다. 비동형실험설계는 2가지 수준들에서 작용할 수 있다. 온전한 동형설계(intact equivalent design)는 실험집단과 통제집단이 자연스러운 환경에서 구성될 수 있게 해준다.

$$EG \quad O_1 \quad X \quad O_2$$
$$CG \quad O_3 \quad\quad O_4$$

예컨대 많은 마케팅조사 준실험들은 교회 사교단체 또는 시민운동단체(civic group) 등의 기성 기관들에서 실험대상들을 모집한다. 그렇지 않다면 유사한 점포들의 고객들을 실험대상들로 모집한다. 이상적으로 최대한 집단들이 유사해야 한다. 자기선택 실험집단설계에서 집단 구성원들은 참여하려는 의향이나 흥미를 기초로 한다. 여러 번 쇼핑몰에서 검정대상들을 선정하여 실험집단을 구성할 수 있는 반면에, 통제집단 대상들 (control subjects)은 입수가능성을 기초로 선정한다.

O_1과 O_3의 격차는 실험집단과 비교집단 간의 동등성에 대한 표시가 된다. 만약 검사 전 측정치들이 현저하게 다르다면, 집단 비교가능성에 대한 의문이 심각하게 대두된다. 그러나 측정치들이 유사한 것으로 나타나면, 내적 타당성의 확실성이 증가한다. 이러한 설계는 강력한 타당성 관행에 일치할 수 있는 반면에, 검정대상들의 선택을 가져오는 상황에 대해 고도로 의존적이다.

⑤ 개별표본 사전사후검사(separate-sample, pretest-posttest)는 독립 처리조작을 받을 사람을 결정하는 것이 실제로 불가능하지만, 종속변수 측정치들을 결정할 수 있는 경우에 사용할 수 있다. 이러한 설계의 그림은 다음과 같다.

표본 1　　EG1　　O_1　　X

표본 2　　EG2　　　　X　　O_2

실험처리조작 X가 조사에 대해 중요하지 않은 경우에, 이는 검정대상들의 실험집단 처리에 대해 통제할 수 없다는 것을 단순히 나타낸다. 비록 이는 설득력이 없는 설계이지만, 마케팅조사 실무에서는 보편적이다. 특히 모집단이 크고, 검사 전 측정치가 어떤 중요한 정보를 제공하지 못하고, 실험조작 적용을 통제할 수 없는 경우에 이러한 형태의 준실험설계(quasi design)가 자주 사용된다. 이러한 준실험 프레임워크는 광고조사에 보통 사용된다.

이는 내적 타당성에 대해 많은 위협요소들을 처리해야 설득력을 갖는다. 역사 및 도덕(history and morality)이 가장 큰 우려사항이다. 여러 환경들에 대한 실험의 반복은 이러한 효과들을 약간 축소시킬 수 있다. 그러나 이러한 준실험설계는 외적 타당성에 대해서는 진실험설계보다 우월한 것으로 간주되고 있다.

대체로 준실험설계가 마케팅조사에서 실행되는 이유는 자연스러운 환경에 적합하기 때문이다. 그래서 준실험설계는 현장실험의 한 형태이다. 현장실험은 기능적 관계와 인과적 관계 모두 목표 모집단에 대해 일반화될 수 있도록 해주기 때문에, 조사자들은 현장실험으로 귀중한 정보를 획득할 수 있다.

6.4.7 통계적 설계

통계적 설계(statistical design)는 어떤 실험변수의 여러 처리수준들의 효과를 검토하고, 2개 이상의 독립변수들의 효과를 검토할 수 있다는 점에서 고전적 설계(classical design)와 다르다. 일반적으로 통계적 설계는 "사후" 설계들이며, 여러 독립변수들과 처리수준들의 개별효과를 분리하도록 상대적으로 복잡한 자료분석 절차를 요구한다.

통계적 설계의 2가지 주요 측면(principal aspect)은 처리수준들이 대상을 측정하도록 할당되는 실험배치(experimental layout)와 실험결과의 분석기법들이다. 보편적인 통계적 설계들에는 완전무작위설계(completely randomized design), 난괴법(randomized block design), 라틴방진(方陣)설계(Latin square design), 요인설계(factorial design)가 있다.

① 완전무작위설계: 가장 단순한 형태의 통계적 설계이며, 실험처리는 측정단위들에 대해 무작위로 할당된다. 모든 수의 처리들은 모든 수의 측정단위들에 대해 무작위과정에 의해 할당될 수 있다. 완전무작위설계 실험은 다음과 같이 나타난다.

$$EG1 \quad R \quad X_1 \quad O_1$$
$$EG2 \quad R \quad X_2 \quad O_2$$
$$EG3 \quad R \quad X_3 \quad O_3$$

여기서 X_1은 첫째 실험처리수준을, X_2는 둘째 실험처리수준을, X_3은 셋째 실험처리수준을 나타낸다. 여기서는 어떤 별도의 통제집단이 없다. 3개 처리집단의 각 집단은 다른 집단들에 대해 통제집단으로 역할을 한다. 실험의 요점은 3개 실험처리집단들을 비교하는 것이다.

이러한 설계의 변형은 동일한 설문지에서 처리와 관찰을 결합한다. 실제로 이는 설문조사를 사용하여 다른 마케팅선택방안들에 대한 반응들을 획득하는, 선호되는 방법이다.

② 난괴법: 무작위(임의) 통제집단설계(randomized control group design)라고 하며, 모든 변수들에 대한 무작위과정을 채택한다. 이는 실험집단이 어떤 차원에서도 다른 집단들과 체계적으로 다른 경향이 없기 때문이다.

임의(무작위)추출(randomization)은 짝을 맞춘 변수들뿐만 아니라 모든 변수들에 대해 통제되지만, 집단들이 유사해지는 경향만을 보장한다. 무작위추출과 짝 맞추기는 난괴법(randomized block design)에서 결합된다. 조사는 어떤 변수가 가장 중요한지를 규명하고, 블록효과를 추가하여 그 변수를 통제한다. 이는 통제변수가 집단들을 정의하는데 사용되고, 무작위 실험이 각 집단 내부에서 수행되는 것을 의미한다. 기호로 표시하면,

난괴법은 다음과 같을 수 있다.

EG1	R	X	O_1
CG1	R		O_2
EG2	R	X	O_3
CG2	R		O_4

블록(구역, 차단)효과(block effect)가 추가되는 경우에, 실험은 도시 응답자들과 교외 응답자들 모두에 대해 단순히 반복된다. 그래서 600개의 무작위로 선정된 도시 응답자들은 3가지 다른 촉진형태들을 보여준 3가지 검정집단으로 무작위로 구분된다. 첨자를 사용하여 3가지 다른 검정집단들을 표시한다. 마찬가지로 600개의 무작위로 선정된 교외 실험대상들을 무작위로 3개 집단으로 구분한다. 이러한 실험은 다음과 같이 표시될 수 있다.

	EG_1	R	X_1	O_1	$n = 200$
도시	EG_2	R	X_2	O_2	$n = 200$
	EG_3	R	X_3	O_3	$n = 200$
	EG_1	R	X_1	O_1	$n = 200$
교외	EG_2	R	X_2	O_2	$n = 200$
	EG_3	R	X_3	O_3	$n = 200$

③ 라틴방진설계(Latin square design): 처리수준들 간 상호작용들과 통제변수들이 중요하지 않은 것으로 고려되는 경우에 관여된 집단들의 수를 축소시키는 방법이다. 라틴방진(Latin Square)은 n종류의 기호[숫자 등]를 중복되지 않게 배열한 n×n의 정사각형이다.

실험의 목표는 여러 공공정책 영양가표시 선택방안들을 제안하고 평가하는 사람들에 대한 판단에 공헌하는 것이다. 특히 조사목표는 판매상의 인식 및 선호에 대한 땅콩 깡통 레이블에 있는 영양가정보의 변동 효과를 결정하는 것이다.

4개 수준들의 정보를 검정한다.

첫째는 단지 단순한 품질진술서를 제공한다.

둘째는 어떤 중요한 영양 구성요소들을 열거하고, 상품이 그 영양요소들이 낮은지 또는 높은지의 여부를 표시한다.

셋째는 각 영양분의 크기를 제공한다.

넷째는 모든 영양분 구성요소들을 열거하고, 가장 완전한 것을 제시한다.

2개의 통제 또는 구역 변수들(control or block variables)인 점포와 상표가 있다. 4개 상표들의 깡통 완두콩은 각각 관련 가격들이 표시되어 사용된다. 각각 슈퍼마켓에 인접한 4개 지역들을 사용한다. 50명의 쇼핑객들을 각각 면접하였다. 영양분 정보처리와 상표 또는 점포 간의 상호작용들이 미미한 것으로 생각되어, 라틴방진이 사용될 수 있다.

〈표 6-5〉와 같이 처리수준 Ⅰ은 각 점포에서 단 한번만 나타난다. 그래서 처리수준 Ⅰ에 대한 결과들은 상표들 중 하나가 다른 상표들보다 높게 평가되거나 또는 점포들 중 하나에서의 쇼핑객들이 영양분에 보다 민감하다는 사실로부터 이익을 보지 않아야 한다.

표 6-5 라틴방진설계: 처리수준들 Ⅰ, Ⅱ, Ⅲ, Ⅳ

	점포			
	1	2	3	4
민간상표 A 21센트	Ⅲ	Ⅳ	Ⅰ	Ⅱ
민간상표 B 22센트	Ⅱ	Ⅲ	Ⅳ	Ⅰ
민간상표 A 25센트	Ⅰ	Ⅱ	Ⅲ	Ⅳ
민간상표 B 26센트	Ⅳ	Ⅰ	Ⅱ	Ⅲ

각 응답자들은 4개 완두콩 캔에 노출되어 있다. 예컨대 점포 1에서 응답자들은 처리 Ⅲ 수준 정보를 갖고 21센트의 민간상표 A에, 처리 Ⅱ 수준 정보를 갖고 22센트의 민간상표 B에, 처리 Ⅰ 수준 정보를 갖고 25센트의 민간상표 A에, 처리 Ⅳ 수준 정보를 갖고 26센트의 민간상표 B에 노출되어 있다.

라틴방진설계는 확장된 표본을 요구하지 않으면서 2개 변수들을 통제할 수 있도록 해준다. 이는 동일한 수의 행들, 열들, 처리수준들을 요구하여, 그러한 점(측면)에서 제약들을 부과한다. 또한 상호작용효과를 결정하도록 사용될 수 없다. 그래서 영양분정보가 민간 레이블 상표들에 대해 주요 상표들과는 다른 효과를 갖는다면, 이러한 설계는 그러한 격차를 포착하지 않을 것이다.

④ 요인설계(factorial designs): 단지 하나의 실험변수를 다루는 다른 통계설계와는 달리, 2개 이상의 실험변수들을 동시에 고려하고 실험처리수준들의 각 조합을 무작위선정 집단들에 적용한다. 2개 이상 독립변수들의 효과들을 각종 수준에서 측정하는데 요인설계를 사용한다. 2개 이상 변수들의 동시효과가 각 개별효과들의 합계와 다른 경우에 상호작용이 발생한다고 말한다.

요인설계는 표로 간주될 수 있다. 2요인 설계에서 한 변수의 각 수준은 행을, 다른 변수의 각 수준은 열을 표시한다. 요인설계는 처리변수들의 가능한 각 조합에 대한 셀(cell)을 포함한다.

예컨대 소비자상품을 36개 도시에서 검정할 것이라고 가정하자. 높은 수준, 낮은 수준, 광고 없음의 3개 수준들의 광고가 검정될 것이다. 또한 고가 및 저가의 2개 가격 수준들을 고려한다. 그에 따른 요인실험은 다음과 같이 표시될 수 있다.

$$EG_1 \quad R \quad X_1(\text{높은 광고, 높은 가격}) \quad O_1 \quad n=6$$

$$EG_2 \quad R \quad X_2(\text{높은 광고, 낮은 가격}) \quad O_2 \quad n=6$$

$$EG_3 \quad R \quad X_3(\text{낮은 광고, 높은 가격}) \quad O_3 \quad n=6$$

$$EG_4 \quad R \quad X_4(\text{낮은 광고, 낮은 가격}) \quad O_4 \quad n=6$$

$$EG_5 \quad R \quad X_5(\text{광고 없음, 높은 가격}) \quad O_5 \quad n=6$$

$$EG_6 \quad R \quad X_6(\text{광고 없음, 낮은 가격}) \quad O_6 \quad n=6$$

실험의 산출물은 광고효과뿐만 아니라, 가격변수의 효과를 제공한다. 발견사항들을

표 6-6 광고 및 가격을 포함하는 실험에서의 매출액

	높은 가격	낮은 가격	평균 매출액
높은 광고	105	133	119
낮은 광고	103	124	113.5
광고 없음	101	112	106.5
평균 매출액	103	123	113

〈표 6-6〉과 같이 볼 수 있다. 요인설계는 하나의 실험에서 두 변수들의 효과들이 결정하며, 그 성과는 요인설계의 실제 위력은 쌍방(상호작용)효과(interaction effect)를 결정하는 능력을 제공하여 평가한다.

MARKETING
RESEARCH

측정의 본질과
척도분류

측정의 본질과 척도분류

측정의 본질

7.1.1 자료형태와 측정 및 척도 요건

7.1.1.1 수집 자료의 형태

조사자가 수집하려는 자료가 1차 자료 또는 2차 자료인지의 여부와는 무관하게 모든 자료와 그 구조들은 사람들, 조직들, 대상들 또는 현상들에 대한 입증 가능한 사실들의 존재상태, 정신적 생각이나 느낌, 과거 또는 현재 조치, 계획된 미래 조치들 등에 초점을 두는 질문들에 대해 표시한 응답에서 도출될 것이다.

따라서 어떤 자료 항목이라도 다음과 같이 입증 가능 사실, 정신적 생각이나 감정적 기분, 과거 및 현행 행동, 계획된 미래행동의도의 4가지 기초적 자연 상태(states of nature) 중의 하나로 논리적으로 분류될 수 있다.

① **존재상태자료**(state-of-being data): 사람, 대상, 조직 등의 물질적, 인구통계학적, 또는 사회경제적 특징에 관련된 자료이며, 입증가능사실(verifiable facts)이라고 한다. 존재상태자료는 응답을 제공하는 사람과는 다른 여러 원천들을 통해 증명될 수 있는 사실기반의 특징들(factual characteristics)을 나타낸다. 조사자는 존재상태자료 수집에 있어 질문을 하여 원래 자료를 얻는 데에만 국한될 필요가 없이, 2차 원천을 통해서도 자료를 수집할 수 있다.

② **정신(마음, 사고방식)상태자료**(state-of-mind data): 외부원천을 통해서는 직접 관찰하거나 입수할 수 없는 개인들의 정신적 속성(mental attributes) 또는 감정적 느낌(기분)을 나타낸다. 정신상태자료는 단지 사람들의 마음에만 존재한다. 이러한 자료를 수집하기 위해 조사자는 개인에게 언급된 질문이나 지시에 대해 응답을 하도록 직접 요청해야 한다.

③ **행동상태자료**(state-of-behavior data): 개인이나 조직의 현행 관찰 가능한 조치나 반응 또는 그들의 기록된 과거 조치나 반응을 나타낸다. 조사자는 행동상태자료 획득을 위해 직접 묻거나, 자료를 조사하거나, 관찰을 하는 등의 방식으로 탐색하여(in quest) 입수할 수 있는 여러 선택방안들을 갖는다.

④ **의도상태자료**(state-of-intention data): 개인이나 조직이 자신들의 미래 행동에 대해 표명한 계획들의 자료이다. 이는 개인에게 아직 수행하지 않은 행동들에 대해 신중하게 설계한 질문들에 응답을 하도록 요청을 하여 수집할 수 있을 뿐이다.

행동상태자료와 마찬가지로 의도상태자료는 외부의 2차 원천을 통해서는 입증하기가 아주 곤란하지만, 입증은 가능하다.

7.1.1.2 측정의 개념과 대상 및 수행과정

측정(measurement)은 보통 숫자를 할당하여 신뢰할 수 있고, 타당한 방식으로 사람, 사건, 아이디어, 관심 대상 등에 대한 정보를 체계적으로 특징을 규명하거나 정량화시키는 방법들을 개발하는 과정이다. 다시 말하자면, 측정은 구성개념, 개념 또는 대상에 대한 정보의 크기를 결정하는 통합적 과정(integrative process)이다.

측정과정에서 조사자는 측정하는 현상에 대해 숫자나 라벨을 할당한다. 숫자는 측정되는 특성에 대한 정보를 전달한다.

숫자를 사용하는 경우에 조사자는 정확한 묘사를 제공하는 방식으로 어떤 관찰대상에 숫자를 할당하는 원칙을 반드시 가져야 한다. 질문에 대한 대답으로 주어진 숫자들은 조사로 수집한 정보의 분석 및 해석에 도움을 준다. 측정을 하는 경우에 속성들의 수량을 표시하도록 대상들에 대해 숫자들을 할당하는 원칙들이 있다. 매출액이나 시장점유율 등의 개념들은 관찰 가능한 사건들과 직접 관련되는 반면에, 태도, 제품 자각, 고객만족 요인 등의 개념은 간접적으로 측정된다.

사회과학에서 사용하는 모든 측정은 오차를 포함한다. 따라서 조사자는 개념들을 제대로 나타내기 위해서는 정확한 결론을 주는데 충분히 정확한 측정치들을 사용해야 한다. 그리고 개념은 의미를 가진 어떤 것을 나타내는 일반화된 생각(generalized idea)이며, 구성개념(construct)은 사람의 마음속에 형성된 추상적 관념(abstract idea)이나 개념이다.

측정과정은 구성개념 선택 및 개발과 척도 측정(scale measurement)의 2가지 과업으로 구성된다.

정확한 자료 획득을 위해 조사자는 적합한 척도측정을 선택하기 전에 측정하려는 대상을 반드시 파악해야 한다. 구성개념 개발의 목표는 측정해야 하는 대상을 정확히 규명하고 규정하는 것이다.

7.1.1.3 척도측정의 본질

기업의 정보문제 처리를 위해 도움이 되는 1차 정보를 성공적으로 생성하기 위해서는 조사자는 적합한 원래 자료를 수집할 수 있어야 한다. 어떤 질문이나 관찰기법에 관련된 응답들의 수량 및 품질은 직접 조사자가 사용하는 척도측정(scale measurements)에 의해 직접적으로 영향을 받는다.

척도측정은 특별한 대상 또는 구성개념에 대한 질문에 대해 가능한 응답들의 범위를 나타내도록 기술어들의 집합(set of descriptors)을 할당하는 과정으로 정의된다. 이러한 과정 내에서 초점은 개인의 응답의 각종 특성이나 특징의 존재를 측정하는 데 주어진다. 척도측정은 주어진 질문이나 관찰방법에서 확인될 수 있는 원 자료의 수량을 직접 결정한다.

척도측정은 응답에 대한 지정된 정도의 강도를 할당하려는 시도이다. 주어진 질문 제시 또는 관찰방법에서 응답들에 대해 할당된 강도의 지정된 정도들을 척도 점들(scale points)이라고 한다.

7.1.1.4 지수와 척도의 요건

지표(indicator)는 연구하려는 어떤 변수를 반영하는 것으로 고려하기 위해 선택한 어떤 관찰치이며, 연구 대상이 되는 개념의 존재 또는 부재에 대한 표시이다. 한편 차원 (dimension)은 어떤 개념의 명시(특정, 구별) 가능한 측면이며, 어떤 개념을 명시하려는 기준이다.

측정에 대한 복수항목수단들을 지수측정치(index measures) 또는 종합(합성)측정치 (composite measures)라고 한다.

지수측정치는 관찰치가 측정하고 있는 것의 특징을 얼마나 반영하는지를 기초로 값을 할당한다. 그리고 종합측정치는 여러 변수들을 이용한 수리적 도출결과를 기초로 값을 할당한다. 또한 종합측정치를 구성하는 각종 항목에 대한 응답을 단순히 합산하여 만든 척도를 합산척도(summated scale)라고 한다.

우량한 지수들은 어떤 주어진 변수에 대한 사례들의 서열순위(ordinal ranking)를 제 공한다. 그런데 지수는 어떤 변수의 모든 지표들이 균등하게 중요하거나 또는 균등하게 강력하다는 것을 고려하지 않는다. 지수는 가끔 여러 변수들을 함께 고려하여 작성한다. 예컨대 사회계층지수는 소득, 직업, 교육의 3개 변수 가중치를 기초로 작성한다.

척도는 서로 논리적 또는 실증적 구조를 갖는 여러 항목들로 구성된 합성 측정치이 다. 척도의 일부 항목들은 변수의 상대적으로 약한 정도를 반영하고, 다른 변수들은 보 다 강한 정도를 반영하는 것을 인식하여 대답 패턴에 대해 점수를 할당하여 구성한다.

척도는 지표들 간의 강도구조들(intensity structures)을 타진하여 보다 확실한 서수특 성(ordinality)을 제공한다. 합성 측정치에 들어가는 여러 항목들은 그 변수를 조건으로 다른 강도들을 가질 수 있다.

7.1.2 척도결정의 4대 특성과 기본척도

7.1.2.1 척도결정의 4대 특성

조사자는 척도 점들로 척도결정 특성 또는 가정들을 통합하여 질문제시에서 획득 할 수 있는 원 자료의 양을 통제할 수 있다. 수리적 이론에 따르면, 조사자는 척도개발에 배치(assignment), 순서(order), 거리(distance), 원점(origin)의 4가지 척도결정 특성들을 사용할 수 있다.

① 배치특성(assignment property): 어떤 집합에서 각 대상을 규명하기 위해 특유한 기술어들 또는 표지들(labels)을 채택하는 것이다. 이는 기술 또는 범주특성(description or category property)이라고도 한다. 이러한 특성은 조사자가 응답들을 받고, 그 응답들을 각 집단이 자체 독자성(identity)을 갖는 상호배타적 집단으로 구분할 수 있게 한다.

② 순서특성(order property): 척도 점들(또는 원 응답들)로 사용되는 기술어들이나 라벨들 간의 상대적 크기를 나타낸다. 제시된 질문에 대해 가능한 원래 응답들을 규명하도록 복수 기술어들이 사용되는 상황에서는 언제나, 조사자가 기술어들의 상대적 크기를 아는 경우에 (순위로 알려진) 순서가 결정된다.

③ 거리특성(distance property): 각 기술어들, 척도 점들 또는 원래 응답들 간의 정확한 격차를 표시하는 측정계획(measurement scheme)이다. 따라서 거리특성은 언급된 질문이나 지시에 대한 각 원래 응답 간에 존재하는 완전한(또는 정밀한) 정도가 조사자에게 알려져 있고, 단위로 표시할 수 있다는 것을 의미한다.

④ 원점특성(origin property): 척도 점들의 집합에서 "진정한 당연한 0"(true natural zero) 또는 진정한 무의 상태로 지정된 특유의 출발(또는 개시)점을 사용하는 특징이다. 대부분의 경우에 원점특성은 가능한 원래 응답들 집합에서 제시되거나 기준으로 설정된 출발점이 0인 번호(표시)체계에 관련된다.

7.1.2.2 기본척도

척도(scale)는 시험 제품들이 어떤 특성을 보유한 정도를 정량화하고 기록하도록 설계된 측정도구이다. 명목(nominal), 서열(ordinal), 등간(interval), 비율(ratio) 4개의 기초적 척도들이 존재한다.

① 명목척도(nominal scales): 단지 배치특성만을 가진 가장 기초적 수준의 척도설계이다. 명목척도를 사용하는 경우에 질문들은 응답자들에게 가공되지 않은 응답과 같은 어떤 형태의 기술어(descriptor)만을 제공하도록 요구한다. 응답에는 어떤 수준의 강도(intensity)도 포함하지 않는다. 다시 말하자면, 명목척도는 "초과 또는 미만" 또는 "더 큰 또는 더 작은"과 같은 위계적 형태(hierarchical pattern)로는 정렬될 수 없는 자료들을 제공한다.

명목척도를 사용하는 경우 조사자는 가공되지 않은 응답을 상호 배타적인 부분집합들로 구분할 수 있을 뿐이다. 그렇지만 그 부분집합들의 상대적 강도를 실지로 보여줄 수는 없다.

② 서열척도(ordinal scale): 응답자가 질문의 대답들 간의 상대적 정도를 표시할 수 있게 해주는 척도이다. 서열척도의 구조는 배치 및 순서 척도결정 특성들을 모두 활성화시킨다. 조사자는 가공되지 않은 응답들을 위계적 형태로 등급순서를 결정할 수 있다. 응답들의 관계들에 대해 비교를 하기가 쉽지만, 서열척도 설계(ordinal scale designs)에서는 조사자가 서열관계의 절대적 격차를 결정할 수는 없다. 실제로 거의 모든 심적 상태 자료(state-of-mind data)가 서열척도를 사용하여 수집된다.

③ 등간척도(interval scale): 배치, 순서, 거리 특성들을 갖고, 각 척도점 간의 절대적 격차를 보여주는 척도이다. 등간척도를 사용할 경우에 조사자와 응답자는 가능한 원래 응답들 간의 정확한 격차가 무엇인지를 규명하고 파악할 수 있다. 원래 응답들을 구성하는 구간범위 집합을 표시하도록 보통 수치 기술어들을 사용한다.

조사자가 등간척도를 사용하여 원래자료의 어떤 형태의 위계적 순서와 자료 간의 구체적 격차를 규명할 수 있다. 진정한 등간척도에서는 각 척도점 또는 응답 간의 거리는 같을 필요가 없다. 따라서 조사자는 구간척도를 개발하는 경우에 비례적이지 않은 척도기술어들을 사용할 수 있다.

등간척도는 조사자가 행동상태, 의도상태 또는 어떤 형태의 존재상태(state of being) 자료를 수집하려고 하는 경우에 가장 적합하다.

한편 마케팅조사에서 정보문제, 정의된 구성개념, 요구 자료가 고급통계분석을 위해 실제로는 서열자료이지만 거리특성을 인위적으로 부과한 어떤 형태들의 마음상태, 행동상태, 의도상태 자료의 수집이 필요한 경우가 많다. 이와 같이 조사자가 서열척도 설계에 인위적인 거리 또는 원점 특성들을 통합시킬 경우에, 이러한 형태의 척도를 서열등간척도(ordinally interval scale)라고 한다. 이러한 용어는 서열척도를 수집하고, 이를 인위적으로 등간척도로 변환시킨 것을 의미한다.

④ 비율척도(ratio scale): 척도결정의 배치, 순서, 거리, 원점 특성들을 모두 가져 각 척도점(또는 원래 응답) 간의 절대적 격차들을 규명하고, 원래 응답들을 비교할 수 있는 척도이다.

비율척도는 진정한 중립적 0점 또는 진정한 무의 상황(state of nothing) 응답이 질문

표 7-1 기본 측정척도들의 개념과 적용 사례

기본 척도	기초적 설명	사용 척도특성	일반 예제	마케팅 예제	허용 통계량
명목	대상을 규명하고 분류하는 숫자들	기술	사회보장번호, 축구선수 번호	상표 번호, 점포 형태	% 비율, 최빈치
서열	대상들의 상대적 위치를 표시하는 숫자들	기술, 순서	품질 순위, 토너먼트 방식 경기의 팀 순위	선호 순위, 시장 지위, 사회계급	백분위수, 중위수
등간	대상 간 격차를 비교할 수 있고, 0점은 임의적으로 사용	기술, 순서, 거리	기온(섭씨, 화씨)	태도, 의견, 지수 숫자	범위, 평균, 표준편차
비율	0점을 고정시켜, 척도값들의 비율을 계산	기술, 순서, 거리, 원점	길이, 체중, 시력	연령, 소득, 비용, 매출액, 시장점유율	기하평균, 모든 통계량

자료: Malholtra(2012), 283.

에 대해 유효한 원래 응답이 되도록 설계된다. 보통 비율척도는 척도점들 집합의 사용 여부와는 무관하게 응답자들이 구체적인 하나의 숫자 값을 응답으로 제시하도록 요구한다.

7.1.3 태도측정과 척도결정

7.1.3.1 태도와 측정접근법

태도(attitude)는 어떤 것에 대해 어떤 일관적으로 유리 또는 불리한 방식(거동, manner)으로 반응하려는 학습된 성향(learned tendency or predisposition)이다. 어떤 사람의 태도는 어떤 사람, 장소, 물건, 사건 등에 대한 호감 또는 반감을 표시하며, 순간적 생각(transient thought)이 아니라 지속되는 성향이다.

태도는 조사자가 다른 것을 설명하도록 사용할 수 있는 직접 관찰할 수 없는 개념인 가설적 구성개념(hypothetical construct)이다. 한편 태도는 학습된 것이어서 변경될 수 있고, 태도에 따른 반응들이 일관적이어서 행위를 예측할 수 있다.

3부작 접근법(trilogy approach)에 따르면, 어떤 대상, 사람 또는 현상에 대한 개인의 완전한 태도를 파악하기 위해서는 그 태도를 구성하는 인식적(cognitive), 정서적(affective), 행위적(behavioral) 또는 능동적인(conative) 구성요소들을 파악해야 한다.

첫째, 인식적 구성요소는 어떤 것에 대한 사람의 믿음, 자각, 지식을 나타낸다.

둘째, 정서적 구성요소는 어떤 것에 대한 개인의 감정적 평가 혹은, 그 개인의 긍정적이거나 부정적인 생각이다.

셋째, 행위적 또는 능동적 구성요소는 주어진 대상에 대한 개인의 의도 또는 실제 행동적 반응에 관련된다. 예컨대 구매 의도와 같이 어떤 것에 대한 개인의 행위적 버릇을 사례로 들 수 있다.

7.1.3.2 태도의 측정항목

태도측정을 위해 아주 많은 기법들이 고안되었다. 이는 개념의 정확한 규정에 대한 합의가 일부 부족한 탓이다. 또한 어떤 태도의 정서적(affective), 인지적(cognitive), 행위적 구성요소들(behavioral components)이 다른 수단들에 의해 측정될 수도 있다. 정서, 믿음 또는 행위에 대한 직접적인 구두진술이 행위 의도를 측정하기 위해 사용된다.

마케팅조사에서 가장 보편적 관행은 태도를 측정하도록 평정척도를 사용한다. 조사자는 태도개념 측정에서 각종 선택에 직면한다. 그러한 문제 중의 하나는 어떤 태도 또는 태도변수를 구성하는 것에 대해 어떤 완전한 의견일치도 없다는 것이다.

응답자들로부터 구두진술(verbal statements)을 얻는 경우에 조사자들은 응답자들에게 등급결정(ranking), 가치평가(rating), 분류(sorting), 선택(choice)과 같은 과업을 수행하도록 요구한다.

① 등급결정(ranking): 응답자에게 자극물의 어떤 특징이나 전반적 선호를 기초로 점포들, 상표들, 생각들, 대상들 등의 순위를 정하도록(rank order) 요구하는 측정과업(measurement task)이다.

② 평정(가치평가, rating): 응답자에게 어떤 상표, 점포 또는 대상이 보유한 특징이나 품질의 정도를 추정하도록 요구하는 측정과업이다.

③ 분류(sorting): 여러 대상들 또는 제품개념들을 응답자에게 제시하고, 대상들을 더미들(무더기들, piles)로 배열하거나 또는 제품개념들을 분류하도록 요구하는 측정과업이다.

④ 선택(choice): 응답자에게 2개 이상 대안들 중에서 선택을 하도록 요구하여 선호

들을 규명하는 측정과업이다.

7.1.4 평정척도와 범주척도

7.1.4.1 평정척도

마케팅조사자들은 태도측정을 위해 보통 평정척도(rating scale)를 사용한다. 가장 기초적 형식에서 태도척도결정(attitude scaling)은 개인이 어떤 진술에 대해 찬성 또는 반대를 표시하거나 또는 어떤 용어가 자신의 느낌을 얼마나 많이 기술하는지를 나타내도록 요구한다. 이러한 형태의 자기평정척도(self-rating scale)는 응답자들을 2가지 범주 중 하나로 분류하여, 단지 명목척도의 특성만을 갖게 하고, 이러한 기초적 척도를 사용하는 수리분석의 형태들이 제한되게 한다.

단순태도척도결정(simple attitude scaling)은 설문지가 아주 길고, 응답자들이 거의 교육을 받지 못하는 등의 경우에 설문조사를 수행하는 실질적 방식(practical way)이 될 수 있다. 실제로 많은 단순화된 척도들은 응답자가 단순히 하나의 품목만을 점검하여 과거경험, 선호 또는 호불호(likes and dislikes)를 나타내는 단순한 체크리스트(checklist)이다. 많은 태도이론가들은 태도가 어떤 연속체를 따라 변동한다고 믿는다. 그래서 태도 척도의 목적은 연속체에서 개인의 위치를 찾는 것이다. 그런데 단순명목척도는 태도들 간의 세부적 구분을 하지 못한다. 그에 따라 여러 다른 척도들이 정확한 측정을 위해 개발되었다.

가장 단순한 평정척도는 찬성/반대의 단지 2가지 응답범주들을 포함한다. 응답범주들의 확장은 응답자에게 평정과업에서 더 많은 신축성을 제공한다. 특별한 기술 또는 평가차원에 따라 범주들의 순서를 정한다면 더 많은 정보가 제공될 수 있다.

단항평정척도(monadic rating scale)는 별개로 단일개념에 대해 응답자들에게 질문을 하는 태도측정치이다. 이러한 경우에 응답자에게 어떤 특정한 준거(기준) 틀(frame of reference)을 제공하지 않는다.

한편 비교평정척도(comparative rating scale)는 응답자들에게 준거 틀로 명시적으로 사용되는 비교기준(benchmark)과 비교하여 어떤 개념(특정 상표 등)을 평가하도록 요청하는 태도측정치이다. 많은 경우에 비교평정척도는 실제 상황과 비교하여 기준(reference point)으로써 이상적 상황을 나타낸다.

평정(등급)척도는 사용하는 형태에 따라 단순태도척도(Simple Attitude Scales)와 범주
척도(category scales)로, 측정항목의 수에 따라 단일항목척도(single item scale)와 복수항
목척도(multi-item scale)로, 관찰대상 측정에 명시된 비교기준의 사용 여부에 따라 비교
등급척도(comparative rating scale)와 비비교등급척도(noncomparative rating scale)로 구분
한다.

7.1.4.2 범주척도

범주척도(category scale)는 여러 응답범주들(response categories)로 구성되어, 자주
응답자들에게 어떤 연속체에서 위치들을 표시히도록 대안들을 제공한다. 범주척도는
2점 응답척도(two-point response scale)보다 더 큰 민감도를 가진 태도를 측정한다. 그리
고 응답범주 자구(표현)(구문 선택, wording)는 아주 중요한 요인이다.

〈표 7-2〉는 보편적인 마케팅조사변수들을 측정하는 범주척도들에 사용되는 보편
적인 자구들이다.

표 7-2 보편적으로 사용되는 범주척도 자구들

차 원	표현 자구				
품질	탁월 아주 좋음 평균 아주 상회	좋음 꽤 좋음 평균 상회	적당함 보통 평균	불량 좋지 않음 평균 미달	전혀 좋지 않음 평균 아주 미달
중요성	아주 중요함	꽤 중요함	중립	중요하지 않음	전혀 중요치 않음
흥미	아주 흥미		약간 흥미		흥미 없음
만족	완전히 만족 매우 만족	약간 만족 아주 만족	그저 그럼 약간 만족	약간 불만 전혀 만족하지 않음	완전히 불만
빈도	항상 아주 자주 내내	아주 자주 자주 대부분	자주 가끔 일부	가끔 드물게 때때로	거의 않음 전혀 않음
진실	아주 그렇다 분명히 yes	약간 그렇다 아마 yes	그렇지 않음 아마 no	전혀 그렇지 않음 분명히 no	
특이함	아주 다름 극히 특이	약간 다름 매우 특이	조금 다름 약간 특이	전혀 다르지 않음 조금 특이	전혀 특이 않음

자료: Zikmund and Babin(2010), 254.

7.1.5 척도평가

항상 측정과정을 통해 실제로 획득한 정보는 찾으려는 정보와 정확히 일치하지 않고 격차를 초래한다. 이와 같은 실제값과 측정값의 격차는 측정오차(measurement error)이며, 제7장의 설문조사에서 검토한 총오차와 같다. 측정오차의 잠재적 원천은 계통오차(체계적 오차, systematic error)와 무작위오차(random error)의 2가지로 구성된다.

> 실제값＝측정값＋측정오차
> 측정오차＝계통오차＋무작위오차

계통오차는 디자인 또는 측정 수행 상황에서의 상수 편의(constant bias)에 의해 초래되는 상수오차(constant error)이다. 무작위오차는 변동 가능성과 예측불능성을 반영하며, 표본크기가 증가할수록 감소한다.

총오차를 최소한도로 축소시킬 수 있는 타당한 측정치(sound measurement)는 먼저 정확성과 함께 경제성, 편의성, 해석 가능성과 같은 현실성이 있어야 한다.

측정치의 정확도(accuracy)는 알려진 표준에 일치하는 결과들을 발생시키는 정도를 말한다. 정확도 결정은 정밀성 결여에 의해 방해를 받는다. 측정치가 측정시점마다 일치하지 않을 수도 있다. 따라서 여러 번 표준을 측정하고 평균을 계산하여 정확도를 결정할 수 있다.

평균값이 표준의 값과 일치한다면 측정치는 정확하다. 평균값과 표준값 사이의 격차를 편의(bias)라고 한다. 편의는 측정도구를 조정하거나 또는 수리적으로 측정값에서 편의를 제거하여 극복할 수 있다.

또한 속성(attribute)은 어떤 대상이나 쟁점의 단일 특징이나 기초적 특성이며, 대상의 속성 측정에 대해 정확성과 현실성을 갖는 척도는 〈그림 7-1〉과 같은 타당성(validity) 및 신뢰성(reliability) 검정기준들을 충족시켜야 한다.

어떤 시장조사 과정에서라도 우량 측정치를 사용하는 것이 무엇보다도 중요하다. 좋은 측정치들은 측정하기로 예정된 것을 일관적으로 측정하는 측정치들이다.

우리는 측정문제(measurement problem)를 우리가 측정하길 원하는 것을 우리가 묻는 질문을 조건으로 실제로 측정하는 것에 관련시키는 수단으로 생각할 수 있다. 만약

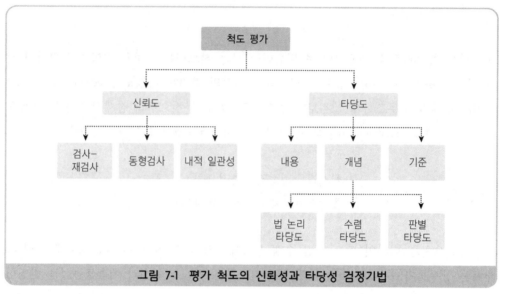

그림 7-1 평가 척도의 신뢰성과 타당성 검정기법

자료: Malholtra(2009), 315.

측정한 것과 측정하려는 것이 완전하게 관련된다면, 우리의 실제 측정치는 우리가 측정하려고 의도한 것과 일치하여, 어떤 측정오차(measurement error)도 없다.

만약 측정한 것과 측정하려는 것이 완전하게 관련되지 않는다면, 우리는 측정오차(measurement error)를 갖는 것이다. 측정오차를 다음과 같이 표시할 수 있다.

$$X_O = X_T + X_S + X_R$$

X_O는 관찰된 점수를, X_T는 진정한 점수(true score)를, X_S는 계통오차(systematic error)를, X_R은 무작위오차(random error)를 표시한다.

계통오차는 우리가 실제로 원하는 것에 비해 일관적으로 더 높거나 더 낮게 측정하는 오차이다. 계통오차는 실제 측정치가 나타나야 하는 것보다 일관적으로 더 높거나 더 낮도록 만든다.

한편 무작위오차는 실제 측정한 것과 측정해야 하는 것 사이의 (무작위) 변동을 초래한다. 계통 및 무작위오차 개념들은 측정치의 타당도와 신뢰도에 관련되므로 중요하다.

7.1.5.1 타당성

타당도(Validity)는 우리가 측정하려는 것을 측정하여 계통오차 X_S가 0이 되는지의 여부를 말한다.

타당성(타당도)은 실제로 측정하려는 것을 검정량(측정도구)이 측정하는 정도이며, 어떤 점수가 하나의 개념을 올바르게 나타내는 정도를 반영하는 측정치의 정확성을 말한다.

7.1.5.2 신뢰성

신뢰도(Reliability)는 우리가 측정한 것이 무작위오차가 없어 X_R이 0이 되는 상황에 관련된 정도를 말한다. 그리고 신뢰성(신뢰도)은 측정 절차의 정확성 및 정밀성에 관한 것으로 측정치의 내적 일관성(internal consistency) 지표이다. 따라서 신뢰성은 동일한 대상을 여러 번 측정한 경우에 동일한 결과에 수렴하는 정도로 표시하여 어떤 측정치가 얼마나 정밀한가를 나타내는 것이다.

그러므로 측정오차는 측정도구의 신뢰성과 타당성이 저해된 것을 반영한다. 특히 무작위오차(비체계적오차)는 어떤 패턴도 없고 원인을 찾기가 어려워 다시 측정을 하는 경우에 유사한 방식으로 발생할 가능성이 낮아 신뢰성이 낮다. 따라서 무작위오차는 낮은 신뢰도로 인해 발생원인 규명이 곤란하여 타당성을 개선하기 어렵다. 이와는 달리, 계통오차(체계적 오차)는 일정한 패턴을 갖기 때문에 신뢰성은 높지만 정확성이 떨어져 타당성이 낮다. 따라서 계통오차의 원인을 파악할 수 있다면 타당성이 있게 정확성을 높일 수 있다.

7.1.5.3 타당성과 신뢰성의 차이

〈그림 7-2〉에서 표적 비교를 수단으로 신뢰도와 타당도 사이의 차이를 설명할 수 있다. 이러한 유추에서 반복측정치들을 표적에 쏜 화살들에 비교하자.

각 진정한 점수를 측정하기 위해 (검은 원들로 표시한) 5번의 측정들을 했다. 그리고 그 측정치들의 평균을 "×"로 표시했다.

타당도는 표적지 중심의 과녁 중심(bull's eye)에 근접한 가위표(×)를 묘사한다. 평균이 진정한 점수에 근접할수록 타당도는 더 높다. 여러 화살을 쏘았다면, 신뢰도는 화

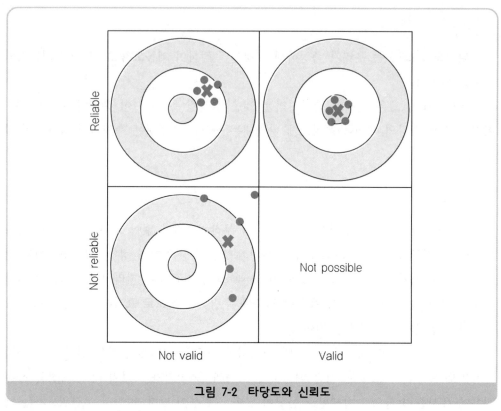

그림 7-2 타당도와 신뢰도

자료: Mooi and Sarstedt(2011), 35.

살들이 떨어진 정도이다. 모든 화살들이 함께 가깝게 있다면, 비록 과녁중심 근방이 아니더라도 그 측정치는 신뢰할 수 있다.

이는 〈그림 7-2〉의 윗부분의 좌측과 같이 타당하지는 않지만 신뢰 가능한 측정치로 나타난다. 그리고 윗부분 우측에서는 신뢰도와 타당도가 모두 주어진다.

한편 〈그림 7-2〉의 아랫부분은 측정치가 타당하지도 신뢰할 수도 없는 것을 보여준다. 이는 반복된 측정치들이 아주 상당히 흩어져 있고, 평균은 진정한 점수와 비슷하지도 않기 때문이다.

그런데 평균이 과녁중심에 있더라도, 그 측정치를 여전히 타당한 것으로 고려하지 않을 것이다. 이러한 경우에는 계통오차를 무작위오차에서 구별할 방법이 없기 때문에, 신뢰할 수 없는 측정치는 결코 타당한 것일 수 없다.

측정을 반복한다면, 무작위오차는 다른 위치로 가위표(×)를 이동시킬 것 같다. 그래서 신뢰도는 타당도의 필요조건(necessary condition)이다. 이는 하단 우측이 신뢰도가 없지만 타당도가 있는 것이 이치에 맞지 않다는 이유를 설명한다.

우리가 측정하는 것이 무엇인지를 알 수는 없기 때문에, 액면, 내용, 구성개념, 예측타당도 등의 여러 방면의 타당도를 사용한다.

측정 수단의 실현 가능성 특성(practicality characteristic)은 경제성, 편의성, 해석가능성을 조건으로 판단할 수 있다. 운영관점에서 측정 수단은 현실적이 되도록, 경제적이고, 편리하며, 해석 가능해야 한다.

① 경제성 고려(Economy consideration)는 이상적 조사 프로젝트와 예산으로 제공 가능한 조사프로젝트 사이에 어떤 균형(trade-off)이 필요한 것을 의미한다. 측정 수단의 길이는 경제적 압력이 신속히 느껴지는 중요한 영역이다.

비록 더 많은 항목들이 더 큰 신뢰성을 제공하지만, 면담이나 관찰시간을 제한하는 측면에서는 연구목적에 대해 단지 소수의 항목만을 사용해야 한다. 마찬가지로 사용될 자료수집방법 역시 가끔 경제적 요인에 의해 좌우된다.

② 편의성 검정(Convenience test)은 측정 수단이 관리하기 쉬워야 한다는 것을 의미한다. 이러한 목적에 대해 측정 수단의 적합한 배치에 주의해야 한다. 예컨대 (예제 등을 통해) 명확한 지시를 갖는 설문지는 그렇지 않은 설문지보다 확실히 보다 효과적이며 용이하다.

③ 해석가능성 고려(Interpretability consideration)는 검정 디자이너 이외의 사람들이 결과를 해석하려는 경우에 특히 중요하다. 해석가능하기 위해서는 측정 수단은 검정 관리를 위한 상세한 지시사항들, 득점 비결(scoring keys), 신뢰성에 대한 증거, 검정 사용 및 결과 해석 지침들로 보충되어야 한다.

7.1.6 측정치 신뢰성

7.1.6.1 측정치 신뢰성의 형태

측정치의 신뢰성(reliability)은 동일한 여건에서 반복적 측정이 수행되는 경우에 유사한 결과들을 발생시키는 능력이다. 신뢰성과 타당성 개념들의 중요한 특성은 조사자가 반드시 고려해야 하는 도구들이지만, 설문조사에서 측정치 또는 검사의 질적 수준을 증명하는 인증서로 생각해서는 안 된다. 그보다는 실험대상의 이론적 및 실증적 관계들 모두를 탐색하게 해주는 수단으로 보는 것이 좋다.

① 물질적 측정치(Physical Measure)는 키, 무게 등과 같은 물질적 변수의 측정치들이다. 물질적 측정치 신뢰성은 그 변수의 고정된 수량을 반복적으로 측정하고, 측정된 값들의 관찰된 변동을 사용하여 측정치의 정밀도를 도출하도록 가늠된다. 이러한 정밀도는 반복 측정에 대해 예상되는 변동의 범위를 나타낸다.

② 모집단 추정치(Population Estimates)의 신뢰성은 주어진 모집단에서 추출된 표본을 기초로 추정한 그 모집단에서의 변수의 평균값의 정밀도인 오차한계(margin of error)로 측정한다.

③ 평가(판단) 또는 복수 관찰자들에 의한 등급의 신뢰성은 평가자 간 신뢰성(interrater reliability)의 통계측정치를 사용하여 관찰자들 간의 동의 정도를 확인하는 방식으로 측정된다.

④ 심리테스트(psychological Tests) 또는 측정치의 신뢰성은 지능, 내향성/외향성(introversion/extraversion), 근심수준, 분위기 등과 같은 심리변수들 측정치의 신뢰성이다. 이러한 신뢰성은 시간에 따라 당연히 변화하는 경향이 있어 특수한 어려움을 갖고 있다.

7.1.6.2 신뢰성 평가방법

신뢰성(reliability)은 측정을 반복하는 경우에도 어떤 척도가 일관적인 결과들을 발생시킬 수 있는 능력을 말한다. 복수항목 측정치의 내적 일관성은 어떤 척도를 구성하는 항목들 부분집합의 점수들에 대한 상관관계를 통해 측정할 수 있다.

신뢰 가능한 측정도구는 타당성을 가질 수 있지만, 타당한 수단이지 않을 수도 있다. 예컨대 계속 5kg만큼 과대평가를 지속적으로 하는 척도는 신뢰 가능한 척도이지만, 중량에 대해 타당한 측정치를 제공하지는 않는다. 이러한 이유로 신뢰성은 타당성에 비해 보다 쉽게 평가할 수 있다.

중요한 신뢰성 평가방법들은 검사-재검사 방법(test-retest method), 대안형식(alternative-forms), 내적 일관성(internal consistency)의 3가지이다.

① 검사-재검사 신뢰성은 동일한 대상을 2회의 다른 시점으로 유사한 상황에서

측정하여 점수들의 유사성을 결정하는 방법이다. 단순히 한 시점에서 측정된 검사에 대한 참가자들 표본의 점수들과 이후 시점에서 주어진 동일한 검사에 대한 그 참가자들 표본의 점수들 간의 상관관계로 신뢰도를 측정한다.

검사–재검사 신뢰성 크기는 근본적으로 검사의 내적 신뢰성(internal reliability)에 의해 제한되며, 추가되는 요인들의 수에 의해 영향을 받는다. 동일한 검사를 상대적으로 장기간 기간을 두고 두 번 수행하므로, 검사와 재검사 사이의 기간이 길수록, 개인들의 특징이 단순히 변화하여 검사–재검사 신뢰성에 불리하게 영향을 주는 기회는 보다 증가한다. 이러한 이유로 검사–재검사방법은 검사지능과 같은 개별측정치들의 안정적 특성을 평가하는데 최상의 기법이다.

② 동형검사 신뢰성(equivalent–forms reliability) 또는 대안형식 신뢰성은 1차 검사와 2차 검사에 사용된 "대등한" 척도들이 일관적 결과들을 획득할 수 있는 능력이다. 복수양식 신뢰성(parallel–forms reliability)이라고도 하며, 검정 형식을 동일한 형식 대신에 유사형식으로 대체시켜서 구한 점수들 간의 Pearson 상관관수로 신뢰도를 측정한다. 이는 검사–재검사신뢰도와 계산절차와 공식은 동일하지만, 검정 형식을 유사형식으로 변경시킨 것이다. 이상적으로 상관계수 r이 0.9 이상이 되어야 신뢰도가 확보되는 것으로 주장되고 있다.

검사–재검사 방법은 2가지 경우에서 동일한 검정을 하는 것이어서, 개인들이 2번째 검정수행에서는 첫 번째 검정 내용에 의해 영향을 받는 것이 현실적이지 못하다. 그렇지만 조사자가 동일한 상황에서의 2가지 형태의 검정을 준비하여, 예컨대 훈련 전 및 훈련 후의 능력과 같은 대상의 시간에 따른 변화를 측정할 수 있다. 이러한 경우에 검정의 2가지 형식들 간의 고유한 격차들보다는 훈련이 검정 성과의 변화에 영향을 준 것이다. 따라서 동형검사 신뢰도는 2가지 검정형식에 의한 도구사용이 내적 타당성을 저하시키지 않는다는 특징을 기초로 한다.

③ 내적 일관성 신뢰성(internal consistency reliability)은 동일한 개념에 대한 2개 이상의 측정치들을 동시에 구하여 그 측정치들이 일치하는지의 여부를 비교하는 기법이다. 주로 반분기법 및 계수 알파(coefficient alpha)와 같은 반복기법을 사용하여 내적 일관성 신뢰성을 계산한다.

안정성 측면(stability aspect)의 신뢰성은 동일한 사람의 반복측정치들과 동일한 수단으로 일치하는 결과들을 확보하는데 관련되므로, 반복측정치들의 결과들을 비교하여 안정성 정도를 결정할 수 있다. 한편 동형측면(equivalence aspect)은 연구 항목들의 여러 표본들 또는 여러 조사자들로부터 얼마나 큰 오류가 발생할 수 있는가를 고려한다. 2명의 조사자들에 의한 측정치들의 동치에 대한 검정은 그들이 동일한 사건을 관찰한 결과를 비교하는 것이다.

안정성 측면의 신뢰성을 개선시키기 위해서는 측정이 발생하는 여건을 표준화시켜 지루함, 피로 등과 같은 외부 변동원천을 최대한 최소화시켜야 한다. 그리고 동형측면을 개선시키기 위해서는 연구 수행을 위해 훈련되고 동기를 가진 사람들을 사용하고, 집단별로 변동이 없도록 측정방향을 신중히 설계하고, 사용 항목들의 표본을 확장시켜야 한다. 따라서 신뢰성을 개선시키기 위해서는 측정대상들의 수를 증가시키고, 실험을 양호하게 통제하고, 논점에 적합한 항목들만을 선정히도록 주의해야 한다.

7.1.6.3 정량분석 신뢰성 평가

정량분석의 신뢰성은 반분법(split-half technique)과 알파계수(alpha coefficient)의 2가지 형식들을 갖는다. 두 가지 형식들 모두 내적 일관성(internal consistency)의 측정치들이며, 0과 1 사이의 값을 가질 수 있는 신뢰성계수(coefficient of reliability)를 계산한다.

내적 일관성 신뢰도는 검사를 구성하고 있는 부분검사 및 문항들에 대한 피험자 반응의 일관성을 분석하는 신뢰도 추정방법이다.

① 반분기법(split-half technique)은 가장 쉬운 내적 일관성 검정방식이다. 검정 항목들(test items)을 임의로 2개의 균등한 그룹으로 분리하여, 그 그룹들의 상관관계 정도를 검토한다. 상관계수가 높을수록 그 측정치의 신뢰도는 증가한다.

반분신뢰도(split-half reliability) b의 공식은 (내용 및 어려움을 조건으로 2가지의 균등한 절반들로 구분할 수 있는) 수단의 절반들 사이의 실제 상관계수 r을 다음과 같이 사용한다.

$$b = \frac{2r}{1+r}$$

예컨대 구분된 절반들 간의 상관계수가 0.85이면, b는 0.919[= 2(0.85)/(1+0.85)] 이다. 이러한 반분신뢰도계수(split-half reliability coefficient)는 아주 높다. 그런데 이러한 기법은 절반들로 분리하는 방법에 따라 결과가 아주 다르다는 단점을 갖는다.

상관계수가 커서 1에 접근할수록, 내적 일관성은 더 높다. 0.60 이하의 점수는 항목들이 다른 특성들을 측정하고 있다는 것을 표시한다.

② 신뢰도 알파계수(alpha coefficient of reliability), 계수 알파(coefficient alpha) 또는 크론바흐 알파(Cronbach's alpha)는 반분법의 단점을 시정한 접근법이다. 모든 가능한 검정항목들의 분리 방법들을 평균하고, 그 항목들의 상관계수 정도를 검토하여 측정도구의 내적 일관성(internal consistency)을 판단하는 기법이다. 이는 항목들 간의 내적 일관성을 측정하기 위해 모든 여타 항목들의 합과 각 항목 간의 상관계수인 항목 간 상관계수(coefficient of inter-item correlations)를 이용하여 계산한다.

크론바흐 알파의 공식은 검정대상 또는 (설문지 등의) 조사에서 항목들의 수 n과 모든 항목 간 상관계수들의 평균 r_{ii}에 대해 다음과 같다.

$$\alpha = \frac{n r_{ii}}{1 + (n-1)r_{ii}}$$

예컨대 조사에서 항목들의 수 n이 10이고, 평균 상관계수가 0.738이라면, 알파계수는 0.97[=10(0.738)/(1+(10-1)0.738)]이다. 이러한 값은 아주 높다. 알파계수의 수준을 판단하는 지침은 다음과 같다.

- \>0.90: 매우 높게 신뢰 가능
- 0.80-0.90: 높게 신뢰 가능
- 0.70-0.79: 신뢰 가능
- 0.60-0.69: 한계적으로/최소한도로 신뢰 가능
- <0.60: 받아들이기 어렵게 낮은 신뢰도

Bryman and Cramer(1990)는 신뢰도 수준은 0.80에서 수용 가능하다고 주장하고, 다른 학자들은 0.67 이상에서 수용 가능하다고 주장한다.

7.1.7 측정치 타당성

7.1.7.1 측정치 타당성의 개념과 고려사항

측정치 타당성(validity of a measure)은 사용하는 측정치가 측정하고자 의도하는 것을 측정하는 정도이다. 이러한 타당성은 조사 대상이 충분한 근거를 갖고, 타당하거나 또는 옹호될 수 있는지 여부를 의미한다.

타당성은 보통 측정하려고 의도하는 것을 검사에서 측정하는지의 여부로 규정된다. 따라서 완전 타당성을 가진 척도는 어떤 측정오차도 포함하지 않아, 어떤 계통오차나 무작위오차도 없다.

척도가 타당성이 있기 위해서는 신뢰성이 있어야 하지만, 신뢰성이 있기 위해 타당성이 있을 필요는 없다. 역으로 타당성이 있다면 신뢰성이 있다. 그러므로 신뢰성은 타당성의 필요조건이고, 타당성은 신뢰성의 충분조건이다.

신뢰도

타당도

신뢰성: 전체 집합, 필요조건, 결론(결필전)
타당성: 부분 집합, 충분조건, 가정(가충부)
어떤 척도가 타당성을 갖는다면, 그 척도는 신뢰도를 갖는다.
["*가정 문장 → 결론 문장*" 성립의 관계]

타당성은 관찰된 척도점수들의 격차들이 실제로 측정되고 있는 것의 진정한 격차들을 반영하는 조사 연구(research study or investigation)의 개념적 및 과학적 확고함이다. 모든 형식의 조사들의 주된 목적은 타당한 결론을 내는 것이다.

타당하거나, 의미 있고 정확한 결론들을 얻기 위해서, 조사자들은 연구의 궁극적 발견사항들의 영향을 축소시킬 수 있는 관련 없는 영향력들, 변수들 및 설명들의 효과를 제거 또는 최소화시키도록 노력해야 한다.

소득계층 측정은 소득수준들을 기초로 하는 계층을 측정해야 하지, 사회계급을 측정해서는 안 된다. 어떤 검사의 타당성을 검토하는 경우에 고려해야 할 사항들은 다음과 같다.

① 타당성은 검사 자체의 특성이 아니라, 검사의 복잡한 문제(complex matter), 검사

에서 사용하는 표본, 표본 사용 및 다른 요인들의 사회적 맥락(social context)이다. 조사에서 좋은 측정치인 어떤 검사가 참여자들이 최선을 다해 좋은 인상을 줄 직업선택의 일부로써는 결함을 보일 수도 있다. 따라서 타당성은 검사 또는 측정치의 내재적 특색(inherent feature)이 아니라, 검사 또는 측정치를 제시할 목적에 따라 변동할 것으로 예상되어야 하는 어떤 것이다.

② 신뢰성과 타당성은 개념상으로 아주 다르고, 서로 어떤 관계가 필요한 것은 아니다. 그래서 타당한 검정이나 측정치가 신뢰할 수 있다는 것을 의미한다는 주장은 아주 신중해야 한다. 시간에 따라 아주 급격히 변동하는 특징의 측정치는 시간 변화에 대해 믿을 수가 없을 것이다. 그리고 그 타당성 역시 의심할 수 있다.

③ 타당성은 자주 검사 또는 측정치와 어떤 다른 기준 사이의 상관으로 표현되므로, 타당성 계수는 검사 또는 측정치의 신뢰도에 의해 제한될 것이다. 다른 기타 변수에 대한 검사 또는 측정치의 최대 상관은 내적 신뢰성에 의해 결정된 상한을 갖는다.

7.1.7.2 측정치 타당성의 종류

일반적으로 인정되는 타당성의 형태들은 액면 또는 내용, 기준, 구성개념, 수렴, 판별 타당성들이다. 한편 내적 타당성과 외적 타당성은 측정치가 아니라 조사 설계에 관련된 것이다.

① 액면(표면)타당성(Face validity) 또는 내용타당성(content validity)은 측정하려고 의도했던 것을 측정도구가 액면 그대로 얼마나 잘 측정하는 것으로 보이는지를 설명한다. 이는 단지 비공식적으로 평가될 수 있다.

측정도구가 액면타당성을 결여할 수 있지만, 다른 기준들에 의해 측정하려고 의도했던 것을 측정할 수 있다는 점에서 액면타당성은 약형타당성이다. 그러나 우량한 액면타당성을 갖는 것은 중요할 수 있다. 일반적으로 측정치가 조사자가 실행 가능한(viable) 것으로 고려하는 항목들을 포함한다면, 검사를 구성하는 동안 조사자는 이러한 양식의 타당성 기준을 적용해야 한다.

내용타당성은 밝혀진 각 내용 영역에서 대표적인 질문들을 뽑고, 그 질문들을 검사해서 얼마나 적합한지를 살피고 측정하는 과정을 거쳐서 본 검사 내용이 어느 정도 타당한지 그 정도를 표시한다. 이는 어떤 측정수단이 충분한 범위의 연구 논제를 제공하는 정도이며, 전문가 및 명인에게 척도를 평가하는 관련된 검정방법을 질문하는 기법이다.

내용타당성 자체로는 어떤 척도의 타당성에 대한 충분한 측정치가 아니다. 내용타당성은 척도타당성의 보다 형식적인 평가들인 기준타당성 및 구성타당성과 함께 보완되어야 한다. 그렇지만 상관관계 또는 예측에 대해서는 고려하지 않는 상황에서 조사자가 측정하려고 검사 및 측정치를 구성하는 경우에는, 액면타당성은 중요할 수 있다.

한편 액면타당성과 내용타당성을 다음과 같이 구분하기도 한다. 일반적으로 검사문항을 전문가가 아닌 일반인들이 읽고 그 검사가 얼마나 타당해 보이는지를 평가한다. 어떤 특성을 측정할 때 자주 접해 본 문항들이 있으면 액면타당성이 있다고 한다. 액면타당성은 너무 주관적이어서 과학적으로는 많이 사용되지 않고 있으며 가장 약한 형태의 타당성으로 평가되고 있다. 반면에 내용타당성은 검정분야의 측정에 소양을 가진 전문가의 철저하고 계획적인 판단에 의해서 규정되며 명료히게 눈에 띄는 내용뿐만 아니라 그 의도가 명료하지 않은 복잡한 내용에 관한 것도 고려한 정도이다.

② 기준(관련) 타당성(criterion-related validity)은 시험 성적 또는 조사 내용이 준거가 되는 다른 실적 기준(criterion of performance)들과의 부합 정도를 경험적 차원에서 판단하는 타당성이다. 이는 어떤 척도가 규정된 기준에 관련하여 어떤 결과를 예측하거나 또는 어떤 현행조건의 존재를 추정하는 능력을 평가한다. 이러한 형식의 타당성은 실증추정목적으로 사용된 측정치들의 성과를 반영하며, 관련기준은 다음 특성들을 보유해야 한다.

- 관련성(relevance): 관련 기준을 적합한 측정치라고 우리가 판단하는 조건으로 규정된 특성
- 불편성(freedom from bias): 관련 기준이 각 주제에 대해 평가점수 획득의 동일한 기회를 제공하는 특성
- 신뢰도(reliability): 기준의 안정적 또는 재생(복제)가능한 특성
- 유용성(availability): 기준으로 설정된 정보의 입수 가능한 특성

기준변수들(criterion variables)에는 인구통계학적, 심리적, 특징, 태도 및 행동 측정치 또는 다른 척도에 획득한 점수들이 포함될 수 있다. 기준타당성은 동시 및 예측(concurrent and predictive validity) 타당성으로 구성되며, 시험 점수가 어떤 기준 측정치에 대해 개별 값을 얼마나 적절하게 추론할 수 있는지를 반영한다. 시험의 기준관련 타당성 결정을 위해 실제로 관찰된 기준 값들에 대해 검정에서 추론된 값들을 비교한다.

- 동시타당성(concurrent validity)은 단순히 검사가 동시에 측정된 적합한 기준에 얼마나 적합하게 관련되는지를 말한다. 한 검사가 기준변인과 공통적인 인자(因子)를 얼마나 공유하고 있는가를 조사하여 기준변인 대신에 검사를 사용하는 것을 목적으로 한다. 동시에 동일한 참가자집단에 적용된 동일한 것에 대한 다른 검사와 어떤 검사의 상관을 규명하여 측정한다. 만약 두 시험들의 기준에 대한 점수가 거의 동일한 시간에 수립된다면 동시타당성이 높다고 평가한다. 따라서 동시타당성은 어떤 기준에 대해 평가된다.

- 예측타당성(predictive validity)은 측정치가 미래 사건들을 예측하는 능력이다. 이후 시점에서 관찰된 기준 측정치의 값과 검정 점수의 상관을 검토하여 예측타당성을 가늠한다. 예측타당성은 예측되는 미래사건의 특성에 따라 결정된다. 이는 작성된 도구의 예측실효성을 검증하여 도구와 현상 간의 관계를 실증적으로 계측하므로 실증타당성, 준거에 근거하여 측정하므로 준거타당성 또는 통계적 타당성이라고도 한다. 한 시기의 검사점수와 일정 기간 이후의 준거 간의 상관계수로 예측타당성을 추정한다. 상관계수가 클수록 예측의 정확성이 커지고 오차는 감소한다. 준거변인이 미래에 있으므로 한 검사도구의 예측타당성을 측정하기 위해서는 일정한 시간 경과가 필요하다.

③ 구성(개념)타당성(construct validity)은 조사가 본래 의도한 측정대상인 이론적 구성개념이나 특성을 어느 정도 적절히 측정하는가에 대한 정보를 나타내는 타당성이다. 또한 어떤 측정치가 다른 이론적 명제들과의 예측된 상관관계에 대해 일치하는 정도를 말한다. 구성개념타당성이 높으면 측정결과에 대한 외부 인정을 받기가 쉽다는 의미에서 공인타당성이라고도 한다.

구성개념타당성은 관련 정보에 대한 이해방법으로써, 아이디어 또는 이론들을 실제 측정치로 얼마나 잘 전환시킬 수 있는지를 평가한다. 구성개념타당성은 인과관계의 기초와 연구 결과들과 조사의 이론적 토대 지침(theoretical underpinnings guiding) 간의 일치 여부의 차원에서, 발견내용의 네트워크 설명력에 관한 정도를 반영한다. 그러므로 구성개념타당성은 전문적인 방법론적 도구보다는 조사자 측면에서의 마음가짐이다.

그리고 구성개념타당성은 자료수집 수단인 방법론적 접근법으로, 지식을 높이고 개발하는 방법론적 전략으로, 수렴, 판별, 법칙논리 타당성을 포함한다.

- **수렴타당성**(convergent validity): 척도가 동일한 구성개념의 다른 측정치들에 대해 양으로 상관된 정도
- **판별타당성**(discriminant validity): 어떤 측정치가 다를 것으로 가정된 다른 구성개념들과 상관되지 않은 정도
- **법칙논리타당성**(nomological validity): 척도가 다르지만 관련된 구성개념들의 측정치들과 이론적으로 예측된 방식으로 상관된 정도

예컨대 구성타당성은 눈금판척도(dial scale)와 리커트척도를 사용하여 연속측정치를 통한 청중 반응을 측정하고, 그 측정치를 상관시켜 평가할 수 있다. 마케팅에서 조사자들이 측정하길 원하는 구성개념들에는 서비스 품질, 고객만족도, 브랜드 충성도 등이다.

구성타당성을 소비자가 자신들에 대해 갖는 이미지인 자아개념(self-concept)을 측정하도록 설계한 복수항목의 맥락에서 사용할 수 있다. 이러한 구성개념은 소비자들이 자아개념에 일치하고 자아개념을 강화시키는 제품과 상표들을 선호하므로 마케팅관리자들에 인기가 있다. 따라서 구성개념타당성은 항목들 간의 상관들, 시간에 따른 측정치의 안정성, 공존 및 예측타당성 발견들 등과 같은 아주 광범위한 형태의 증거를 포함할 수 있다.

구성개념타당성은 조사과정의 많은 측면들을 기초적으로 포함하므로 아주 중요하고 어려운 과업이다. 구성개념타당성의 복잡한 쟁점을 처리하는 방식으로 고려할 수 있는 형태의 타당성들은 알려진 집단들 타당성과 삼각측량법(triangulation)이다.

- **알려진 그룹 타당성**(known-group validity)은 어떤 측정치의 점수들이 2개의 특정한 개인집단들 간에 예측 가능한 방식으로 다르게 되도록 규명할(확인할, establish) 수 있다면, 이는 검사의 값에 대한 증거로써 검사의 알려진 집단들 타당성이다. 우량한 알려진 집단들 타당성을 가진 측정치는 명확하게 다소간 정확히 특정 집단의 사람들을 다른 집단의 사람들과 차별화시킬 수 있다. 구성개념의 과학적 가치에 대한 신뢰도를 추가시킬 수 있는 관계들의 망(네트워크)의 일부가 되는 경우에만 알려진 집단들 타당성이 있는 것이다.
- **삼각측량**(triangulation)은 구성개념의 복수 측정치들을 사용한다. 만약 어떤 관계가 여러 다른 형태들의 검사들 또는 측정치들을 사용하여 확인된다면, 이는 관계타당성의 증거이다. 어떤 방식들로 삼각측량은 공존타당성과 예측타당성의 조합

으로 간주될 수 있다. 기초적 가정은 표면상으로 동일한 구성개념에 대한 2가지 다른 측정치들이 모두 그 구성개념이 관련될 것으로 예상되는 어떤 변수와 상관된다면, 이는 구성개념에 대한 신뢰도를 증가시킨다는 것이다. 삼각측량을 사용하여 구성개념을 규명하기 위해서는 삼각형의 3개 구성요소들이 모두 서로 상관되어야 한다. 이는 동시타당성 및 예측타당성을 별도로 수행한 것보다 구성개념에 대해 아주 더 큰 증거를 제공한다. 삼각측량은 구성개념 타당화(construct validation)의 어떤 기초적 형식으로 간주될 수 있다. 삼각측량은 명확하게 기준타당성의 대충적인 경험론(crude empiricism)에 대한 중요한 개선결과이지만, 구성개념타당성과는 아주 동일한 것은 아니다.

④ 수렴타당성(convergent validity)은 어떤 척도가 동일한 개념을 측정하도록 의도하는(purport) 다른 척도들과 상관될 수 있는 능력이다. 이는 어떤 개념에 대한 두 측정치들이 그 측정치들의 특성이나 형태와는 무관하게 서로 실질적으로 상관되어야 하는 차원의 기준이다.

만약 이러한 척도들이 고도로 일치하는 결과를 갖도록 공동변동을 한다면, 이들 측정치들은 해당 개념을 타당하게 측정한 것이다. 서로 잘 상관되며 다르지만 일부 관련된 개념들에 대한 측정치들과는 구분될 수 있어야 한다. 그리고 측정치의 형태는 그 관계들을 부당하게 결정해서는 안 된다.

따라서 수렴타당성은 매우 다양한 영역에서의 복수 측정치들에 의해 해당 개념이 측정될 수 있다는 증거에 의해 높아진다. 이는 타당성의 합리적 기준이지만, 그 기초 가정들의 일부에는 의문이 제기될 수 있다. 특히 어떤 개념에 대한 다른 형태들의 측정치 간에 강력한 관계가 있어야 한다는 가정은 논쟁을 초래할 수 있다.

⑤ 판별타당성(discriminant validity)은 수렴타당성과는 정반대로 동일한 것을 측정하는 다른 측정치들이 서로 강력한 상관을 가져서는 안 된다는 조건이다. 이는 다른 개념들을 측정하도록 의도된 또 다른 척도에 대해 어떤 척도가 상관관계를 갖지 않는 성질을 확인하는 수단이다.

따라서 어떤 측정치의 타당성을 평가하는 경우에는 수렴타당성과 판별타당성을 함께 고려해야 한다.

7.1.7.3 구성타당성 위협요인

조사의 맥락에서 구성개념타당성에 대해 위협으로 작용할 수 있는 현상들이 있다. 내적 및 외적 타당성의 경우와 같이 위협들의 수 및 형태들은 연구의 특유한 측면들 및 설계와 관련이 있다. 일반적으로 구성개념타당성 위협요인들은 연구 결과들로부터 인과 적 추론을 조사자가 도출하는 능력을 방해하는 연구의 특징들이다.

① **변수들의 불충분한 사전 조작화**: 실험설계에 포함된 독립변수들과 종속변수들의 완전한 구성에 대한 불충분한 파악으로 인한 오염

② **단일조작편의**(mono-operation bias): 종속변수 결과들을 측정하기 위해 단지 하나의 방법에 의해 초래되는 오염

③ **단일방법편의**(monomethod bias): 단일 항목 측정도구들을 사용하여 복수속성 처리조작(독립변수들)을 평가로 인한 오염

④ **가설추측**: 조작처리 이전에 원하는 기능관계를 안다고 믿는 측정 대상들에 의한 오염

⑤ **평가 우려**(evaluation apprehension): 자신들의 행동이나 반응이 다른 사람에게 알려질 것을 두려워하는 측정 대상들에 의해 초래된 오염

⑥ **수요 특징**: 실험 이면의 진정한 목적을 추측하려고 노력하여, 비정상적으로 사회적으로 채택 가능한 반응들 또는 행동들을 하는 측정 대상들에 의해 창조된 오염

⑦ **추측 확산**(diffusion of treatment): 처리를 받으려 개인들과 처리 및 측정 활동을 토론하는 측정 대상들로 인한 오염

Cook and Campbell(1979)은 구성개념타당성을 개선시키기 위해 다음 조치들이 필요하다고 주장했다.

첫째, 독립변수의 추상적 개념에 대한 명확한 조작적 정의(operational definition)를 제공해야 한다.

둘째, 독립변수의 실증적 제시가 예상된 결과를 발생시키는 것을 증명하도록 자료를 수집해야 한다.

셋째, 독립변수의 실증적 제시가 관련 측정치들과 함께 변동하지는 않지만, 다른 개념변수들과 함께 변동하는 것을 보여주도록 자료를 수집한다.

넷째, 독립변수의 조작 점검(manipulation checks)을 수행해야 한다.

7.1.7.4 통계적 결론 타당성의 개념과 위협요인

통계적 타당성(statistical validity)은 연구결과들에서 도출된 통계적 결론들이 타당한 지의 여부에 대한 질문을 처리하도록, 연구에서 적합한 통계적 또는 분석적 방법들을 사용한 것을 표시한다. 이러한 경우의 적합성은 조사자가 독립변수와 종속변수가 공변동하는 것을 증명하고, 이러한 공변동 또는 관계의 강도를 규명하는데 가장 적합한 방법을 사용하는 것을 말한다.

모든 통계적 분석은 특정 가정들을 기초로 한다. 이는 조사자가 수집할 수 있는 각종 자료집합으로 사용될 수 있게 널리 적용되도록 만든 분석(one-size-fits-all analysis)은 없다는 것을 의미한다.

채택가능 통계적 결론 타당성을 달성하기 위해서는 주어진 분석에 대해 가능한 최상의 통계적 기법들을 사용하는 것이 조사자의 책임이다. 따라서 조사자는 통계적 결론 타당성에 대해 가장 보편적 위협요인들을 회피해야 한다.

다음과 같은 여러 요인들이 주어진 연구에서 독립변수와 종속변수 사이의 관계에 대해 조사자들이 유효한 추론을 하는데 방해한다.

① **낮은 통계적 검정력**(low statistical power)은 조사자가 독립변수와 종속변수 사이의 관계를 탐지하는 것을 방해할 수 있다. 연구에서 통계적 검정력을 증가시키도록 할 수 있는 여러 전략들이 있다. 한 가지 공통된 기법은 참가자들의 크기가 표본크기 추정의 법칙들을 기초로 충분히 크게 보장하는 것이다. 일반적으로 표본크기 추정치들은 조사자가 관찰할 것으로 예상하는 효과의 크기를 기초로 한다. 크게 예상되는 효과는 작게 예상되는 효과보다 탐색하는데 더 작은 크기의 표본을 요구한다.

또 다른 검정력 증가전략(power-boosting strategy)은 독립변수들 수준 격차를 최대한 크게 만드는 것이다. 종속변수에 대한 그 변수의 효과가 있다면, 그 효과는 보다 현저할 것이다. 또한 오차 및 범위 제한을 축소시켜 측정치 품질을 개선시키는 전략을 사용할 수도 있다. 이러한 조치들은 실제로 효과가 있다면, 그 효과를 탐색할 가능성을 증가시킬 것이다.

② **통계적 검정에 대한 가정들의 파기**(violating assumptions of statistical tests)는 통계적 결정타당성에 대한 또 다른 중요한 위협이다. 이러한 위협에 대한 해결책은 통계적 검정 법칙을 따르고 특별한 상황에 가장 적절한 법칙들을 사용하는 것으로 아주 단순하

다. 이는 조사자가 기초적 통계분석들(ANOVA, 상관, 회귀 등)에 대한 기초적 근원적 가정(underlying assumptions)의 확고한 수행 파악력을 가져야 한다는 것이 어려운 일이다. 보다 발전된 디자인과 조사 문제를 갖는 경우에, 요구 통계학의 가정들은 실제 자료에 충족될 것을 보장하도록 프로젝트의 디자인 및 분석 국면들 동안 통계학에 대한 전문가 자문을 구하는 것도 도움이 될 수 있다.

③ 측정치 및 환경에 대한 비신뢰성(unreliability in measurement and setting)은 통계분석에서 타당한 추론을 하는 조사자 능력에 대한 추가 위협이다. 평가 도구의 타당성은 일부 그 신뢰도에 의존하므로, 조사자들은 신뢰도가 높은 평가 도구를 사용해야 한다. 그리고 자료가 수집되는 환경과 연구의 관리가 믿지 못하거나 또는 일관성이 없다면, 이는 어떤 궁극적 통계적 분석에 있는 오차의 전반적 크기를 증가시킬 수 있다.

비신뢰성으로 인해 확대된 오차는 조사결과에서 명확하고 정확한(타당한) 추론을 할 수 있는 능력을 흐리게 한다. 이는 신중하고 체계적인 디자인과 관리는 아주 중요한 이유가 되는 주된 이유이다. 측정에서 비신뢰도의 직접적 영향력은 수집하는 자료에 대한 결과적인 통계분석에서 나타나는 오차에 대한 것이다. 오차의 증가는 조사자가 종속변수에 대한 독립변수 효과를 탐색하는 것을 보다 어렵게 만든다. 그리고 자료에 대한 부정확한 추정을 초래할 수 있다.

④ 절차 및 참가자 타당성(Procedural and participant variability): 방법론적 절차들의 변동성과 여러 참가자 특성들이 통제조건과 실험조건 간 격차의 검색 가능성을 감소시킬 수 있다.

⑤ 복수 비교 및 오차비율(multiple comparisons and error rates): 소수 항목들의 비교는 실험조건과 통제조건의 격차를 크게 발생시켜 통계적 타당성을 저하시킨다. 따라서 통계분석들의 수를 증가시켜 실험조건 및 통제조건 간의 유의적 격차를 순수하게 우연히 발견할 가능성을 높여야 한다.

7.1.8 조사결과의 타당성

조사의 성공적 수행을 위해서는 조사를 위한 실험내용, 수행과정, 결과의 타당성 검토가 필요하다. 조사결과의 타당성 검토는 내적 타당성과 외적 타당성으로 구분하여 이뤄진다.

7.1.8.1 내적 타당성

내적 타당성(Internal validity)은 어떤 연구를 통해 제공한 특정 사건의 설명, 쟁점 또는 자료 집합이 자료에 의해 실제로 (주장 등의 유효성을) 인정될 수 있는 것을 증명하려는 것이다.

어느 정도 이는 정량 및 정성조사에 적용될 수 있는 정확성에 관한 것이다. 이러한 발견사항은 반드시 조사될 현상들을 정확하게 기술해야 한다.

민족지학적 연구(ethnographic research)에서 내적 타당성은 다음과 같이 여러 방식으로 다루어질 수 있다.

- 낮은 추론 기술어(low-inference descriptors) 사용
- 복수 조사자들 사용
- 참가 조사자들 사용
- 자료의 세심한 검토 사용(using peer examination of data)
- 자료를 기록, 저장, 인출하도록 기계적 수단 사용

민속학의 정성적 조사에서는 최우선적인(가장 중요한, overriding) 종류들의 내적 타당성이 있다.

- 자료의 확신(confidence in the data)
- 자료의 신빙성(authenticity)(조사자가 참가자들의 관점으로 상황을 보고할 수 있는 능력)
- 자료의 적절함(cogency)
- 조사 디자인의 견실성(soundness)
- 자료의 신뢰성(credibility)
- 자료의 감사 가능성(auditability)
- 자료의 의존 가능성(dependability)
- 자료의 유사함(confirmability)

LeCompte and Preissle(1993)는 신빙성 쟁점(issue of authenticity)을 다음과 같이 보다 상세하게 제시했다.

- 공정성(Fairness): 어떤 상황의 여러 현실과 구성에 대한 완전하고 균형적인 표현이 있어야 한다.
- 존재론적 신빙성(Ontological authenticity): 조사는 어떤 상황에 대해 새롭고 보다

세련된 양해사항을 제공해야 한다. 예컨대 익숙한 것을 새롭게 만들고, 조사자의 문화적 무지(맹목)(cultural blindness)를 축소시키는 현저한 특징을 갖고, 참여자로부터 관찰자가 되도록 문제를 변화시켜야 한다.

- 교육적 신빙성(Educative authenticity): 조사는 이상의 양해사항들에 대한 새로운 평가를 발생시켜야 한다.
- 촉매작용(촉매반응) 신빙성(Catalytic authenticity): 조사는 구체적 행동방침(specific courses of action)을 발생시켜야 한다.
- 전술적(작전상) 신빙성(Tactical authenticity): 조사는 모든 관련자들에게 이익을 주어야 한다. 이는 도의적 자선쟁점(ethical issue of 'beneficence')이다.

Hammersley(1992)는 정성자료의 내적 타당성을 위해 다음을 주의해야 한다고 주장했다.

- 그럴듯함(plausibility) 및 신뢰성(credibility)
- 요구되는 증거의 종류와 크기(제시되는 주장이 클수록, 그 주장에 대한 증거는 보다 설득력이 있어야 한다)
- 조사에서 제시된 주장의 종류들에 대한 명료성(예컨대, 기술적, 설명적, 이론 생성적 정의)

Lincoln and Guba(1985)는 자연주의적 질문에서의 신뢰성이 다음에 의해 처리될 수 있다고 주장했다.

- 현장에서의 관여 연장(Prolonged engagement in the field)
- 초점에 대한 특징들의 적절성 확인을 위해 지속적 관찰(Persistent observation)
- 삼각 측량(Triangulation): 방법, 원천, 조사자, 이론들에 대해 수행
- 동료 간 결과보고(Peer debriefing): 교차 검토와 유사한 방식으로 진실한 연구가설을 검정하고, 다음 조사단계를 규명하도록 객관적인(무관심한) 동료(disinterested peer)에게 스스로 알리기
- 부정적 사례분석(Negative case analysis): 모든 경우에 적합한 이론을 확립하도록 가설들을 회고적으로(소급하여) 변경시킨다.
- 연구대상자 검토(Member checking): 고의성 평가, 응답자들에게 추가 정보를 더 말할 수 있도록 기회 제공, 또는 기록에 정보 제공, 요약문 제공, 분석 충분성 검토를 위해 응답자 확인 수행(respondent validation)

실증주의 조사(positivist research)에서 역사와 성숙이 조사의 타당성에 대한 위협요소로 간주되는 반면에, 민속학 조사는 이것이 발생할 것이라고 가정하여 시간에 따른 변화를 허용한다.

민속학 조사에서 내적 타당성은 관찰자들이 존재가 당연하게 간주되도록 하는 긴 기간 동안 광범위하게 해당 상황에 머물러 있도록 하여 표본을 획득하여 관찰자 효과들의 감축에 의해 처리된다. 또한 민족지학자는 정보를 명확히 추적하고 저장하여 사건들 및 상황들의 경쟁적 설명을 제거할 수 있다.

7.1.8.2 내적 타당성의 위협요인들

내적 타당성(internal validity)을 저해할 수 있는 위협요인들은 다음과 같이 규정할 수 있다.

- 역사(History, 역사적 오염): 교육 조사에서 자주 실험 처리 이외의 사건들이 시험 전과 시험 후 관찰 기간 사이에 발생한다. 이러한 사건들은 처리 격차로 잘못 귀착될(attribute) 수 있는 효과들을 발생시킨다.
- 성숙(Maturation): 두 관찰 사이에서 주제들(대상들)이 여러 방식으로 변화된다. 그러한 변화들은 실험처리와는 독립적인 격차들을 발생시킬 수 있다. 성숙의 문제는 간단한 실험실 실험보다 장기간에 걸친 교육 연구에서 보다 격심하다.
- 통계적 회귀(Statistical regression): 성숙효과(maturation effects)와 같이, 회귀효과는 시험 전 및 시험 후 기간에 따라 체계적으로 증가한다. 통계적 회귀는 측정도구들의 신뢰성 결여로 인하거나 각 실험집단에 특유한 이질적 요인들(extraneous factors)에 의해 발생한다.

단순히 회귀는 시험 전에 가장 높은 점수를 주는 대상들이 시험 후에는 상대적으로 더 나은 점수를 가질 것 같다는 것을 의미한다.

간단히 시험 전 및 시험 후 상황들에 평균에 대한 회귀가 존재한다. 회귀효과는 교육 조사자가 시험 후 이익 및 손실을 각각 낮은 점수부여와 높은 점수부여로 잘못 귀착시키도록 할 수 있다.

이는 처음에는 극단적 선택을 했다가 다음부터는 중간값으로 돌아가려는 회귀경향에 따른 결과의 왜곡으로 평균의 법칙(rule of mean)이 적용되는 현상을 말한다. 따라서 조사자는 자료분석과정에서 극단적 값에서 통계적 회귀에 의해 다른 극단적 값을 보여

평균으로 회귀하려는 응답은 여타 응답자에 비해 변동폭을 과도하게 초래하여 통계처리과정에서 큰 영향을 주기 때문에, 이러한 응답을 적절하게 걸러내는 능력이 필요하다.

- 시험(Testing): 실험 초기에 사전시험(Pretests)은 실험처리로 인한 효과와는 다른 효과들을 발생시킬 수 있다. 이러한 효과들은 실험의 진정한 목적에 대해 대상들을 민감하게 하고, 사후시험 측정치들(post-test measures)에 대해 더 높은 점수를 가져오는 효과들을 실행할 수 있다.

이러한 시험효과(test effect)는 조사대상이 사람인 경우에 나타난다. 처음 측정치 영향을 받아 두 번째 측정치가 다르게 나타나는데, 주시험효과(main testing effect)와 상호작용시험효과(interactive testing effect)로 구분한다.

주시험효과는 첫째 측정경험이 둘째 측정경험에 영향을 주는 것이다. 그리고 상호작용시험효과는 첫째 측정경험이 독립변수의 처치과정에도 영향을 주는 것이다.

- 측정도구(Instrumentation): 믿을 수 없는 시험이나 측정도구는 실험에 심각한 오류를 발생시킬 수 있다.

도구사용(instrumentation) 및 눈금측정(calibration)에서 관찰자나 판단의 변화가 나타나면, 실험 과정에 대한 집중 수준 및 능숙함의 변화로 인해 오류가 발생할 수 있다.

- 선택(Selection, 선택 편향): 비교집단들에 대한 대상들 선택(selection of subjects)의 격차로 인해 편향이 발생하거나 또는 실험이나 통제집단으로 영향을 받지 않은 계층을 채택한 경우에 편향이 발생될 수 있다.

또한 선택 편향(Selection bias)은 비교처리의 효과들을 보다 더 흐리게 하도록 다른 요인들(역사, 성숙 효과 등)과 함께 상호작용을 할 수 있다.

- 실험대상 소멸(Experimental mortality): 탈락(dropout)을 통한 대상의 손실은 장기 수행실험에서 자주 발생하거나 또는 실험변수들의 효과들을 교란시키는 결과를 가져올 수 있다. 그 이유는 초기에 집단들이 무작위로 선정되는 반면에, 실험과정에서 머무는 나머지 집단은 시작 시점의 편향이 없던 표본과는 다를 가능성이 있기 때문이다.

- 측정도구(측정수단) 반응도(반작용)(Instrument reactivity): 연구 대상자들에 대한 연구수단들이 주는 효과를 고려해야 한다.

- 선택-성숙 상호작용(Selection-maturation interaction): 조사설계효과들과 변수 효과들을 혼동한다면, 이러한 효과가 발생한다.

7.1.8.3 외적 타당성

외적 타당성(External validity)은 결과들이 더 넓은 모집단, 사례 또는 상황들로 일반화될 수 있는 정도를 말한다. 일반화의 쟁점은 의심스러운 것이다.

실증주의자 연구자들(positivist researchers)에게 일반화 가능성은 필수요소(sine qua non)인 반면에, 자연주의적 조사에서 이러한 요건은 약화된다. 어떤 집단은 맥락변인들(contextual variables)의 해체를 통한 일반화 가능성이 기초적으로 필요하다고 주장하는 반면에, 또 다른 집단은 상황을 거의 이야기하지 못하는 일반화는 인간행동에 대해 이야기하는 것에 거의 도움이 되지 않는다고 한다.

예컨대 실증주의자들에 대해 변수들은 격리되고 통제되어야 하며, 표본들은 무작위로 선정되어야 한다. 이와는 달리 민속학자들에 대해서는 인간행동은 무한히 복잡하고, 축소 불가능하며, 사회적으로 고려되어야 하고 특유해야 한다.

자연주의적 조사에서 일반화 가능성은 비교가능성(comparability) 및 양도성(transferability)으로 해석된다.

Schofield(1990)는 정성조사에서 다른 사람들이 비교 가능성 및 이전 가능성을 처리하도록 하나의 조사에서 나타난 발견사항들을 또 다른 상황으로 일반화시킬 수 있는 정도를 결정할 수 있도록 명확하고, 상세하며 심층적인 설명을 제공하는 것이 중요하다고 주장했다.

실제로 정성조사는 전형성(대표성)과 이전 가능성 쟁점을 연구하여 일반화시킬 수 있다. 비록 실증주의의 정도를 비실증주의연구로 주입시키는 것이라고 주장할 수 있지만, 복수 장소 연구를 수행하여 일반화시킬 수 있다.

외적 타당성에 대한 위협요인들은 특정실험여건에서 여타 모집단이나 환경으로 일반화가 수행될 수 있는 정도를 제한할 가능성이 있다.

① 독립변수의 명시적 기술 실패(Failure to describe independent variables explicitly): 조사자가 독립변수들을 적절히 서술하지 못한다면, 실험조건들의 미래 일정조건의 반복실험들은 사실상 불가능하다.

② 이용 가능한 목표 모집단들의 대표성 결여(Lack of representativeness of available and target populations): 실험 참가자들은 어떤 입수 가능한 모집단을 대표할 수 있는 반면에, 실험 수행자가 발견결과를 일반화시키려는 모집단을 대표하지 못할 수도 있다. 따

라서 불량한 표본추출 및 랜덤화가 수행된 것이다.

③ 호손효과(Hawthorne effect): 의학조사는 약품실험의 단순참가에서 발생하는 심리적 효과들을 오랫동안 인정해 왔다. 그리고 위약(placebos) 및 이중맹검설계들(double-blind designs)을 보통 채택하여 참가자들의 편향효과(biasing effects)를 중화시키려고 했다.

마찬가지로 소위 호손효과는 관찰대상들이 실험대상들(guinea pigs)로 자신들의 역할을 인식하는 경우에는 교육조사에서 실험처리를 오염시키는 위협을 준다.

④ 독립변수들의 불충분한 조작화(Inadequate operationalizing of dependent variables): 실험수행자들이 조작화하는 종속변수들은 실험수행자들이 자신들의 발견사항을 일반화시키도록 원하는 데 대한 비실험환경에서 타당성을 가져야 한다.

에컨대 경력선택에 대한 지필 설문지(paper and pencil questionnaire)는 대학을 떠나는 대학생들에 의한 실제 고용결정에 관해 거의 타당성을 갖지 못한다.

⑤ 실험조건들에 대한 민감화/반응도(Sensitization/reactivity to experimental conditions): 내적 타당성에 대한 위협과 같이, 사전 검정은 대상들의 실험변수들에 대한 민감도를 변화시켜, 실험처리의 효과를 흐리게 하는 실험변수들에 대한 실험대상의 민감도 변화를 초래할 수 있다.

⑥ 외생요인들 및 실험처리들의 상호작용(Interaction effects of extraneous factors and experimental treatments): 외적 타당성에 대한 위협요인들 모두 처리효과들과 각종 미혹요인(clouding factors)의 상호작용을 나타낸다. 이뿐만 아니라, 상호작용 효과들은 내적 타당성 위협들에서 규명된 요인들의 결과로 발생할 수 있다.

특히 자연주의적 조사에서 외적 타당성에 대한 위협들은 다음과 같다.

- 선정효과(selection effects): 실제로 선정된 구성개념들은 어떤 집단에 대해서만 관련이 있다.
- 설정효과(setting effects): 결과들은 그들 맥락의 함수이다.
- 역사효과(history effects): 상황들은 특유한 환경에 의해 도달할 수 있어, 비교 불가능하다.
- 구성개념효과(construct effects): 사용될 구성개념들이 어떤 집단에 대해서는 특유하다.

7.1.8.4 비신뢰성의 원천들

검정과 검토에서 신뢰가능성에 대해 많은 위협요인들이 있다. 특히 조사자 및 채점자들에 대한 성과 및 달성의 검정에 대해 다음의 비신뢰성 원천들이 존재한다.

- 채점오류(errors in marking): 점수의 귀착, 추가, 이전 등
- 평가자 간 신뢰도(inter-rater reliability): 동일하거나 유사한 작업에 대해 다른 점수를 제공하는 다른 평가자들
- 동일 평가자의 비일관성(inconsistency in the marker): 많은 문서들 채점에서 초기 단계에는 냉혹하다가 후기 단계의 평가에서는 관대한 것
- 판정등급의 변동(variations in the award of grades): 등급경계선에 밀접한 작품에 대해서 일부 채점자들은 다른 채점자보다 더 높거나 낮은 범주로 점수를 제공
- 후광효과(Halo effect): 어떤 평가에서 잘하거나 못하는 것으로 판단된 학생은 다른 영역에서도 각각 과분하게 유리하거나 또는 불리한 평가를 받는다.

7.2 척도의 분류

7.2.1 비교척도

마케팅조사에서 보통 사용되는 척도결정기법은 비교척도(comparative scales)와 비비교척도(noncomparative scales)로 구분된다.

비교척도는 비메트릭척도(non-metric scale)라고 하며, 2개 이상 대상들 또는 대상들 집단들의 직접 비교를 포함한다. 비교척도는 상대적 조건으로 해석되어 마케팅관리자에게 상대적 격차를 측정하는 자료를 제공하므로, 단지 서열 또는 순위순서 특성들만을 갖는다. 비교척도를 사용하여 획득된 결과는 순위순서를 나타내지만, 순위 격차의 크기는 보여주지 않는다.

비교평가척도들에서 응답자들은 어떤 규정된 표준, 사전 결정된 기준에 따라 하나의 특성이나 태도를 비교한다. 비교기준이 규정되어 조사자들은 선호점을 갖는다. 비교

평가척도들에서 쌍별등급척도(paired rating scales), 순위서열척도(rank-order scales), 고정총합척도(constant-sum scales), Q-소트척도(Q-sort scale)의 4가지가 보편적으로 사용된다.

7.2.1.1 쌍별비교척도

쌍별비교(paired comparisons) 또는 쌍별등급(평정)척도(paired rating scales)에서는 응답자에게 한 번에 2개의 대상을 제시하고, 어떤 언급된 기준에 따라 2개 대상 중에서 선호하는 하나의 대상을 표시하도록 요구한다.

이러한 방법은 서열척도자료를 제공한다. 실물상품들을 비교하는 경우에 자주 적용되며, 쌍별비교를 통해 획득한 시얼자료는 쉽게 등간척도자료로 전환할 수 있다.

7.2.1.2 순위서열척도

순위서열척도(rank-order scales)에서는 응답자들에게 여러 대상들을 동시에 제시하고, 어떤 기준에 따라 대상들의 순서 또는 등급을 결정하도록 요구한다.

예컨대 소비자들에게 전반적 선호에 따라 청바지 상표들의 등급을 정하도록 요구할 수 있다. 이러한 순위들은 전형적으로 가장 선호상표는 1등, 둘째 선호상표는 2등과 같은 식으로 할당한다. 따라서 순위서열척도의 측정값에서는 항상 순위에 대한 추이성이 존재한다.

순위순서는 자주 상표 속성들뿐만 아니라, 상표들 간의 선호를 측정하는데 사용된다. 순위서열척도 결정은 응답자들에게 대안들을 구별하도록 요구한다. 이러한 척도결정기법의 중요한 단점은 단지 서열수준자료만을 제공한다는 것이다.

7.2.1.3 고정총합척도

고정총합척도(constant-sum scales)에서는 응답자들에게 선호 또는 중요성과 같은 어떤 기준에 따라 자극 대상들의 집합 중에 측정단위들의 고정총합인 점수(100점 만점 등)를 배정하도록 요구한다.

예컨대 응답자들에게 목욕비누의 8개 속성들에 대해 100점을 배정하도록 요구할 수 있다. 각 속성에 연관된 중요성을 나타내도록 점수를 배정한다. 만약 어떤 속성이 중요하지 않다면, 응답자는 그 속성에 0점을 할당한다. 그리고 어떤 속성이 어떤 다른 속성보다 2배가 더 중요하다면, 응답자는 그 속성에 2배의 점수를 배정한다. 그리고 응답자가 배정한 모든 점수들은 반드시 100점이 되어야 한다. 따라서 척도의 이름이 고정총합(constant sum)이다.

고정총합척도의 중요한 장점은 대안들을 세밀하게 분류할 수 있으면서, 아주 많은 시간이 걸리지 않는다는 것이다. 그렇지만 응답자들이 명시된 것보다 더 많거나 적은 단위를 배정할 수 있다는 것이 중요한 단점이다. 응답자의 총합이 84점이나 107점 등으로 되는 경우에는 조사자는 해당 자료를 100점이 되도록 조정을 하거나 또는 그 응답자를 자료에서 제외시켜야 한다.

고정총합척도를 사용하는 경우 응답자들은 여러 속성들의 상대적 중요성을 표시하도록 여러 속성들로 고정된 수의 점들을 구분한다. 예컨대 우체국에서 정확한 송장작성 속성들의 중요성을 결정하고, 약속한대로 인도하여 B2B마케팅에서 우편 서비스를 사용하는 조직들이 가격을 결정하길 원한다고 하자.

응답자들은 그러한 속성의 상대적 중요성을 표시하도록 상수합 100점을 구분하도록 요구를 받을 수 있다.

사 | 례

운송회사 선정에서 각 특성이 얼마나 중요한지에 따라 운송서비스의 다음 특징들에 대해 합이 100점이 되도록 점수를 기입하시오.
- 정확한 송장작성 (   )
- 약속한대로의 인도 (   )
- 더 낮은 가격 (   )

고정총합척도는 응답자들의 교육수준이 높을수록 가장 성과가 높다. 응답자들이 지시를 정확히 따른다면, 그 결과들은 구간 측정치의 근사치를 제공할 것이다. 자극물들의 수가 증가함에 따라, 이러한 기법은 보다 복잡하게 된다.

이러한 기법은 상표 선호 측정에 사용될 수 있다. 쌍별 비교방법과 유사한 접근법은 다음과 같다.

사 례

각 브랜드에 대한 당신의 선호에 따라 다음 브랜드들의 점수의 합이 100점이 되도록 기록하시오.

● 브랜드 A (   )

● 브랜드 B (   )

● 브랜드 C (   )

이러한 경우에 고정총합척도는 평정기법이다. 그러나 이를 약간 변형시키는 경우에 분류기법(sorting technique)으로 구분될 수 있다. 상수합 척도가 널리 사용되지만, 엄격히 말하자면 마지막 점수는 응답자가 다른 선택방안들에 대해 점수를 주는 방식에 의해 완전히 결정되므로 결점(결함)이 있는 척도이다.

7.2.1.4 Q-소트척도

Q-소트척도(Q-sort scale)에서는 어떤 기준에 대한 유사성을 기초로 대상들을 무더기로 분류하는 어떤 순위순서를 채택한다.

응답자들에게 대상들(상표들, 개념들, 단어들, 구문들 등)의 집합을 제시하고, 그 대상들을 어떤 기준에 따라 무더기들로 분류하도록 요구한다. 예컨대 응답자에게 상표들 집합을 제시하고, 응답자의 이상적 상표와 가장 유사한 상표들에 대해 1부터 11번까지의 번호를 붙인 위치에 구분하여 배열하도록 요청한다. 번호는 편리한 방식으로 부여할 수 있다. 그리고 양극단의 번호들 위치에는 상품을 한 개나 두 개만 놓게 하고, 중간에 많은 상품을 놓게 하도록 할 수 있다.

응답자들이 Q-소트를 완성한 후에, 각 항목에 순위순서를 할당한다. 그에 따른 자료는 특성이 서열자료이므로, 백분위수나 중위수와 같은 서열자료에 적합한 통계적 절차를 사용하여 분석할 수 있다.

7.2.2 비비교척도

비비교등급척도를 메트릭척도(metric scale)라고 한다. 비비교등급척도들은 응답자

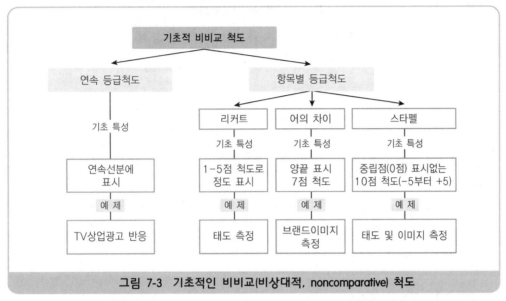

그림 7-3 기초적인 비비교(비상대적, noncomparative) 척도

자료: Malholtra(2009), 318.

들이 각 대상을 다른 대상들과는 독립적으로 평가하도록 한다. 비비교척도를 사용하는 응답자들은 적절하게 보이는 각종 등급표준을 채택한다.

　　응답자들은 평가하는 대상을 또 다른 대상이나 어떤 (구체적으로) 명시된 표준에 대해 비교하지 않는다. 비비교척도를 사용하는 응답자들은 한 번에 단지 하나의 대상만을 평가한다. 이러한 이유로 비비교척도를 단항척도(monadic scale)라고 한다.

　　비비교기법들은 〈그림 7-3〉과 같이 연속 평정(등급)척도(continuous ratings)인 그래프 등급척도(graphic rating scales)와 항목별 구분 평정(등급)척도(itemized rating scales)의 2가지 형태로 구성된다.

　　그리고 항목별 구분 평정척도에서는 응답자들이 각 범주에 관련된 간단한 묘사 또는 숫자를 갖는 척도를 부여받는다. 범주들의 순서는 척도 위치로 표시되고, 응답자들에게 평가되는 대상을 가장 적합하게 기술하는 명시된 범주를 선택하도록 요구한다. 항목별 등급척도는 리커트(Likert), 어의차이(semantic differential), 스타펠(Stapel) 척도들로 구분된다. 또한 비비교척도들의 기초 특징들과 적용 사례 및 장단점을 보면 〈표 7-3〉과 같다.

표 7-3 비비교척도의 분류

척 도		기초 특징	사 례	장 점	단 점
연속평정척도		연속선분 위에 어떤 표시	TV상업광고 반응 표시	구성이 용이	컴퓨터 없으면 점수 처리 곤란
항목화 등급 척도	리커트척도	1(강력반대)부터 5 (강력찬성)까지 정도 표시	태도들 측정	구성, 관리 및 파악이 용이	더 많은 시간이 소비됨
	어의차이척도	양끝 표시 7점 척도	상표, 상품, 회사 이미지	다용도로 사용	구간 자료 여부에 대한 쟁점
	스타펠척도	단극 10점 척도 0점이 없이 5부터 +5끼지	태도와 이미지 측정	구성이 용이, 전화로 관리	혼란스러워 적용이 어려움

자료: Malhotra(2010), 274.

7.2.2.1 연속형 평가척도

연속형 평가척도(continuous rating scale)는 도표(그래프)등급(평정)척도(graphic rating scale)라고도 한다. 이는 응답자에게 그래프 연속체(graphic continuum)를 제시한다. 응답자들이 기준변수의 한 끝에서 시작하여 다른 끝으로 진행되는 직선 위의 적절한 위치에 점(표시)을 찍어 대상들을 평가한다. 그래서 응답자들은 조사자들이 이전에 결정한 표시들에서 자유롭게 선택을 한다.

연속척도 양식은 상당히 크게 변경시킬 수 있다. 수평선 또는 수직선을 사용할 수도 있고, 척도 점들은 숫자나 간단한 표현을 사용할 수 있고, 적거나 많게 할 수도 있다.

> **사 례**
>
> P 백화점 서비스만족도에 대한 평가를 다음 선분에 "I"로 표시하세요.
>
> | | 아주 나쁨 | 보통 | 아주 좋음 | |
> |---|---|---|---|---|
> | 최악 – 최상 |
> | 0 10 20 30 40 50 60 70 80 90 100 |

일단 응답자가 등급을 제공하면, 조사자는 선분을 원하는 범주만큼 구분을 하여 등급이 위치하는 범주들을 기초로 점수들을 할당한다. 앞서 백화점 예제에서 응답자는 20점 위에 표시를 했다면, 그 응답자는 P 백화점에 대해 비판적 태도를 보여주는 것이다. 이러한 점수들은 전형적으로 등간자료(interval data)로 처리된다. 그래서 연속척도는 기술(description), 순서(order), 거리(distance)의 특징을 갖는다.

연속척도의 장점은 구성하기가 쉽다는 것이지만, 점수결정이 번거롭고 믿을 수 없다는 단점이 있다. 또한 연속척도는 거의 새로운 정보를 제공하지 않는다. 따라서 마케팅조사에서 연속척도는 거의 사용하지 않는다.

최근에 컴퓨터이용 개인면접, 인터넷 설문조사 등의 증가와 함께 연속등급척도가 자주 사용되고 있다. 컴퓨터화면에서 응답자 평가를 최상으로 기술하도록 커서로 정확한 위치를 선택할 수 있게 하고, 커서를 두면 자동적으로 컴퓨터 스크린에 척도 값들을 표시하여 자료 처리의 속도와 정확성을 증가시키고 있다.

다음은 한 극단적 위치에서 정반대 위치에 걸친 전통적 그래프 척도이다. 전형적으로 응답자 점수를 그래프 연속체의 한 점에서부터 응답자가 표시한 점까지(mm 표시 단위) 길이를 측정하여 결정한다.

사 | 례

다음 서비스 속성들 중요성에 대한 귀하의 생각을 각 수평선에서 가장 잘 표시하는 위치에 "X"로 표시해 주세요.

음식 가격	중요하지 않음 ████████████████ 매우 중요
홀 분위기	중요하지 않음 ████████████████ 매우 중요
친절함	중요하지 않음 ████████████████ 매우 중요

많은 조사자들은 이러한 방식의 점수 결정이 이러한 형태의 그래프 평정척도들이 구간 척도라는 가정을 강화시킨다고 믿는다. 이와 달리 조사자는 사전 결정된 점수결정 범주들(길이들)로 선분을 구분하여 응답자들의 표시들을 그에 따라 기록할 수 있다.

그래프평정척도는 조사자가 점수결정 목적에 대해 원하는 구간을 선택할 수 있도록 해주는 장점을 갖는 반면에, 어떤 표준적인 대답도 없다는 것이 단점이다.

그래프평정척도들은 시각적 전달원천들로 직선에 대해 제한되지 않는다. 그림대답 선택방안 또는 또 다른 형태의 그래프 연속체는 응답자들과의 의사소통을 제고시키도록 사용될 수 있다. 그래프평정척도의 변형은 사다리척도(ladder scale)이다. 이러한 척도 역시 숫자 선택방안들을 포함한다.

사 | 례

아래와 같은 사다리척도는 생활의 사다리를 표시한다. 0부터 10까지 번호가 붙은 11개 단계들 (eleven rungs numbered)을 갖는 사다리이다. 사다리 꼭대기는 가능한 최상의 생활을, 바닥 단계는 가능한 최악의 생활을 나타낸다고 가정하자. 그러면 오늘 당신의 생활은 사다리의 어느 단계인가?

0 1 2 3 4 5 6 7 8 9 10

최상의 가능한 생활

10
9
8
7
6
5
4
3
2
1
0

최악의 가능한 생활

아이들 태도를 연구하기 위한 조사는 아래와 같은 기쁜 얼굴 척도(happy-face scales)를 사용한다.

Happy-Face Scale

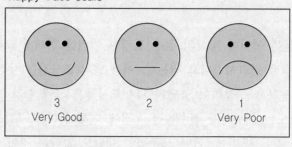

3
Very Good

2

1
Very Poor

어린 아이들에게 사탕, 장난감, 또는 기타 개념에 대해 어떻게 생각하는지 표시하도록 요구한다. 기본 얼굴 척도를 사용하는 조사는 어린이들이 척도의 양 끝에 있는 얼굴들을 선택하는 경향이 있다는 것을 표시한다. 아이들 태도가 성인보다 아주 크게 변동되거나 긍정적 및 부정적으로 보다 강한 생각을 갖더라도, 극단들을 선택하는 경향은 이러한 척도의 단점이다.

7.2.2.2 항목형 평가척도

항목형 평가척도(itemized rating scale)는 연구자가 미리 설정한 범주(category)를 만들어 응답자가 선택하도록 하는 방법이다.

7.2.2.3 리커트척도

관리가 단순하고 아주 인기 있는 방법은 Rensis Likert가 개발한 종합평정법(method of summated ratings)이다. 리커트척도(Likert scale)는 다음과 같은 특징을 갖는다.

① 응답자들은 신중하게 구성한 진술에 대해 어떤 대상에 대해 아주 긍정적부터 아주 부정적 태도까지의 범위를 갖게 하여 얼마나 강력히 찬성 또는 반대하는가를 표시하여 자신들의 태도를 나타낸다. 비록 선택가능항목(alternatives)이 3개부터 9개까지의 범위를 가질 수 있지만, 보통 개인들은 대략 5개의 대답 선택가능항목들에서 선택한다.

예컨대 "우리 가족을 위한 식품 구입에서 가격은 고려 대상이 아니다"에 대해 "강한 부정, 부정, 불확정, 긍정, 강한 긍정" 중 하나를 고른다.

② 부정적 항목들은 비역전(non-reverse) 부호처리 항목에 대해 동등한 대답으로 기록한다. 이러한 반전기록(reverse recoding)은 합성척도를 구성하는 모든 항목들이 동일한 방향으로 점수를 갖도록 보장하는 방법이다.

"나는 식비지출액을 신중하게 계획한다"는 방식으로 어떤 진술이 부정적으로 짜여진다면, 그 숫자 점수는 반전시킬 필요가 있다. 이러한 반전 점수평가는 강력한 긍정이 우호적 태도가 아니라 비우호적 대답을 실제로 나타내도록 부정적 항목을 반전 기록하여 수행된다.

이러한 방식의 기록은 찬성을 거울 상(mirror image)으로 부정적으로 진술된 항목으로 전환시켜, 그 결과가 긍정적 말투의 항목(positively worded item)을 갖는 반대와 동일한 것을 의미한다. 따라서 $X_{새값} = 6 - X_{이전값}$의 공식이 성립한다.

③ 리커트척도는 합성척도를 구성하도록 여러 척도 항목들을 포함할 수 있다. 합성척도(composite scale)는 각각 어떤 잠재 구성개념(latent construct)을 나타내도록 가정된 복수 항목들에 대한 응답자들의 반응들을 합산 또는 평균하여 그 잠재 구성개념을 표시하는 방식이다.

리커트의 원래 절차에서는 많은 진술들이 생성되어 항목분석(item analysis)이 수행된다. 항목분석의 목적은 최종항목들이 다양한 대답들을 떠올리게 하고 긍정적 및 부정적 태도들을 가진 응답자들을 구별하게 보장하는 것이다.

항목들이 명확하지 못하거나 혼합된 대답패턴을 보여 최종 진술일람표에서 제거된다면 항목들은 부실한 것이다.

우량한 신뢰성과 타당성을 보여주는 항목들의 집합만이 가설적 구성개념을 표시하는 합성척도를 구성하도록 합산 또는 평균되어야 한다. 이러한 검정이 없다면, 항목들이 표시하는 것 또는 항목들이 흥미있는 것을 얼마나 잘 나타내는지를 정확히 알 수가 없기 때문에 리커트척도 사용은 불리하다.

7.2.2.4   어의차척도

어의차(의미론적 격차, semantic differential)척도는 각 척도의 시작과 끝을 고정시키기 위해 양극단 형용사를 사용하는 일련의 7점 평정척도들로 구성되는 인기 있는 태도측정치이다.

어의차 점수기록은 "현대"와 "구식"이라는 닻들(anchors)에 의해 경계를 갖는 척도를 사용하여 표시할 수 있다. 응답자들에게 가장 적절한 형용사를 표시하도록 지시한다. 그리고 왼쪽에서 오른쪽으로 척도구간들을 "극히 현대적", "아주 현대적", "약간 현대적", "현대 및 구식", "약간 구식", "아주 구식", "극히 구식"으로 해석한다.

현대적   ■ ■ ■ ■ ■ ■ ■ ■ ■ ■ ■ ■ ■ ■ ■   구식

어의차기법은 원래 대상들 의미들 또는 개인 간 경험의 의미론적 공간을 측정하기 위한 방법으로 개발되었다. 그런데 어의차의 타당성은 의미론적 반대들인 척도 닻을 발

견하는데 좌우되어, 가끔 곤란하게 나타난다. 그러나 태도 또는 이미지 연구에서 아주 불리 및 아주 유리와 같은 단순한 닻들은 효과가 있다.

점수기록 목적을 위해 숫자 점수를 평정척도에서 각 위치에 할당할 수 있다. 전통적으로 1, 2, … 6, 7 또는 −3, −2, −1, 0, 1, 2, 3의 점수들을 사용한다. 마케팅조사에서는 선택들 사이의 간격이 아주 작다고 가정하여 어의차척도를 지수로 취급하는 경우가 많다.

한편 경쟁적 브랜드들, 상품들 또는 점포들에 대해 비교를 강조하기 위해 어의차자료의 그래프를 제시하는 이미지 프로파일(image profile)을 작성할 수 있다. 자료는 구간으로 가정되므로, 산술평균 또는 중위수를 한 제품, 브랜드 또는 점포의 프로파일을 경쟁적 제품, 브랜드 또는 점포의 프로파일과 비교하는 데 사용할 수 있다.

7.2.2.5 숫자척도

숫자척도(numerical scale)에서 의미론적 공간(semantic space) 또는 구술진술(서)(verbal descriptions) 대신에 숫자를 범주들(대답 포지션들)을 규명하도록 대답 선택방안(response options)으로 사용한다. 예컨대 만약 척도항목들이 5개 응답위치들(response positions)을 갖는다면, 그 척도는 5점 숫자척도(five-point numerical scale)라고 한다.

예컨대 자동차를 구입하여 1년 동안 사용 후 그 차에 대한 만족정도를 다음과 같이 숫자척도로 표시한다고 가정하자.

극히 불만   1   2   3   4   5   6   7   8   극히 만족

이러한 숫자척도는 양극단 형용사들을 어의차와 동일한 방식으로 사용한다. 실제로 조사자들은 척도에서 중간점들에 대한 숫자 표를 가진 척도가 진정한 어의차와 같이 효과적인 측정치라는 것을 알 수 있다.

7.2.2.6 스타펠 척도

스타펠척도(Stapel scale)는 1950년대에 어떤 태도의 방향 및 강도를 동시에 측정하도록 개발된 것이다.

현대적 변형은 양극단 형용사들 쌍들을 만들기 곤란한 경우에 어의차 척도의 대체

수단으로 하나의 형용사를 사용한다. 스타펠척도는 0점이 없이 +5점부터 −5점 사이의 10점 척도로 세로 형태의 기준을 제시하여 측정한다. 양극단 형용사를 요구하지 않으므로 어의차보다 구성하기가 쉽다.

변형된 스타펠척도(modified Stapel scale)는 (+3부터 −3까지 등의 범위로 된) 짝수들의 숫자 값들 중간에 단일 형용사를 위치시킨다. 어떤 주어진 자극이 그 형용사로부터 얼마나 근접 또는 격리되어 있는지를 측정한다.

+3	+3	+3	+3	+3
+2	+2	+2	+2	+2
+1	+1	+1	+1	+1
친절함	호출 반응속도	불만 응대	개인정보 보호	청결함
−1	−1	−1	−1	−1
−2	−2	−2	−2	−2
−3	−3	−3	−3	−3

예컨대 점포 이미지를 측정하는 스타펠 척도는 정확히 또는 긍정적으로 기술할수록 +값으로 더 큰 값을, 부정확하게 또는 부정적으로 기술할수록 −값으로 절대값을 더 크게 선택한다.

7.2.3 누적척도와 차별척도

7.2.3.1 누적척도

누적척도는 각 문항을 논리적으로 서열화시키고, 이러한 문항에 응답한 응답자들의 반응도 정량화시킨다. 누적척도에는 보가더스척도와 거트먼척도가 있다.

보가더스 사회적 거리척도(Bogardus social distance scale)는 다른 부류의 사람들과 친밀한 사회적 관계를 차등적으로 맺길 원하는 의향정도를 측정하는 기법이다. 어떤 문제에 대해 논리적 강도들을 다르게 구성한 몇 개의 질문들을 제시하여 그에 대한 응답들을 가중치를 부여하여 평가한다.

응답자에게 사회심리적 거리가 가장 먼 것으로부터 가까운 것을 순서대로 배열시켜 이 순서를 수치화한다. 각 문항에 대한 응답이 가능하면 동일한 간격을 유지할 수 있도록 문장을 표현하여야 한다.

척도를 통해 각 집단을 수용할 의향에 대한 정도를 사람들에게 질문을 하여, 사회적 거리를 평가한다. 예컨대 사회적 계층이 다른 어떤 사람을 대우하는 정도를 1점은 어떤 사회적 거리(social distance)도 없는 것으로 하여 다음과 같이 규정할 수 있다.

"가까운 친척(1점), 친구(2점), 이웃(3점), 직장 동료(4점), 같은 국민(5점), 국내 방문객(6점), 타국으로 추방(7점)"

보가더스 사회적 거리척도는 각 항목에 대한 찬성은 앞의 모든 항목들에 대한 찬성을 의미하기 때문에 누적척도(cumulative scale)이다. 이러한 각 문항은 거트먼척도(Guttman scale)를 사용하여 "예" 또는 "아니오"로 답하게 하고, 각 문항들의 배열 순서를 처음 질문에 동의하면 계속 동의를 하는 방식으로 구성되는 내림차순항목들(lower-order items)로 배열한다. 단일한 숫자로 정보의 손실 없이 몇 개의 문항으로 응답자의 의향을 제대로 요약할 수 있다.

7.2.3.2 서스톤척도

차별척도는 실질적으로 통계적 처리를 위하여 측정의 등간성을 확보하도록 구성된 것이다. 대표적인 차별척도에는 서스톤(Thurstone)척도가 있다.

1927년 태도조사 선구자 Louis Thurstone은 태도가 연속체들을 따라 변동하므로 그에 따라 측정해야 한다는 개념을 개발했다. 서스톤구간척도(Thurstone Interval Scale)의 구성은 2가지 단계들을 요구하는 아주 복잡한 과정이다.

① 제1단계는 판단자들이 태도진술들에 대해 척도 값들을 할당하여 수행하는 순위결정활동(ranking operation)이다.

② 제2단계는 태도진술(attitudinal statements)에 대해 대답을 하도록 피험자들에게 요구한다.

서스톤 격차방법(Thurstone differential method)을 사용하는 경우에, 먼저 연구하고자 하는 속성과 관련있는 문항들을 수백 개 정도 만든다. 그리고 다수의 평가자들(50-300명)에게 이들 문장들을 여러 단계의 점수나 범주로 나누고, 이들이 분류한 범주를 각 문항의 점수로 적고 평가자들의 수로 평균한 중위수를 각 문장의 척도값으로 한다. 이 때 평가자들은 그 문제에 대한 전문가일 필요는 없다. 또한 평가점수분포가 극단적인 문항은 전체 척도문항에서 배제한다.

　　달리 서스톤척도는 어떤 변수의 지표들 사이에서 하나 이상의 실증적 구조를 갖는 그 변수의 지표들 집단을 생성시키기 위한 구성방식을 개발하려는 시도이다.

　　주어진 변수의 지표들이라고 생각되는 100개의 항목들이 판단자들 집합으로 주어 진다고 하자. 그러한 경우에 각 판단자가 각 항목이 그 변수의 지표로 얼마나 강력한지 를 1부터 13까지의 점수로 표시하여 추정하도록 요구받았다고 하자.

　　만약 편견이라는 변수에 대해 판단자들이 아주 약한 편견에 1점을, 가장 강력한 지 표들에 13점을, 그리고 그 사이 어떤 곳이라고 느끼는 곳에 대해서는 중간 점수를 주도 록 요구를 받을 것이다.

　　일단 판단자들이 이러한 과업을 수행했다면, 조사자는 각 항목에 대해 모든 판단자 들이 할당한 점수들을 검토하고, 어떤 항목이 판단자들 사이에서 가장 큰 찬성을 갖는 지를 결정한다. 한편 판단자들이 대략(broadly) 반대한 항목들은 모호한 것으로 기각시 킨다.

　　점수 기록에서 일반적 찬성을 주는 항목들 중에서 1부터 13까지의 각 척도 점수를 표시하도록 하나 이상의 항목들을 선정한다. 그리고 이러한 방식으로 선정된 항목들을 조사설문지에 포함시킨다.

　　그러한 항목들에 대해 5점의 강도를 표시하여 편견을 나타낸 응답자들은 더 작은 강도들을 갖는 항목들에 대해 편견을 나타낼 것으로 예상할 수 있고, 그들 중 일부가 6 점의 강도로 그 항목들에 대해 편견을 나타내지 않는다면 그들은 더 큰 강도로 그 항목 들에 대해 편견을 나타내지 않을 것으로 예상될 것이다.

　　만약 서스톤척도가 충분히 개발되고 점수를 갖는다면, 보가더스 사회적 거리척도 에 내재된 자료 감축의 경제성 및 유효성이 나타날 것이다. 하나의 단일한 점수가 각 응 답자에게 할당될 것이며(가장 곤란한 강도가 수락됨), 그 점수는 여러 설문지 항목들에 대 한 대답들을 충분히 나타낼 것이다. 그리고 보가더스 척도에서도 사실이듯이, 6점의 점 수를 갖는 응답자는 5점 이하의 점수를 갖는 응답자들보다 더 큰 편견을 갖는 것으로 간주될 것이다.

　　따라서 서스톤척도는 어떤 변수들의 각종 지표들에 대한 판단에 의해 할당된 가중 치들에 따라 구성된 합성 측정치(composite measure)이다. 서스톤척도의 점수는 해당 주 제에 대한 판정관의 태도를 정량화시킨다. 이러한 이유로 많은 사람들이 서스톤척도를

등간척도보다는 서열척도라고 주장한다. 척도에 사용된 20−25개 진술들은 모두 동일한
주제를 다루어야 한다.

사 례

서스톤척도를 사용하여 음식점에 대한 태도를 평가하였다. 어떤 판정관이 동의하는 것으로 표시한 3개
진술은 다음과 같다.

진술	판정관이 할당한 값
1. 그 음식점은 친근한 분위기였다.	3.0
15. 그 음식점은 좋은 메뉴선택을 제공했다.	1.5
21. 항상 음식의 품질에 대해 신뢰한다.	2.7
평균	2.4

서스톤척도의 장점으로는 범주 간의 간격이 동일하다는 전제를 하므로 평정척도보
다 통계적 분석에 있어서 제한이 적고, 많은 평가자들의 의견을 수집하고 극단적인 의
견을 배제하므로 평가의 공정성을 높일 수 있다는 것이다.

그러나 단점으로는 평가작업에 많은 인력을 동원하여야 하므로 시간과 비용이 많
이 든다. 또한 평가자가 문제에 대한 전문가가 아니므로 문제를 정확히 인식하지 못함
으로써 오류가 야기될 우려가 있다.

한편 어떤 주어진 변수를 나타내는 여러 항목들에 의해 전달된 의미들은 시간에 따
라 변화한다. 그래서 어떤 시점에서 어떤 주어진 가중치를 갖는 한 항목은 이후에는 아
주 다른 가중치를 가질 수도 있다. 따라서 서스톤척도가 유효하게 되려면, 그 척도를 정
기적으로 최신화시켜야 한다. 이상과 같이 서스톤척도는 인간의 태도를 측정하는 것이
불가능하다는 인식을 깨뜨리고 처음으로 태도측정을 시도하였다는 점에서 역사적으로
의의가 있다. 그렇지만 현재는 인기가 거의 없으며, 응용 마케팅조사에서는 거의 사용되
지 않는다.

7.2.4 기타 태도척도

7.2.4.1 행위의도 측정

태도의 행위 구성요소는 태도목표(attitudinal object)에 대한 개인의 행위 예상들을 포함한다. 전형적으로 마케팅 담당자에 대한 이해(관심) 구성요소는 구매의도, 추가정보 추구경향, 또는 전시실방문 계획이다.

태도의 행위 구성요소를 측정하는데 대한 범주 척도들은 다음 질문들을 사용하여 응답자의 구매 가능성 또는 어떤 미래 행동 수행의도에 대해 묻는다.

예) MP3플레이어를 구입할 가능성은 있습니까?
 ① 분명히 구입 ② 아마 구입 ③ 구입할지 모름 ④ 아마 안함 ⑤ 분명히 안함

예) 당신 회사가 정부와 분쟁에 빠진다면, 의회 의원이나 기타 정부 관리에게 회사를 도와달라고 서신을 작성하시겠습니까?
 ① 단연코 그럼 ② 아주 그럼 ③ 약간 그럼 ④ 아마 ⑤ 약간 아님
 ⑥ 아주 아님   ⑦ 절대로 아님

이러한 척도들에 사용된 진술들의 자구표현(wording)은 자주 "나는 권고하려고 합니다", "나는 작성하려 합니다" 또는 "나는 구입하려 합니다" 등과 같은 구문을 포함하여 행동 경향(action tendencies)을 표시하도록 한다.

또한 완전 확실한 100부터 절대로 어떤 기회도 없는 0까지의 주관적 확률들의 척도를 사용하여 예상들을 측정할 수 있다. 조사자들은 입사지원자가 판매지위를 수락할 가능성을 추정하도록 주관적 확률 척도를 사용할 수 있다.

일반적 도구인 행위격차(behavioral differential)는 어떤 목표 또는 목표들의 범주에 대한 피험자들의 행위 의도들을 측정하기 위해 사용된다. 어의차에서와 같이 판단되어야 하는 목표들의 기술을 한 후에 피험자가 이러한 목표에 대한 자신의 행위의도를 표시하는 일련의 척도들을 제시한다.

7.2.4.2 순위결정

소비자들은 자주 자신들의 선호에 대한 순위를 결정한다. 서수척도는 응답자들에게 대상들 또는 속성들 집합의 순위를 (가장 선호하는 것부터 가장 선호하지 않는 것까지) 결정하도록 요구하여 개발될 수 있다.

그런데 상수합 척도와 같이 순위척도(ranking scale)는 순위가 나머지 하나만을 제외하고 다른 것들은 모두 결정했다면 나머지 하나의 순위를 자동적으로 알 수 있다는 점의 비신축성에 직면한다.

쌍대(대응)비교(paired comparison)는 두 대상을 동시에 비교하여 선호하는 것을 고르는 방식이다. 대응비교에 대해 질문하는 전형적 형식은 다음과 같다.

예) 접착용 붕대 브랜드 A와 B에 대한 귀하의 종합적 견해를 알고자 합니다.

　　A가 더 좋음　　＿＿＿

　　B가 더 좋음　　＿＿＿

　　A와 B 모두 같음　＿＿＿

만약 조사자가 4개 상표들의 매력도를 비교하려고 한다면, 대응비교는 6[＝4(4−1)/2＝COMBIN(4, 2)]개가 필요할 것이다.

제품들 또는 광고들과 같이 소수 항목들을 비교하는 경우에 하나의 속성에 대해 목표들 순위를 결정하는 것은 어렵지 않다. 항목들의 수가 증가할수록 비교들의 수는 기하학적으로 증가한다. 만약 비교들 수가 너무 크다면, 응답자들은 피곤해 하며 더 이상 비교대상들을 신중하게 구별하지 않을 수도 있다.

7.2.4.3 분류

분류(구분)과업(Sorting tasks)은 응답자들이 인식된 유사성 또는 어떤 다른 속성을 기초로 항목들을 배열하여 자신들의 태도나 믿음을 표시하도록 요구한다.

한 광고대행사(advertising agency)가 소비자들에 어떤 브랜드의 전형적 사용자로 갖는 인식도를 측정하기 위해 사람들의 사진을 그 소비자들에게 분류하도록 했다. 또 다른 대행사는 소비자들이 연구 중인 브랜드 이름에 대한 광고에서 요인들을 도해로 보여

주는 52개 카드 한 벌을 사용했다.

상수합 기법의 변형은 검정하는 항목들을 구분하도록 포커 칩(poker chips) 또는 동전 등의 게임 패를 사용한다. 소비자의 항공사 선호에서 다음 분류기법을 사용할 수 있다.

사 례

여러 항공사를 열거한 용지를 보세요. 그리고 각 항공사 이름 옆에 하나의 주머니가 있습니다. 그리고 10장의 카드가 있습니다. 다음 여행에서 이용할 항공사 옆의 주머니에 이 카드들을 넣어 주세요. 그리고 모든 항공사들이 여행할 곳 모두에 운항을 한다고 가정해 주세요. 원하는 항공사에 최대한 많은 카드를 넣을 수 있으며, 어떤 항공사 주머니에는 카드를 하나도 넣지 않아도 됩니다.

	카드 수
American Airlines	_____
Delta Airlines	_____
United Airlines	_____
Southwest Airlines	_____
Northwest Airlines	_____

7.2.4.4 무작위응답질문

응답자들이 민감하거나 난처한 정보를 제시하도록 요구받는 특수한 경우에, 조사자는 다음과 같은 소득세부정행위(income tax cheating)에 대한 설문조사 등에 무작위응답질문(randomized response questions)을 사용할 수 있다.

예) 질문이 "(앞면)나는 사탕을 좋아한다와 (뒷면)나는 남자다"로 표시된다면, 동전을 던져 앞면이 나온 경우에는 사탕을 좋아하면 "예"라고 답하면 됩니다. 그리고 동전을 던져 뒷면이 나왔는데 여성이라면 "아니오"라고 답하면 됩니다.

이제 동전을 던져서 나오는 앞면이나 뒷면에 따라 다음에서 표시한 앞면이나 뒷면의 질문에 대해 "예" 또는 "아니오"로 답하시오.

1. (앞면) 과거에 제출해야 했는데 가끔 소득세신고서를 제출하지(file a tax return) 않았다.
   (뒷면) 나는 이 지역에서 5년 넘게 살고 있다.

예..........1

아니오 ... 2

2. (앞면) 과거에 가끔 받을 권리보다 더 많은 공제를 의도적으로 작성했다.

　(뒷면) 나는 지난 대통령 선거에 투표를 했다.

　예..........1

　아니오 ... 2

3. (앞면) 과거에 가끔 나는 의도적으로 나의 소득세신고서에서 비록 사소한 금액이지만 일부 소득을 보고하지 않았다.

　(뒷면) 나는 자동차를 보유하고 있다.

　예..........1

　아니오 2

4. (앞면) 한 번 이상 나는 권한이 없는 부양가족을 추가했다.

　(뒷면) 나는 작년 동안 영화관에 갔었다.

　예..........1

　아니오 ... 2

5. (앞면) 내가 알고 있는 한도에서는(to the best of my knowledge) 나의 소득세신고서는 절대로 정직하게 작성했다.

　(뒷면) 나는 지난 6개월 동안 레스토랑에서 외식을 한 적이 있다.

　예..........1

　아니오 2

6. (앞면) 나는 세금 적게 내려고 약간 진실을 과장(왜곡)했다(stretched the truth)

　(뒷면) 일반적으로 나는 하루에 1시간 이상 TV를 시청한다.

　예..........1

　아니오 2

면접이 끝났습니다. 도움에 깊이 감사드립니다.

동전 던지기는 무작위로 두 질문 중에서 응답자가 대답할 질문 하나를 결정한다. 그래서 두 질문들 모두에 대해 응답들이 동일하므로 면접자는 소득세 부정행위에 대한 민감한 질문 또는 무의미한 질문 중 어느 것에 응답할지를 알지 못한다.

소득세질문 A에 대한 "예"의 비율을 응답자들이 이전에 소득세질문 A와 무의미한 질문 B의 두 가지 각 질문들에 대해 대답한 비율 추정치들을 포함하는 다음 공식으로 계산한다.

$$Pr(예\ 대답)=Pr(A의\ 대한\ 예\ 대답)+Pr(B의\ 대한\ 예\ 대답)$$

$$Pr(예\ 대답)=Pr(A질문\ 선택)\times Pr(A질문에\ 대한\ 대답\ 예)$$

$$+Pr(B질문\ 선택)\times Pr(B질문에\ 대한\ 대답\ 예)$$

추정치들은 오차를 조건으로 하지만, 응답자들은 무기명이어서 응답편중(response bias)은 축소된다. 무작위응답방법은 원래 개인 면접법 설문조사에서 적용되었다. 그러나 약간 변형된 체제로 다른 상황들에서도 성공적으로 적용된다.

7.2.4.5 균형 및 불균형 평정척도

균형 평정척도(balanced rating scale)는 긍정적 범주와 부정적 범주들의 수를 동일하게 갖고, 척도의 중간에 중립점(neutral point) 또는 무차별점(point of indifference)을 갖는 고정 선택가능 평정척도(fixed-alternative rating scale)이다.

사 례

집에서 어린이가 보는 TV 프로그램은 누가 결정하는가?
- 항상 아이가 결정한다.　　　( )
- 대부분 아이가 결정한다.　　( )
- 아이와 부모가 함께 결정한다.　( )
- 대부분 부모가 결정한다.　　( )
- 항상 부모가 결정한다.　　　( )

한편 불균형 평정척도(unbalanced rating scale)는 다른 측면보다 한 측면에 더 많은 응답 범주들을 가져 긍정적 범주와 부정적 범주의 수가 다른 고정 선택가능 평정척도이다.

> ### 사 례
>
> 어떤 상품 소비에 따른 만족 여부에 대한 해당 지문에 "∨"로 표시하세요.
>
> | 완전 불만 | 불만 | 약간 만족 | 만족 | 완전 만족 |
> |:---:|:---:|:---:|:---:|:---:|
> | ( ) | ( ) | ( ) | ( ) | ( ) |

여기서는 3개의 만족 응답과 단지 2개의 불만 응답이 있어, 각 측면의 범주들 수가 서로 다르다.

7.2.4.6 제품 및 서비스 태도평가 척도

사람들의 제품이나 서비스에 대한 태도를 평가하는 척도들의 형태에는 순위척도(ranking scales), 평정척도(rating scales), 분류척도(sorting scales), 선택척도(choice scales)의 4가지가 있다. 사람들 태도를 신뢰도와 타당성을 가진 척도로 평가하도록 해야 한다.

① **순위척도**: 대상들의 특징에 대한 응답자들의 태도를 기초로 대상들을 순서에 따라 배열하는데 사용한다. 중간 순위들(in-between rankings)을 보다 신뢰할 수 있도록 하기 위해서는 순위를 매기는 대상들의 수를 제한해야 한다. 경험상 순위결정은 약 6개로 제한하는 것이 좋다.

② **평정척도**: 어떤 대상(또는 사람)이 보유한 특징의 중요도를 응답자들에게 추정하도록 하는데 사용한다. 응답자들이 척도에 대해 자기 보고한 위치는 한 특징을 기준으로 하는 대상에 대한 자신의 순위평가이다.

③ **분류척도**: 응답자들이 2개 이상의 무더기 또는 집단들로 여러 개념들을 배열하여 인쇄한 카드 또는 컴퓨터화면으로 표시한다. 분류는 순위와 대단히 유사하다. 기계적 과업으로써 분류의 장점은 정확히 순위를 매길 수 있는 것보다 더 많은 대상들을 분류할 수 있다는 것이다. 그래서 대상들이 많은 경우에는 분류척도가 순위척도보다 더 큰 신뢰도를 갖는다.

④ **선택척도**: 두 개 이상의 선택방안들 간의 선택척도는 선택된 대상이 다른 대상들보다 선호되는 것을 가정하는 태도측정의 한 형태이다.

7.2.4.7 실제 측정척도 선택 결정문제

많은 태도 측정척도 중에서 가장 적절한 것은 측정되어야 하는 태도 대상들의 특성, 관리자의 문제 규정, 이미 수행된 선택에 대한 전후방연계효과(backward and forward linkages)에 따라 다르다. 그러나 측정척도 선택에 도움을 주는 문제들은 다음과 같다.

① 순위결정, 분류, 평정 또는 선택기법 중에서 사용할 기법을 결정하는 것은 문제 규정과 특히 원하는 통계분석형태에 의해 결정된다.

② 사용된 척도가 비율척도가 아니라면, 조사자는 척도의 구술부분에서 비교표준을 포함하는지의 여부를 결정해야 한다. 단항평정척도(monadic rating scale)는 하나의 단일개념을 따로(별개로, in isolation) 질문을 하는 데 사용한다. 그리고 응답자에게 기준에 대한 특수한 틀(specific frame)을 제공하지 않는다. 예컨대 1년 전에 구입한 자동차의 엔진이나 화물칸에 대한 만족도를 "완전불만, 불만, 약간 만족, 만족, 완전만족" 등으로 묻는 것이다.

한편 비교평정척도(comparative rating scale)는 응답자에게 명시적으로 기준 틀로 사용되는 경쟁 브랜드와 같은 비교기준과 비교하여 어떤 특정 브랜드와 같은 어떤 개념을 평가하도록 요구한다.

③ 조사자들이 응답자들에게 응답 지위를 보다 잘 이해하도록 돕는다고 믿기 때문에 응답 범주들에 대해 언어표지(verbal labels)를 갖는 평정척도를 사용한다.

그런데 응답자들의 성숙도와 교육수준이 언어표지 사용에 영향을 준다. 조사자들이 구간척도 자료를 채택하는 경우에는 2가지 양극단 형용사들 사이에 표지가 없는 응답범주를 갖는 어의격차와 척도 위치를 표시하는 숫자를 가진 숫자 척도가 자주 선정된다.

④ 조사자는 특정 프로젝트에 최상이 되는 의미가 있는 위치들의 수를 결정해야 한다. 응답자들이 실제로 얼마나 많이 의미있게 구별을 하는지의 쟁점은 개념적 수준이 아니라 운영적 수준에서 민감하게 변동하는 문제이다.

⑤ 균형평정척도(balanced rating scale)는 척도의 중심에 중립점(neutral point) 또는 무차별 점(point of indifference)을 갖는 반면에, 불균형평정척도(Unbalanced rating scales)는 척도의 한 끝에 응답들이 분포될 것으로 예상되는 경우에 사용된다.

예컨대 만족 여부에 대한 질문이 2개의 불만과 3개의 만족으로 구성된다면, 이는 불균형평정척도이다.

　⑥ 강제선택평정척도(forced-choice rating scale)는 응답자가 강제적으로 대답을 하게 한다면, 그 응답은 단순히 질문의 함수이다. 만약 대답이 강제적이 아니라면, 척도의 중점은 무차별과 비인식을 표시하도록 응답자가 사용할 수 있다.

　많은 응답자들이 조사 중인 태도 대상을 인식하지 못할 것으로 예상된다면, "의견 없음" 범주를 제공하는 비강제선택척도(non-forced-choice scale)를 사용하여 이러한 문제를 제거할 수 있다.

　⑦ 단일 측정치와 지수 측정치 사용 여부는 조사할 쟁점의 복잡성, 쟁점이 포함하는 차원들의 수, 자극요인의 개별 속성들이 전체론적 태도의 일부 또는 개별 항목들로 간주되는 여부에 의해 결정된다. 조사자의 개념 규정은 이러한 선택 수행에 도움이 될 것이다. 조사자는 많은 척도결정옵션들을 갖는다.

　일반적으로 조사 프로젝트의 이후 단계의 계획들에 의해 선택이 영향을 받는다. 또한 문제 규정은 조사 디자인에 영향을 주는 결정요인이 된다.

MARKETING
RESEARCH

CHAPTER 08

설문지 조사의
특성과 설계

설문지 조사의 특성과 설계

8.1 설문지 조사의 특성과 분류

8.1.1 설문지 조사의 특성과 개발과정

설문지(questionnaire)는 조사자가 조사문제 해답을 구할 수 있도록 구성한 하나의 조사도구이다. 설문지는 질문들로 구성되며, 그 질문들에 대해 구두 또는 서면으로 (orally or in print) 응답을 얻거나 기록하는 구조화(정형화) 자료수집 메커니즘이다. 설문지는 다음과 같은 특성들을 기초로 작성해야 한다.

- 논리적으로 상호 연관된 질문들로 구성한다.
- 조사결과로 얻어진 자료를 분석할 수 있는 기법, 필요한 정보의 종류 및 측정방법, 분석내용 및 분석방법을 고려하여 질문을 작성한다.
- 응답자가 즉각적으로 쉽게 응답을 할 수 있도록 작성한다.

설문지의 개발은 질문 논제들 개발, 질문 및 응답 서식 선정, 질문 순서(차례)(sequence) 결정, 배치 및 모습(layout and appearance) 디자인, 예비시험(pilot test), 설문조사 수행 절차로 진행된다.

8.1.2 설문지 조사의 분류

정형조사(structured study)는 면접조사자가 예정된 질문순서에 따라 면접을 진행하는 방식이며, 비정형조사(unstructured study)는 면접조사자가 예정된 질문순서 없이 상황에 따라 순서를 달리하여 면접을 진행하는 방식이다.

따라서 정형적 면접에 의한 자료수집은 비정형적 면접보다 신뢰성 있는 자료를 얻을 수 있지만, 응답자가 다양한 이야기를 할 수 없기 때문에 타당도가 낮을 수 있다.

한편 설문지에 조사목적을 명백히 제시하는 방식을 공개(비위장)조사(undisguised study)라 하고, 조사목적을 은폐시키는 방식을 위장조사(disguised study)라고 한다. 공개조사를 통한 자료는 집계와 해석이 용이하다. 한편 위장조사는 태도와 동기를 밝히기 꺼려하는 경우에 응답자가 조사목적을 알지 못하도록 하는 자료수집 방법이다. 위장법은 비정형적 방식을 취하며, 여기에는 투영기법이 대표적으로 사용된다.

이상과 같은 정형성 및 위장성 여부의 2가지 차원을 결합하면 다음과 같은 4가지 유형의 조사로 구분할 수 있다.

① 정형적 공개 질문법(structured, non-disguised questioning)은 면접조사자가 질문 자체와 질문에 사용하는 문구, 기입할 응답내용을 사전에 설계하여 수행하므로 높은 신뢰도를 가진 결과를 얻을 수 있다. 대부분의 마케팅조사에서 사용한다.

② 비정형 공개 질문법(unstructured, non-disguised questioning)은 특정문제에 대한 토론을 하도록 하여 그에 대한 아이디어를 얻는 질문법이다. 이는 직접 질문을 통해 소비자의 구매 동기와 태도에 대한 응답을 얻기 곤란한 경우에 심층면접(depth interview)과 포커스집단면접(focus-group interview)과 같이 응답자가 특정문제에 대해 자유롭게 토론하게 하여 그 문제에 대한 아이디어를 말하도록 한다.

③ 비정형적 위장 질문법(unstructured, disguised questioning)은 응답자들이 자신의 태도와 동기에 대해 정확히 응답해 줄 수 없거나 응답을 하지 않으려는 경우에 조사목적을 알지 못하도록 투영기법과 같은 비정형적 방식으로 응답을 구하는 질문기법이다.

④ 정형적 위장 질문법(structured, disguised questioning)은 위장법 장점과 정형화 장점을 조합한 질문기법이다.

예컨대 "어떤 사람들이 아침에 데운 가공 곡물(hot cereals)을 먹습니까?"라는 질문으로 의사들은 많이 먹는다와 영화배우들을 별로 먹지 않는다는 응답들이 많았다고 하자. 이는 가공 곡물이 건강에는 좋지만, 몸매에는 도움이 되지 않는다는 응답자들의 생각을 반영하는 것이다. 이와 같이 정형적 위장 질문법은 위장법의 장점을 따라 응답자들이 무엇을 측정하는지 모르도록 하여 응답의 편의(bias)를 최소화하면서, 정형화의 장점인 면접조사자 및 해석자의 편의 축소, 면접의 신속성과 저렴함, 결과 집계의 용이성을 달성해 준다.

표 8-1 설문지조사의 유형

	정 형	비정형
공개	대부분 설문지 예) 집에 피아노가 있습니까? 　　피아노는 주로 누가 사용합니까?	초점집단면접 심층면접 예) 캔스프에 대한 생각을 응답자들을 토론하게 하여 도출
위장	태도 측정 예) 다음 사람들 중 다음 품목을 누가 많이 소비하고, 누가 적게 소비합니까? 오트밀: 농부, 영화배우, 기타	투영기법 예) 국민은행이 아이스크림을 만들면 어떤 제품이 나올까요?

자료: Boyd *et al.*(1990), 193.

8.2 설문지 설계와 질문형태

8.2.1 설문지 설계의 중요성

설문지 디자인은 정성 및 정량조사 모두에 대해 필수적이다. 정성조사의 경우에 대답을 끌어내고 면접대상자들의 응답들을 철저하게 조사하도록 반구조화(또는 비구조화)

설문지들을 사용하여 비록 작은 표본이라도 조사할 수 있다.

정량조사에서 설문지는 부호처리(coding)와 분석이 용이하도록 보통 구조화 질문들을 포함하는 더 큰 표본들을 가진 조사 도구로 사용된다.

설문지는 자료수집도구이며, 형식적으로 조사 질문들을 물어야 하는 방식을 나타낸다. 간단한 질문들이라도 정확한 정보를 얻도록 적절한 단어사용과 체계화를 필요로 한다. 조사 목적과 목표 응답자집단에 비추어 질문들을 어떤 말로 표현해야 하는지를 고려할 필요가 있다. 설문지의 체계화 및 검정에도 역시 주의를 기울일 필요가 있다.

사람들이 실제 구입 후 제한된 기간 동안 구입한 품목에 대해 정확히 기술할 수 있기 때문에 제품리콜(product recall)이 있는 경우에 특히 설문지가 측정할 수 있는 것의 한계들이 존재한다. 설문지는 다음과 같은 특정 목표들을 갖는다.

① 응답자가 대답을 할 수 있고, 하려는 질문들로 필요한 정보를 옮겨야 한다. 원하는 정보를 제공할 질문을 개발하는 것은 어려운 일이다.

② 설문지는 응답자가 면접에 협조를 하고 완성할 수 있도록 면접에 관여되게 동기를 부여해야 한다. 설문지를 디자인하기 전에 조사자는 반드시 응답자가 얻고자 하는 것이 무엇인가를 평가하고, 응답자가 질문을 받을 때에 고려하는 것이 무엇인지를 인식해야 한다.

③ 설문지는 응답오차(response error)를 최소화시켜야 한다. 응답오차는 응답자들이 부정확한 대답들을 주거나 또는 응답자들의 대답들이 잘못 기록되거나 잘못 분석될 때에 발생한다. 설문지는 중요한 응답원천이 될 수 있고, 응답오차 최소화는 설문지 디자인의 중요한 목표이다.

설문지 디자인에 대한 체계적 이해를 위해서는 그 과정을 다음과 같이 단계별로 구분하여 각 단계의 특성 및 상호 연관성을 파악해야 할 것이다.

8.2.2 설문지 작성절차별 점검사항

설문지 작성절차의 개요와 작성절차별 점검사항은 다음과 같다.

① 필요한 정보 결정(조사가설의 설정에 따른 가설 검정에 필요한 정보)
- 조사목적을 구체화하여 명시하고, 필요한 정보와 자료를 결정한다. – 조사 목표,

자원 및 제약사항을 결정한다.

● 관심 주제 및 자료에 대해 이미 개발된 질문 문항들과 척도들이 있는지를 검토한다.

② 자료 수집방법 결정(집단 배포 및 회수, 전화조사, 우편조사, 통신/인터넷조사, 면접 조사)

● 설문조사를 우편, 면접, 토론 등으로 할 것인지를 결정한다. ─ 전화면접은 응답자 가 토론되는 개념을 확실히 이해하도록 어떤 개념의 풍부한 구두서술을 자주 요 구한다. 전화설문조사는 전화면접을 하기 전에 응답자들에게 자료를 보낼 수는 있지만, 응답자 반응을 관찰하는 데는 아주 제한적이다.

● 조사방법(자료 수집방법)을 결정하고, 설문조사 방식에 따라 적합한 질문 문항들과 척도들을 조사한다. ─ 조사 쟁점에 따라 질문들을 결정한다.

● 각 질문 서식을 확정한다.

③ 개별 항목의 내용 결정

● 설문조사 배경, 조사윤리 준수, 조사 승낙에 대한 감사의 말로 설문지 인사말을 구성한다. ─ 여타 설문지 인사말들을 참고로 명확하고 간결하게 구성한다.

● 기존에 개발된 질문문항들을 수정하거나 새로운 질문문항들을 작성한다.

● 각 질문에 대한 단어를 선택하는 방법인 자구표현을 선택한다. ─ 응답자들의 이해 가능성(comprehensibility), 지식 및 능력과 응답 의향 및 성향(inclination)을 기초로 각 조사 질문을 평가한다.

● 질문지 형식을 결정한다. ─ 설문내용의 명료성(구나 절로 남겨진 질문 회피), 항목 간 비중복성, 항목별 내용의 단일성(두 가지 이상의 대답을 방지), 긍정문 형식을 사 용한다.

④ 질문형태 결정

● 응답형(주관식)

● 다지선다식(multiple choice): 총 망라적(all inclusive) 및 상호 배타적(mutually exclusive) 특성을 유지

● 이분식(양자택일) 질문(dichotomous question): "예"와 "아니오" 또는 "있다"와 "없다" 등

- 평정식 척도(rating scale): 정량 또는 정성적 속성에 대한 정보를 밝히기 위해 설계된 범주들의 집합—질문에 대한 강도에 따른 대답을 획득, 보편적으로 Likert 형식 척도를 사용하고, 4점, 5점, 7점을 많이 사용

- 서열식 질문(ordinal question): 선호도에 따라 좋거나 싫은 순서로 응답항목을 선택하게 하는 질문방식—10개 미만의 항목을 주로 사용

- 여과형 질문(filter question): 시작 질문에 대한 대답에 따라 다른 종류의 질문과 선택용지를 고르도록 구상한 질문—면접조사에 주로 사용

- 척도결정질문(scaling questions): 주관적 개념들에 대해 숫자들을 배정하여 응답하게 하는 질문

- 건너뛰기(생략)질문(Skip qucstions): 대답 내용에 따라 응답자들에게 다른 질문들로 이행하도록 하는 질문

⑤ 전체 질문항목과 질문순서의 결정

- 질문의 배열 구조와 사용부호를 미리 결정한다.
- 질문의 순서와 배열을 결정한다.—종합적 흐름과 배치를 기초로 적합한 순서에 따라 질문을 배열하고, 단일 설문지 확보를 위해 각 하위논제에서 질문들을 그룹으로 분류한다.
- 첫째 질문은 응답자가 쉽게 답하고 흥미를 끌 수 있는 질문으로 선정
- 전체 문항 수를 30–50개 정도로 조절
- 응답자 인적사항의 질문은 처음 또는 마지막에 배치
- 응답이 곤란하거나 거부될 가능성이 있는 질문은 제일 마지막에 배치
- 일반적 질문에서 구체적 질문으로 배열
- 조사 목적과 직접 관련이 없는 설문은 마지막에 배치하여 혼돈 방지

⑥ 질문지 표지 문구 및 구성 체계 결정

- 첫 장: 연구 수행기관, 연구취지(연구목적), 응답소요 시간, 응답자 선정기준, 정보 사용범위, 질문지 회송기한, 참여에 대한 감사의 말
- 마지막 장: 응답자들의 인구 통계학적 특성에 관한 설문사항
- 별지: 설문지 식별 기호 및 면접일시, 지시사항
- 질문지 크기와 문항의 간격 조절

⑦ 질문지의 사전조사(pre-test)

- 질문지 초안을 관련 당사자들인 조사자 스스로 또는 동료들이 평가하도록 하여 수락을 받는다.
- 문제들의 검정, 수정 및 시정을 수행한다. ─ 의미가 통하는지와 측정하려고 가정된 것을 측정하는지의 여부를 점검하도록 설문지를 철저히 판독한다. 설문지의 오류 점검, 설문지 검정과 문제들을 시정하고, 다시 수정된 질문지를 검사한다.
- 사전검사 수행자를 위한 단순한 지침을 작성한다.
- 모집단과 유사한 소규모 표본(20─50명)을 추출하여 사전검사를 실시한다.
- 사전검사 수행과정에서 조사자나 응답자로부터 질문지에 대한 조언을 얻는다.
- 필요로 하는 정보나 자료를 제공할 가능성이 없는 질문문항은 삭제한다.
- 문제가 있을 것 같은 질문들은 수정한다.
- 수정된 질문지를 사용하여 제2차 사전검사를 한다.
- 조사자와 응답자에 대한 최종지시사항을 작성한다. 조사수행에 문제가 있을 질문문항을 수정한다.
- 면접자를 훈련시키거나 조사를 진행하는 초기과정에서 문제점 발견에 대해 유의한다. 문제점이 발견되면 새로운 지시사항을 마련하여 새로운 질문지를 사용하여 조사를 재개한다.

⑧ 설문조사 완료 및 보고서 작성

- 면접과 응답을 완료한 후 자료분석에 영향을 주는 문제점을 발견하도록 보고서를 분석한다.
- 질문지 조사 경험을 환류시켜(피드백하여) 향후 조사에 반영한다.

8.2.3 필요한 정보의 명시

조사과정은 자주 의사결정을 위해 필요한 정보를 입수하지 못하는 경우에 시작된다. 일반적으로 마케팅 결정에 도움이 되는 정보를 다음과 같이 5가지 부류로 구분할 수 있다.

① **사실과 지식**(facts and knowledge): 특정 제품, 서비스, 산업, 조직 등에 대한 조사

응답자들의 믿음, 인식, 지식의 깊이이다.

② 의견(opinions): 제품 등에 대한 기존의 태도와 이러한 태도가 지속되는 강도의 평가를 포함한다.

③ 동기(motives): 구매자가 여러 종류의 상품이나 서비스를 구입하게 하는 동기가 되는 것이다.

④ 과거행동(past behavior): 특정 기간 동안의 소비패턴이 무엇인지를 규명한다. 상표 충성도 등의 요인들에 대한 통찰력을 제공할 것이다. 가내 검사(home audits)와 같은 관찰기법은 보고된 소비행동의 입증에 도움을 줄 것이다.

⑤ 미래 행동(future behavior): 가능한 행동들의 표시는 민감한 질문으로부터 모을(얻을, glean) 수 있다.

물론 이러한 접근법에는 조사 목표들의 일람표를 작성하는 복잡한 구매 행동들의 특성 평가가 포함될 것이다.

설문지 디자인의 첫 걸음은 필요한 정보를 구체적으로 명시하는 것이다. 이는 조사 디자인에 영향을 주는 조사문제, 가설 및 특징과 같은 문제 및 접근법의 구성요소들을 검토하는 데 도움이 된다. 획득된 정보가 문제의 모든 구성요소들을 완전하게 다루도록 보장하기 위해서는, 조사자는 의사결정문제에 영향을 주는 변수들의 집합을 준비해야 한다.

그리고 프로젝트의 조사 목표들은 문제 구체화, 최종 보고서에 사용될 표 및 그래프 형태를 미리 생각하는데 지침이 되도록 충분하게 구체화되는 정보목표들로 전환되어야 한다.

목표 응답자들을 명확히 규정해야 한다. 응답자집단의 특징은 설문지 디자인에 큰 영향을 준다. IT필요에 대해 조사할 재무이사들에 적절할 수 있는 질문들의 구문작성 및 스타일은 은퇴한 직원들의 휴일에 대해 질문을 하는 경우에 관해서는 적합하지 않을 수도 있다. 응답자집단이 보다 다양화될수록, 모든 집단에게 적합한 하나의 설문지를 디자인한다는 것은 보다 어렵다.

8.2.4 질문 형태와 목차 결정

마케팅조사에서는 개방형질문(open-ended question)과 폐쇄형질문(closed question)

의 2가지 중요한 형태의 질문응답 서식들을 사용한다. 대부분 형태의 설문지들은 개방형과 폐쇄형 질문들의 조합을 포함한다.

① 개방형질문은 응답자들이 자신의 말로 응답을 할 수 있는 질문이다. 조사자들은 응답 선택사항을 제한하지 않는다. 이러한 응답의 장점은 조사자에게 풍부한 정보들을 제공할 수 있다는 것이다.

마케팅조사에서 정성조사는 홍보 주제 및 선전을 디자인하는 데 자주 도움이 된다. 정성조사는 카피라이터(광고문안 작성자, copywriters)가 소비자의 언어를 사용할 수 있게 해준다. 이렇게 풍부한 다수의 정보(rich array of information)는 컴퓨터지원 면접(computer-assisted interview)에서도 포착될 수 있다.

개방형질문들의 문제점 중에서 응답의 편집 및 해석에 어려움이 있다. 너무 많은 범주들이 사용되면, 자료 패턴과 응답 도수는 조사자가 해석하기가 어려울 수 있다. 만약 범주가 너무 광범위하면, 자료는 너무 일반적이어서 의미를 잃을 수 있다. 비록 적합한 수의 범주들이 사용되더라도 편집자들은 면접자가 기록하고 자료를 어떤 범주로 분류하는 것을 해석할 수 있어야 한다. 비록 범주들의 수가 적당하더라도, 편집자들은 면접자가 기록하고, 자료를 어떤 범주로 구분하는 것을 해석해야 할 수도 있다.

개방형질문의 관련문제는 면접자(조사자) 편의(interviewer bias)이다. 비록 훈련이 개방형질문의 축어적(말 그대로의) 기록(verbatim recording)의 중요성을 강조하지만, 현장에서는 자주 실천되지 않는다.

개방형질문은 또한 잘(분명히) 표현하는 면접 대상자(articulate interviewee)에 대해 편향될 수 있다. 정교한(상세한) 의견(elaborate opinions)과 그 의견을 표현할 수 있는 능력을 가진 개인은 수줍어하고 불분명한 또는 내성적 응답자보다 아주 큰 투입물(조언)을 갖는다. 그러나 어떤 상품에 대해 그들은 동일하게 가능한 예상 대상자들이다.

그래서 개방형질문에서의 기초적 문제는 자료를 해석하고 처리하는 데 있다. 실제로 먼저 조사자가 올바른 범주들 집합을 결정한 후에, 각 응답이 어떤 범주에 속하는지에 대해 평가해야 하는 2단계 판단(two-phase judgement)을 반드시 해야 한다.

일반적으로 개방형질문들은 탐색적 조사에서 도움이 되며, 질문을 개시하거나 종료하는 경우에도 도움이 된다. 개방형질문은 그 단점들이 대규모 설문조사에서는 장점보다 클 수 있기 때문에 신중하게 선택해야 한다.

② 폐쇄형질문은 응답자가 일련의 응답들로부터 선택할 것을 요구한다. 폐쇄형질

문의 중요한 장점은 개방형질문의 많은 문제들을 회피할 수 있다는 것이다. 면접자는 칸을 검토하거나, 범주에 동그라미 표시를 하거나, 숫자를 기록하거나 또는 키를 눌러 입력하기 때문에, 면접자 및 부호처리자 편의(interviewer and coder bias)는 제거된다. 가장 단순한 형식의 폐쇄형질문(closed-ended question)은 양분선택(dichotomous choice) 이다.

그런데 양분선택의 경우에 응답자는 단지 2가지 대답에 제한되어 있다. 신속한 응답을 관리하고 환기시키기가 쉽다. 양자택일질문(dichotomous question)은 측정오차 (measurement error)가 발생하기 쉽다. 대안들이 양극화되기 때문에, 양단 간의 가능한 선택들은 생략된다. 그래서 정확한 응답을 얻기 위해서는 질문 단어선택(자구표현)(question wording)이 중요히디.

응답들은 처음 열거된 것보다 더 크거나 작은지의 여부에 따라 변동할 수 있다. 이러한 문제들은 분리무기명투표기법(split ballot technique)으로 극복할 수 있다. 설문지의 절반은 처음 열거된 것보다 더 크게 단어선택을 하고, 나머지 절반은 처음보다 더 작게 단어선택을 한다. 이러한 절차는 잠재적 편의 감축에 도움이 될 것이다. 폐쇄형질문은 보통 다음과 같이 6개 형태 중 하나를 갖는다.

- 항목들의 일람표(list)로 응답자에게 항목들을 제공하여, 그 중에서 어떤 것을 선택할 수 있게 한다.
- 범주(category)를 제시하여 어떤 주어진 범주들 집합에서 단지 하나의 대답만을 선정할 수 있도록 한다.
- 순위(표)(ranking)를 제시하여 응답자가 순서에 따라 어떤 것을 위치시키도록 요구한다.
- 평정(rating)방법을 제시하여 대답들을 기록하도록 평가방법을 사용하게 한다.
- 수량(quantity)을 제시하여, 대답이 크기를 제공하는 숫자가 되도록 한다.
- 행렬(matrix)을 제시하여, 동일한 격자를 사용하여 2개 이상의 질문들에 대한 대답들을 기록할 수 있게 한다.

개방형 및 폐쇄형질문들뿐만 아니라, 선다형질문(문제)(a multiple-choice question) 이 있다. 면접자 편의가 축소되고 질문들을 신속하게 관리할 수 있기 때문에, 선다형질문은 개방형질문의 단점을 많이 극복한다. 또한 자료의 부호화와 처리에서 비용 및 소모시간이 아주 작다. 질문들이 구조화되어 있다면, 자기관리 설문에서 응답자 협조가 개선된다.

선다형질문에서 조사자는 선택할 응답들을 제공하고, 응답자들은 주어진 선택지들 중에서 하나 이상을 선택하도록 요청받는다. 가끔 응답자는 단지 하나의 항목을 선택하도록 요청받는다. 예컨대 "선호하는 브랜드는 무엇인가?"를 응답자에게 물을 수도 있다. 이와는 달리 응답자가 3가지 매우 좋아하는(favorite) 브랜드를 표시하라고 물을 수도 있다. 세 번째 방식으로 적절하다고 간주되거나 또는 적용되는 선택을 하도록 시킬 수 있다. 예컨대 여러 청량음료 상표들을 나열한 후에 지난주에 구입하거나 마셨던 음료의 상표를 표시하도록 요청할 수 있다.

선다형질문의 디자인에서 중요한 것은(of concern) 선택방안들의 수와 위치편향(편의)(position bias)으로 알려진 가능한 응답들의 순서이다. 일반적 지침은 중요한 선택방안들을 열거하고 또한 다른 항목이 있다면 "기타(표시해 주세요)"로 표시한 방안들을 포함시키는 것이다. 응답들은 서로 배타적이어야 한다.

선다형질문들의 단점은 효과적인 선다형질문들을 디자인하는데 상당한 노력이 요구되며, 질적인 기법(qualitative techniques)이 적절한 응답 선택방안을 결정하는데 요구된다. 그리고 열거되지 않은 항목들에 대한 정보 획득이 곤란하다. 비록 기타(표시해 주세요)라는 항목을 포함하더라도, 응답자들은 일람표에서 선택하는 경향이 있다. 또한 응답자들에게 대답들의 일람표를 제시하는 것은 편향된 응답을 발생시키며, 순서 편향(order bias)의 가능성도 있다.

개방형 응답질문(open-response questions)과 폐쇄형 응답질문(closed-response questions) 중의 선택이 반드시 있어야 하는 것은 아니다. 추가 정보를 얻도록 개방형 응답질문을 폐쇄형 응답질문과 함께 사용할 수 있다. 개방형 응답질문을 폐쇄형 응답질문 후속조치로 사용하는 것을 탐사(탐색, probe)이라고 한다.

탐사(probes)는 개방형 및 폐쇄형질문들 모두의 일부 장점들을 결합할 수 있다. 탐사는 특정한 사전 선택된 질문들에 대해 또는 어떤 방식으로 이전 질문들에 응답하는 사람들의 부분집합에서 추가 정보를 얻기 위해 사용될 수 있다. 예컨대 "위에서는 전혀 없음"을 선택한 응답자들에게 그 대답을 확장시키기 위한 후속질문(follow-up question)을 묻는 것이다.

설문지에서 탐사의 사용에는 2가지 일반적 목적이 있다. 첫째 목적은 응답자에게 곤란한 질문들을 정확히 찾아내는 것이다. 질문들의 충분한 검정은 탐사 필요를 축소시

킨다. 탐사의 둘째 목적은 응답자 대답에 대한 조사자 해석에 도움을 주는 것이다. 개방
응답 후속질문들에 대한 대답들은 폐쇄형 응답질문의 분석에서 가치 있는 안내(valuable
guidance)를 제공할 수 있다.

8.2.5 질문 서식 확정

설문지에서 각 질문은 필요정보에 기여하거나 또는 어떤 특정목적에 도움이 되어
야 한다. 특히 설문지 논점이 민감하거나 논란이 많은 경우에 개입 및 관계(involvement
and rapport)를 결정하도록 시작부터 어떤 중립적 질문을 묻는 것이 도움이 된다. 가끔
여과질문(filter qucstions)을 프로젝트의 목적이나 후원을 가장하기 위해 묻는다.

예컨대 관심 브랜드에 대한 질문들을 제한하는 대신에, 경쟁 브랜드들에 대한 질문
을 포함시킬 수 있다. 가끔 어떤 질문들은 신뢰성이나 유효성을 가늠하도록 중복될 수
있다.

일단 질문이 필요한 것으로 간주되면, 조사자는 소요정보 획득이 충분하다는 것을
확신해야 한다. 확실한 방식으로 소요정보를 획득하기 위해 가끔 여러 질문들이 필요
하다.

이중(2중 연발)질문(double-barrelled question)은 실제로 하나의 질문에서 제기된 2개
의 다른 질문들이다. 2개 질문들이 동시에 제기되어 응답자가 직접 대답하기 곤란하다.
예컨대 식당의 고객들(patrons)에 대한 "음식과 서비스에 만족하셨습니까?"라는 질문을
고려하자. 응답자들이 어떻게 대답을 할 것인가? "예"라는 응답은 음식과 서비스 중 어
디에 대한 것인지? 아니면 모두에 대한 것인지를 알기 어렵다. 이러한 질문은 단일 항목
으로 분리하여 질문을 하면, 그 성과가 크게 개선될 것이다.

8.2.6 질문 자구표현 선택(choose question wording)

특정 질문들에 대한 자구표현은 항상 현저한 크기의 시간을 갖는다. 자구표현 기술
은 시간이 걸려야 개발되며, 지속적으로 개선된다. 질문들은 설문지의 원료임, 조사 품
질에 필수적이다. 질문 자구표현은 원하는 질문 내용 및 구조를 응답자들이 명확하고
용이하게 이해하는 단어들로 옮기는 것이다.

자구표현 결정은 설문지 개발에서 가중 중요한 일(과업, task)이다. 만약 질문의 자구표현이 불량하다면, 응답자들은 대답을 거부하거나 또는 정확하지 않게 대답을 할 것이다. 심지어 자구표현의 작은 변화라도 응답자 대답을 변경시킬 수 있지만, 자구 변화가 그러한 효과를 가질 것인지 여부를 아는 것은 어렵다.

　질문 표현(question phrasing)은 추구하는 정보, 목표 응답자들의 특징과 같은 요인들에 의존하며, 조사가 관리되는 장소에 의존한다. 우량한 설문지 작성은 조사자가 다음 지침들을 따를 것을 요구한다.

　① 질문들을 이해하기 쉬워야 한다. 일상적 단어(ordinary words)를 설문지에 사용해야 하고, 일상적 단어들이 응답자들의 어휘 및 지적 수준에 맞아야 한다. 가장 보편적 위험은 전문용어(technical jargon) 또는 전문화된 용어를 사용하는 것이다. 이는 교차문화연구에서 쉽게 평가된다. 교차문화연구에서 번역문제(translation problem)가 극심하다.

　하나의 사회경제적 집단은 저녁식사를 주된 식사로 갖는 반면에, 다른 집단들은 저녁식사를 스프로 하고 정오에 주된 식사를 갖는다. 대부분 응답자들은 전문적인 마케팅 단어를 이해하지 못한다. 자신이 알고 있는 전문어를 설문지에 사용해서는 안된다는 것을 기억해야 한다. 만약 사용한 언어를 응답자들이 이해하지 못한다면, 그들은 제시한 질문과는 다른 질문에 답을 할 것이다.

　② 질문들은 단지 하나의 쟁점이나 주제(topic)에 집중되어야 한다. 조사자는 반드시 어떤 특수한 쟁점이나 주제에 집중해야 한다. "여행을 하는 경우에 보통 어떤 형태의 호텔에 숙박하는가?"라는 질문은 너무 모호하다. 보다 집중된 형식은 "가족 여행을 하여 도착지에서 호텔에 숙박할 때에, 어떤 형태의 호텔을 주로 선택하는가?"이다.

　③ 질문은 문법적으로 간단한 문장이어야 한다. 간단한 문장은 혼합적인 복잡한 문장보다 선호된다. 문장이 보다 복잡할수록, 응답자 오차(오류)(respondent error)의 가능성이 더 크다. 이러한 문제를 회피하려면, 비록 질문에 대해 2가지 별도 문장들이 필요하더라도 조사자는 간단한 문장구조를 사용하도록 노력해야 한다. 보통 어림잡아(common rule of thumb) 어떤 질문에서 단어들의 수를 20자 미만으로 제한한다. 어떤 상황에서 질문은 모호함을 회피하도록 길어야 할 수도 있지만, 이는 예외이다. 긴 질문으로 구성된 설문지들은 대답하기 지루하고 이해하기가 어렵다.

　간결성(brevity)은 응답자들이 중요한 질문(central question)을 이해하고, 장황함의 산만함(distraction of wordiness)을 축소시키는 데 도움을 준다.

④ 유도신문(leading question)을 피해야 한다. 유도신문은 대답을 암시하거나 (suggest) 또는 조사자(또는 면접자) 의견을 나타내는 질문이다. 이는 "안 그래"(don't you agree) 또는 "그렇지 않아요?"(wouldn't you say)를 원하는 진술에 대해 추가하여 쉽게 수행할 수 있다. 유도질문(loaded question)은 보다 미묘한(교묘한)편향(편의)(subtle bias)을 가져온다. 가능한 응답들의 보편적인 유도형태들은 완전한 범위의 선택방안들을 제공하기 못하여 발생한다. 예컨대 "당신의 자유시간을 일반적으로 어떻게 보내는지요—TV시청 또는 다른 것?"과 같이 묻거나 또는 단순히 "나는 당신이 찬성할 것으로 확신한다" 또는 "안 그래요?" 등을 어떤 진술에 추가하는 것은 응답들을 왜곡시킬 수 있다. 응답자들이 강력한 의견이나 선택을 갖지 않는 경우에 그럴 듯한 제의(명제)에 동의하는 경향이 있다는 것을 조사자들은 알고 있다. 비록 선택안들이 제공되는 경우에도, 응답자들은 그럴듯한 진술에 반대하기보다는 동의하는 경향이 있다. 이러한 경향들이 주어지면, 질문들은 반드시 중립적인 단어로 작성되어야 한다.

⑤ 질문에 대답할 수 있는 응답자의 능력을 고려하라. 응답자들이 전혀 경험하지 않은 상표나 점포에 대해 묻는 것은 문제를 초래한다.

어떤 질문이 응답자가 대답을 해야 하는 것을 의미하는 방식으로 작성되는 경우에, 응답은 자주 나타나겠지만, 추측에 불과할 수 있다. 이는 획일화된 의견들이 기록될 것이므로 측정오차(measurement error)를 초래한다.

둘째 문제는 건망증(forgetfulness)이다. 응답자가 기억하지 못하는 것을 회피하기 위해서는, 기간을 상대적으로 짧게 고려해야 한다.

⑥ 응답자가 질문에 대답하려는 의향을 고려하라. 어떤 사건의 보고는 사회적으로 바람직한 방향으로 왜곡될 수 있다. 만약 사건이 난처하고, 특성상 민감하고, 위협적이고, 또는 자아상(self-image)과는 다르게 인식된다면, 보고되지 않거나 또는 왜곡될 것이다. 자금차입, 개인위생, 전과기록과 같은 일을 다루는 난처한 주제들은 측정오차를 최소화시키도록 신중한 방식으로 표현되어야 한다.

난처한 정보를 요청하는 방법은 질문을 하기 전에 행위 또는 태도가 특이하지 않다고 말하는 것이다. 예컨대 "수백만 명이 치질로 고생하고 있다. 가족 중에는 누가 치질로 고생하고 있나요?"와 같은 기법은 "편향대응 진술 사용"(using counter-biasing statements)이라고 하며, 난처한 주제를 응답자들이 토론하는데 겁을 적게 먹도록 해준다.

설문지 배치와 조사수행

8.3.1 설문지의 배열순서와 배치

설문지들은 깔때기 배열을 하여(funnel sequenced) 광범위한 질문에서 협소한 질문으로 이동하도록 해야 한다. 면접관은 주제에 대해 가장 일반적 질문들을 묻고 보다 협소하고 보다 집중된 질문들로 이행하여야 한다. 질문들을 진술한 후에, 다음 단계는 질문들을 순서를 정하고 설문지에 대한 배열을 개발하는 것이다.

질문들은 논리적 순서에 따라 물어야 한다. 특정 주제를 다루는 모든 질문들을 또다른 주제를 시작하기 전에 물어야 한다. 주제들을 전환시키는 경우에, 응답자들이 꼬리를 무는 생각들(train of thought)을 전환시키는데 도움이 되도록 간단한 변천 문구(transitional phrase)를 사용해야 한다.

응답자에게 적용되지 않으면 어떤 질문들을 묻지 않는 절차인 "가르기"(branching) 또는 "뛰어 넘기"(skipping)는 신중하게 디자인해야 한다. 질문 가르기는 응답자들이 설문에 응답하는 방식에 따라 설문지에서 다른 장소로 인도해 주는 것이다. 이러한 질문들은 모든 가능한 우발사태가 포함되는 것을 보장한다. 모든 우발사태를 해명하는 간단한 방식은 논리적 가능성의 플로 차트를 작성하고, 그를 기초로 질문 가르기와 지시를 개발하는 것이다.

질문 가르기는 소프트웨어를 사용하여 가르기를 수행할 수 있는 온라인 설문조사 또는 컴퓨터 지원 전화면담에서 가장 쉽게 수행된다. 어떤 설문지의 논리적 순서는 다음과 같이 구성될 수 있다.

① 고르기(가려내기, 정선기) 질문(screener question)을 사용하여 유자격 응답자를 규명해야 한다. 대부분 시장조사는 할당표본추출의 어떤 변형을 채택한다. 단지 유자격 응답자들만 면접을 하고, 특정한 최소 숫자의 각종 형태의 유자격 응답자들에게 요구할 수 있다. 예컨대 식료품 연구는 특정 상표 사용자들의 할당을, 잡지 연구는 독자들에 대해 가려내고, 화장품 연구는 상표 인식 등에 대해 가려낸다.

그래서 획득된 어떤 인구통계자료(demographics)는 해당 연구에 자격이 있는 사람들에 대한 비교기준을 제공한다. 긴 고르기 수단은 연구비용을 현저하게 증가시킬 수 있다. 이는 더 많은 정보를 얻기 위해서는 응답자와 각각 접촉해야 하는 것을 의미한다. 짧은 고르기 수단은 무자격자들을 즉시 제거하고 면접자가 다음의 가능한 응답자에게로 이동할 수 있게 해준다. 그러나 긴 고르기 수단은 비사용자들 또는 조사하는 상품이나 서비스를 모르는 사람들의 특성에 대한 중요한 정보를 제공할 수 있다.

② 서두 언급(입문 논평, introductory comment)과 유자격 응답자 발견을 위한 고르기 후에, 초기 질문들은 간단하고, 흥미롭고, 비위협적이어야 한다. 소득이나 연령 질문은 좋지 않을 수도 있다. 이러한 질문들은 자주 위협적으로 간주된다. 초기 질문은 사전 숙고가 없이도 쉽게 답할 수 있어야 한다.

③ 먼저 일반적 질문을 물어야 한다. 시작하는 준비질문(warm-up question) 이후 일단 면접이 진행되면, 설문지는 논리적 형식으로 진행되어야 한다. 일반적 질문들은 어떤 개념, 기업, 또는 상품형태에 대한 개인의 생각을 획득하도록 다루어져야 한다. 그 후에 설문지는 특정 문제로 이동해야 한다.

④ 설문지 중간에 노력을 요구하는 질문들을 물어야 한다. 초기에 응답자는 설문의 특성에 대해 단지 모호하게 흥미를 갖고 이해한다. 그리고 설문이 진행됨에 따라 면접에 대한 탄력(가속도)과 전념(momentum and commitment)을 하게 된다. 면접자가 측정된 응답(scaled-response) 서식을 가진 질문으로 이동하는 경우에, 그 응답자는 응답 범주와 선택안을 이해할 수 있도록 해야 한다. 흥미 및 몰입 유발은 그 응답자가 설문지를 종료하도록 용이하게 동기를 제공할 것이다.

⑤ 민감하고, 위협적이며, 인구통계학적 질문들은 종료 부분에서 해야 한다. 민감한 주제들은 자금, 개인위생, 가정생활, 정치적 및 종교적 신념, 사건이나 범죄 개입 등을 포함한다. 산업조사에서 민감한 질문들은 특히 전략 및 계획을 밝히게 되는 어떤 회사가 수행하는 많은 것을 포함한다. 이러한 질문들을 끝에 두는 것은 응답자가 면접에 대해 방어적 태도를 보이거나 또는 면접을 중단시키기 전에 대부분 질문들의 대답을 얻을 것이기 때문이다. 또한 그러한 시점까지 응답자와 면접자 사이에 확립된 관계는 대답의 가능성을 증가시킨다.

- 시간을 할애하여 준 데 대해 감사를 표시하면서 조사를 종결시켜야 한다. 조사결과를 획득할 수 있는 방법을 응답자들에게 알려 주길 원할 수도 있다.
- 질문들의 서식, 띄어쓰기, 위치 결정은 특히 자기관리 설문지에서 결과에 중요한

효과를 갖는다. 형식을 여러 부분으로 구분하는 것은 좋다. 여러 부분들은 기초정
보에 속하는 질문들에 대해 필요할 수 있다.

- 각 설문지는 번호를 매겨야 한다. 이는 코딩 및 분석뿐만 아니라 현장에서 설문지
를 통제하는 데 도움을 준다. 번호 매김은 설문지를 설명하고, 분실 여부를 쉽게
알 수 있도록 한다.

- 끝으로 설문지를 너무 길게 만들지 않아야 한다. 긴 설문지는 지치게 하여 응답자
들을 압도한다. 응답자들이 조사 완료에 대해 생각했던 시간을 초과함에 따라, 응
답자들의 응답은 더 이상 정확하지 않게 된다. 또한 긴 설문지는 비응답률이 높게
되는 경향을 갖는다.

설문지의 면담관리를 하더라도, 설문지의 실물모양(physical appearance)은 응답수준
에 영향을 줄 것이다. 따라서 설문지는 다음과 같은 디자인이 필요하다.

첫째, 효과적 공간처리(Spaced effectively)를 한다. 이는 비용을 절감하지만 응답을
축소시킬 수 있다.

둘째, 세리프 활자(serif typeface)로 설정하여, 각 줄에서 시선을 유지할 수 있게 세
리프 활자의 글자들 아래 가로 선들인 세리프들을 표시한다.

셋째, 사람들이 설문지를 해독할 수 있도록 10포인트 이상의 글씨를 사용한다.

넷째, 응답자가 설문지를 끝까지 읽는데 도움을 주도록 건너뛰기 및 여과형 질문들
과 절차결정지시(routing instructions)를 사용한다.

그리고 설문지의 시험사용이나 검정은 문제들을 시정하고, 부호처리과정에 도움을
주며, 질문 순서를 개선하고, 질문들의 자구를 개선하는 데 중요한 역할을 한다.

8.3.2 관련당사자들의 승인 획득

초안 설문지들을 프로젝트에 대해 직접 권한을 갖는 모든 당사자들에게 배포해야
한다. 의뢰인은 의뢰 승인 단계 동안에 논평에 대한 기회를 갖는데, 그러한 단계에서 의
뢰인은 설문지를 검토하고 적절한 쟁점들을 모두 다루고 있는지의 여부를 평가한다.

만약 질문들이 부적절하거나 또는 개선시킬 것들이 있다면, 의뢰인은 이러한 변경
을 조사자에게 알려야 한다. 이는 변화를 가져오지만, 사용될 설문지를 의뢰인이 승인하
는 데 있어 중요한 사항이다. 의뢰인 승인은 의뢰인이 조사 과정을 인식하고, 서명한 설

문지는 조사자가 이후 질문들이 불완전하거나 옳지 않게 수행되었다는 클레임에 대해 보호해 준다.

8.3.3 문제들의 검정, 변경, 시정

일단 승인을 획득한다면, 설문지는 문제들을 규명하고 제거하도록 검정되어야 한다. 가장 기초적 검정은 설문지 초안들을 반응 테스트 대상자들 집단(sounding board)으로 최대한 많은 사람들을 확보하는 것이다. 최악의 문제는 이러한 검토에서 다루어지지 않을 것이다.

이상적으로 예비(모형)시험(pilot test)은 궁극적으로 직무를 수행히고 연구의 목표 응답자들에 대해 관리될 최상의 면접자가 수행하는 것이다. 응답자들의 오해(오역, misinterpretation), 연속성 부족, 좋지 못한 뛰어넘기 패턴(poor skip pattern), 코딩이전 및 폐쇄형 질문들에 대한 추가선택, 일반적인 응답자 반응을 찾도록 최상의 면접자들에게 요구한다.

검정은 또한 목표 모집단으로부터 5-10명의 응답자들의 소표본을 사용하여 설문지 시험 운영(trial run)을 하는 것을 포함한다. 표본은 작을 수 있는 반면에, 목표 응답자들의 모든 하위집단들을 다루어야 한다. 검정의 목표는 설문지가 조사자가 추구하는 정보를 포착할 것을 검토하는 것이다. 검정은 수단을 개선시키고, 목표 모집단에 대해서만 명백할 수도 있는 오류들을 규명하는 것이다. 보다 구체적으로 검정의 가치는 질문들이 의미가 있는지, 논리적 순서를 갖는지, 편향된 자구표현을 포함하는지, 또는 조사자에게 원하는 정보를 제공할 것인지를 결정하는 데 있다.

검정은 보통 2개 단계로 수행된다. 첫째 단계는 개인면접(personal interviews)이며, 조사자는 면접자들과 응답자들 모두의 행동을 관찰할 필요가 있기 때문에 이후에 설문지의 관리 방식과는 무관하다. 질문에 대한 응답자들 반응들이 주된 관심대상이다. 면접은 프로토콜(계획서, 초안)분석(protocol analysis)과 질문조사(debriefing)를 통해 수행될 수 있다.

프로토콜분석은 응답자들이 각 질문에 대답을 할 동안 혼잣말을 하는 면접기법이다. 질문조사는 응답자들이 설문지를 완성한 후에 수행되는 면접이다. 그리고 나서 응답자들에게 설문 수행이 검정이었고, 조사자에게 질문에 대한 그들의 생각, 대답 및 조사의 어떤 단점들을 이야기하도록 묻는다.

두 번째 검정 단계는 설문지를 궁극적으로 관리할 환경과 최대한 유사한 환경에서 소표본으로 설문조사를 관리하는 것을 포함한다. 이러한 단계는 자주 개인면담에서 검토될 수 없는 문제들을 나타낸다. 어떤 국면에서든 조사자들은 어떤 문제들을 제거하려고 시도하여, 해당 설문지를 변경시켜야 한다.

질문을 검토한 후에 자료 처리에 도움이 되도록 각 형태의 응답에 숫자부호를 배정한다. 모든 가능한 대답들을 열거하고 면담 전에 부호처리를 할 수 있다. 그리고 어떤 크기의 설문조사에서도 가능한 곳에서 수행할 수 있다. 만약 응답들이 가능한 대답들에 속하지 못한다면, 부호처리는 면담 후에 수행할 수 있다. 특히 사전 부호처리는 폐쇄형 질문을 갖는 정량조사에서 적합하다.

8.3.4 최종안 준비 및 조사 수행

최종안 단계에서도 주의를 해야 한다. 정밀한 타자, 띄어쓰기, 숫자표시, 사전 부호처리를 시작하고, 감독하고, 교정을 봐야 한다. 일반적으로 복사 품질과 사용한 종이는 설문지를 볼 사람들에 의해 결정된다.

대부분 조사면접은 현장(야전)근무부서(field service department)에 의해 수행된다. 면담을 완료하고 조사자에게 설문지를 회송하는 것이 그들의 임무이다. 본질적으로 현장근무는 마케팅조사의 생산라인이다.

감독관(관리자)의 설명(supervisor's instruction)은 연구의 특성, 개시 및 종료일자, 할당량, 보고시점, 장비 및 설비 요건, 표본추출 설명, 필요한 면접자들의 수, 타당성검사법(절차)(validation procedure)을 면접자들에게 알려준다. 식품 준비를 포함하는 미각검정의 경우에는 상세한 설명이 요구된다.

감독관 설명은 극히 중요하다. 명확한 설명이 없다면, 면접은 상황에 따라 다르게 수행될 수도 있다. 면접자의 효율성 측정을 위해 방문기록용지(call record sheet)를 사용한다. 그러한 용지는 보통 접촉 횟수와 접촉결과를 표시하는 형식을 갖는다. 감독관은 시간당 방문 횟수와 완성된 면담별 접촉 횟수, 면담별 평균시간, 그리고 면접자 효율성 분석을 위한 유사한 측정치를 검토한다. 만약 완성된 면담별 접촉 횟수가 높다면, 현장 감독관은 그 이유를 검토해야 한다. 이는 면접자가 적절한 접근을 사용하지 못하거나 또는 해당 지역을 다루기가 곤란할 수 있기 때문이다.

8.3.5 설문지 점검사항 일람표

설문지 설계를 위해 점검해야 하는 필수요소들은 다음과 같이 조사목적 명시와 필요정보 규명, 설문조사 방식, 간결한 인사말, (명확하고 판독이 쉬운) 서식결정, 응답자 관점의 질문 작성, 질문에 대한 가능한 응답들 규명, 질문순서, (폐쇄형, 자유형, 척도표시 대답을 요구하는) 질문형태구조, 자료 처리방식, (질문과는 차별화된) 응답 지시(설명)문장 등이다.

① 목표들이 올바른가?
② 설정한 자료들이 목표를 충족시킬 것인가?
③ 열거된 질문들이 필요한 모든 자료를 수집할 것인가?
④ 모든 질문이 필수적인가?
⑤ 자료, 의견, 동기에 대해 올바른 형태의 자료가 수집될 것인가?
⑥ 질문 순서가 논리적인가?
⑦ 사용될 질문들 형태가 양자택일, 다항선택, 개방형, 평정척도 중에서 어느 것이 적절한가?
⑧ 질문의 자구표현은 이해하기 간단한지? 모호한지? 아니면 명료한가?
⑨ 응답자가 각 질문에 대답을 할 것으로 타당하게 기대할 수 있는가?
  • 단어들이 간단하고 직접적이며 모든 응답자들이 친근하게 아는 것인가?
  • 질문이 명료하고 최대한 구체적인가?
  • 각 질문이 이중적 응답을 요구하고 있지는 않은가?
  • 질문이 편견적이거나 어떤 방향으로 반응을 유도하지는 않는가?
  • 질문이 모든 응답자들에게 적용될 수 있는가?
  • 응답이 응답형태에 의해 영향을 받고 있지는 않은가?
  • 질문이 의미를 상실할 수 있을 정도로 너무 축약되지는 않는가?
  • 질문이 읽기에 어색하지 않는가?
⑩ 대답들을 쉽게 기록할 수 있는가?
⑪ 대답들을 쉽게 처리할 수 있는가?

⑫ 설문지가 보기 좋은가?

⑬ 설문지와 어떤 제시자료(show material)를 면접관이 쉽게 사용할 수 있는가?

⑭ 설문지의 시험사용을 수행하였는가?

⑮ 대인, 우편, 전화, 온라인면접 등의 접촉방식에 대해 올바른 형태의 설문지를 사용하고 있는가?

8.3.6 질문지의 표지편지 또는 안내문의 특징

표지편지(cover letter) 또는 안내문은 응답자에게 조사의 당위성을 설명하고, 협조를 구하여 응답률을 제고시키기 위해 작성하는 글이다. 질문문항들을 작성하고 배열을 결정한 후에 표지편지 또는 안내문을 짧으면서도 설득력 있게 작성한다. 작성에서 유의 사항들은 다음과 같다.

- 조사자나 연구 후원기관에 대한 신분을 제시
- 조사의 목적 및 중요성에 대한 설명을 통해 조사 취지를 밝힘
- 응답자가 질문문항에 대해 응답을 해야 하는 이유를 설명
- 응답내용과 응답자 신분에 대한 엄격한 비밀보장을 확신시킴
- 응답자들의 개별적 주소와 응답자 귀하라고 시작하고, 편지 말미에 조사자가 친히 서명하여 질문지를 동봉하여 응답률 제고를 도모

8.4 설문지 질문종류별 작성방법

8.4.1 자유표명질문

자유표명질문(open question)은 심층 및 반구조화 면접법에 널리 사용되며, 탐색조사와 같이 대답이 불확실하거나, 상세한 대답이 필요하거나, 응답자 생각으로 가장 중요한 것을 파악하려는 경우에 적합하다.

질문의 정확한 자구표현(wording)과 공간의 간격 크기는 대답의 길이 및 풍부함을

일부 결정하여 준다.

예) 당신의 직무에 대해 좋은 것 3가지를 기록하세요.
    1.   2.   3.

8.4.2 리스트질문

리스트(일람표)질문(List questions)은 대답 일람표를 응답자에게 제시하고, 그 중에서 선택할 수 있도록 하는 질문이다. 구조화 면접법에 대해 응답자에게 모든 응답들을 열거하는 메모용지(prompt card)를 제시하는 것이 도움이 된다.

예) 당신의 종교는 무엇입니까? 적절한 칸에 ∨로 표시하시오.

불교	기독교	힌두교	유대교	이슬람교	시크교	무교	기타
☐	☐	☐	☐	☐	☐	☐	☐

8.4.3 범주질문

범주질문(category questions)은 각 응답자 대답이 단지 하나의 범주에만 적합하도록 설계된 질문이다.

대답 정확성에 영향을 주지 않은 채로 포함할 수 있는 범주들의 수는 설문지 형태에 좌우된다. 자기기입식설문지(self-administered questionnaire: 개인이 면접자 없이 스스로 질문지를 완성해 가는 방식으로 구성된 질문지)와 전화설문지는 5개 이하의 응답 범주들을 반드시 가져야 한다. 구조화 면접법은 메모용지를 사용한다면 더 많은 범주를 가질 수 있다.

예) 본 쇼핑센터를 얼마나 자주 방문합니까? 적절한 칸에 ∨로 표시하시오.

처음	주1회	격주1회	주1회 이상	1~2주 1회	가끔
☐	☐	☐	☐	☐	☐

논리적 순서에 따라 응답을 배열하여 각 응답자의 대답에 맞는 응답 범주로 쉽게 위치시키도록 한다. 범주들은 중복이 되지 않게 상호 배타적이어야 하고, 모든 가능한 응답들을 반드시 포함해야 한다. 그리고 응답 범주를 정확히 표시하도록 설문지 배치(layout)를 명확히 하여 네모 칸들이 각 범주에 근접하도록 해야 한다.

8.4.4 순위질문

순위질문(ranking question)은 응답자에게 순위에 따라 사항들을 위치시키도록 요청한다. 어떤 행위에 대한 결정요인들의 상대적 중요성을 표시하고, 기타의 포괄적(catch-all) 특징을 포함하도록 응답자에게 기타 특성을 추가할 수 있도록 한다.

예) 새 차를 선택하는데 있어 중요성 순서에 따라 각 요인들에 대해 가장 중요한 것은 1, 그 다음은 2의 형식으로 번호를 표시하시오. 그리고 어떤 요인이 전혀 중요하지 않다고 생각하면 빈칸으로 놔두세요.

요인	출력	트렁크 크기	감가상각	안전성	연비	가격	승차감	기타
중요도	[　]	[　]	[　]	[　]	[　]	[　]	[　]	[　]

8.4.5 평정질문

평정질문(Rating questions)은 견해자료(opinion data)를 수집하려는 경우에 자주 사용한다. 어떤 구성개념 또는 개념의 지표들로 간주되는 질문들 또는 항목들의 일관된 집합(coherent set)인 척도와 혼돈해서는 안된다.

평정질문은 리커트 방식의 평정척도를 자주 사용하며, 보통 4, 5, 6, 7점 평정척도로 응답자가 어떤 진술이나 일련의 진술들에 대해 찬성 또는 반대를 얼마나 강력히 하는지를 묻는다.

응답자가 자료를 처리할 가능성을 높게 하도록 평정질문들에 대한 가능한 대답들을 여러 줄이나 열보다는 일직선으로 제시해야 한다.

예) 다음 진술에 대해 당신의 생각과 일치하는 칸에 적절한 칸에 V로 표시하시오.

	그렇다	약간 그렇다	약간 그렇지 않다	그렇지 않다
근로자의 의견이 회사경영에 영향을 미친다	□	□	□	□

	그렇다	약간 그렇다	확실치 않음	약간 그렇지 않다	그렇지 않다
그 회사는 의사소통에 장벽이 있다고 믿는다	□	□	□	□	□

다음은 10점 숫자등급(평정)척도(10-point numeric rating scale)이다.

예) 다음 진술에 대해 당신 견해와 가장 가까운 숫자에 동그라미(○)를 표시하시오.

이 연주회는 ....

싸다　1　2　3　4　5　6　7　8　9　10　비싸다

또 다른 변형은 어의차 평정척도(semantic differential rating scale)이다. 근본적 태도를 결정하도록 소비자 조사에서 주로 사용된다. 응답자에게 일련의 양극단 평정척도들에서 하나의 대상이나 생각을 평가하도록 요구한다. 각 양극단 척도는 한 쌍의 정반대 형용사들로 기술하여 서비스에 대한 응답자 태도들을 고정시키도록 설계된다. 이러한 평정척도들에 대해 좌측의 형용사만을 표시하는 경향을 축소시키도록 긍정적 및 부정적 형용사들 위치를 변경시켜야 한다.

예) 아래 각 줄에서 식당에서 받은 서비스에 대해 어떻게 느끼는지를 V로 표시하여 보여주세요.

빠름 |＿|＿|＿|＿|＿|＿|＿|＿| 느림

불친절 |＿|＿|＿|＿|＿|＿|＿|＿| 친절

적당한 가격 |＿|＿|＿|＿|＿|＿|＿|＿| 높은 가격

평정질문들은 고객 충성도, 서비스 품질, 직무 만족과 같은 광범위한 변형의 개념들을 측정하도록 결합할 수 있다. 각 질문을 자주 척도항목(scale item)이라고 한다.

8.4.6 수량질문

수량질문(quantity question)은 어떤 특징의 크기를 제시하도록 숫자를 대답으로 하는 질문이다. 이러한 이유로 수량질문은 행동 또는 태도 자료(behaviour or attribute data)를 수집하는데 사용하는 경향이 있다. 태도 자료를 수집하는 공통된 수량질문은 다음과 같다.

예) 출생년도는?

1	9		

(예시, 1988년)

1	9	8	8

8.4.7 행렬질문

행렬질문(matrix questions)은 질문들의 행렬 또는 격자판(grid)은 2개 이상의 질문들에 대한 대답들을 동시에 기록할 수 있게 해준다. 각 질문에 대한 적절한 대답을 행과 열이 만나는 셀(cell)에 기록한다.

예) 당신 업무에 영향을 주는 회사의 의사결정 관리자들에 의한 당신의 대우를 말하는 항목에서 그 정도를 표시하시오.

	크게	아주 크게	약간	아주 작게	작게	전혀 아님
a. 품위 있게 대접하나요?						
b. 존중하나요?						
c. 좋은 일과 나쁜 일에 대해 모두 정직하게 대합니까?						

대답이 타당하다는 것을 보장하도록 신중한 고려를 필요로 하는 질문의 자구(말씨)는 응답자들이 대답하는 것으로 생각하는 것을 측정한다. 질문은 오해를 하지 않도록 추상적이기보다는 서면으로 맥락에 따라 검토할 필요가 있다.

CHAPTER 09

MARKETING
RESEARCH

표본조사와
가설검정

표본조사와 가설검정

표본조사

9.1.1 표본과 표본추출과정

9.1.1.1 표본조사와 호구조사의 선택문제

조사자가 연구하려는 사람들 전체 집단을 모집단(population) 또는 경험세계(universe)라고 한다. 설문조사 응답자 또는 조사 참가자를 선정하는 과정을 표본추출(sampling)이라고 한다.

조사자는 전형적으로 모집단의 특성에 대해 흥미가 있다. 모집단의 모든 응답자들에게 정보를 제공하도록 물었다면, 그러한 설문조사는 인구조사(census)이다. 인구조사에서 찾으려는 특정 비율(TV시청률, 출산율 등)을 모수(parameter)라고 한다. 한편 모집단의 일부를 선정하여 관련정보를 얻는다면, 그러한 모집단 부분집합에서 얻은 정보를 통계량(statistic)이라고 한다.

　　조사자들은 관련 표본통계량 지식으로 모집단 모수에 대한 추론을 시도한다. 추론 과정에서 중요한 가정은 선택된 표본이 모집단을 대표한다는 것이다. 추정절차와 가설 검정은 표본통계량들과 해당 모집단 모수들을 연계시키는 추론의 형태들이다.

　　① 모집단 크기 자체가 아주 작은 경우에는 호구조사가 적합하다. 예컨대 조사자가 특정 소프트웨어 사용 정보를 얻기 위해 석유산업 기업들 모두에 연락을 하려 한다고 하자. 모집단의 각 개인이나 대상으로부터 정보가 필요한 경우에도 호구조사가 수행된다.

　　예컨대 조사자가 어떤 대학에서 외국인학생들의 수를 찾으려 한다면, 각 학과의 가능한 변동으로 인해 대학의 모든 학과에서 정보를 얻을 필요가 있다. 또한 틀린 경위 조사 비용이 높기니 또는 표본오차(sampling error)가 크다면, 호구조사가 표본보다 더욱 적절하다.

　　② 모집단 크기가 크고, 모집단에서의 정보획득에 관련된 비용과 시간이 모두 높은 경우에 표본추출은 도움이 될 것이다. 또한 대규모 모집단을 조사해야 한다면 빠른 결정을 수행할 기회가 상실될 수 있다. 그리고 표본추출의 경우에 주어진 시간에서 더 많은 시간을 각 면담에 사용할 수 있고, 그에 따라 응답의 질적 수준을 증가시킬 수 있다. 또한 보다 작은 표본들의 설문조사를 관리하고, 면담과정에서 질적 수준이 높은 통제를 수행할 수 있다.

　　표본추출은 대다수 경우에 충분할 수 있다. 처리할 모집단이 동질적이라면 표본추출이 적합하다. 또한 호구조사가 불가능한 경우라면, 표본추출은 유일한 선택가능방안이다.

9.1.1.2　표본추출의 절차

　　1차 자료를 수집하는 방법을 결정했다면, 다음 과업은 목표 모집단을 대표하는 응답자들의 표본을 획득하는 것이다. 주요 표본추출 기법들은 확률 및 비확률 방법들로 구분할 수 있다.

　　확률표본추출(probability sampling)에서 모집단 각 요인은 선정될 가능성을 갖는다. 이러한 경우들에 표본추출 변동을 계산하고 전체 모집단에 대해 그 결과들을 추정할 수 있다.

　　비확률표본추출(non-probability sampling)의 경우에 특정 모집단의 선정 가능성은 알려져 있고, 엄밀히 말하면 결과는 전체 모집단으로 추정될 수 없다. 비록 표본추출이

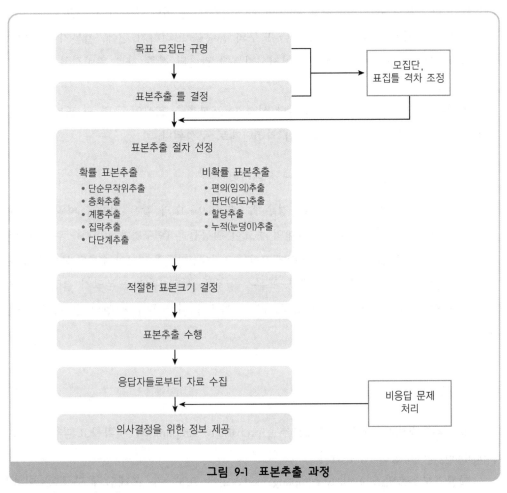

그림 9-1 표본추출 과정

자료: Aaker *et al.*(2013), 355.

엄밀히 따지면 철저하지만, 그렇게 할 필요성은 특정 적용사항에 의존한다. 표본은 인구조사(census)에 비해 보다 바람직한 2가지의 일반적 이유들이 있다.

첫째, 표본이 보다 선호되게 하는 비용 및 모집단 크기와 같은 실제 고려사항들(practical considerations)이 있다. 소비자 모집단들이 수백만에 달할 수 있는 인구조사를 하는 것은 값비싸다.

둘째, 전형적인 조사회사 또는 조사자는 인구조사로 생성된 거대한 자료들을 분석할 수가 없다. 비록 통계 패키지가 수천 개의 자료들을 쉽게 처리할 수 있지만, 수만 가지 자료들을 다루면 속도가 떨어지고, 수십만 가지의 자료는 아예 수용하지 못할 수도 있다.

실제로 조사자가 사용할 컴퓨터나 도구의 용량을 고려하기 전에, 설문지나 응답지를 처리하고 이들을 컴퓨터 파일로 이전시키는데 관련된 각종 자료 준비절차들을 고려해야 한다.

표본추출 프로세스는 "목표 모집단 설정 → 표본추출 프레임 규명 → 표본추출방법 선택 → 표본크기 결정 → 자료 수집"의 5단계로 구성된다.

9.1.1.3 표본추출 과정과 과정별 주의사항

의사결정자가 표본을 사용하는 경우에, 〈그림 9-1〉과 같은 절차를 따라 여러 요인들을 고려해야 한다. 표본조사 설계의 중요한 활동들은 (연구결과 일반화를 위한 대상을 확정하도록) 목표 모집단 규명, (모집단에 포함된 조사대상자들의 명단이 수록된 목록인) 표본추출 틀 결정, 표본추출 틀 격차 해결, 표본추출 절차 선택, 관련 표본크기 결정, 응답자로부터 응답 획득, 비응답자들 처리, 의사결정 목적에 따른 정보 생성의 순서들로 구성된다.

9.1.2 확률표본추출

표본추출방법은 크게 확률표본추출(probability sampling)과 비확률표본추출(non-probability sampling)로 구분한다.

확률표본추출법(probability sampling methods)은 표본추출 프레임의 구성요소인 대상 모집단의 각 원소가 표본으로 추출될 확률이 알려져 있는 경우에 무작위로 표본을 추출하는 방법이다.

확률표본추출에서 대상 모집단의 각 원소가 표본에 포함될 확률은 추출방법에 따라 다르게 발생할 수 있다. 확률표본추출은 모수 추정에 대한 편향(bias)이 없고, 표본오차추정이 가능하며, 표본분석결과의 일반화가 가능하다는 장점을 보유한다.

확률표본추출방법은 〈표 9-1〉과 같이 단순무작위 표본추출, 계통표본추출, (비례 및 불균형) 층화표본추출, 집락표본추출, 다단계표본추출의 5가지 방식으로 보통 많이 사용한다.

표 9-1 확률표본추출의 방법과 주요 절차

표본추출방법	주요 절차
단순무작위 표본추출 (simple random sampling)	모집단의 각 구성요소가 표본으로 선택될 확률을 동등하게 부여하여 표본을 선정
계통적 표본추출 (systematic sampling)	자연적 순서 또는 일정한 질서에 따라 배열된 모집단 구성요소들의 일람표에서 매 k번째 구성요소를 선정
층화표본추출 (stratified sampling)	모집단을 2개 이상 층(그룹, 계급)으로 구분, 각 층에서 단순무작위로 표본을 선정, 표본크기를 그룹 크기에 따라 비례적 또는 임의적으로 결정
집락(군집)표본추출 (cluster sampling)	모집단을 이질적 구성요소를 포함하는 여러 집락으로 구분한 후에, 집락별로 표본을 단순무작위 선정
다단계표본추출 (multistage sampling)	먼저 집락을 구분, 각 집락 크기에 따라 표본크기를 결정, 집락별로 무작위 표본을 선정, 다시 가중치를 부여하여 계통적 방식으로 표본추출을 수행

9.1.3 비확률표본추출

비확률표본추출(nonprobability sampling)은 조사자가 자신의 판단이나 직관에 의해 주관적으로 표본을 선정하는 방법이다.

확률적 통계자료처리가 불가능한 경우에, 모집단 특성을 어느 정도 파악할 수 있도록 중요한 정보를 모색하기 위해 사용한다. 확률표본추출에 비해 대등한 결과를 얻는 반면에, 시간과 비용이 작고, 편리하게 확률표본추출과 대등한 결과를 얻을 수 있다는 장점을 보유한다.

그러나 비확률표본추출은 모수추정에서 편향(bias)이 초래되고, 표본분석결과의 일반화가 곤란하며, 표본오차의 추정이 불가능하다는 단점을 갖는다. 비확률표본추출은 〈표 9-2〉와 같이 덩어리 표본추출, 판단표본추출, 할당표본추출, 눈덩이표본추출의 방법으로 수행 가능하다.

표 9-2 비확률표본추출의 방법과 주요 절차	
표본추출방법	주요 절차
덩어리(우연, 편의)표본추출 (chunk, incidental or convenience sampling)	연구자 편의에 따라 모집단 일정단위 또는 사례를 표본추출하여 일정한 표본추출크기가 되면 표본추출을 종료하는 방법
판단(의도)표본추출 (judgement or purposivesampling)	조사 모집단의 사전지식을 갖고 모집단의 대표적 구성요소로 판단되는 사례를 표본으로 선정하는 방법
할당표본추출 (quota sampling)	모집단을 일정한 범주로 구분한 후에, 각 범주별로 표본설계자가 지정한 수의 요소들을 각 조사자의 주관에 따라 표본으로 선정하는 방법
눈덩이표본추출 (snowball sampling)	모집단 구성원을 모두 파악하지 못하는 경우에 연구자가 임의로 표본을 선정하고, 다시 선정한 표본에 해당되는 사람의 추천을 받아 다른 표본을 신징하는 과정을 반복하여 표본을 누적해 나가는 방법

9.1.4 인터넷 표본추출

9.1.4.1 인터넷 표본추출의 특징

인터넷 설문조사는 저렴한 비용, 빠른 응답회수 등의 장점으로 그 사용이 빠르게 확산되고 있다. 인터넷 설문조사는 자동생략패턴(automatic skip pattern), 일관성 검사(consistency check), 기타 지능적 특성(intelligent feature)을 통합할 수 있다.

자료수집은 신속하고 저렴하게 수행될 수 있다. 오늘날 거의 모든 가정에 인터넷이 연결되어, 과거 인터넷 표본추출에 관련된 중요한 쟁점인 대표성 역시 문제가 되지 않고 있다. 그렇지만 어떤 방문자라도 참여할 수 있는 제한받지 않는(unrestricted) 인터넷 표본들은 편의표본들이며, 응답자들이 자신의 선택을 시작한다는 점에서 자기선택 편의에 취약하다.

인터넷 서핑을 하는 잠재적 응답자들의 표본추출은 발생된 표본이 목표 모집단을 대표한다면 의미가 있다. 많은 전문분야에서 설문조사와 같은 정량조사에 대한 응답자들의 표본추출을 위해 인터넷 사용이 보다 빠르게 현실화되고 있다. 의뢰회사 직원들이 회사 e-메일 시스템을 공유하고 있는 내부 고객 설문조사의 경우에, 직원들이 외부 인터넷에 접속하지 못해도 내부전산망(인트라넷, intranet) 설문조사가 실현 가능하다.

인터넷 설문조사는 목표 모집단을 대표할 수 없는 경우에 좋은 선택방안이 아니다.

표본추출오차(sampling errors)를 회피하기 위해 조사자는 응답자들을 선정하는 풀(pool)을 통제할 수 있어야 한다. 그리고 응답자들이 여러 번 응답을 하지 않도록[부정 투표를 하지 않도록] 보장할 조치를 취해야 한다. 이러한 요건들은 조사자가 특정 응답자들을 선택하여 수행하는 e-메일 설문조사들에 의해 충족된다. 또한 설문조사들은 대외발송 (outbound) e-메일 발송과 회신 설문을 일치시키도록 부호화 할(encode) 수 있다.

9.1.4.2 인터넷 표본추출의 기법들

인터넷에서 보통 사용되는 표본추출기법들은 (비확률적 및 확률적) 온라인 인터셉트 (online intercept), 온라인 모집(online recruited), 기타 기법들로 구분할 수 있다.

① 온라인 인터셉트 표본추출에서, 웹 사이트에 대한 방문자들을 가로 막고 설문조사에 참여할 기회를 제공한다. 차단(방해, interception)은 Naver와 같이 높은 접속량 사이트(high-traffic sites)를 포함하여 1개 이상 웹 사이트에서 할 수 있다.

비확률표본추출에서 모든 방문자들이 차단된다. 만약 웹 사이트 접속량이 낮다면 이는 의미가 있다. 설문조사를 짧은 시간에 완수해야 하므로, 어떤 유인도 제공되지 않는다. 이는 편의표본을 제공한다. 대표성 개선을 위해 할당을 할 수도 있다.

확률적 차단표본추출(random intercept sampling)에서 소프트웨어는 방문자들을 무작위로 선택하고, 팝업창(pop-up window)은 개인이 설문조사 참여를 원하는지에 대해 질문한다.

단순무작위표본추출 또는 계통무작위표본추출을 통하여 선택을 할 수 있다. 만약 모집단이 웹 사이트 방문자들이라면, 이러한 절차는 확률표본을 가져온다. 그리고 모집단이 웹 사이트 방문자들이 아니라면 그 확률은 비확률표본과 더욱 유사하다. 그렇지만 무작위 선택은 대표성을 개선시키고, 동일한 응답자가 2번 이상 응답하지 않도록 보장한다.

② 온라인 모집 표본추출은 패널(panel)과 비패널(nonpanel)로 구분된다. 인터넷 패널들은 비인터넷 패널들과 유사한 역할을 수행한다. 패널 구성원들을 온라인이나 (편지 또는 전화 등의) 전통적 수단으로 모집할 수 있다. 참가시점에서 패널 구성원들은 전형적으로 상세한 심리묘사의(사이코그래프의, psychographic), 인구통계학적, 인터넷 사용 및 제품소비정보들을 제공한다.

사전 동의(참여 동의) 패널(opt-in panel)은 구성원들이 모집되는 것과는 반대로 사전 동의를 선택하는 것을 제외하고는 유사하게 운영된다. 표본선택을 위해 온라인 회사는 조사자에 의해 주어진 표본 세부사항들을 기초로 적격인 패널토론자들(panelists)에게 e-메일 메시지를 보낸다. 모든 표본추출기법들을 모든 형태의 인터넷 패널들에 대해 수행한다.

확률표본추출기법들의 성공은 패널이 목표 모집단을 대표하는 정도에 의존한다. 표본에서 신뢰도와 진실성(integrity)을 유지하기 위해서는 패스워드 보호(password protection), 초대 환기(reminder invitation), 설문조사 발견사항요약(summary of the survey findings)과 같은 절차를 사용할 수 있다.

한편 비패널 모집 표본추출방법(nonpanel recruited sampling methods)을 사용할 수 있다. 이는 잠재적 응답자들에게 설문조사에 대답을 하도록 요청하는 것이다. 만약 모집단이 회사 고객들이라면, 무자위절차를 사용한 응답자들의 선정으로 확률표본을 획득한다.

다른 비패널 접근법들은 공급회사들로부터 빌려온 e-메일 리스트 사용을 포함한다. 아마 이러한 응답자들은 자신들의 e-메일 회람을 허용하거나 사전 동의를 했을 것이다.

짧은 전화-심사 면접과 같은 오프라인(offline)기법들은 인터넷 표본 모집에 대해 사용된다. 여러 회사들이 고객과 전화대화, 제품등록카드, 현지(현장, on-site) 등록, 특별 홍보 등에서 정보를 획득하여 관례대로(일상적으로) 자사 고객관계 데이터베이스에 e-메일 주소들을 수집한다.

③ 여타 온라인 표본추출 접근법들 역시 가능하다. 설문조사 초청을 방문자가 구매를 할 때마다 팝업 창으로 나타나게 할 수 있다. 또한 인터넷을 마케팅조사회사가 만든 표본들을 주문하고 접근하도록 사용할 수 있다.

9.2 가설검정과 표본크기 결정

9.2.1 가설검정과 표본분포

9.2.1.1 가설검정의 개념과 목적

가설검정(hypothesis testing) 또는 통계적 가설검정(test of statistical hypothesis)은 모집단에 대해 설정한 가설인 통계적 가설(statistical hypothesis)의 타당성(validity)을 그 모집단에서 추출한 표본정보를 통해 결정하는 것이다.

모집단 결과들의 특성 규명을 위해 표본결과들을 일반화시키는 과정을 통계적 추론(statistical inference)이라고 한다. 모집단 특성 파악을 위한 통계적 추론의 방법은 통계적 추정과 가설검정으로 구분한다.

통계적 추정은 점추정과 구간추정으로 구분한다. 모집단으로부터의 표본 추출을 통해 점 추정치와 신뢰구간 추정치(confidence interval estimates)를 계산하여 모집단 모수를 추정하거나 두 모집단 모수 간의 격차를 추정한다.

통계적 가설은 하나의 모집단 또는 어떤 모집단 그룹이 하나 이상의 모수들에 대한 시험적 진술(tentative statement)이다. 가설은 항상 귀무가설(null hypothesis)과 대립가설(alternative hypothesis)의 쌍으로 제시한다.

- 가설(hypothesis): 논리적 결과 연구를 위해 임시로 진실이라고 채택한 진술
- 귀무가설: 표본결과와 비교하여 검정할 대상인 통계적 가설
- 대립가설: 귀무가설과는 배반적인 가설, 연구대상으로 사용이 되는 의미에서 연구가설(research hypothesis)

가설검정의 목적은 모집단 모수의 값에 대한 상호 배반적이며 총망라적 가설들 중에서 하나의 가설을 선택하는 것이다.

- 총망라 이론가설(exhaustive theory hypothesis): 검정을 통해 입증된 모든 가능성을 포함하는 가설

- 배반적 가설들(exclusive hypotheses): 두 가설 중 한 가설이 진실이면 다른 가설은 반드시 허위가 되는 관계를 갖는 가설들
- 의사결정(decision making): 표본 관찰치들을 기초로 2개의 다른 가설(대안)들 중에서 하나를 선택하여 결론에 도달하는 과정

가설은 단순가설(simple hypothesis)과 복합가설(composite hypothesis)의 두 형태로 구분한다.

단순가설은 모집단 모수에 대해 하나의 값을 설정한 가설이다. 모집단 비율이나 평균이 어떤 값이라거나 또는 두 모집단 평균의 격차가 0이라는 등의 식으로 설정하는 가설이다.

복합가설은 모집단 모수가 가질 수 있는 값들을 어떤 범위로 설정한 것이다. 모집단 평균이나 비율이 어떤 값 이상(이하)이거나 또는 모집단 평균의 격차가 0이 아니다라는 방식으로 설정한 가설이다.

표 9-3 가설의 종류

구분 기준	가설로 설정된 값의 수		검정 대상 여부	
구분 가설	단순가설	복합가설	귀무가설	대립가설

9.2.1.2 표본분포

표본분포(sampling distribution)는 표본평균 등의 표본통계량 값들의 분포이며, 명시된 표본추출계획에 의거하여 목표 모집단에서 추출할 수 있는 각 가능한 표본에 대해 계산된 표본통계량의 가치들의 분포이다. 이러한 값들은 주어진 모집단에 대해 일정한 크기로 추출할 수 있는 가능한 모든 표본들에 대해 계산된다.

표본분포는 표본 원소 값(표본점)들의 분포와 혼동을 해서는 안 된다. 모집단이 20개 병원들로 구성되어 있다고 하자. 이러한 20개 병원의 모집단에서 5개 병원들의 단순무작위표본을 추출한다고 하자. 이러한 경우에 크기 5의 표본들을 $15,504[={}_{20}C_5 = 20\times19\times18\times17\times16)/(5\times4\times3\times2\times1)=\text{COMBIN}(20,5)]$개 도출할 수 있다. 이러한 15,504개 표본들의 평균의 값들의 상대도수분포는 평균의 표본분포를 명시적으로 구성

할 것이다.

실제로는 사전 결정한 크기의 표본을 하나 선정하고, (평균 및 비율과 같은) 평균 통계량을 계산한다. 그렇지만 가상적으로 표본통계량에서 모집단 모수를 추정하기 위해서는 추출될 수 있었던 각종 가능한 표본을 검토해야 한다.

모든 가능한 표본들이 실제로 추출되었다면, 통계량의 분포는 표본분포가 될 것이다. 비록 하나의 표본만이 실제로 도출되더라도, 표본분포의 개념은 여전히 적절하다. 표본분포는 모집단 값들의 추론을 하도록 확률이론을 사용할 수 있게 해준다.

표본분포의 모집단 추론에 직접 관련되는 확률이론은 중심극한정리(central limit theorem)이다. 이는 표본크기가 증가할수록, 무작위로 선정된 표본의 표본평균의 분포는 정규분포에 접근한다. 이는 표본이 추출된 원래모집단의 형태와는 무관하게 맞는 것으로 성립한다.

표본평균 분포의 중요한 특성과 대규모 표본(30개 이상)의 표본비율에 대한 대응 특성은 다음과 같다.

① 표본평균 분포는 정규분포이다. 한편 비율의 표본분포는 이항분포이다. 그러나 표본크기가 30 이상인 대표본(large samples)에서 이항분포는 정규분포에 가까울 수 있다(근사치를 가질 수 있다).

② 평균 $\overline{X}\left(=\sum_{i=1}^{n} X_i/n\right)$ 또는 (관심 특성치 X의) 비율 $p(=X/n)$의 표본분포의 평균은 각각 모집단 평균 μ 또는 모집단 비율 π의 대응 모집단 모수 값과 일치한다.

③ 표본이나 모집단에 대한 것이 아니라 평균이나 비율의 표본분포를 말하는 것을 나타내도록 표준편차는 평균 또는 비율의 표준오차(standard error)라고 부른다. 그에 대한 공식들은 다음과 같다.

평균의 표준오차 $\sigma_{\overline{x}} = \dfrac{\sigma}{\sqrt{n}}$

비율의 표준오차 $\sigma_p = \sqrt{\dfrac{\pi(1-\pi)}{n}}$

④ 모집단 표준편차 σ가 알려지지 않은 경우에, 표본에서 계산한 표본 표준편차 s로 모집단 표준편차 σ를 추정할 수 있다. 그리고 평균의 표준오차는 $est.\ \sigma_{\overline{x}} = s_{\overline{x}} = s/\sqrt{n}$

이다. $est.$ 는 s 가 σ 의 추정치로 사용되었다는 것을 표시한다. 어떤 측정오차도 없다면 모집단 모수 추정치의 신뢰도는 그 표준오차를 조건으로 평가될 수 있다.

⑤ 마찬가지로, 표본비율 p 를 모집단 비율 π 의 추정량(estimator)으로 사용하여 다음과 같이 비율의 표준오차를 추정할 수 있다.

$$est.\ \sigma_p = s_p = \sqrt{\frac{p(1-p)}{n}}$$

⑥ 두 점들 사이의 표본분포 아래의 면적은 z값을 조건으로 계산할 수 있다. 어떤 점에 대한 z 값은 $z = (\overline{X} - \mu)/\sigma_{\overline{x}}$ 또는 $z = (p - \pi)/\sigma_p$ 와 같이 계산하여 어떤 점이 평균이나 비율에서 떨어져 있는 크기를 표준오차들의 수로 표시한 것이다.

⑦ 표본크기가 모집단 크기의 5%를 초과하는 경우에, 표준오차는 모집단 평균 또는 비율의 표준편차를 과대 추정할 것이다.

따라서 이러한 공식들은 다음에 의해 규정된 유한모집단수정요인(finite population correction factor) $\sqrt{(N-n)/(N-1)}$ 에 의해 조정되어야 한다. 여기서 N 은 모집단 크기이고, n 은 표본크기이다. 따라서 평균과 비율의 표준오차는 각각 다음과 같다.

$$\sigma_{\overline{x}} = \frac{\sigma}{\sqrt{n}} \sqrt{\frac{N-n}{N-1}} \quad \text{과} \quad \sigma_p = \sqrt{\frac{\pi(1-\pi)}{n}} \sqrt{\frac{N-n}{N-1}}$$

이러한 유한모집단수정요인은 유한모집단에서 비복원추출을 하는 경우에도 적용하는 것이 좋다.

9.2.2 표본크기 결정

9.2.2.1 무작위 표본크기와 표본 정확성의 공리

특정 표본에서 응답자들을 결정하는 방식은 간단한 결정사항 중의 하나이지만, 공식들을 사용하므로 혼란스러운 과제일 수가 있다. 표본크기 결정은 이론적으로 완전한 것과 현실적으로 가능한 것 사이의 절충(compromise)이다.

표본크기 결정에 대해 많은 실무자들이 표본크기가 표본의 대표성을 결정한다는 잘못된 믿음인 대표본크기 편견(large sample size bias)을 갖는다. 또한 표본크기는 특히 전화 및 온라인 설문조사뿐만 아니라 대인면접에 대해 중요한 비용 요인으로 작용하기 때문에, 표본크기 결정방법의 이해는 효과적 자원관리에 영향을 준다.

표본크기와 표본정확성에 대한 자명한 이치(공리, axiom)는 다음과 같이 정리할 수 있다. 공리는 보편적 진리이며, 해당 진술이 항상 참이라는 것을 의미한다. 그렇지만, 여기서의 공리는 확률표본들에 대해서만 적합하다.

① 유일하게 완전히 정확한 표본은 인구조사(census)이다.

② 무작위표본은 표본오차한계(margin of sample error) 또는 단순히 오차한계(sample error)라고 하는 어떤 부정확성(inaccuracy)을 항상 갖는다.

③ 무작위표본이 클수록, 더 정확하여 표본오차한계가 더 작다는 것을 의미한다.

④ 표본오차한계는 간단한 공식으로 계산할 수 있고, ±% 숫자로 표시할 수 있다.

⑤ 설문조사에서 어떤 조사결과를 획득하고, 표본크기의 무작위표본으로 조사를 반복하여, 원래 표본의 조사결과의 ±% 범위 내부에서 동일한 조사결과를 발견할 가능성이 아주 같을 수 있다.

⑥ 거의 모든 경우에 무작위표본의 표본표준오차는 모집단 크기와는 독립적이다.

⑦ 무작위표본의 크기는 모집단 크기의 아주 작은 비율이 될 수 있으며, 여전히 작은 표본표준오차를 가질 수 있다.

⑧ 무작위표본의 크기는 표본크기를 위한 자료수집 비용에 대해 균형이 되는 고객이 원하는 정확성(채택 가능한 표본표준오차)에 의존한다.

9.2.2.2 표본크기 결정의 정성적 고려요인

설문조사의 적절한 표본크기 계산에는 모집단에서 있을 것으로 믿는 변동 가능성, 채택 가능한 표본오차한계, 모집단 값의 추정치들에서 요구되는 신뢰도 수준을 고려해야 한다. 정량적 고려요인들인 통계적 고려사항에 추가하여, 표본크기를 결정할 때에 여러 정성적 요인들을 고려해야 한다.

여러 정성적 요인들은 결정의 중요성, 조사의 특성, 변수들의 수, 분석의 특성, 유사한 연구들에서 사용된 표본크기들, 발생률(incidence rate), 완료율(completion rates), 자원 제약(resource constraints)을 다음과 같이 포함한다.

① **결정의 중요성**: 일반적으로 결정이 중요할수록, 정보는 보다 정확해야 한다. 이는 중요한 결정을 위해서는 더 큰 크기의 표본들이 필요한 것을 의미한다. 정확도(precision)

증가의 필요성은 각 추가 원소에서의 정보수집으로 나타나는 비용 증가에 대하여 상대적으로 평가되어야 한다.

② 조사의 특성(nature of the research): 조사의 특성은 표본크기에 영향을 준다. 초점집단과 같은 탐색적 조사(exploratory research)는 전형적으로 작은 표본들을 기초로 하는 정성적 기법들을 채택한다. 한편 기술조사(記述調査, descriptive survey) 등의 종결적(확인적) 조사(conclusive research)에서는 큰 표본을 요구한다.

③ 변수들의 수: 연구에서 변수들의 수가 증가할수록 표본크기 역시 따라서 증가해야 한다. 예컨대 많은 변수들을 측정하는 문제규명조사들은 전형적으로 표본크기가 1,000부터 2,500까지의 큰 표본들을 요구한다.

④ 분석의 특성: 계획한 분석형태에 따라 필요한 표본크기가 다르게 결정된다. 전체 표본보다는 하위 집단에서의 고급 기법들 또는 분석을 사용하는 정교한 자료분석은 더 큰 표본들을 요구한다.

⑤ 유사 연구들에 사용된 표본크기들: 사전 연구들은 표본크기들 추정에 대한 지침의 역할을 한다.

〈표 9-4〉는 여러 마케팅조사연구에서 사용된 표본크기들에 대한 개념을 제공한다. 이러한 표본크기들은 특히 비확률표본추출기법을 사용할 경우에는 경험을 기초로 결정되고, 개략적 지침들로 역할을 할 수 있다. 그렇지만 주의해서 적용해야 한다.

- 문제규명조사(problem-identification research): 시장잠재력 조사, 시장점유율 조사, 이미지 조사, 시장특징 조사, 매출액분석 조사, 예측 조사, 업계동향 조사(business trends research)

- 문제해결조사(problem-solving research): 세분화조사, 제품조사, 가격결정조사, 홍보조사, 유통조사

⑥ 발생률(incidence rate)은 발생비율(rate of occurrence) 또는 연구에 참여할 자격이 있는 개인들의 비율이며, 완료율(completion rate)은 자격 있는 응답자 중에서 면접을 완료하는 비율이다. 발생률과 완료율은 대부분 100%에 미달하므로, 초기 표본의 크기를 달성하려는 크기보다 아주 커야 한다.

⑦ 자원제약들(resource constraints): 표본크기는 자금, 인원, 시간제한에 의해 영향을 받는다. 마케팅조사프로젝트에서 자원이 한정되어 있으면 표본크기 역시 제한을 받는다.

표 9-4 정성적 마케팅조사연구에서 사용되는 표본크기들

연구 형태	최소 크기	전형적 범위
문제규명조사(시장 잠재력 등)	500	1,000–2,500
문제해결조사(가격결정 등)	200	300–500
제품시험(product tests)	200	300–500
시험판매(테스트마케팅) 연구(test–marketing studies)	200	300–500
TV/라디오/인쇄 광고(상업 또는 시험 광고)	150	200–300
시험판매 검사(test–market audit)	10개 점포	10–20개 점포
초점집단	2개 집단	10–15개 집단들

자료: Malhotra(2012), 372.

9.2.2.3 표본크기의 정량적 고려 요인들

표본크기의 통계적 결정은 정규분포 지식과 정규확률표의 사용을 요구한다. 정규분포는 종형태의 대칭적 분포이며, 평균, 중위수, 최빈치가 동일하다. 표본크기 결정에서 사용되는 중요한 통계적 개념은 다음과 같다.

① 모수(parameter)는 목표 모집단의 고정된 특징 또는 측정치의 요약 서술이다. 모수는 표본보다는 인구조사가 수행되었다면 획득된 진정한 값을 모수가 표시한다.

② 통계량(statistic)은 표본의 특징이나 측정치의 요약 서술이다. 표본통계량은 모집단 모수의 추정치로 사용된다.

③ 유한모집단 수정(finite population correction: fpc)은 표본크기가 모집단 크기의 5%를 초과하는 경우에 나타나는 평균이나 비율과 같은 모집단 모수의 분산의 과대추정에 대한 수정이다.

④ 정밀도 수준(precision level)은 표본통계량을 사용하여 모집단 모수를 추정하는 경우에 원하는 추정구간의 크기이다. 이는 표본통계량과 모집단 모수 사이의 최대허용 가능 격차이다.

⑤ 신뢰구간(confidence interval)은 주어진 신뢰수준을 가정한 경우에 진정한 모집단 모수가 위치할 범위이다.

⑥ 신뢰수준(confidence level)은 신뢰구간이 모집단 모수를 포함할 확률이다.

⑦ 확률표본추출오차(random sampling error)는 선정된 특별 표본이 관심 모집단에서 불완전하게 대표되는 경우에 나타나는 오류이다. 이는 측정에서의 무작위 오류와는

다르다.

9.2.2.4 복수 특징 및 모수

지금까지는 단일 모수의 추정을 다루었다. 마케팅조사에서는 여러 특징들을 다루어야 하므로, 여러 모수들을 추정해야 한다. 이러한 경우에 표본크기는 추정해야 하는 모수들을 모두 고려하여 계산해야 한다.

예컨대 가정의 월별 평균지출 추정을 위해 필요한 표본크기가 백화점 쇼핑은 465명, 의류 구입은 246명, 선물 구입은 217명이라고 하면, 가장 보수적 접근법으로 표본크기를 465로 결정할 수 있다. 그렇지만 조사자가 의류 월별 지출에 가장 관심을 둔다면 표본크기를 246으로 결정할 수 있다.

9.2.2.5 통계로 결정된 표본크기 조정

통계학을 사용하여 결정된 표본크기는 원하는 정밀도와 주어진 신뢰수준에서 모수들이 추정되는 것을 보장하도록 반드시 달성되어야 하는 최종 또는 순 표본크기(final or net sample size)를 나타낸다.

설문조사에서 이는 반드시 완성되어야 하는 면접들의 수를, 그리고 우편조사에서는 회송된 우편설문지의 수를 표시한다. 이러한 최종 표본크기를 달성하기 위해서는, 아주 더 많은 잠재적인 응답자들에게 연락해야 한다. 다시 말하자면, 전형적으로 발생률(incidence rates)과 완료율(completion rates)이 100% 미만이기 때문에, 초기 표본크기는 반드시 아주 더 커야 한다.

9.2.2.6 온라인 표본추출 조정

온라인 설문조사에 대한 표본크기는 일반적으로 통계학을 사용하여 결정된 표본크기를 초과한다. 그 이유는 표본들을 수집하고 분석하는 한계비용이 더 낮기 때문이다.

또한 더 큰 표본들은 하위집단 또는 세분화 수준에서 분석을 보다 상세한 수준으로 수행하게 해준다.

온라인 조사에서 큰 도전과제들 중 일부는 목표 모집단을 대표하는 진정한 무작위 표본을 생성시키고, 응답률을 증가시킬 수 있는 능력이다. 이는 소비자 설문조사를 기업 설문조사와 비교하여 수행하는 경우에는 더욱 문제가 많다.

MARKETING
RESEARCH

차이분석과
관계분석

차이분석과 관계분석

기술적 분석과 추론적 분석

10.1.1 기술적 분석과 수행도구

기술적 분석(descriptive analysis)은 원래 자료를 쉽게 파악하고 해석하도록 연령, 인종, 소득, 학력과 같은 인구통계학적 자료 등으로 전환시키는 작업이다. 이러한 형태의 분석은 보다 의미 있고 간결한 형식으로 기술적 정보를 발생시키도록 자료의 재정리, 순서결정, 처리를 수행하는 활동이다.

자료를 요약하는 가장 간단한 방식은 하나의 표 또는 기타 요약 형식으로 자료를 순서에 따라 배열하는 도표작성(tabulation)이다. 그리고 가장 보편적인 형태의 표는 도수와 그 비중을 표시하는 읽기 쉬운 도수분포표(frequency table)이다.

도수분포표는 설문조사자료(survey data)를 요약하는 탁월한 방식이다. 또한 도수분포표보다 더 효과적으로 설문조사자료를 요약하기 위해 중심경향(central tendency) 및 확산(dispersion) 측정치를 이용할 수 있다.

첫째, 중심경향측정치는 최빈값, 중앙값, 평균의 3개 측정치이다.

- **최빈값**(mode): 가장 많이 발생하는 값이며, 명목자료 또는 범주자료를 요약할 수 있다.
- **중앙값**(중위수, median): 오름차순(낮은 값부터 높은 값으로의 방식) 정렬을 한 점수들의 중간점(midpoint)으로 (순위를 매길 수 있도록 값을 할당한) 서열척도변수들을 요약할 수 있다. 이는 50백분위와 같다.
- **평균**(mean): 산술평균은 모든 점수들의 합계를 응답자 또는 대상들의 수로 나누어 구한 것이다. 이는 등간척도 또는 비율척도(interval or ratio-scaled) 자료들을 요약할 수 있다. 그런데 표본자료를 기초로 계산한 표본평균은 (전수조사로 구한 자료의) 모집단 평균이 아니지만, 모집단 평균의 최우량 추측값이다.

둘째, 확산측정치는 응답자들이 질문에 대해 서로 비슷하게 또는 서로 다르게 응답하는지의 여부를 알 수 있게 해준다. 산포측정치가 필요한 것은 중심경향측정치는 하나의 값이어서 응답자들의 응답내용이 얼마나 다른지의 정도에 대한 정보를 주지 못하기 때문이다.

따라서 중심경향측정치라는 하나의 측정치가 모든 응답들을 얼마나 잘 포착하고 있는지를 나타내기 위해 확산 또는 퍼짐(spread)을 간파하도록 보통 다음 5가지의 확산 표준측정치(standard measures of dispersion)를 사용한다.

- **범위**(Range): 어떤 숫자집합에서 최대값에서 최소값을 뺀 값으로 표시한 격차이다. 이는 초보적이지만, 계산도 쉽고 이해하기도 쉽다.
- **사분위수범위**(Interquartile range): 75백분위수에서 25백분위수를 뺀 값으로 표시한 격차이다.
- **평균절대편차**(Mean absolute deviation): 측정한 관찰치에서 평균을 뺀 격차를 음 또는 양의 부호와 관계없이 절대값으로 처리하여 계산한 평균이다. 이는 자주 예측 정확성의 측정값으로 사용되며, 예측된 값과 실제 값 사이의 격차를 표시한다.
- **분산**(Variance): 각 값에서 평균을 뺀 격차를 자승하고, 그 합계를 약간 조정한 표본크기(즉, 표본크기−1)로 나눈 값이다. 표본분산은 모집단분산의 추정치로 사용된다.

• **표준편차**(Standard deviation): 분산의 자승근(1/2승한 값)으로, 모든 관찰값들이 평균에 대해 갖는 거리를 포착하는 측정치이다.

10.1.2 추론적 분석과 수행방법

추론적 분석(inferential analysis)은 의사결정자가 최대한 정보를 효과적으로 활용하여 합리적 의사결정을 수행할 수 있도록 보다 일반적 상황에 적용할 수 있는 분석결과를 제공하는 데 목표를 둔다. 따라서 추론적 분석은 제공하는 표본조사를 기초로 모집단 특성을 추정하고 인과관계를 규명하는 것을 목적으로 한다.

추론적 분석은 통계적 의사결정이론(statistical decision theory)을 기초로 수행하며, 추정(estimation)과 가설 검정(hypothesis-testing)으로 구분된다.

첫째, 추정은 자료의 표본통계량으로 모집단 특성을 요약하는 모수를 추론하며, 확률 기반 신뢰구간을 사용한다.

둘째, 가설 검정은 모집단의 모르는 특성에 대한 주장(가설)을 설정한 신뢰수준에서 채택할지의 여부를 결정하는 과정이다. 이는 일반적 개념이나 예상이 조사하려는 대상에 대해 제대로 적용할 수 있는지를 증명하기 위해, 표본자료를 통해 검정할 수 있는 가설을 필요로 한다. 따라서 가설 검정에는 일반적 개념이나 예상을 특정한 지표 및 절차로 전환시키는 조작화 과정(operationalization process)을 포함한다.

10.2 검정통계량

10.2.1 *Z*통계량

정규분포(normal distribution)는 좌우 대칭의 모양으로 평균에 집중된 연속변수의 확률분포이다. 많은 확률과정의 측정치가 정규분포를 따르고, 표본크기가 큰 경우에 중심극한정리에 따라 표본평균 및 표본비율과 같은 통계량의 분포는 모집단의 분포와는 상관없이 정규분포를 이룬다. 이러한 이유로 정규분포는 이항분포, 포아송분포 등의 다른 확률분포 근사치 계산에 자주 사용된다.

정규분포를 따르는 확률변수에서 통계적 추론에 많이 사용하는 χ^2, t, F분포 등이 파생된다.

한편 표준정규분포(standard normal distribution)는 평균 0과 분산 1을 갖는 정규확률 변수가 이루는 분포이며, 표준정규분포는 $z \sim N(0,1)$로 표시한다. 정규확률변수인 X를 z로 표준화하여 표준정규분포를 이용하여 확률을 계산하는 것이 편리하기 때문에 표준 정규분포를 자주 사용한다.

σ가 알려진 경우에 모집단 평균 μ의 구간 추정량을 구하는 방식은 점 추정량(point estimator) $\overline{X}$의 표준화 형식인 z통계량은 표본평균의 표본분포 표준편차인 평균의 표준 오차 $\sigma_{\overline{X}} = \dfrac{\sigma}{\sqrt{n}}$에 내한 표본병균과 모집단 평균의 격차로 계산한다.

$$z = \frac{\overline{X} - \mu}{\sigma / \sqrt{n}} = \frac{\sqrt{n}(\overline{X} - \mu)}{\sigma}$$

모집단 평균뿐만 아니라 모집단 비율 추정에 대한 검정에도 z통계량을 적용할 수 있다. 표본크기 n과 모집단비율 p를 갖는 이항분포(binomial distribution)가 $np \geq 5$와 $n(1-p) \geq 5$인 경우에 정규분포에 근사하므로, 표준정규분포를 비율에 대한 가설 을 검정하는데 사용할 수 있다. 그리고 z검정통계량은 표본비율(sample proportion) $\hat{p} \, (= X/n)$에 대해 다음과 같다.

$$z = \frac{\hat{p} - p}{\sqrt{pq/n}}$$

10.2.2 t통계량

Student t분포는 분산이 알려지지 않은 정규분포를 갖는 모집단에서 추출한 크기 30개 미만의 표본이 갖는 분포이다. 표준화 통계량으로 z 대신 Student t를 사용하는 것은 모집단 표준편차 σ를 그 추정치 표본 표준편차 s로 대체하는 경우이다.

알려지지 않은 평균 μ와 알려지지 않은 표준편차 σ를 가진 정규모집단에서 어떤 표본 X_1, $\cdots$, X_n 을 갖는다고 가정하자. 그리고 그 표본자료를 사용하여 모집단 평균 μ 의 구간 추정자(추정량)(interval estimator)을 구한다고 하자. 이와 같이 σ 를 모르는 경우 에는 그 추정량인 표본표준편차 s 로 대체시켜, 변수 t_{n-1} 통계량을 구하여 신뢰구간에 대해 적용한다.

$$t_{n-1} = \frac{\overline{X} - \mu}{s / \sqrt{n}} = \sqrt{n}\,\frac{\overline{X} - \mu}{s}$$

이러한 확률변수 t_{n-1} 은 $n-1$ 의 자유도(degrees of freedom)를 갖는 t 확률변수 (t random variable)이다. 자유도는 "관찰치 수－사전 추정되어야 하는 모수의 수"로 계 산한다. 여기서는 모수인 평균을 추정하기 때문에 자유도는 $n-1$ 이다.

t 확률변수의 밀도함수는 표준정규확률변수와 같이 0에 대해 대칭이다. 자유도 모 수가 증가함에 따라, t 확률변수의 밀도함수는 표준정규밀도에 보다 유사해진다.

따라서 t 검정은 모집단이 근사적으로 정규분포되고, 모집단 표준편차를 알 수 없 는 경우에 사용해야 한다는 것을 주의해야 한다.

Student t 분포는 연속변수의 확률분포이며, 종의 형태(bell-shaped)로 $\overline{X} = \mu$ 인 $t_\nu = 0$ 에서 하나의 봉우리를 갖는 대칭분포이다. 평균은 항상 0이지만, 표준편차는 표 본크기에 따라 다르게 발생한다.

t 분포의 분산은 $Var(t) = \nu / (\nu - 2) = (n-1)/(n-3)$ 이다. 따라서 t 분포의 분산 이 성립하기 위한 최소표본크기는 4이다. 표본크기가 증가할수록 분산이 감소하여 1에 접근하므로, t－분포곡선은 표준정규분포에 비해 중심점(평균)으로부터 더 크게 흩어져 보다 평탄한 형태로 발생한다.

Excel에서는 "=T.DIST.RT(x, 자유도)"를 이용, t 분포를 갖는 표본 관찰치 t 가 주 어진 값 x 를 초과할 확률 $P(t > x)$ [단측 우측 t 분포값]를 계산한다. 이러한 경우에는 $x \geq 0$ 이다.

Excel에서 "=T.DIST.2T"(x, 자유도)"를 이용, t 분포를 갖는 표본 관찰치 t 가 주 어진 값 x 보다 크고, $-x$ 보다 작은 값들을 가질 확률 $1 - P(-x \leq t \leq x)$ [양측 t 분포 값]를 계산한다. 이러한 경우에 $x \geq 0$ 이다. 통계량 $t_{n-1,\alpha}$ 는 $P[T_{n-1} > t_{n-1,\alpha}] = \alpha$ 를 의미한다. 이는 $P[T_{n-1} < t_{n-1,\alpha}] = 1 - \alpha$ 를 의미하므로, 통계량 $t_{n-1,\alpha}$ 는 〈그림 10-1〉과 같이 확률밀도 백분위수(density percentile)로 표시하면 n 의 자유도를 갖는

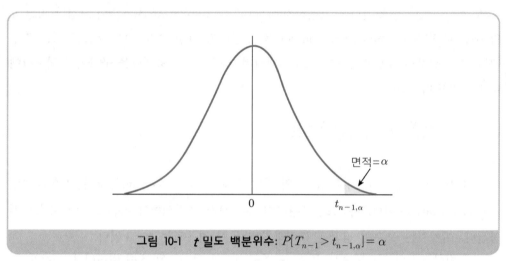

그림 10-1 t 밀도 백분위수: $P[T_{n-1} > t_{n-1,\alpha}] = \alpha$

자료: Malhotra(2010), 11.

t 분포의 $100(1-\alpha)$백분위수를 말한다. 예컨대 표본크기 8 및 $\alpha = 5\%$ 인 $t_{7,0.05}$ 는 1.860으로 계산된다. 이는 Excel에서 "$=$T.INV$(1-5\%,8)$"를 입력하여 계산된다.

10.2.3 카이자승통계량

χ^2 (chi-square)분포 통계량은 정규분포된 모집단 분산에 대해 가설로 설정된 값 σ_0^2 을 검정에 대해서는 다음과 같이 설정된다.

$$\chi_\nu^2 = \frac{(n-1)s^2}{\sigma_0^2}$$

여기서 ν 는 자유도($=n-1$), n 은 표본크기, s^2 은 표본분산을 표시한다.

한편 모집단 평균 μ 를 적용한 표준화변수의 자승 값들의 합 $\dfrac{\sum\limits_{i=1}^{n}(x_i-\mu)^2}{\sigma^2}$ 은 자유도 n 의 카이자승분포를 갖는다.

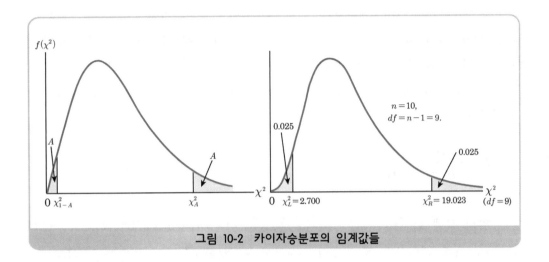

그림 10-2 카이자승분포의 임계값들

단측검정의 경우에 크기 10의 표본에 대한 카이자승 통계량 $(n-1)\dfrac{s^2}{\sigma^2}$ 는 95%의 확률을 갖기 위해서는 왼쪽 임계값 χ_L^2 과 오른쪽 임계값 χ_R^2 은 각각 2.700과 19.023을 갖는다.

Excel을 사용하면 왼쪽 임계값은 "=CHISQ.INV(2.5%,9)"으로, 오른쪽 임계값은 "=CHISQ.INV.RT(2.5%,9)"로 계산한다. 〈그림 10-2〉와 같이 카이자승곡선 아래 우측 면적 A와 같은 ν 의 자유도를 갖는 χ^2 의 값은 $\chi_{A,\nu}^2$ 로 표시한다. 그런데 χ^2 의 값은 항상 0보다 크기 때문에, 카이자승곡선 아래 좌측 면적이 A와 같은 ν 의 자유도를 갖는 χ^2 의 값은 $\chi_{1-A,\nu}^2$ 로 표시한다.

A가 5%라고 한다면, $\chi_{A,\nu}^2 = \chi_{5\%,8}^2 = 15.51$로 "=CHISQ.INV.RT(5%,8)"을 입력하여 계산한다. 그리고 $\chi_{1-A,\nu}^2 = \chi_{95\%,8}^2 = 2.73$으로 "=CHISQ.INV.RT(1-5%,8)"을 입력하여 계산한다. 또한 "=CHISQ.INV(5%,8)"을 입력해도 2.73을 구할 수 있다.

10.2.4 F통계량

F 분포(F distribution)는 서로 독립적인 2개의 카이자승 확률변수들을 각 자유도로 나눈 값들의 비율이 갖는 분포이다. F 분포는 F 곡선(F-curve)라는 우측왜곡 곡선의 특수한 형태의 모양을 갖는다.

F확률변수는 검정통계량으로 두 모집단 분산의 불편추정치들의 비율로 규정되는 분산비율분포(variance-ratio distribution)이다. Fisher의 F분포는 정규분포를 이루며 분산이 각각 σ_X^2과 σ_Y^2인 두 모집단에서 n_X와 n_Y 크기의 표본들을 무작위로 추출하여 구한 표본분산 s_X^2과 s_Y^2이 각 모집단 분산에 대해 갖는 상대적 비율이 따르는 분포로 규정한다.

$$F = \frac{s_X^2/\sigma_X^2}{s_Y^2/\sigma_Y^2} = \frac{s_X^2 \sigma_Y^2}{s_Y^2 \sigma_X^2}$$

위의 식에 $\chi_{\nu_1}^2(X) = (n_X - 1)s_X^2/\sigma_X^2$, $\chi_{\nu_2}^2(Y) = (n_Y - 1)s_Y^2/\sigma_Y^2$, $\nu_1 = n_X - 1$와 $\nu_2 = n_Y - 1$을 대입하고, 두 모집단 분산들이 동일하여 $\sigma_X^2 = \sigma_Y^2$이라고 가정하자.

이러한 경우에 다음과 같이 F변수(F variable)는 각 자유도로 나눈 두 개의 독립적인 카이자승 변수들의 비율로 형성되는 확률변수로 성립하며, F_{ν_1, ν_2}로 표시할 수 있다.

$$F = \frac{\chi_{\nu_1}^2(X)/(n_X - 1)}{\chi_{\nu_2}^2(Y)/(n_Y - 1)}$$

Fisher F분포의 모수들은 (분자의 자유도인) ν_1 과 (분모의 자유도인) ν_2 이다. F-통계량은 0이나 양의 값을 가져, 음이 될 수 없다. 따라서 F분포곡선은 카이자승분포곡선과 같이 우측 꼬리(양의 왜도)를 가진다.

F통계량의 기대치는 "$\nu_2/(\nu_2 - 2)$ =분모 자유도/(분모 자유도-2)"로 결정된다. 그리고 분모 자유도가 증가함에 따라 기대치는 1에 접근한다. 한편 F분포 $F(\nu_1, \nu_2)$ 의 분산은 $\nu_2 > 4$ 에 대해 다음과 같이 성립한다.

$$\sigma^2 = \frac{2\nu_2(\nu_1 + \nu_2 - 2)}{\nu_1(\nu_2 - 2)^2(\nu_2 - 4)}$$

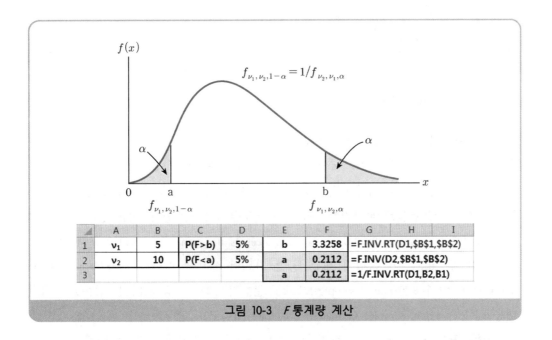

그림 10-3 F 통계량 계산

Excel에서 "=F.DIST.RT(x, 분자 자유도, 분모 자유도)"를 이용하여 $P(F > x)$를 계산하며, $P(F \le x)$누적확률은 "=F.DIST(x, 분자 자유도, 분모 자유도, 누적여부)"로 계산할 수 있다.

F 검정의 역수특성(reciprocal property)에 따르면, F 분포의 하부 꼬리(lower tail)의 특정 비율을 차단하는 F 의 임계값(critical value of F)은 자유도 ν_1 과 ν_2 가 서로 바뀐 동일한 크기의 상부꼬리(upper tail)를 차단하는 F 값의 역수와 동일하여 다음이 성립한다.

$$F_{\nu_1, \nu_2, 1-\alpha} = \frac{1}{F_{\nu_2, \nu_1, \alpha}}$$

〈그림 10-3〉과 같이 α =5%가 되도록 하는 F 분포 확률변수 x의 좌우측 임계값들 $f_{\nu_1, \nu_2, 1-\alpha}$ =a와 $f_{\nu_1, \nu_2, \alpha}$ =b를 Excel 워크시트에서 F1셀 및 F2셀로 F.INV(.RT)함수를 사용하여 구할 수 있다. 그리고 a는 $1/f_{\nu_2, \nu_1, \alpha}$ 로 F.INV.RT함수에 분자 및 분모 자유도들을 바꾼 역수로 구할 수 있다.

10.3 차이 검정

10.3.1 평균 차이 검정

표본평균의 표본분포의 특성과 같이 두 표본평균의 격차 $(\overline{X_1} - \overline{X_2})$ 는 두 모집단 평균의 격차 $\mu_1 - \mu_2$ 의 불편(편중이 되지 않은) 점 추정치로 사용할 수 있다.

이러한 표본평균의 격차 $(\overline{X_1} - \overline{X_2})$ 를 발생시키는 두 모집단에서 추출된 모든 가능한 표본들의 조합들로부터 격차들의 어떤 분포를 얻을 수 있다. 이를 평균(통계량) 격차의 표본분포[sampling distribution of differences of the means(statistics)]라고 한다.

또한 두 표본들이 독립적 또는 쌍별 자료의 여부에 따라 독립표본(independent samples)과 쌍(체)표본(paired samples)으로 구분한다. 그리고 쌍체표본을 종속표본 또는 대응표본(dependent samples or matched samples)이라고도 한다.

- **독립표본들**: 한 표본의 관찰치들이 다른 표본의 관찰치들의 발생확률에 전혀 영향을 주지 않는 경우의 두 표본들
- **쌍체표본들**: 관찰치들을 쌍별로 추출하므로, 한 표본의 어떤 관찰치는 다른 표본의 관찰치를 어떤 방식으로든 결정하는 상황의 두 표본들

검정할 두 모집단의 평균 간 격차 $\mu_1 - \mu_2$ 에 대한 귀무가설은 양측검정, 우측꼬리검정, 좌측꼬리검정에 따라 다음과 같이 표시한다.

- **양측검정**(two-tailed test)의 평균 간 격차 가설설정:

  $H_0 : \mu_1 - \mu_2 = 0$, $H_1 : \mu_1 - \mu_2 \neq 0$ 또는

  $H_0 : \mu_1 = \mu_2$, $H_1 : \mu_1 \neq \mu_2$

- **우측꼬리검정**(right-tailed test)의 평균 간 격차 가설설정:

  $H_0 : \mu_1 - \mu_2 = 0$, $H_1 : \mu_1 - \mu_2 > 0$ 또는

  $H_0 : \mu_1 = \mu_2$, $H_1 : \mu_1 > \mu_2$

- **좌측꼬리검정**(left-tailed test)의 평균 간 격차 가설설정:

  $H_0 : \mu_1 - \mu_2 = 0$, $H_1 : \mu_1 - \mu_2 < 0$ 또는

  $H_0 : \mu_1 = \mu_2$, $H_1 : \mu_1 < \mu_2$

10.3.1.1 독립표본들의 평균 격차 검정절차

독립표본들을 사용한 두 모집단 평균들 격차의 검정은 표본관찰결과에 따른 검정 통계량 결정에 대해 평균 간 격차의 표준오차를 사용하는 것을 제외하고는 단일모집단 평균값의 가설검정과 같이 다음 절차를 통해 수행할 수 있다.

① 평균 격차에 대한 가설을 설정하고, 평균 격차의 표준오차(standard error of the difference between means)를 계산한다.

② 검정통계량을 Z 통계량 또는 t통계량을 적용하여 계산한다.

③ 설정된 유의수준에 대해 표본의 Z 통계량 또는 t 통계량이 갖는 $P-$값을 비교하여 귀무가설의 기각 여부를 결정한다.

Excel의 리본 탭에서 "데이터 | 분석 | 데이터 분석"을 지정하면 생성되는 통계 데이터 분석 대화상자에서 다음과 같이 $z-$검정과 각 분산형태에 대한 $t-$검정을 자동으로 수행할 수 있는 기능들이 제공된다.

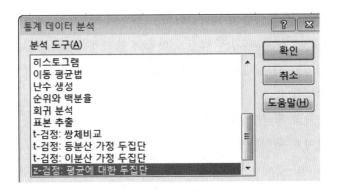

한편 두 모집단의 표본크기가 모두 29 이하인 경우에는 T.TEST함수를 통해 단측 및 양측검정에서의 통계량의 $P-$값을 계산할 수 있다.[1]

- Excel에서 Z.TEST(자료, 가설모평균, 모집단 표준편차)함수는 단일 모집단의 표본에 대한 Z값의 누적확률을 계산하여 $P-$값을 계산
- 두 평균 격차는 T.TEST(첫째 자료집합, 둘째 자료집합, 꼬리분포, $t-$검정형태)함수를

---

[1] 상세한 검정절차는 "문창권(2015), 통계·엑셀 2013: 쉬운 실무분석, 진샘미디어, 260−264"를 참조.

사용하여 t 통계량의 P-값을 구하여, 크기가 모두 29개 이하인 두 표본들에 대해 단측 및 양측검정 수행 가능

✓ T.Test함수에서 꼬리분포에 분포가 단측이면 1을, 양측이면 2를 입력

✓ 실행 t-검정형태에서 쌍이면 1, 분산이 같은 두 표본은 2, 분산이 다른 두 표본은 3을 입력

10.3.1.2 쌍체표본들의 두 평균 간 격차 검정

다른 표본의 관찰치에 어떤 방식으로 영향을 주는 쌍체표본들(paired samples)을 사용하여 두 모집단 평균들 간 격차에 대한 신뢰구간을 구성하는 경우에는 평균 $\bar{d}$를 갖는 n 개 격차들의 확률표본, 평균 μ_d를 갖는 격차들의 모집단, 크기 n 의 격차표본들에 대한 평균격차의 표집분포를 갖는 쌍체표본모형을 기초로 한다.

쌍체 관찰치들의 격차들을 분석하는 종류의 실험을 쌍체격차실험(paired difference experiment)이라 하며, 독립표본실험보다 모집단 평균 간 격차에 대해 더 많은 정보를 제공한다.

유사한 실험단위들 집단들 내부에서의 비교를 블록화(blocking)라고 하며, 쌍체격차실험(paired difference experiment)은 일종의 확률화 블록계획법(randomized block design)이다. 쌍체표본 검정을 위해서는 표본들이 무작위 추출되어야 하고, 두 모집단들이 반드시 정규분포되어야 한다.

자료 쌍 격차들의 평균에 대해 종속적인 쌍체표본을 이용하는 평균 쌍체표본 격차검정은 다음과 같이 수행한다.[2]

① 표본크기 n 의 쌍체자료 원소들 격차 $d(= x_1 - x_2)$ 와 격차 평균 $\bar{d}\,(= \sum d / n)$ 을 계산한다. $\mu_d(= \mu_1 - \mu_2)$ 의 쌍체격차 가설검정을 위한 설정 가설들은 다음과 같다.

- 우측꼬리 단측검정: H_0: $\mu_d = 0$, H_1: $\mu_d > 0$
- 좌측꼬리 단측검정: H_0: $\mu_d = 0$, H_1: $\mu_d < 0$
- 양측검정: H_0: $\mu_d = 0$, H_1: $\mu_d \neq 0$

② 자료 쌍들의 수인 쌍체표본의 크기 n 에 대해 $n-1$ 의 자유도를 갖는 t 분포로 종속표본의 쌍별 자료 격차들 평균 $\bar{d}$ 에 대한 표본분포에 대한 근사치를 계산한다.

---

2) 상세한 검정절차는 "문창권(2015), 통계·엑셀 2013: 쉬운 실무분석, 진샘미디어, 266-267"을 참조.

- 쌍별 자료원소 간의 격차들의 표준편차 s_d를 "((원소별 격차－격차 평균)^2/자유도)의 자승근"으로 계산
- 격차 평균의 표준오차(standard error of the mean difference) $s_{\bar{d}}$를 $s_d / \sqrt{n}$ 으로 계산
- 표준화 검정통계량 t는 설정된 격차평균 μ_d에 대해 "$(\bar{d} - \mu_d) / (s_d / \sqrt{n})$"로 계산

③ 표준화 검정통계량 t의 단측검정 및 양측검정 P－값들을 계산하여, 각 유의수준별로 귀무가설 기각 여부를 결정한다.

- 표본크기가 29개 이하인 소표본의 경우에는 t통계량이 적합
- 표본크기가 30개 이상인 대표본의 경우에는 Z통계량이 적합
- Excel에서는 메뉴 탭에서 "데이터 | 분석 | 데이터 분석"을 지정하고, "t 검정: 쌍체비교"를 통해 대응 쌍에 대한 가설검정을 수행

10.3.1.3 두 모집단 비율 간 격차의 검정

두 모집단의 (성공)비율 p_1과 p_2가 일치한다는 가설을 검정할 경우에 그 비율들 격차 $p_1 - p_2$의 표준오차를 결정하기 위한 기준으로 두 표본비율을 통합하여 사용하여 다음과 같이 수행할 수 있다.

① 비율 격차의 표준오차(standard error of the difference between proportions) $\hat{\sigma}_{\hat{p}_1 - \hat{p}_2}$ 를 계산한다.

- 두 모집단 비율의 합동추정치(pooled estimate of the population proportion) $\hat{\pi}$를 각 표본에 대한 표본크기와 표본비율의 곱을 더하고, 그 합계를 표본크기 합계로 나누어 계산
- 비율 격차의 표준오차를 합동추정치와 1에서 합동추정치를 뺀 값의 곱을 각 표본크기로 나누고, 그 값을 더한 값의 자승근으로 계산

② 두 비율 격차 $(p_1 - p_2) = 0$의 귀무가설 H_0 검정을 위한 Z통계량을 표본비율 격차를 비율 격차의 표준오차로 나누어 계산한다.

③ Z통계량의 P－값을 계산하여, 설정된 유의수준과 비교하여 귀무가설의 기각 여부를 결정한다.[3]

---

3) 상세한 검정절차는 "문창권(2015), 통계·엑셀 2013: 쉬운 실무분석, 진샘미디어, 268"을 참조.

10.3.1.4 두 모집단 분산 간 격차의 검정

정규분포를 갖는 두 모집단에서 추출된 표본들의 분산 비율에 대한 확률분포인 F분포를 사용하여, 두 모집단 분산이 동일하다는 귀무가설 검정을 다음과 같이 수행할 수 있다.

① 두 모집단 분산의 비율이 동일하다는 귀무가설을 검정하도록 표본분산들의 F통계량을 계산한다.

② 주어진 유의수준에 대해 양측검정과 단측검정에 대해 F비율 통계량의 P-값을 계산한다.

- 단측검정에 대해 F.DIST.RT(통계량, 분자 자유도, 분모자유도)와 (1-F.DIST(통계량, 분자 자유도, 분모 자유도, 누적표시)) 중 최소값으로 P-값을 계산
- 양측검정에 대해 F.DIST.RT(통계량, 분자 자유도, 분모자유도)와 (1-F.DIST(통계량, 분자 자유도, 분모 자유도, 누적표시)) 중 최소값의 2배로 P-값을 계산
- Excel에서 두 모집단 자료를 이용, F통계량의 양측검정 P값을 F.TEST함수로 계산

③ 계산된 P-값이 유의수준 이하로 나타나면, 귀무가설을 기각한다.

F통계량을 이용한 양측검정을 보기로 하자. 〈그림 10-4〉와 같이 특정 연도 직전과 직후의 각 크기 40의 표본자료들을 사용하여 계산한 표본분산이 $s_1^2 = 0.08700^2$, $s_2^2 = 0.06194^2$이라고 하자. 이러한 경우에 두 표본자료의 분산들이 같다는 귀무가설은 $\sigma_1^2 = \sigma_2^2$이고, 그에 대한 대립가설은 $\sigma_1^2 \neq \sigma_2^2$이다. 5%의 유의수준에서 분산 균등의 귀무가설을 검정하려는 경우에, 검정통계량은 F통계량을 다음과 같이 사용한다.

$$F = \frac{s_1^2}{s_2^2} = \frac{0.08700^2}{0.06194^2} = 1.9729$$

그리고 양측검정이어서 임계값들은 좌측 F_L과 우측 F_R에 대해 Excel을 이용하여, 각각 0.5289와 1.8907로 구할 수 있다. 그에 대한 함수는 각각 "=F.INV(2.5%, 40-1,40-1)"와 "=F.INV.RT(2.5%, 40-1, 40-1)"이다. 그런데 F통계량 1.9729는 우측 임계값 1.8907보다 크기 때문에 귀무가설은 5% 수준에서 기각된다.

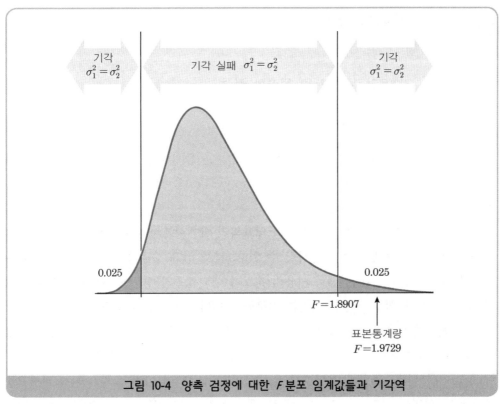

그림 10-4 양측 검정에 대한 F 분포 임계값들과 기각역

자료: Triola(2012), 501.

F 분포는 여러 방식으로 적용되지만, 주로 2개 분산들의 일치성에 대한 검정과 3개 이상 평균들의 일치성 검정에 사용한다. 특히 3개 이상의 표본평균들 간의 동질성에 대한 검정은 분산분석(analysis of variance)이라는 그 평균들 간의 변동가능성분석에 대한 검정이다.

10.4 ⊥ 관계여부 분석

10.4.1 교차표와 독립성 및 적합성 검정

10.4.1.1 교차표의 개념과 적용

교차표(cross-tabulation)는 2개 이상의 변수들을 동시에 기술하는 통계기법이며, 제한된 수의 범주들 또는 구별되는 값들(distinctive values)을 갖는 2배 이상의 변수들의 결합분포를 반영하는 표를 제공한다.

예컨대 도수분포 작성을 위해 여러 대표적인 마케팅조사 질문들을 사용하여 각 변수을 다른 변수들에 대해 관련시킬 수 있다. 자사 상표 사용자들의 소득이 거주하는 지역과 관련되는지의 여부, 제품 사용의 정도가 대외활동의 정도에 관련된 여부들을 파악하도록 질문을 할 수 있다. 이러한 질문들의 대답을 교차표를 통해 결정할 수 있다.

한 변수의 범주(동일한 성질을 가진 부류나 범위)들을 하나 이상의 다른 변수들의 범주들과 교차분류한다. 그래서 한 변수의 도수분포는 다른 변수들의 값들 또는 범주들에 따라 세분된다. 45명의 응답자들을 구입태도(사용량)에 따라 소량, 중간, 과량으로 구분하고, 성별에 따라 남성과 여성으로 구분한 결과를 다음과 같이 교차표로 작성할 수 있다.

	A	B	C	D	E
1			성별(gender)		행 합계
2			남성	여성	
3	사용량 (usage)	소량사용자	14	5	19
4		중간사용자	5	5	10
5		과량사용자	5	11	16
6	열합계		24	21	45

위와 같이 2개의 변수를 갖는 교차표를 이변량 교차표(bivariate cross-tabulation)라고 한다. 교차표의 가장자리(margins)는 각 변수의 특정한 값들(성별에서 남성 및 여성, 사용량에서 소량·중간·과량 사용자들)에 대한 도수분포표를 보여준다. 따라서 교차표를 분

할표(우발사건도수분포표, contingency table)라고도 한다. 교차표는 다음과 같은 장점을 가져 상업적 마케팅조사에서 널리 사용된다.

① 교차표 분석 및 결과는 통계학에 익숙하지 않은 경영자들이라도 쉽게 해석하고 이해할 수 있다.

② 해석이 명료하여 조사결과들에 강력히 연관된 관리 조치들을 수행할 수 있다.

③ 교차표 분석은 수행하기 간단하여, 세련도가 부족한 조사자들에게는 보다 매력적이다.

교차표는 사용된 변수들이 독립변수와 종속변수로 구분되는 경우에, 독립변수들의 방향으로 종속변수에 대한 구성비(%)를 계산하는 것이 일반적 원칙이다. 성별을 독립변수, 사용량을 종속변수로 가정하면, 앞서 교차표는 다음과 같이 전환된다.

		성별(gender)		행 합계
		남성	여성	
사용량 (usage)	소량사용자	73.7%	26.3%	100.0%
	중간사용자	50.0%	50.0%	100.0%
	과량사용자	31.3%	68.8%	100.0%

위의 결과는 남성이 소량사용자이고, 여성이 과량사용자로 나타날 경향이 큰 것을 보여준다. 그래서 상표 충성도 유지를 위해 여성에게 더 많은 홍보활동을 해야 하는 것을 알 수 있다. 물론 다른 변수들에 대한 분석도 필요하지만, 위의 교차표는 필요한 관리 조치들에 대해 가설검정을 어떻게 연관시켜야 하는가를 보여준다.

한편 교차표를 이용하여 독립변수에 대해 종속변수의 방향으로 구성비를 계산하는 것은 중요하지 않다. 이제 사용량이 독립변수이고, 성별이 종속변수라고 하자. 이러한 경우에 교차표는 과량사용이 사람들을 여성으로 만든다는 것을 의미한다. 이는 명백히 중요하지 않다.

10.4.1.2 독립성 검정

교차표 작성 변수들 연관성의 통계적 유의성 및 강도를 평가하는데 보편적으로 카이자승 통계량(chi-square statistic)을 사용한다.

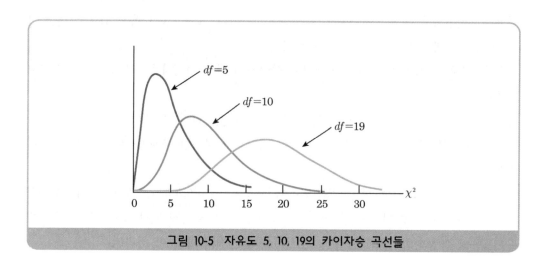

그림 10-5 자유도 5, 10, 19의 카이자승 곡선들

　　연관성 강도 또는 연관성 정도는 실무 및 관리 차원에서 중요하다. 일반적으로 연관성이 통계적으로 유의적인 경우에만 연관성 강도가 흥미를 갖는다. 연관성 강도는 파이 상관계수(phi correlation coefficient), 유관계수(contingency coefficient), Cramer V에 의해 측정할 수 있다.

　　카이자승 분포(chi-square distribution)는 〈그림 10-5〉와 같이 카이자승 곡선(chi-square curve)이라고 하는 우측 왜곡 곡선(right-skewed curve)의 특수한 형태를 갖는 모양을 이룬다.

　　카이자승 곡선은 아래의 면적이 1이며, 수평축의 0에서 출발하여 우측으로 무한히 진행하지만 수평축에 닿지는 않고, 우측 왜곡을 보이며, 자유도가 클수록 보다 정규곡선들의 형태에 접근한다.

　　한편 〈그림 10-6〉과 같이 자유도 12를 갖는 χ^2 곡선에서 우측으로의 면적이 2.5%(0.025)를 갖는 χ^2값을 $\chi^2_{0.025}$로 표시한다. 그리고 Excel함수를 사용하여 "=CHISQ.INV.RT(2.5%,12)"를 입력하면, $\chi^2_{0.025} = 23.337$을 계산할 수 있다.

　　카이자승 통계량 χ^2은 교차표에서 관찰된 연관성의 통계적 유의성을 검정하는 데 사용한다. 두 변수들 사이에 체계적 연관성(systematic association)이 존재하는지의 여부를 결정하는데 사용할 수 있다. 귀무가설(null hypothesis) H_0는 변수들 간에 어떤 연관성도 없다는 것이다.

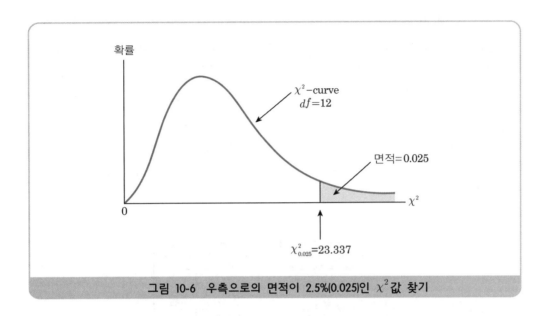

그림 10-6 우측으로의 면적이 2.5%(0.025)인 χ^2값 찾기

기존의 행 및 열 합계들(row and column totals)이 주어진 경우에 변수들 사이에 어떤 연관성도 없다면 예상되는 칸의 도수들(cell frequencies)을 계산하여, 위의 검정을 수행한다.

예상되는 칸 도수들 f_e를 교차표의 실제 관찰된 도수들 f_o에 비교하여, 카이자승 통계량을 계산한다. 그리고 각 칸의 예상도수 f_e는 행 도수 n_R, 열 도수 n_C, 전체 도수 n에 대해 다음과 같이 계산한다.

$$f_e = \frac{n_R n_C}{n} \quad \left(\text{예상도수} = \frac{(\text{행 도수}) \times (\text{열 도수})}{\text{전체 도수}} \right)$$

이제 먼저 검정 값을 "(관찰 도수 − 예상 도수)²/예상 도수"로 규정하고, 검정통계량 카이자승의 값을 다음과 같이 계산한다. 이러한 검정 값을 카이자승 소계(chi-square subtotals)라고 한다.

$$\chi^2 = \sum \frac{(f_o - f_e)^2}{f_e} \quad \left[\text{카이자승} = \frac{(\text{관찰 도수} - \text{예상도수})^2}{\text{예상 도수}} \text{의 합계} \right]$$

위의 식에 따라 검정통계량 카이자승을 구하면 6.34로 나타난다. 카이자승의 중요한 특징은 자유도(degree of freedom: df)의 수가 관련되어 있다는 것이다. 자유도의 수는 통계적 란을 계산하기 위해 필요한 제약식들의 수를 관찰치들의 수에서 차감한 값과 같다. 교차표에 관련된 카이자승의 경우에 자유도는 행의 수에서 1을 차감한 "r−1"과 열의 수에서 1을 차감한 "c−1"의 곱인 "(r−1)(c−1)"로 구한다.

만약 검정통계량의 계산된 값이 관련 자유도를 갖는 카이자승분포의 임계치(critical value)보다 큰 경우에만 두 변수들 간에 어떤 연관성도 없다는 귀무가설은 기각된다.

	A	B	C	D	E
1,2	관찰도수 f_o		성별(gender)		행 합계
			남성	여성	
3	사용량 (usage)	소량사용자	14	5	19
4		중간사용자	5	5	10
5		과량사용자	5	11	16
6	열합계		24	21	45
12,13	예상도수 f_e		성별(gender)		행 합계
			남성	여성	
14	사용량 (usage)	소량사용자	10.13	8.87	19
15		중간사용자	5.33	4.67	10
16		과량사용자	8.53	7.47	16
17	열합계		24	21	45
18,19	검정값 $(f_o - f_e)^2/f_e$		성별(gender)		행 합계
			남성	여성	
20	사용량 (usage)	소량사용자	1.48	1.69	3.16
21		중간사용자	0.02	0.02	0.04
22		과량사용자	1.46	1.67	3.14
23	열합계		2.96	3.38	6.34

여기서 계산된 카이자승 통계량은 6.34로 유의수준 5% 및 자유도 2에서의 임계값(critical value) 5.991[＝CHISQ.INV.RT(5%,2)]보다 크다. 따라서 (성별 변수와 사용량 변수 사이에) 연관성이 없다는 귀무가설은 5% 유의수준에서 기각된다. 이는 연관성이 5% 수준에서 통계적으로 유의적이라는 것을 나타낸다.

10.4.1.3 적합성 검정

카이자승 통계량을 어떤 모형들이 관찰 자료에 적합한지의 여부를 결정하기 위한 적합도 검정(goodness-of-fit tests)에 사용할 수 있다. 적합도 검정은 가정된 이론적 (예상) 분포들로부터의 표본 편차들의 유의성을 계산하여 수행하고, 일원표(one-way tabulations)

와 같은 도수들뿐만 아니라 교차표(cross-tabulations)에 대해서도 수행할 수 있다.

　　카이자승 통계량은 자료의 수에 대해서만 추정되어야 한다. 자료를 %로 표시하는 경우에는 자료를 먼저 절대적 수치 또는 숫자로 전환해야 한다. 또한 카이자승 검정의 근원적 가정은 관찰치들이 독립적으로 추출된다는 것이다. 이는 응답자가 어떤 방식으로든 다른 응답자들에게 영향을 주지 않는 것을 의미한다. 일반적 원칙(규칙)으로써 어떤 칸이라도 그 예상 또는 이론 도수들이 5미만인 경우에는 카이자승 분석을 수행해서는 안 된다.

　　낮은 예상도수는 계산된 카이자승 값이 적정수준보다 높게 나타나게 하여(상향 편의를 초래하여), 제1종 오류를 범할 가능성을 더 크게 한다. 어떤 셀이라도 도수가 작게 나타나는 때에는 행이나 열을 제거하여 분할표(교차표)의 크기를 축소시키는 경우가 많다.

　　예컨대 소비자들이 5가지 맛의 과일 탄산음료들 중에서 어떤 맛을 더 좋아하는지 여부를 규명하도록 100명의 표본에서 A1:G2구간과 같이 좋아하는 맛에 대한 사람들의 수로 표시된 자료를 수집했다고 하자.

	A	B	C	D	E	F	G
1	맛	체리	딸기	오렌지	라임	포도	계
2	관찰 도수 O	32	28	16	14	10	100
3	기대치 E	20	20	20	20	20	100
4	$(O-E)^2/E$	7.2	3.2	0.8	1.8	5.0	18.0
5	df(자유도)	4	=COUNT(B2:F2)-1				
6	$\chi_{5\%}^2$	9.488	=CHISQ.INV.RT(5%,B5)				
7	$P(\chi^2)$	0.1234%	=CHISQ.DIST.RT(G4,B5)				

이러한 경우에 다음과 같이 귀무가설과 대립가설을 설정한다.

- **귀무가설**: 소비자들은 과일 탄산음료의 맛에 대해 어떤 선호도 보이지 않는다.
- **대립가설**: 소비자들은 과일 탄산음료의 맛에 대해 특정한 선호를 보인다.

　　이와 같은 적합도 검정의 경우에 카이자승 통계량의 자유도는 "범주의 수−1"로 계산한다. 그리고 카이자승 통계량 검정 값은 "(관찰 도수−예상 도수)^2/예상 도수"이며, 카이자승 통계량은 검정 값들의 합계로 계산한다. 따라서 계산된 χ^2 통계량은 G4셀의 18.0으로 나타난다. 그리고 자유도는 범주들의 수에서 1을 차감한 결과인 4로 B5셀에서 계산된다.

　이제 5% 수준에서 가설검정을 수행하기 위해 자유도 4에서 우측으로의 면적이 5%를 갖는 χ^2 값인 $\chi^2_{0.05}$ 을 B6셀에서와 같이 9.488로 계산한다. 그리고 이에 대해 계산된 χ^2 통계량 18.0은 아주 크다. 따라서 과일 탄산음료 맛에 대한 선호가 없다는 귀무가설은 5% 유의수준에서 기각된다. 이는 과일 탄산음료 맛의 선호가 5% 수준에서 통계적으로 유의적이라는 것을 나타낸다. 또한 18.0의 계산된 χ^2 통계량의 p-값은 B7셀에서와 같이 0.1234%로 계산된다. 이러한 결과는 1%의 유의수준에서도 과일 탄산음료 맛의 선호가 존재한다는 것을 의미한다. 다시 말하자면 99%의 신뢰수준에서 과일 탄산음료 맛의 선호가 존재한다고 주장할 수 있다.

10.4.1.4　파이계수

　파이계수(phi coefficient) ϕ 는 2×2차원 표(2행, 2열 표)의 특수한 경우에 연관성 강도의 측정치로 사용된다. 파이계수는 표본크기 n 와 카이자승 값 χ^2 에 대해 $\phi = \sqrt{\chi^2/n}$ 로 계산된다.

　ϕ 는 어떤 연관성도 없는 경우에 0의 값을 가지며, 이는 χ^2 통계량이 0이라는 것을 나타낸다. 이와는 달리 변수들이 완전히 연관되는 경우에, ϕ 는 1의 값을 갖고, 완전 음의 연관성을 갖는 경우에 ϕ 는 -1의 값을 가질 것이다.

　또한 보다 일반적인 연관성의 강도는 분할(유관)계수(contingency coefficient)를 사용하여 평가할 수 있다. 파이계수는 2×2차원 표에 한정된 것이지만, 유관계수 C는 각종 차원에 모두 적용된다. 유관계수는 $C = \sqrt{\chi^2/(\chi^2+n)}$ 로 계산되고, 0과 1 사이의 값을 갖는다. 0의 유관계수는 어떤 연관성도 없어 변수들이 통계적으로 독립적인 경우에 발생한다. 그렇지만 최대치 1의 유관계수는 절대 달성할 수가 없는 반면에, 유관계수 최대치는 표의 크기인 행의 수 및 열의 수에 의존한다. 이러한 이유로 동일한 크기의 표들을 비교하는데 유관계수를 사용해야 한다.

　보통 연관성의 강도는 중요하지 않아, 연관성 부재의 귀무가설이 기각되지 않는 경우에는 계산되지 않는다. 만약 2개 변수들 간에 어떤 관계도 없다면, 어떤 강도도 없을 것이다. 그렇지만 귀무가설이 기각되는 경우에는 유관계수를 계산하여 연관성 강도를 평가하는 것이 중요하다.

10.4.1.5 크라머 V

크라머 V(Cramer's V)는 파이 상관계수(phi correlation coefficient) ϕ 의 변형이며, 2×2표보다 큰 표에서 사용된다. 2×2표보다 큰 표에서 파이가 계산되는 경우에, 어떤 상한(upper limit)도 없다. Cramer V는 표에서 열의 수 또는 행의 수에 대해 파이를 조정하여 계산한다. V가 0부터 1의 범위를 갖도록 조정을 한다. V의 큰 값은 단순하게 높은 정도의 연관성을 나타낸다. 그렇지만 V는 변수들이 어떻게 연관되어 있는지를 나타내지는 않는다.

주먹구구식으로 0.3 미만의 V의 값은 낮은 연관성을, 0.3과 0.6 사이의 값은 중간 수준의 연관성을, 0.6을 초과하는 값들은 강력한 연관성을 나타낸다.

독립성에 대한 귀무가설이 기각되고, 연관성 강도를 중간 수준으로 결정하는 경우에, %표시 교차표에서 비중들을 검토하여 관계의 패턴을 해석할 수 있다. 따라서 실무에서 교차표 분석을 하는 경우에 다음 절차를 따르는 것이 도움이 된다.

① 교차분석표를 작성한다.

② 변수들 간의 어떤 연관성도 없다는 귀무가설을 카이자승 통계량을 사용하여 검정한다.

③ 귀무가설을 기각하지 못한다면, 어떤 관계도 없는 것이다.

④ 귀무가설이 기각된다면, 파이계수, 유관계수 또는 크라머 V와 같은 적절한 통계량을 사용하여 연관성 강도를 결정한다.

⑤ 귀무가설이 기각된다면, 종속변수에 대해 독립변수의 방향으로 비율들을 계산하여 관계의 패턴을 해석한다. 그리고 마케팅 결론을 도출한다.

10.4.2 분산분석

10.4.2.1 분산분석의 개념과 수행절차

분산분석(analysis of variance) ANOVA은 어떤 자료집합의 총변동이 어떤 변동요인에 의해 유발되었으며, 얼마나 많이 변동하게 되었는가를 추정하는 방법이다.

① ANOVA는 3개 이상의 모집단 평균 비교를 목적으로 전체 모집단 평균과 개별

모집단 평균의 추정량에 대한 관찰치의 편차 자승을 이용하여 F검정으로 분석하는 방법이다.

② ANOVA는 J개 모집단에서 표집한 J개 표본들로 구성된 어떤 집합을 J개 표본들 간의 변동[표본평균들 간의 분산]과 J개 표본들 내부의 변동[표본들 내부의 분산]의 2개 부분으로 구분한다.

③ ANOVA는 표본들 내부의 분산은 단지 우연히 발생하는 것이고, 표본평균들 간의 분산은 일부는 우연히 발생하지만 일부는 J개 모집단 평균들의 격차로 인하여 발생한다고 가정한다.

- **일원모형**(one-factor or one-way model): 우연히 발생하지 않은 변동이 하나의 요인에 의해 발생히는 것을 분석하는 ANOVA모형
- **이원모형**(two-factor or two-way model): 2개의 요인 및 그들의 상호작용에 의해 발생하는 것을 분석하는 모형

④ ANOVA는 F분포의 우측꼬리 검정(right-tail test)만을 사용하여 수행한다.

- 처리집단 간 자승의 평균(between-treatments mean square: MST)[처리집단 간 자승의 합(SST)을 표본집단의 수 K에서 1을 차감한 값을 나누어 구한 표본평균들 간의 분산]에서 모집단 분산을 추정
- 집단내부 자승의 평균(within-treatment mean square: MSW)[처리집단 내 자승의 합(SSW)을 표본 전체 크기 N에서 K를 차감한 값으로 나누어 구한 표본들 내부의 분산]에서 모집단 분산을 추정
- F비율을 "MST/MSW"로 계산
- 계산된 F비율이 설정된 유의수준과 자유도에서의 F비율 임계값보다 크다면 모집단 평균들이 동일하다는 귀무가설 H_0를 기각

- 실험(experiment): 표본자료의 수집과정
- 실험설계(design of the experiment): 표본수집에 대한 계획
- 반응변수(response variable): 실험에서 측정되는 변수
- 실험단위(experimental unit): 반응변수를 얻기 위해 측정하는 대상
- 실험집단(experimental groups): (모집단 평균의) 비교를 위해 추출된 표본들
- 통제집단(control group): 여러 표본(집단) 중에서 어떤 처리도 하지 않는 표본

- 인자(factor): 반응변수와 관련된 질적(정성) 변수 또는 양적(정량) 변수
- 인자수준(factor level): 실험에서 인자가 갖는 값인 설정강도(intensity setting)
- 처리(treatment): 실험에 포함된 인자들의 수준들로 구성된 특정 조합

10.4.2.2 일원분산분석

일원분산분석(one-way ANOVA) 또는 일원ANOVA는 표본분산들을 분석하여 3개 이상의 모집단 평균들을 검정하는 방법이다. 종속변수의 특성 파악을 위한 실험요인이 되는 하나의 처리 또는 요인(treatment or factor)을 사용하여, 여러 (표본집단인) 처리집단 (treatment groups)의 각각에 대해 무작위로 실험대상을 할당하여 얻은 표본평균 간 격차를 분석하는 방법이다. 예컨대 자동차의 크기라는 하나의 처리 또는 요인을 사용하여 구분하면, 그 처리 또는 요인은 소형, 중형, 대형 등의 범주들을 갖는다.

각 범주의 평균이 동일하다는 귀무가설과 동일하지 않다는 대립가설을 F 통계량을 사용하여 검정한다.

모집단들이 동일한 분산들을 갖는다고 가정하고, 두 모집단 분산 σ^2 에 대해 (표본 평균들 간의 변동을 기초로 하는) 표본 간 변동(variation between samples)과 (표본분산들을 기초로 하는) 표본 내 변동(variation within samples)의 2가지 추정치들의 비율인 F 검정 통계량을 사용한다.

$$F = \frac{ns_{\bar{X}}^2}{s_P^2} = \frac{\text{표본크기 평균} \times \text{표본평균 분산}}{\text{표본분산 평균}}$$

여기서 분자 자유도는 표본들의 수 k 에서 1을 차감한 "$k-1$"이고, 분모 자유도는 표본크기 n 에서 1을 차감한 값에 k 를 곱한 "$k(n-1)$"이다. 이러한 분석방법을 일원 (one-way) ANOVA라고 한다.

F 검정통계량의 분자는 표본평균 간 변동을 측정한다. 한편 분모의 분산추정치는 단지 표본분산에만 의존하며, 표본평균들 사이의 격차들에 의해 영향을 받지 않는다. 따라서 〈그림 10-7〉과 같이 값이 유사한 표본평균들은 작은 F 검정통계량 및 높은 $P-$

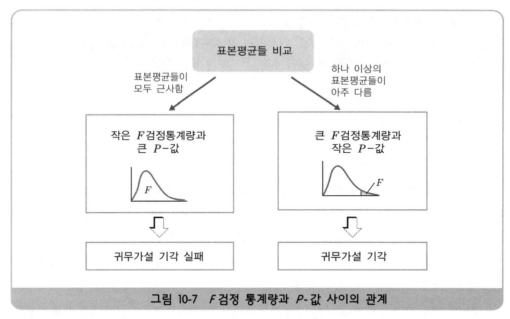

그림 10-7 F검정 통계량과 P-값 사이의 관계

자료: Triola(2012), 631.

값을 가져와서, 표본평균들 사이에 어떤 유의적 격차도 없다고 결론을 얻게 할 것이다.

Excel의 메뉴 탭에서 "데이터 | 분석 | 데이터 분석"을 지정, 생성된 통계 데이터 분석 대화상자에서 "분산분석: 일원 배치법"을 지정하여 일원ANOVA를 수행하면 된다.

사 | 례

각 5명으로 구성된 3개 집단의 총 15명에 대해 4주간 고혈압 치료에 사용한 약물치료(medication), 운동(exercise), 식습관(다이어트, diet)에 의해 나타난 각 환자의 혈압 강하 크기 자료를 다음 A1:D6구간과 같이 수집했다. 5%의 유의수준에서 집단 평균들 간에는 어떤 격차도 없다는 주장을 검정하기로 하자.

① 가설을 설정하여 주장을 규명한다.

● 귀무가설: $\mu_1 = \mu_2 = \mu_3$ (주장)

● 대립가설: 적어도 한 집단 평균이 다른 집단 평균들과는 다르다.

② 임계값들을 계산한다. 집단 수 k를 F1셀에서 3으로, 표본크기 N을 F2셀에서 15로 계산한다. 그리고 분자자유도 dfN을 2(=k-1=3-1)로, 분모자유도 dfD를 12(=N-k=15-3)로 계산하여,

$F_{5\%}$ 임계값을 F5셀에서 3.885로 계산한다.

③ 각 표본집단의 평균 및 분산을 계산하고, 전체 평균을 구한다. 그리고 집단간 분산(between-group variance)을 처리집단간 자승평균 "MST=SST/k-1"로 D10셀과 같이 계산한다. 또한 집단내 분산(within-group variance)을 집단내 자승평균 "MSW=SSW/N-k"로 D13셀과 같이 계산하고, F 통계량을 "F=MST/MSW"로 D14셀과 같이 9.168로 계산한다.

④ 의사결정을 수행한다. 5% 유의수준의 F 임계값에 비해 F 통계량이 더 크기 때문에 귀무가설을 기각한다. 따라서 주장을 기각하고, 적어도 하나 이상의 평균이 다른 평균들과는 다르다는 결론을 내릴 증거가 충분하다.

	A	B	C	D	E	F	G
1	구성원 순서	약물치료 X_1	운동 X_2	다이어트 X_3	집단 수 k	3	=COUNT(B2:D2)
2	1	10	6	5	표본크기 N	15	=COUNT(B2:D6)
3	2	12	8	9	분자 자유도(dfN) =k-1	2	=E2-1
4	3	9	3	12	분모 자유도(dfD) = N-k	12	=F2-E2
5	4	15	0	8	F(5%,dfN, dfD) 임계값	3.885	=F.INV.RT(5%,F3,F4)
6	5	13	2	4	전체 평균(grand mean)	7.733	=AVERAGE(B2:D6)
7	(표본)평균	11.8	3.8	7.6			
8	(집단평균-전체평균)²	16.5378	15.4711	0.0178			
9	표본크기	5	5	5			
10	집단간 분산(between-group variance)			80.067	=SUMPRODUCT(B8:D8,B9:D9)/F3		
11	(표본)분산 s_i^2	5.7	10.2	10.3			
12	표본크기-1	4	4	4			
13	집단내 분산(within-group variance)			8.733	=SUMPRODUCT(B12:D12,B11:D11)/SUM(B12:D12)		
14	F 통계량(=집단간 분산/집단내 분산)			9.168	=D10/D13		
15	p(F)			0.383%	=F.DIST.RT(D14,F3,F4)		

10.4.2.3 이원분산분석

2개 요인들에 따른 범주들로 분할된 자료를 사용하는 분산분석방법을 이원분산분석(two-way analysis of variance)이라고 한다. 이러한 방법은 두 요인들 간의 상호작용에 대한 검정을 필요로 한다.

반복 있는 이원 ANOVA는 이원분할자료표의 하나의 셀에 다수의 관찰치를 갖는 이원분산분석모형으로 두 요인 간의 교호작용을 검정하는데 사용하는 2요소 완전 무작위 설계법(two-factor completely randomized design)이다. 이원 ANOVA는 다음 3개의 다른 귀무가설들을 검정하는데 사용한다.

- 열 평균이 유의적으로 다르지 않아, 어떤 열 효과(column effect)도 없음

- 행 평균이 유의적으로 다르지 않아, 어떤 행 효과(row effect)도 없음
- 두 요인들이 독립적이어서 두 요인들 간에 어떤 교호작용도 없음

예를 들어 교수법 A, B, C의 효과를 능력수준에 따라 측정한다고 가정하자. 능력수준에 따른 관찰대상영역(subject area)을 4개로 나누고, 각 대상영역에 교수법 및 능력수준별로 각각 3명씩 총 9명의 학생을 할당하여 성적을 평가하였다.

각 대상 B처리집단(열 이름표 집단)에 교수법 A, B, C를 표시하고, A처리집단(행 이름표 집단 또는 블록)에 능력수준 1, 2, 3, 4를 표시한 상황에서 시험성적의 결과는 위의 Excel 시트에서 B3:D14구간과 같다고 하자.

	A	B	C	D	E	F	G
1	능력수준(블록)		교수법				
2		A	B	C			
3		70	83	81			
4	1	79	89	86			
5		72	78	79			
6		77	77	74			
7	2	81	87	69			
8		79	88	77			
9		82	94	72			
10	3	78	83	79			
11		80	79	75			
12		85	84	68			
13	4	90	90	71			
14		87	88	69			
43	관측수	12	12	12			
44	합	960	1020	900			
45	평균	80	85	75			
46	분산	32.545	27.455	30.9091			
49	분산 분석						
50	변동의 요인	제곱합	자유도	제곱 평균	F 비	P-값	F 기각치
51	인자 A(행)	30.889	3	10.2963	0.567637	0.64167834	3.008787
52	인자 B(열)	600	2	300	16.53905	3.0542E-05	3.402826
53	교호작용	533.78	6	88.963	4.904543	0.00211126	2.508189
54	잔차	435.33	24	18.1389			
56	계	1600	35				

이러한 경우에 3가지 교수법 간의 평균성과에는 어떤 격차도 없고, 개인의 능력수준 간의 평균성과에도 어떤 격차도 없으며, 교수법과 능력수준 간의 교호작용도 없다는 귀무가설을 5% 유의수준에서 검정할 수 있다.

① 다음과 같이 양측가설을 설정한다.

- 행처리집단들에 대해 가설을 설정한다.

    H_0: 모든 행처리집단들에 대해 $\beta_j = 0$

H_1 : 일부 행처리집단에 대해 $\beta_j \neq 0$

- 열처리집단들에 대한 가설을 설정한다.

  H_0 : 모든 열처리집단들에 대해 $\alpha_k = 0$

  H_1 : 일부 열처리집단들에 대해 $\alpha_k \neq 0$

- 모든 셀들의 교호작용효과에 대한 가설을 설정한다.

  H_0 : 모든 셀들에 대해 $\iota_{jk} = 0$

  H_1 : 일부 셀들에 대해 $\iota_{jk} \neq 0$

② 자료 입력

- B2:D14구간의 각 셀에 자료 입력

- A3:A5구간을 지정하고, 도구표시줄에서 "병합하고 가운데 맞춤" 표시인 "▦"을 누르고 1을 입력

- A3:A5구간을 자동채우기 핸들로 A6:A14구간에 붙여 넣고, 병합된 구간들에 2, 3, 4를 입력

③ 분산분석: 반복 있는 이원 배치법의 수행

- 메뉴 탭에서 "데이터 | 분석 | 데이터 분석"을 지정, 생성된 통계 데이터 분석 대화상자에서 "분산 분석: 반복 없는 이원 배치법"을 지정

- 생성된 "분산 분석: 반복 없는 이원 배치법" 대화상자에서 "입력범위: A2:D14, 표본당 행수: 3, 유의수준: 0.05(또는 5%), 출력옵션: A15"로 지정 후에 "확인"을 클릭하여 분산 분석을 수행

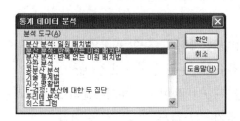

④ 분석결과의 해석 및 귀무가설의 기각 여부 결정

● 첫째 양측가설인 행처리집단의 가설 검정

B51셀에서 블록간(행 인자간) 자승합 SSB는 30.89로, C51셀에서 3$(=4-1=J-1)$의 자유도를, D51셀에서 블록간(행 인자간) 자승평균인 MSB$[=SSB/(J-1)]$를 10.3으로 계산

E51셀에서 F비율은 MSB를 잔차(처리집단내부)의 자승 평균인 MSE$[=SSE/(JK(L-1))]$로 나누어 계산

F51셀은 계산된 F비율에 대한 최소유의수준인 P-값을 64.17%로 계산

G51셀은 F분포 기각치를 계산 → F비율이 F기각치보다 낮아 귀무가설 기각 불능

행처리집단의 경우에 특정 행(블록)의 효과가 나타나지 않아 성적에 능력수준이 영향을 주지 않는다는 귀무가설 채택

● 둘째 양측가설인 열처리집단의 가설 검정

B52셀에 열의 B인자에 대해 제곱합 SST, C52셀은 2$(=3-1=K-1)$의 자유도, D52셀은 열 인자간 제곱평균인 MST$[=SST/(K-1)]$를 계산

E52셀의 F비율은 MST를 잔차(처리집단내부) 자승 평균인 MSE로 나누어 계산

F52셀은 계산된 F비율에 대한 최소유의수준인 P-값을 계산

G52셀의 F기각치는 E52셀의 계산된 F비율보다 아주 작아 귀무가설 기각

열처리집단의 경우에 특정 열의 효과인 교수법 격차가 나타나 성적에 현저한 영향을 주는 것으로 해석

● 셋째 양측가설인 셀들의 교호작용 양측가설의 검정

B53셀에 A인자(대상집단들)와 B인자(교습방법) 간의 교호작용에 대해 제곱합 SSI, C53셀은 6$(=3*2=(J-1)*(K-1))$으로 자유도, D53셀은 "SSI$/[(J-1)(K-1)]$"로 교호작용자승평균 MSI를 계산

E53셀에서 F비율은 MSI를 잔차(처리집단내부)의 자승 평균인 MSE로 나누어 계산

F53셀에서 계산된 F비율에 대한 최소유의수준인 P-값을 계산

G53셀에서 F분포의 기각치를 계산 → F비율이 5% 유의수준의 F기각치를 크게 상회하므로 성적에 교호작용이 영향을 주지 않는다는 귀무가설을 기각

대상집단인자와 교수법인자 간에 유의적인 교호작용이 존재하므로, 교수법 격차와 교수법 및 능력수준 교호작용이 성적에 영향을 주는 것으로 해석

- SSB(between-blocks sum of squares): 블록간 자승합
- SST(between-treatments sum of squares): 처리집단간 자승합
- SSI(interaction sum of squares): 교호작용 자승합
- SSE(error sum of squares): 오차 자승합

CHAPTER 11

MARKETING
RESEARCH

다변량분석과
비모수검정법

다변량분석과 비모수검정법

11.1 다변량분석의 기초

11.1.1 다변량분석의 개념

다변량분석(multivariate analysis)은 조사(연구)되는(investigate) 각 개인 또는 대상에 대해 복수 측정치들을 동시에 분석하는 통계절차들의 어떤 집단이다. 다변량분석은 2개 이상의 현상들 간의 동시적 관계를 고려하기 때문에, 많은 기업문제들은 다차원이므로 마케팅조사에서 다변량분석은 극히 중요하다.

변량(variate)은 다변량분석의 구성요소(building block)이며, 다변량기법에서 조사자가 명시한 변수들 집합에 적용되는 경험적 가중치(empirical weights)를 도출하여 구성하는 변수들의 선형조합이다. 따라서 변량은 변수들 집합을 하나의 방정식으로 표시된 변수들의 어떤 선형조합으로 구성하며, 각 조합은 실증적으로 도출된 가중치를 기반으로 하는 변량의 전반적 의미에 기여한다. 수리적으로 k번째 변량 V_k는 측정된 변수들 X_1부터 X_m의 함수로 다음과 같이 표시한다.

(11.1) $V_k = f(X_1,\ X_2,\ \cdots,\ X_m)$

각 분석은 변수들의 복수 집합들을 포함하며, 각 집합은 하나의 변량으로 표시된다. 다수의 변수들이 하나의 구성개념을 측정하는데 필요하다는 사실에 의해 구성개념들이 변수들과 구분된다. 이상과 같이 변량은 조사자가 변량 구성을 위해 관련시킨 변수들을 명시하는 한편, 특정 목표를 충족시키도록 다변량기법을 사용하여 가중치를 결정한다. 각 관찰변수(observed variable) X_1부터 X_n까지 n개의 가중된 변수들(weighted variables)의 변량은 각 가중치 $w_i (i = 1, ..., n)$에 대해 다음과 같이 표시할 수 있다.

(11.2)   변량 값(variate value) $= w_1 X_1 + w_2 X_2 + w_3 X_3 + \cdots + w_n X_n$

이러한 결과는 특정 다변량분석의 목표들을 최상으로 달성하는 변수들 전체 집합(entire set)의 조합을 표시하는 단일한 값이다. 다중회귀에서 변량은 복수의 독립변수들과 하나의 종속변수 간의 상관을 극대화시키는 방식으로 결정된다. 판별분석에서 변량은 관찰치 집단들을 최대로 차별화시키는 각 관찰치 점수들을 작성하도록 구성한다. 그리고 요인분석에서 변량들은 변수들 상호 상관으로 나타나는 변수들의 기초적 구조나 패턴을 최상으로 나타내도록 구성한다.

예컨대 향수에 대해 설문지의 5개 질문으로 측정을 한다고 하자. 이러한 5개 변수들이 있는 경우에, 다음 형식의 변량이 다음과 같이 창조될 수 있다.

(11.3) $V_k = L_1 X_1 + L_2 X_2 + L_3 X_3 + L_4 X_4 + L_5 X_5$

V_k는 향수에 대한 점수이며, X_1부터 X_{54}는 향수를 표시하도록 예상되는 5개 척도항목들(설문지 질문들)에 대한 관찰된 점수들이다. 그리고 L_1부터 L_5는 전체 향수점수에 대해 각 변수가 얼마나 높게 관련되어 있는지를 의미하는 회귀가중치와 같은 모수추정치들이다.

11.1.2 다변량기법의 분류

마케팅조사자들은 어떤 문제가 주어졌을 때 적절한 통계적 방법을 결정해야 하는 과제를 갖는다. 대부분의 다변량 통계기법들의 분류는 〈그림 11−1〉과 같이 종속방법 (dependence methods)과 상호종속방법(interdependence methods)으로 구분한다. 이는 조사자가 조사목표와 자료 특성에 따라 어떤 이론을 기초로 변수들을 독립변수와 종속변수로 구분하는지 여부, 하나의 분석에서 취급할 수 있는 종속변수들의 수, 사용하는 변수들의 측정방법에 대한 판단내용을 기초로 구분한 것이다.

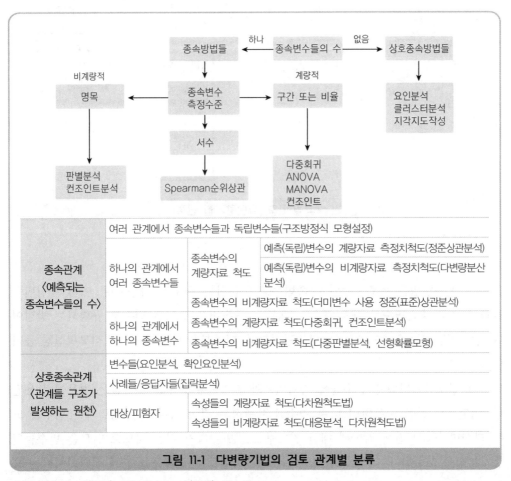

그림 11-1 다변량기법의 검토 관계별 분류

자료: Hair *et al.*(2002), 599; Hair *et al.*(2010), 12−13.

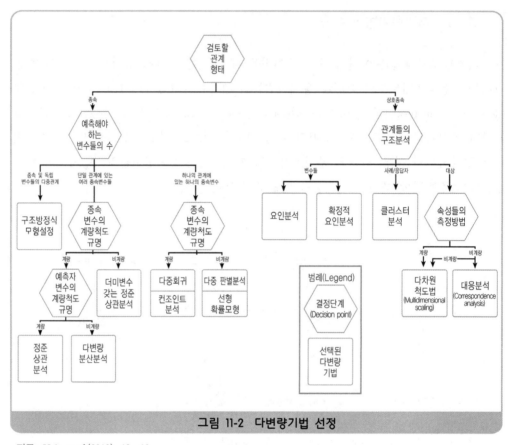

그림 11-2 다변량기법 선정

자료: Hair *et al.*(2010), 12−13.

① 종속방법은 독립변수와 종속변수를 구분하는 경우에 사용된다. 여러 독립변수들을 기초로 종속변수를 예측 또는 설명되는 종속변수로 어떤 변수를 규명하는 방법이다. 종속기법에는 다중회귀분석, 다중판별분석, 다중분산분석, 구조방정식모형설정 등이 있다.

② 상호종속방법은 변수들을 독립변수와 종속변수를 구분하지 않는 경우에 사용된다. 어떤 변수들을 사용하여 다른 변수를 예측하는 것이 아니다. 수행절차는 변수들 또는 피실험자들의 전체 집합에 대한 기초구조를 발견하기 위한 시도로써 모든 변수들의 동시분석을 포함한다. 가장 보편적인 상호의존방법들은 항목들을 함께 집단화시키는 요인분석, 고객세분시장들을 규명하는 클러스터분석, 규명하려는 차원들의 지각지도를 제

공하는 다차원척도법이다.

만약 변수들의 구조가 분석되면, 요인분석(factor analysis)이나 확인요인분석(confirmatory factor analysis)이 적합하다. 구조를 나타내도록 사례들(cases) 또는 응답자들이 집단화되어야 한다면, 집락분석(cluster analysis)이 적합하다. 그리고 실험대상의 구조를 찾는 경우에는 지각지도 작성(perceptual mapping)이 적용되어야 한다. 일반적으로 요인 분석과 집락분석은 계량자료 상호의존기법으로 고려되어야 한다. 그러나 비계량자료를 더미변수 부호처리를 통해 특수한 형식의 요인분석이나 집락분석에 사용하도록 할 수 있다. 또한 비계량자료에 의해 측정된 실험대상들의 상호종속이 분석되어야 한다면, 대응분석(correspondence analysis) 역시 적합하다.

11.1.3 다변량분석의 기초 용어

다변량분석(multivariate analysis)은 단일한 관계 또는 관계들 집합에서 수행하는 복수 변수들의 분석이다. 따라서 다변량분석은 조사 대상이나 개인들에 대해 복수 측정치들을 동시에 분석하는 모든 통계기법들을 말한다.

그리고 다변량분석을 통해 하나의 합성척도(composite measure)를 구성하기 위해 지표들로 사용한 2개 이상의 변수들 측정치들을 다변량측정치(multivariate measurement)라고 한다. 개인의 성격 특성을 나타내는 하나의 점수인 합산척도(summated scale)를 계산하기 위해 성격검사로 여러 개별 질문들(지표들)에 대한 대답들을 획득하여 조합할 수 있다. 이러한 개별 질문 대답들로 나타난 지표들의 측정치는 다변량 측정치이다. 특히 다변량분석의 기초용어들은 다음과 같다.

① **계량(측량, 거리)자료**(metric data): 정량자료(quantitative data), 구간자료(interval data), 비율자료(ratio data)라고도 하며, 피험자(또는 실험대상)를 보유속성뿐만 아니라 피험자가 그 속성에 의해 특징을 규정할 수 있는 정도 또는 크기에 대해 규명하거나 기술하는 측정치이다.

② **비계량자료**(nonmetric data): 정성자료(qualitative data), 명목자료(nominal data) 또는 서수자료(ordinal data)라고도 하며, 피실험자 또는 대상을 규명하거나 기술하는 속성, 특징 또는 범주 특성(categorical property)이다. 계량자료와 다른 점은 어떤 속성의 크기가 아니라 존재를 나타내는 것이다. 예컨대 직업(의사, 변호사, 교수 등)이나 구매자 자격

(지위)(buyer status)(구매자, 비구매자)은 비계량자료이다.

③ **합산척도**(summated scale): 다변량측정치를 통해 측정치 신뢰도를 증가시키도록 동일한 개념을 측정하는 여러 변수들을 하나의 변수로 결합하는 방법이다. 대부분 경우에 개별 변수들을 합하고, 그 합계 또는 평균 점수를 분석에서 사용한다.

④ **처리**(treatment): 어떤 실험에서 종속변수에 대한 효과를 규명하기 위해 조사자가 조작하는 독립변수이다.

11.1.4 주요 다변량통계기법의 개요

마케팅조사에서 많이 사용되는 다변량방법들을 요약하면 다음과 같다.

① **다중회귀**(multiple regression): 마케팅조사자가 2개 이상의 계량용(측량용)으로 측정된 독립변수들(metrically measured independent variables)로부터 하나의 종속 계량변수를 예측할 수 있게 해주는 방법

② **다중판별분석**(multiple discriminant analysis): 2개 이상의 계량용 측정 독립변수들로부터 하나의 단일한 종속 비계량용 변수(single dependent nonmetric variable)를 예측할 수 있는 방법

③ **요인분석**(factor analysis): 보다 적은 수의 요인들이라고 하는 부분집합들로 많은 수들의 변수들에 포함된 정보를 요약하는 방법

④ **클러스터분석**(cluster analysis): 집단들 내부에서는 동질적이거나 유사하지만, 집단들 간에는 다른 집단들에 소속되도록 응답자들 또는 대상들(상품, 점포 등)을 분류하는 데 사용하는 방법

⑤ **컨조인트분석**(conjoint analysis): 가장 선호되는 특성들 조합을 결정할 수 있도록 다른 상품 특성들 또는 서비스 특성들에 관련되어 응답자들이 갖는 가치(효용)를 추정하는데 사용하는 방법, 수집된 자료의 형태에 따라 종속변수를 계량 또는 비계량으로 처리할 수 있는 종속절차를 포함하는 특수한 경우에 적용

⑥ **지각지도 작성**(perceptual mapping): 상품, 브랜드, 회사 등에 대한 응답자들의 인식을 시각적으로 보여주도록 사용하는 방법, 지각지도 작성을 위한 자료를 개발하도록 여러 다변량방법들을 사용할 수 있음

11.2.1 피어슨 상관계수

Pearson 상관계수는 2개 정량 변수들 사이의 결합 크기를 보여준다. 두 변수들은 많은 값들로 구성되어야 하며. 그 값들은 정규분포를 가져야 한다.

피어슨 상관계수와 스피어만 상관계수(Spearman's rho)는 이변량 상관계수이다. SPSS에서 이변량 상관은 분석(Analyze)의 상관(Correlate)옵션을 선택하면 된다. 그리고 생성된 주 대화상자에서 이변량(Bivriate)을 선택하여 계산할 수 있다.

피어슨 상관계수 또는 피어슨 곱셈적률 상관계수 r(Pearson correlation coefficient or Pearson product-moment correlation coefficient)의 공식은 공분산 cov_{xy}, 표본표준편차 s_x 및 s_y, 표본평균 $\overline{x}$ 및 $\overline{y}$와 표본크기 n에 대해 다음과 같다.

$$(11.4) \qquad r = \frac{cov_{xy}}{s_x s_y} = \frac{\sum(x_i - \overline{x})(y_i - \overline{y})}{(n-1)s_x s_y}$$

따라서 피어슨 상관계수는 x와 y 간의 표본 공분산(x의 표본 표준편차$\times y$의 표준편차)으로 나눈 것이다. 피어슨 상관계수는 x와 y 간의 표본 공분산을 x와 y의 표준편차 곱으로 나누어 표준화(standardizing)를 수행한 값으로 -1과 $+1$의 폐구간(경계치 값들 -1과 $+1$을 포함하는 구간) 값들로 구성된다.

변수 x와 y사이의 상관계수에 대한 검정은 다음과 같이 자유도 $n-2$의 t 통계량으로 수행한다.

$$(11.5) \qquad t = \frac{r}{\sqrt{\dfrac{1-r^2}{n-2}}}$$

2가지 관련되지 않거나 또는 다른 사례들 집단들의 평균들을 비교하는 t값들은 Pearson 상관계수 또는 가끔 점-양분 상관(point-biserial correlation)이라고 하는 것으로 전환될 수 있다. (11.5)식을 자승한 후에 재정리하면, 다음과 같이 비관련 t값을 r로 표시하는 Pearson 상관계수로 전환할 수 있다. 여기서 n은 표본크기이다.

$$(11.6) \qquad r = \sqrt{\frac{t^2}{t^2 + n - 2}}$$

한편 자료에서 r의 값을 계산할 수 있다. 예컨대 우울증 측정치에 대한 더 높은 값들은 더 큰 우울증을 나타내며, 인식행위요법 집단이 비치료집단보다 더 적은 우울증 환자 수를 나타낸다고 가정하자.

만약 비치료집단을 1로 인식행위요법 집단 2로 표시한다면, Pearson 상관계수를 계산하면 2 집단들과 우울증 사이의 음의 상관을 가질 것이다.

상관계수 개념과 차이 검정은 바꾸어 사용할 수 있어, 두 집단들 사이의 차이 또는 두 집단과 또 다른 변수 사이의 상관이나 결합을 명확히 평가할 수 있다.

11.2.2 회귀분석

11.2.2.1 회귀분석과 최소자승법

회귀분석은 독립변수와 종속변수가 선형 관계를 갖는다는 선형성(linearity)을 가정한다. i번째 시행 또는 관찰에서 나타난 종속변수 값 Y_i가 i번째 시행 또는 관찰에서의 독립변수의 특정한 값 X_i에 대해 갖는 선형 관계를 다음과 같이 표시한다.

$$(11.7.1) \qquad Y_i = \alpha + \beta X_i + u_i = 결정적\ 구성요소 + 확률적\ 구성요소$$

(11.7.1)식에서 α는 독립변수 X가 0인 경우에 나타나는 Y의 값을 표시하는 회귀방정식의 첫째 모수인 절편, β는 회귀선의 기울기를 표시하는 회귀방정식의 둘째 모수, u_i는 i번째 시행 또는 관찰의 무작위표본오차 또는 교란(random sampling error or disturbance)이다. u_i는 알려진 확률분포를 갖는 확률변수(random variable)이며, Y의 관찰되지 않은 확률적 구성요소(stochastic or random component)이다.

(11.7.1)식에서 $\alpha + \beta X_i$는 Y_i의 결정적 구성요소이며, $E(u_i \mid X_i) = 0$인 경우에 발생하는 주어진 X_i에 대한 Y_i의 조건부 평균(conditional mean)은 다음과 같다.

(11.7.2) $E(Y_i \mid X_i) = \alpha + \beta X_i$

회귀방정식은 〈그림 11-3〉과 같이 $E(Y)$선인 모집단회귀선(population regression line) 또는 진정회귀선(true regression line)의 직선을 추정하기 위해 설정한다. 진정회귀선의 직선에 위치하는 종속변수의 조건부확률분포 평균 $\mu_{Y \cdot X}$는 다음과 같이 계산한다.

(11.7.3) $\mu_{Y \cdot X} = \alpha + \beta X$

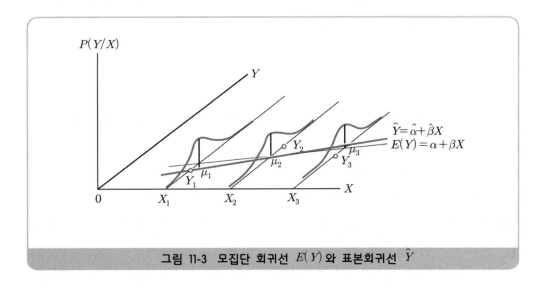

그림 11-3 모집단 회귀선 $E(Y)$와 표본회귀선 $\hat{Y}$

표본추출 자료를 사용하여 추정한 회귀방정식인 표본회귀함수(sample regression function)는 다음과 같이 표시한다.

$$(11.7.4) \qquad \widehat{Y}_i = \hat{\alpha} + \hat{\beta} X_i$$

(11.7.4)식은 표본추정치들(sample estimates)인 $\hat{\alpha}$와 $\hat{\beta}$를 이용하여 구한 표본회귀선 (sample regression line)의 방정식이다. 그리고 잔차 e_i는 추정된 회귀선의 값이 종속변수 실제값에 대해 갖는 편차이며, 다음과 같다.

$$(11.7.5) \qquad e_i = Y_i - \hat{\alpha} - \hat{\beta} X_i = Y_i - \widehat{Y}_i = 실제 \ 값 - 추정된 \ 회귀선의 \ 값$$

추정된 회귀선을 적합선(fitting line)이라고 하며, 우량한 적합선일수록 잔차(residual) 는 작은 폭으로 발생한다. 그리고 우량한 적합선은 잔차 자승이 최소기 되는 경우에 획 득할 수 있으며, 최소자승법(method of least squares)에 따라 표본추정치들(sample esti-mates)인 $\hat{\alpha}$와 $\hat{\beta}$를 잔차 자승을 최소화시켜 계산한다.

잔차들의 크기 측정을 위해 잔차자승합(sum of squared residuals: SSR) 또는 오차자 승합(error sum of squares: ESS)을 규정할 수 있다.

$$(11.7.6) \qquad SSR \equiv ESS = \sum_{i=1}^{N} e_i^2 = S_{yy} - \hat{\beta} S_{xy}$$

최우량 적합선은 (11.7.6)식으로 표시된 SSR을 최소화시키는 적합선이다. 잔차자승합 SSR을 최소화시키는 방식으로 계산된 추정치를 최소자승추정치(least squares estimates: LSE) 또는 정규최소자승(ordinary least squares: OLS) 추정치라고 한다.

회귀분석의 가정을 충족시키는 OLS 추정량들은 가장 효율적인 불편추정량이 되며, 독립변수 X가 확률변수인 경우에도 OLS절차는 최우량 선형불편 추정치(best linear unbiased estimates: BLUE)를 제공한다.

정규방정식을 이용한 모집단 모수 α(회귀식 절편)와 β(기울기 계수)에 대한 표본 추 정량(sample estimators) $\hat{\alpha}$와 $\hat{\beta}$의 공식은 다음과 같다.

$$(11.7.7) \qquad \hat{\alpha} = \overline{Y} - \hat{\beta} \overline{X}$$

$$(11.7.8) \quad \hat{\beta} = \frac{\displaystyle\sum_{i=1}^{N}(Y_i - \overline{Y})(X_i - \overline{X})}{\displaystyle\sum_{i=1}^{N}(X_i - \overline{X})^2} = \frac{\displaystyle\sum_{i=1}^{N}X_iY_i - n\overline{X}\,\overline{Y}}{\displaystyle\sum_{i=1}^{N}X_i^2 - n\overline{X}} = \frac{\sum x_iy_i}{\sum x_i^2} = \frac{S_{xy}}{S_{xx}}$$

결정계수(coefficient of determination) R^2는 종속변수 총변동 중에서 독립(설명)변수에 의해 설명되는 비율로 측정한 회귀방정식의 설명력을 나타내는 값이다. (11.7.1)식의 회귀모형은 Y_i의 결정을 설명변수에 관련된 체계적(결정적) 구성요소와 오차 u_i에 관련된 비체계적 구성요소로 구분된다. 표본회귀함수 (11.7.4)식에서 Y_i의 변동을 그 표본평균에 대한 변동으로 표시한 총자승합(total sum of squares) TSS는 다음과 같이 구할 수 있다.

$$(11.7.9) \quad TSS = \sum_{i=1}^{n}(Y_i - \overline{Y})^2 = \sum_{i=1}^{n}y_i^2 = S_{yy} = RSS + SSR$$

회귀자승합(Regression Sum of Squares) RSS는 회귀모형에 의해 제공되는 설명된 변동(explained variation)으로 다음과 같이 규정한다.

$$(11.7.10) \quad \begin{aligned} RSS &= \sum(\hat{Y}_i - \overline{Y})^2 = \sum[(Y_i - \overline{Y}) - e_i]^2 \\ &= TSS - SSR = S_{yy} - (S_{yy} - \hat{\beta}S_{xy}) = \hat{\beta}S_{xy} \end{aligned}$$

그리고 X에 의해 설명되는 Y의 총분산 비율을 측정하는 다중결정계수(coefficient of multiple determination) R^2의 계산 공식

$$(11.7.11) \quad R^2 = 1 - \frac{SSR}{TSS} = \frac{RSS}{TSS}$$

(11.7.11)식에 (11.7.9)식과 (11.7.10)식을 대입하면 다음과 같다.

$$(11.7.12) \quad R^2 = \frac{\widehat{\beta}^2 \displaystyle\sum_{i=1}^{n} x_i^2}{\displaystyle\sum_{i=1}^{n} y_i^2} = \frac{\widehat{\beta}^2 S_{xx}}{S_{yy}}$$

11.2.2.2 다중회귀분석의 원리

다중회귀(multiple regression)는 조사문제가 2개 이상의 계량독립변수들에 관련된 것으로 간주되는 하나의 계량종속변수(metric dependent variable)를 포함하는 경우에 적합한 분석방법이다. 다중회귀분석의 목표는 독립변수들 변화에 대한 종속변수 변화를 예측하는 것이다. 이러한 목표는 최소자승의 통계적 법칙을 통해 거의 자주 달성된다.

다중회귀에서 회귀계수들을 편회귀계수(partial regression coefficients) 또는 편기울기 계수(partial slope coefficients)라고 한다. 편회귀계수의 의미는 다음과 같다.

예컨대 β_i 는 다른 독립변수들의 값들을 일정하게 유지한 채로 X_i 의 단위변화에 대한 종속변수 Y 의 평균값 $E(Y)$ 의 변화를 측정한다. 이러한 다중회귀의 특유한 특성으로 인하여 X_i 에 직접 기인될(attributable) 수 있는 종속변수의 평균값 변화의 일부를 발견할 수 있다.

다중회귀분석(multiple regression analysis)은 종속변수의 값을 추정하기 위해 2개 이상의 설명변수를 포함한 단순회귀분석의 확장방식이다.

K 개의 독립변수 X_1, X_2, $\cdots$, X_K 에 대한 선형회귀모형은 다음과 같이 표시한다.

$$(11.8.1) \quad Y_t = \alpha + \beta_1 X_{1i} + \beta_2 X_{2i} + \cdots + \beta_K X_{Ki} + u_i \ , \ i = 1, 2, .., n$$

그리고 오차 u_i 는 Y 의 측정오차와 Y 및 X 간의 관계설정에서의 오차로 구성된다. 따라서 (11.8.1)식의 기대치에서는 오차항 u_i 가 제거되어 다음과 같다.

$$(11.8.2) \quad E(Y_i) = \alpha + \beta_1 X_{1i} + \cdots + \beta_K X_{Ki}$$

회귀모형 $Y_i = \alpha + \beta_1 X_{1i} + \cdots + \beta_K X_{Ki} + u_i$ 의 적합성 검정을 위한 가설은 다음과 같이 설정한다.

(11.9) $\quad H_0 : \beta_1 = \beta_2 = \cdots = \beta_K = 0$

$H_1 :$ β_k들 중에서 적어도 하나는 0이 아니다.

(11.9)식의 결합귀무가설 H_0의 검정을 위해 F검정 통계량을 사용하며, 이를 특수 Wald검정이라고 한다. K개의 독립변수를 사용하는 경우에 유의수준 α에 대한 기각역 의 F임계값 $F_C(K-1, n-K)$보다 계산된 F검정 통계량이 큰 경우에 귀무가설을 기 각한다. 그리고 F통계량의 P-값은 "$P(F > F_C)$"로 계산하며, 유의수준보다 낮은 P -값은 귀무가설 기각을 의미한다.

그리고 다중회귀분석에서는 종속변수 변동 중에서 회귀방정식으로 설명하는 비율 을 표시하는 결정계수 R^2이 회귀인자(regressors, 설명변수)의 수가 증가할수록 증가하 여, 설명변수들이 적은 경우보다 양호하게 설명하는 것으로 나타나는 문제를 초래한다. 이를 시정하기 위해 표본크기 n과 독립변수들의 수 K에 대해 처리된 다음의 조정결 정계수(adjusted coefficient of determination) R_a^2(또는 $\overline{R^2}$)를 회귀방정식의 설명력으로 간주한다.

(11.10) $\quad R_a^2 = 1 - (1 - R^2) \cdot \dfrac{n-1}{n-K}$

또한 특정 독립변수와 종속변수의 관계 존재에 대한 검정을 해당 독립변수의 회귀 계수에 대해 다음의 귀무가설과 대립가설을 설정하여, 해당 계수 t통계량의 P-값으로 수행한다[문창권(2006), 20-29].

(11.11) $\quad H_0 : \beta_k = 0 \, , \ H_1 : \beta_k \neq 0$

한편 (11.7.1)식의 회귀방정식에서 오차항 u_i의 기대치는 0이며, 모든 i에 대해 분 산이 동일하여 $Var(u_i) = Var(Y_i) = \sigma^2$[등분산성]이며, 다른 오차들과의 공분산과 독 립변수에 대한 공분산이 0이고, 정규분포를 이룬다는 가정을 기초로 한다. 또한 독립변 수들 간에는 서로 어떤 선형함수관계의 다중공선성을 갖지 않는다는 다중공선성 부재 를 가정한다.

분산팽창요인(variance inflation factor: VIF)은 어떤 예측변수(predictor)가 다른 예측변수들(독립변수들)에 대해 강력한 선형관계를 갖는지의 여부를 나타낸다. VIF 값에 대한 엄격한 규정은 없지만, 10보다 크면 다중공선성으로 인해 회귀모형의 추정결과는 편의를 초래한다. 보다 식별이 편리하도록 사용하는 VIF의 역수(=1/VIF)인 공차통계량(tolerance statistic)이 0.1 미만인 경우에는 심각한 다중공선성이 있고, 0.2 미만의 공차통계량 역시 우려해야 하는 수준이다.

그런데 VIF는 공차와 비슷한 한계점 값을 사용하며, VIF의 최대 한계점(maximum threshold)은 전형적으로 1.33(=1/0.75)의 값이다. 그래서 1.33보다 큰 VIF는 다중공선성이 문제가 될 가능성이 있다는 것을, 1.33보다 작은 VIF는 다중공선성이 문제가 될 가능성이 없다는 것을 나타낸다.

더빈-왓슨(Durbin-Watson: D-W) 통계량은 표본 상관계수 $\hat{\rho}$를 기초로 하는 오차의 자기상관(autocorrelation) 또는 계열상관(serial correlation) 검정에 사용한다. D-W 통계량은 0과 4의 범위를 갖고, 2의 값은 잔차들 계열상관이 없는 것을 표시한다. 2보다 큰 값은 인접 잔차들 간의 음의 상관을 표시하는 반면에, 2보다 작은 D-W 통계량은 인접 잔차들 간의 양의 상관을 표시한다. 그런데 보통 1-3 사이의 D-W 통계량은 심각하게 보지 않고, 2에 근접할수록 계열상관이 없는 (독립적 오차들을 갖는) 효율적 추정자로 판단한다.

F 통계량의 P-값이 0.0%이어서 추정방정식의 유효성이 성립한다.

총자승합(종속변수의 각 실제 값들과 표본평균 격차의 자승들의 합)에 대한 설명된 자승합(회귀자승합, 종속변수의 회귀추정값들에서 표본평균 격차의 자승들의 합)의 비율인 R제곱(결정계수)으로 회귀방정식의 적합 우량성을 측정한다.

R제곱이 1이면 종속변수의 변동 전체를 회귀방정식으로 설명하고 있다는 완전적합(perfect fit)을 의미한다. 그리고 R제곱이 0이면 독립변수와 종속변수 사이에는 어쨌든 아무 관계도 없다는 것을 의미한다.

일반적으로 횡단자료(cross-sectional data)를 이용하는 경우에 R제곱이 0.10부터 0.40의 범위로 나타난다. 그리고 시계열자료를 사용하는 거시경제분석에서는 R제곱이 0.90 이상으로 나타나는 경우가 많다. 따라서 추정치 구성을 위해 표본자료를 예측하는 정도만으로 모형의 질적 수준을 평가해서는 안된다.

모형을 평가하기 위해서는 추정치들의 부호 및 정도, 그 추정치들의 통계적 및 경제적 유의성, 그 추정의 정밀성, 추정표본에 포함되지 않는 종속변수 값들에 대한 적합모형의 예측능력 등의 요소들을 종합적으로 고려하는 것이 중요하다.

그렇지만 횡단분석자료를 사용하는 경우에 조정 R제곱이 보통 50% 이상이면 상대적으로 높은 설명력을 갖고, 20% 미만으로 나타나면 설명력은 약한 것으로 간주하여, 종속변수에 대해 개별 설명변수들의 영향을 아주 정확히 예측하기는 곤란하므로 다른 모형을 설정할 필요가 있다.

11.2.2.3 다중회귀분석의 사용방법

다중회귀(multiple regression)는 2개 이상의 독립변수들과 하나의 종속변수를 갖도록 하는 예측 통계량(prediction statistic)이다. 로짓, 비선형, 다항, 집합 회귀 등 여러 종류의 회귀절차들이 있지만, 다중회귀에 대해 다음 3가지 보편적 접근법을 사용하는 경우가 많다.

① 표준(standard) 다중회귀는 모든 예측변수들(predictors)을 한 단계에 적재한다 (사용한다).

② 위계(hierarchical) 다중회귀는 순차적(sequential) 다중회귀라고 하며, 조사자들이 이론적으로 특정 단계들로 변수들을 정리한다. 이는 분석에 이미 사용된 하나 이상의 변수들 외에 변수들의 집합을 예측에 상당히(많이, substantially) 추가할지의 여부에 대한 평가를 할 수 있게 한다.

③ 단계적(stepwise) 다중회귀는 통계적(statistical) 다중회귀라고 하며, 컴퓨터가 입력되는 변수를 선택한다. 이미 방정식에 있는 변수들의 효과를 통제한 후에 종속변수에 대해 가장 큰 편상관계수를 갖는 독립변수를 기준으로 선택을 한다. 이는 표준 또는 위계적 다중회귀에 비해 자료의 가능성 변동을 활용하므로 자주 추천되지는 않는다. 연구자가 참고로 할 많은 이론이 없는 새로운 영역에서 하나의 결과에 대해 가장 핵심적인 (salient) 예측변수들을 규명하는 것이 중요한 경우에는 도움이 된다. 단계별 다중회귀의 비이론적 특성(atheoretical nature)으로 인해, 큰 표본크기와 반복이 사용되어야 한다.

하나의 반응변수(종속변수)를 설명할 수 있는 많은 설명변수(독립변수) 중에서 회귀모형에 사용할 변수를 축차적으로 하나씩 선택하거나 제거하여 가장 좋은 회귀모형을 선택하는 방법으로 전진선택법(forward selection method), 후진제거법(backward elimination method), 단계별선택법(stepwise selection method) 등이 있다.

전진선택법은 반응변수와 상관관계가 가장 큰 설명변수부터 시작하여 하나씩 설명변수를 선택하는 방법이고, 후진제거법은 설명변수를 모두 포함한 완전모형(full model)에서 설명력이 가장 작은 설명변수부터 하나씩 설명변수를 제거하는 방법이다. 전진선택법을 사용할 때 한 변수가 선택되면 이미 선택된 변수 중 중요하지 않은 변수가 있을 수 있다.

이러한 단점을 보완하기 위해 전진선택법의 각 단계에서 이미 선택된 변수들의 중요도를 다시 검사하여 중요하지 않은 변수를 제거하는 방법을 단계별선택법이라 한다. 보통 단계별선택법에서 선택된 변수들을 사용한 회귀모형을 이용하는 방법을 단계적 회귀분석이라 한다.

11.3 기타 주요 다변량기법과 비모수검정법

11.3.1 판별분석

판별분석기법들(discriminant analysis techniques)은 어떤 측정집합을 기초로 2가지 이상의 집단들 중 하나로 분류하는데 사용한다. 판별분석은 2가지 이상의 자연스럽게 발생하는 집단들 사이에 구별하는 변수들을 규명하는데 사용된다. 판별분석은 4개의 주요 목표들을 갖는다.

① 집단내부 변동(within-group variation)에 대한 집단 간 변동(between-group variation)을 최대화시켜 집단을 분리시키도록 예측변수들(predictor variables)의 선형조합을 결정(다른 집단들의 대상들을 최대한도로 분리) → 온라인 광고 등에 대한 소비자들의 반응 여부와 정도를 기초로 소비자의 구별되는 특징들을 규명

② 집단 정체(group identity)가 아니라 프로파일들이 알려진 새로운 대상들, 기업들 또는 개인들을 두 집단들 중 하나에 대해 할당하는 절차들을 개발 → 고객들의 가격에 대한 민감도에 주된 영향을 주는 인구통계학적 특징들을 규명

③ 집단 중심들(group centroids)을 기초로 두 집단들 간에 현저한 격차가 존재하는지 여부를 검정 → 목표고객집단들이 다른 중앙값을 갖는지 여부를 결정

④ 집단간 격차들(intergroup differences) 설명에서 어떤 변수들이 가장 중요한지 (count most)를 결정 → 고객충성도를 차별화시키는 생활양식 선호요소들을 규명

기업의사결정에서 관리자들에게 도움을 주는 가치있는 정보수집도구(intelligence tool)이다. 모집단은 구별이 되는 것으로 알려져 있고, 각 개인은 모집단들 중의 하나에 속한다. 이러한 기법들은 분류를 하는데 어떤 변수들이 도움이 되는지를 규명하기 위해 사용될 수 있다. 그래서 회귀분석에서 예측과 기술은 판별분석의 2가지 중요한 용도이다.

판별분석은 대상들이 다른 속성들의 클러스터들을 규명한다. 만약 모든 대상들이 하나의 속성에 대해 유사한 것으로 인식되면, 그러한 속성은 선호에 영향을 주면 안 된다. 이러한 경우에 대상들 간을 판별하는 속성들을 선택하는 판별분석 목표는 합리적인 것 같다. 그리고 판별분석은 통계적 유의성 검정을 제공한다.

귀무가설은 두 대상들이 실제로는 동일하게 인식된다는 것이다. 그 검정은 대상 간 거리가 단순히 통계적 사건에 따른 것이라는 확률을 결정할 것이다. 또한 판별분석은 단일속성을 사용하는 인식차원도 규명할 수 있다는 장점을 갖는다.

단일 종속변수가 (남자–여자 등의) 양분적(dichotomous) 또는 (높음–중간–낮음 등의) 3분 이상 분법적(multichotomous)이며 비계량적인 경우에 다중판별분석(multiple discriminant analysis: MDA)이 적합한 다변량 기법이다.

다중회귀의 경우와 같이, 독립변수들은 계량자료라고 가정된다. 판별분석은 전체 표본이 여러 알려진 계급들로 특징을 규정하는 비계량 종속변수를 기초로 하는 집단들로 구분될 수 있는 상황에 적용 가능하다. 다중판별분석의 주된 목표들은 집단 격차들을 이해하고, 어떤 실체가 여러 계량 독립변수들을 기초로 하는 특정 계급이나 집단에 속할 가능성을 예측하는 것이다.

일반적으로 m 개 집단들과 p 개 예측변수들을 갖는 경우에, $\min(p, m-1)$ 개의 가능한 판별축들이 존재한다. 대부분 적용에서 예측변수들의 수는 고려하는 집단들 수를 크게 초과하므로, 기껏해야 $m-1$ 개의 판별축들이 고려될 것이다. 그러나 이러한 축들이 모두 집단 간에 통계적으로 유의적 변동을 보이지는 않을 것이다. 그리고 $m-1$ 개 미만의 판별함수들이 필요할 수도 있다. 이러한 경우에 크게 간략화시키는 성과를 달성할 수 있다.

11.3.2 로지스틱회귀

로지스틱회귀모형(logistic regression model)은 로짓분석(logit analysis)이라고 하며, 다중회귀와 다중판별분석의 어떤 조합이다. 이러한 기법은 단일한 종속변수를 예측하도록 하나 이상의 독립변수들이 사용되는 다중회귀분석과 유사하다. 그렇지만 판별분석에서와 같이 로짓분석에서 종속변수는 비계량자료이다.

(성공확률 θ 를 갖는) 1과 (실패확률 $1-\theta$ 를 갖는) 0으로 숫자를 갖는 이항반응 또는 양분법적 결과변수가 연속 또는 양분법적 독립변수들에 의해 예측되는 것으로 모형을 설정한다.

종속변수의 비계량척도는 기초분포의 형태에 대한 추징 및 가징에서의 걱자를 요구하지만, 대부분 다른 측면에서는 다중회귀분석과 아주 유사하다. 그래서 일단 종속변수가 옳게 명시되고 적합한 추정기법이 채택된다면, 다중회귀에서 고려되는 기초요인들은 마찬가지로 사용된다.

그러나 로지스틱회귀는 (계량 및 비계량의) 모든 형태의 독립변수들을 사용할 수 있으며, 예측요인변수들에 대해 어떤 자료분포 가정도 요구하지 않는다. 그래서 로지스틱회귀에서는 독립변수들의 정규분포, 선형관련, 각 집단의 등분산을 가질 필요가 없다. 로지스틱회귀는 다음의 경우에 사용할 수 있다.

① 다음 6개월 동안 어떤 영업사원이 퇴사할지를 예측
② 다음 12개월 동안 주택을 구매할 것인지를 예측
③ 고객들 중에서 누가 다른 회사 제품으로 바꿀지를 예측

그러나 특히 3개 이상의 종속변수들을 가진 많은 경우에는 판별분석이 보다 적합한 기법이다.

11.3.3 요인분석

11.3.3.1 요인분석의 원리

요인분석(factor analysis)은 잠재변수를 도출하여 변수들 집합의 구조를 파악하고, 기초변수 측정을 위한 설문지 구성을 위해, 원래 많은 정보를 유지하면서 보다 다루기

쉬운 크기로 자료집합을 축소시키는 기법이다. 따라서 요인분석은 많은 정보를 갖는 경우에 적용이 가능하도록 보다 적은 변수들로 축소하여 반복으로 인한 혼란을 축소시키는 방법이다.

변수들의 그룹들 또는 무리들을 규명하는데 요인분석과 주성분분석(principal component analysis)을 사용한다. 이러한 기법들의 주요 용도는 다음과 같다.

① 어떤 변수들 집합의 구조를 이해: Spearman과 Thurstone과 같은 정보처리 선구자들은 직접 측정이 불가능한 잠재변수(latent variables)인 '정보'(intelligence)의 구조를 이해하기 위해 요인분석을 사용한다.

② 근원적 변수(underlying variable)를 측정하도록 설문지 구성: 몸의 탈진 정도를 측정하기 위해 설문지를 디자인

③ 최대한 많은 원천정보(original information)를 유지하면서 보다 처리 가능한 크기로 자료집합을 축소: 다중회귀에서 발생하는 다중공선성 문제 처리를 위해 공선형(collinear) 관계를 갖는 변수들을 통합하도록 자료집합을 축소

특히 자료 축소를 위한 과정뿐만 아니라 변수들의 어떤 집합의 구조를 요인분석이 규명할 수 있게 해준다. 이에 따라 여러 속성을 나타내는 항목들을 그룹화 할 수 있는 여부를 파악하고, 많은 변수들을 소수의 변수들로 축소하는데 요인분석을 사용할 수 있다.

마케팅조사에서 가장 보편적으로 채택되는 요인분석 절차들은 주성분분석(principal component analysis)과 공통요인분석(common factor analysis)이다.

첫째, 요인분석의 목표가 아주 큰 변수들 집합의 정보를 소수의 요인들로 요약하는 것인 경우에, 주성분분석을 사용한다. 주성분들(principal components)의 목표는 최대의 설명된 분산을 가질 최초 요인을 생성하는 것이다. 그리고 주성분들은 최초 요인과 그 관련 적재량들을 고정시킨 상황에서, 설명하는 분산을 최대화시키는 둘째 요인을 위치시킬 것이다. 이러한 절차를 변수들과 동일한 수의 요인들을 생성시킬 때까지 또는 분석가가 도움이 되는 요인들의 수가 소진되었다는 결론을 내릴 때까지 계속한다.

둘째, 조사자가 원래 변수들 주변의 근본적 차원들을 밝히려고 한다면, 공통요인분석을 사용한다.

변수들의 인식 구조를 이해하기 위해서는 R-type 요인분석과 변수들 간의 상관계수행렬이 필요하다. 모든 변수들은 계량적이고 요인분석에 적합한 인식들의 동질적 집

합을 구성해야 한다.

정규성, 등분산성, 선형성으로부터의 이탈은 변수들 간의 상관관계를 감소시킬 수 있다. 조사자는 Bartelett 검정으로 상관계수 행렬의 전반적 유의성을 평가하고, 표본추출 적합성(sampling adequacy)을 사용하여 변수들의 전체집합과 개별변수들의 인자분해 가능성(factorability)을 평가할 수 있다.

요인분석은 항상 요인들을 도출할 것이므로, 요인분석의 목적은 변수들의 집합 내부에서 통계적 상관계수들의 기반 수준을 보장하도록 하여 결과적인 요인구조가 어떤 객관적 기반을 갖도록 하는 것이다.

Bartelett 검정은 0이 아닌 상관관계의 존재를 나타낼 뿐이며, 상관관계의 패턴을 규명하지는 않는다. 표본추출 적합성 측정치 MSA는 상관관계들을 검토할 뿐만 아니라, 변수들 간의 상관계수들의 패턴을 검토한다. 0.50 미만의 MSA를 갖는 변수들은 제거하여 축소된 변수들의 구조를 달성할 수 있다.

요인모형과 회귀모형 모두에서 오차항은 측정오차와 요인들에 의한 초래되지 않거나 설명되지 않는 종속변수의 변동을 흡수한다. 설명된 종속변수 변동의 원천은 요인분석에서는 설명된 분산비율과 커뮤낼러티(communality)로, 회귀분석에서는 R^2로 측정하는 개념이다. 커뮤낼러티는 어떤 변수의 분산이 다른 변수들과의 상관관계에 기여하는 또는 다른 변수들에 대해 공통적인 비율을 말한다. 더 높은 커뮤낼러티들을 가진 변수들의 변동은 요인들에 상당히 완전하게 표시되는 반면에, 더 낮은 커뮤낼러티들을 갖는 변수들은 요인들에 의해 변동이 그 커뮤낼러티의 비율만큼만 설명된다.

요인분석은 많은 변수들을 더 작은 수의 근본적 요인들(underlying factors)로 축소시키도록 설계되기 때문에, 주된 질문은 모형에 얼마나 많은 요인들이 포함되느냐이다. 원래 변수들과 동일한 수의 요인들이 있도록 요인들을 계속 생성시킬 수는 있지만, 이는 기법의 주된 목적들 중의 하나에 위배된다.

고유치 기준(eigenvalue criteria)에서 고유치는 어떤 요인에 관련된 원래 변수들에서 분산의 크기를 나타낸다. 1.0보다 큰 고유치들을 갖는 요인들만이 유지되고, 다른 요인들은 모형에 포함되지 않는다. 다시 말하자면, 어떤 요인에 대한 각 변수의 요인적재량들의 자승합은 고유치 또는 그 요인에 의해 설명된 총분산을 나타낸다. 따라서 1.0보다 큰 고유치들을 가진 요인들만이 포함된다. 1.0보다 작은 고유치를 가진 요인은 표준화로 인하여 단일변수에 불과하므로, 각 변수는 1.0의 분산을 갖는다. 그러므로 한 변수의 분산 크기 이상을 하나의 요인은 설명해야 한다.

스크리도표기준(Scree Plot criteria)에서 스크리도표는 추출 순서로 된 요인들 수에 대한 고유치들의 그림이다. 도표의 형태(모양)는 요인들의 수를 결정하는데 사용된다. 전형적으로 도표는 큰 고유치를 가진 요인들의 가파른 기울기와 나머지 요인들에 관련된 점진적으로 땅에 붙어 뻗어 나가는 것 사이의 뚜렷한 꺾임을 갖는다. 이렇게 점진적으로 땅에 붙어 뻗어 나가는 것을 스크리(scree)라고 한다. 실험증거는 스크리가 시작되는 점이 요인들의 진정한 수를 표시한다고 나타내었다. 그런데 스크리가 시작된 요인이 아주 낮은 고유치를 갖는다면, 이는 비현실적이어서 그 전의 큰 고유치를 갖는 요인들로 요인들의 수를 결정한다.

분산비율기준(percentage of variance criteria)은 추출된 요인들의 수를 그 요인들에 의해 추출된 분산의 누적비율이 만족스러운 수준에 도착하도록 결정하는 접근법이다. 만족스러운 분산 수준은 상황에 따라 결정된다. 그러나 분산의 70% 이상을 설명하는 요인들의 기준이 보편적이다.

유의성검정기준(significance test criteria)은 개별 고유치의 통계적 유의성을 결정하고, 통계적으로 유의적인 요인들만을 유지시킬 수 있는 기준이다.

200개를 초과하는 크기의 대규모 표본들을 사용하는 경우에 실용적 관점에서는 전체 분산의 단지 작은 비율만을 설명하는 많은 요인들이 통계적으로 유의적일 가능성이 있는 것이 단점이다.

가장 적합한 원칙은 더 이상 타당하지 못하는 때에 요인 규명(factoring)을 중단하는 것이다. 결국에는 요인들이 더 작을수록 무작위 배리맥스 회전(random varimax rotation: 적재량 자승들의 분산들 합을 최대화시키는 회전)을 나타내며, 해석불가능할 것으로 예상되어야 한다. 명백히 요인들 수의 결정은 개별 요인들 해석과 마찬가지로 아주 주관적이다.

요인분석은 어떤 자료집합에 대해서라도 여러 해들(적재량 및 요인점수들)을 발생시킬 수 있다. 각 해를 특정요인회전(particular factor rotation)이라고 하며, 요인회전계획(factor rotation scheme)에 의해 생성된다. 요인들을 회전시킬 때마다 요인들의 해석이 변화하듯이 적재량 패턴이 변화한다. 기하학적으로 회전은 단순히 차원들이 회전된 것을 의미한다.

수직축과 수평축을 모두 회전시키는 직교회전(orthogonal rotation)은 비관련된 것을 의미하므로, 요인들을 독립적 또는 비관련된 것을 유지하면서 회전시키는 것이다. 한편 각 축을 별도로 회전시키는 사각회전(oblique rotation)에서는 요인들의 상관을 허용하여 직교를 유지하지 않는다.

따라서 회전방식의 선택은 요인들이 독립적인지의 가정에 따라 다르게 수행된다. 그리고 회전의 성공 여부는 무리들의 위치결정에 중요하게 의존한다. SPSS에서는 직교회전에 varimax, quartimax, equamax의 3가지 방법이, 사각회전에는 direct oblimin과 promax의 2가지 방법이 있다.

배리맥스(Varimax)는 요인들 내부에서 적재량들의 분산(dispersion)을 최대화시키며, 해석이 가능한 더 많은 무리들의 요인들을 가져오는 한 요인에 소수의 변수들을 높게 적재시키도록 하는 방법이다. 배리맥스 회전에서는 적재량 자승들의 분산들 합을 최대화시키며, 각 요인은 보다 작은 수의 변수들에 대해 (1 또는 -1의) 높은 적재량들을 갖고, 다른 변수들에 대해서는 낮거나 (0에 근접한) 아주 낮은 적재량을 가져 그에 따른 요인들의 해석을 보다 쉽게 만든다.

다시 말하자면, 회전되지 않은 요인들에 의해 설명된 분산은 회전에 의해 재배열된다. 회전된 요인들에 의해 설명된 전체 분산은 여전히 동일하게 된다. 여기서 최초의 회전된 요인이 더 이상 최대 분산을 반드시 설명하지는 않을 것이다. 각 요인이 설명하는 분산의 크기는 재계산되어야 한다.

사각회전에서 보다 나은 해석을 위해 요인들을 회전시켜 직교성이 더 이상 보존되지 않는다.

대부분의 요인분석 프로그램의 한 가지 산출물은 모든 응답자들에 대해 각 요인에 대한 값들이다. 이러한 값들을 요인점수들(factor scores)이라고 하며, 투입 변수들의 기저가 되는 것으로 나타나는 요인들에 대해 제시된다. 그래서 각 응답자는 원래 투입변수들에 대한 응답자의 순위에 추가하여 각 요인들에 대해 요인점수들을 갖는다. 차후 분석에서 원래 변수들 대신에 요인점수들을 갖고 작업을 하는 것이 편리하고 적합할 수 있다. 이는 변수들보다 아주 적은 수의 요인들을 갖고 그 요인들이 개념적으로 의미가 있기 때문에, 요인점수들이 선호될 수 있다.

요인은 요인점수가 그에 관련된 변수들에 대한 지식에서 계산된다는 의미에서 파생변수(derived variable)이다. 요인들 자체는 원래 변수들의 선형조합으로 표시될 수 있다. 계산된 요인점수들은 회귀, 판별 또는 기타 통계분석에서 예측변수들(predictor variables)

로 사용될 수 있다.

11.3.3.2 요인분석의 해석

요인의 해석은 요인들과 원래 변수들 간의 상관계수들인 요인 적재량들(factor loadings)을 기초로 수행한다. 요인 적재량들은 어떤 원래 변수들이 각 요인들에 상관되어 있는지와 그 상관의 정도를 나타낸다. 이러한 정보는 관찰 불능 요인들을 주관적으로 규명하고 라벨을 붙이는데 사용된다.

공통요인분석에서는 공통분산에 대해서만 요인들이 추정된다. 커뮤낼러티가 상관계수행렬의 대각원소에 삽입된다. 이러한 방법은 주된 관심사가 기초적 차원들을 규명하고, 공통분산이 관심의 대상이 되는 경우에 적합하다. 이러한 방법은 주축요인분해(principal axis factoring)라고 한다.

설명된 분산의 비율은 변수들 모두의 원래 분산 전체를 요인이 얼마나 많이 나타내는지를 표시하는 요약 측정치이다. 주성분분석에서 비율로 각 요인들이 설명하는 전체 분산의 비율을 표시한다. 이러한 분산설명비율통계량(percentage-of-variance-explained statistic)은 요인을 평가하고 해석하는 데 도움이 될 수 있다.

요인 적재량은 어떤 요인과 어떤 변수 사이의 Pearson 상관(Pearson correlation)이다. 상관계수의 해석원리에 따라 요인 적재량의 자승은 특정변수가 어떤 요인에 대해 갖는 실질적 중요성(substantive importance)의 측정치로 사용할 수 있다

일단 요인 적재량들의 행렬이 계산되면, 해석과정은 유의적인 요인 적재량들과 적합한 커뮤낼러티에 대해 비회전 요인행렬을 검토하고, 그 후에 회전 요인행렬들을 검토하는 방식으로 수행된다.

만약 결핍이 발견되면, 요인들의 재설정을 고려해야 한다. 일단 요인들이 최종화되면, 각 요인들의 특성을 보여주는 유의적 요인 적재량들을 기초로 요인들을 설명할 수 있다. 이러한 해석절차는 다음과 같다.

① 비회전 요인행렬에 대한 요인 적재량 행렬을 검토한다. 요인 적재량들은 각 요인에 대한 각 변수의 결합정도를 보여준다. 적재량들은 요인들의 실질적 의미에 대한 특성화를 요구하는 방식으로 사용된다면 요인들의 해석에서 중요한 역할을 한다. 이러한 경우에 요인분석의 목적은 여러 번 요인행렬 회전을 통해 단일 요인에 대한 각 변수의 결합을 극대화시키는 것이다.

요인행렬의 적(trace)에 의해 나타나듯이 하나의 단일 요인 또는 전체 요인에 의해 설명되는 분산의 총 크기는 변수들 집합에서의 총 분산과 비교될 수 있다. 적은 설명되어야 하는 총 분산이며, 변수집합의 고유치들의 합과 같다. 구성요소 분석에서 적은 변수들의 수와 일치하는데, 이는 각 변수가 1이라는 양의 고유치를 갖기 때문이다. 각 요인들에 대해 적의 비율들을 더하여, 요인에 대해 추출된 적의 총 비율을 구하여 특정 요인과 모든 변수들이 함께 표시하는 설명력을 보여준다.

만약 모든 변수들이 서로 아주 다르다면, 이러한 적의 총 비율은 낮을 것이다. 그리고 변수들이 하나 또는 보다 높은 반복적 또는 관련된 그룹들에 포함된다면, 그리고 추출된 요인들이 모든 그룹들을 설명한다면, 적의 총 비율은 100%에 접근할 것이다.

② 비회전 요인행렬에서 유의적 적재량을 규명한다. 비회전 요인행렬의 각종 요인들을 규정한 후에, 요인 적재량 패턴들을 검토한다. 요인 적재량은 요인들을 설명하고 변수들 집합에서의 구조를 설명한다.

③ 비회전 요인행렬에서 변수들의 커뮤낼러티를 평가한다. 커뮤낼러티로 알려진 요인 적재량 자승 값의 행합(row sum)은 함께 고려된 요인들에 의해 설명되는 어떤 변수의 분산의 크기를 보여준다.

커뮤낼러티의 크기는 특정변수의 분산이 요인 해에 의해 얼마나 많이 설명되는가를 평가하는 유용한 지수이다. 커뮤낼러티가 높을수록 어떤 변수 분산의 큰 크기가 요인에 의해 추출되었다는 것을 보여준다. 한편 비회전 요인행렬이 완전히 명확한 요인적재량들의 집합을 갖지 못한다면, 직교(배리맥스)회전기법을 적용하여 해석 성과를 개선시킬 수 있다. 그리고 커뮤낼러티들이 0.5를 초과하는지를 평가한다.

④ 필요하다면 요인모형을 재설정한다. 회전 요인행렬이 요인적재량을 보다 단순하게 해주더라도, 요인들에 대해 어떤 변수들이 여러 요인에 대해 5% 수준에서 유의적인 크기 이상의 적재량들을 함께 갖는 교차적재가 나타난다면, 그러한 변수들을 제거하고 다시 회전을 수행한다.

⑤ 요인들에 이름을 붙인다. 만족스러운 요인 해답이 도출된다면, 조사자는 요인들에 대해 의미를 부여하도록 이름을 붙인다.

11.3.3.3 요인의 신뢰성 평가

신뢰성(reliability)은 어떤 변수의 복수 측정치들 간의 일치성 정도에 대한 평가이다.

한 형식의 신뢰성은 검정－재 검정(test－retest)이며, 이에 의해 일치성이 두 시점에서 한 개인에 대한 대답들에 대해 측정된다. 그 목적은 대답들이 시간에 따라 너무 크게 변하지는 않아 어떤 시점에서 취해진 측정치가 신뢰할 수 있도록 보장하는 것이다.

두 번째이며 보다 보편적으로 사용되는 신뢰성 측정치는 내적 일치도(internal consistency)이다. 이는 어떤 총화척도로 된 변수들 간의 일치도에 적용된다. 내적 일치도에 대한 원리는 척도의 개별 항목들 또는 지표들은 모두 동일한 구성개념을 측정하여 높게 상호 상관되어야 한다는 것이다. 어떤 단일 항목도 어떤 개념의 완전한 측정치는 아니므로, 우리는 일련의 진단적 측정치들을 이용하여 내적 일치도를 평가해야 한다.

첫째, 각 개별항목들에 대해, (총화척도점수에 대한 그 항목의 상관관계인) 그 항목의 전체 항목에 대한 상관관계와 (항목들 사이 상관관계인) 항목 간 상관관계를 검토한다. 이 경우 그 항목의 전체 항목들에 대한 상관관계는 0.50을 초과해야 하고, 항목 간 상관관계는 0.30을 초과해야 한다.

둘째, 전체 척도의 일치도를 평가하는 신뢰성계수를 가장 널리 사용되는 크론바흐 알파(Cronbach's alpha)로 사용한다. 일반적으로 인정되는 크론바흐 알파의 하한은 탐색적 조사에서는 0.60도 허용되지만, 보통 0.70 이상을 사용하는 것이 적합하다.

그런데 항목들의 수가 증가할수록, 동일한 상호 상관관계에도 불구하고 크론바흐 알파가 증가한다. 따라서 조사자들은 많은 수의 항목들을 사용하는 측정치들에 대해서는 보다 엄격한 요건을 부과해야 한다.

셋째, 확인적 요인분석에서 도출되는 신뢰성 측정치들을 사용할 수 있다.

요인분석의 타당성 검정을 위해 수렴적(convergent), 판별적(discriminant), 그리고 법논리적(nomological) 타당성을 주로 사용한다.

11.3.4 정준상관

정준상관분석(canonical correlation analysis)은 다중회귀분석의 논리적 확장으로 간주될 수 있다. 정준상관분석의 목표는 여러 계량 종속변수들과 여러 계량 독립변수들을 동시에 상관시키는 것이다.

다중회귀는 하나의 종속변수를 포함하는 반면에, 정준상관분석은 복수의 종속변수들을 포함한다. 기초 원칙은 독립변수들 집합과 종속변수들 집합 간의 상관관계를 극대화시키는 방식으로 독립변수들 집합과 종속변수들 집합의 선형조합을 개발하는 것이다. 다시 말하자면 이러한 절차는 종속변수들 집합과 독립변수들 집합 간의 최대 단순 상관관계를 제공하는 종속변수와 독립변수들의 가중치들 집합을 획득하는 과정을 포함한다.

각 판별함수에 대한 Wilks 람다와 고유치 및 정준상관계수들은 함수들이 그룹들에 얼마나 강력하게 관련되어 있는가를 말해주는 판별함수들의 적합성 검정 통계량들이다. 고유치(eigenvalue)는 그룹들 내 자승들의 합계에 대한 그룹들 간 자승들 합계의 비율이다. 우량한 함수는 그룹들 간에 많이 변동하고, 어떤 하나의 그룹 내부에서는 거의 변동하지 않는 점수들을 갖기 때문에, 우량한 함수일수록 높은 고유치를 갖는다. 정준상관계수(canonical correlation)는 판별점수들과 그룹들 사이의 관계의 정도에 대한 측정치이며, 총 자승합에 대한 그룹들 간 자승합의 비율의 지승근으로 계산된다. 이는 분산분석에서 η 계수(eta coefficient)로 알려져 있다.

1에 근접한 값들의 정준상관계수는 판별점수들에서 관찰된 대부분의 변동성이 그룹들 간의 격차에 의해 설명된다는 것을 보여준다.

11.3.5 다변량분산분석 및 다변량공분산분석

다변량분산분석(multivariate analysis of variance: MANOVA)은 보통 처리변수들(treatments)이라고 하는 여러 범주형 독립변수들과 2개 이상 계량 종속변수들 간의 관계를 동시에 탐색하도록 사용될 수 있는 통계적 기법이다. 다변량분산분석은 단일변량분산분석(univariate analysis of variance: ANOVA)의 확장방식이다.

다변량공분산분석(multivariate analysis of covariance: MANCOVA)은 종속변수들에 대한 (공변량(covariates)이라고 하는) 어떤 비통제된 계량 독립변수들의 효과를 (실험 후에) 제거하도록 MANOVA와 함께 사용할 수 있다. 그 절차는 제3의 변수의 효과가 상관에서 제거되는 2변량 편상관(bivariate partial correlation)에 포함된 절차와 유사하다. 조사자가 2개 이상의 종속변수들에 대한 집단 반응들의 분산에 관한 가설들을 검정하도록 (여러 비계량 처리변수의 조작으로 구성된) 실험상황을 디자인하는 경우에는 MANOVA가 적합하다.

11.3.6 컨조인트분석

컨조인트분석(conjoint analysis)은 신제품, 서비스, 아이디어 등의 대상들의 평가에 대한 새로운 세련된 최근에 생겨난 종속기법(emerging dependence tech- nique)이다.

가장 직접적 적용은 신상품이나 서비스개발에 대한 것이다. 이는 응답자의 현실적 결정상황을 유지하면서 복잡한 상품 평가를 할 수 있도록 하는 것이다. 컨조인트분석을 통해 시장 조사자는 소비자가 상품수준들의 조합들인 소수의 상품 프로파일만을 평가하면서 각 속성의 수준들과 속성들의 중요성을 평가할 수 있다.

컨조인트분석은 어떤 문제들의 배열에 적용될 수 있으며, 그 전제조건들은 다음과 같다.

① 정밀조사 중인 문제는 여러 차원들 또는 변수들을 수반한다. 컨조인트분석의 용어로는 차원들이나 변수들을 속성들(attributes) 또는 특성들(features)이라고 부르는 경향이 있다. 가격, 수량, 인도기간은 그러한 속성의 예이다.

② 각 속성은 소수의 이산적(불연속, 별개의) 수준들로 정량적 조건으로 설정될 수 있다. 이 요건은 여러 형식으로 해석될 수 있다. 예컨대 2,000원, 0.9리터, 14일은 각각 가격, 수량, 인도기간의 수준들이다.

③ 의사결정자는 자유롭게 상품을 시판하는 경우에 사용할 속성수준을 선택할 수 있다.

예컨대 신용카드 회사가 할인율, 상품권 수령 후 지급속도, 카드 인증 무료 여부, 지원제도, 리베이트 제공의 5가지 요인들 각각에 대해 2가지 수준들이 있어 32개의 가능한 조합을 제공할 수 있다고 가정하자. 가맹점에게 가장 매력적이며 회사에 가장 이익이 되는 최상 조합을 선택할 수 있다.

도시 근교 택지개발이 확산 또는 도시 스프롤(무질서하게 뻗어 나간 도시 외곽지역) (urban sprawl) 패턴을 보이는 경우가 많다. 이에 따라 근교에 대규모 택지(home lots)와 낮은 인구 밀도를 보인다. 그렇지만 잠재적인 주택구매자들은 앞뜰과 뒤뜰 크기, 주택 간 거리, 집 앞 보도까지 거리와 같은 속성들을 감안하여 구매를 한다.

컨조인트분석(conjoint analysis)은 아주 강력하고 도움이 되는 도구이다. 1980년대에는 연평균 400건 이상의 컨조인트 연구가 상업적 활용을 위해 수행되었다. 컨조인트분석의 주요 목적은 새롭거나 개정된 제품이나 서비스에 대해 제공, 가격결정에 도움 제공, 매출액이나 이용수준의 예측, 신제품개념 시험사용(try out)을 위한 특성들을 선택하는 데 도움을 준다.

컨조인트분석은 다른 속성에 대한 어떤 속성의 상대적 중요성에 대한 정량 측정치를 제공한다. 사람들에게 어떤 속성이 중요한지를 묻는 경우에, 모든 속성들이 중요하다고 응답하는 것이 문제이다.

컨조인트분석은 응답자들에게 상호보완적(균형)판단을 하도록 요청한다. 한 특성이 다른 특성을 희생시킬만큼 중요한지, 한 속성이 희생되어야 한다면 그 속성은 무엇인지 등을 물어볼 수 있다. 그래서 응답자는 극히 세심하고 유용한 정보를 제공한다. 컨조인트분석이 생산적으로 사용된 상황들의 일부 특성들은 다음과 같다.

첫째, 대안직 제품이나 서비스가 어디에서 많은 (2가지 이상의 수준들을 갖는) 속성들을 갖고 있는가?

둘째, 속성 수준들의 가능한 조합들의 대부분이 현재 어디에서 존재하지 않는가?

셋째, 가능한 속성 수준들의 범위가 현재 입수 가능한 속성들을 초과하여 어디로 확장될 수 있는가?

넷째, 속성 선호의 일반적 방향이 어디서 알려져 있는가?

보통 문제는 각종 속성들에 대한 선호가 상충될 수 있거나 또는 모든 선호를 충족시키기에는 자원이 충분하지 않을 수 있다는 것이다. 문제는 보통 속성 수준들의 절충집합을 찾는 것이다.

투입자료는 속성 수준들의 조합들을 나타내는 개념들의 설명들을 응답자들에게 제공하여 획득된다. 예컨대 카드회사는 가맹점들에 대해 평가할 신용카드 개념들 일부를 6% 할인율, 10일 이내 지급, 전화 신용인증, 소매가맹점 광보 지원에 청구액의 0.75% 지원, 환불 없음으로 설정할 수 있다.

그리고 응답 소매가맹점들은 전반적 취향, 구매 의도, 또는 다른 개념들과 비교한 선호의 순위순서를 조건으로 각 개념을 평가한다. 쌍별 비교판단(paired comparison judgements) 역시 다른 프로필에 대한 한 프로필의 선호정도를 제공하도록 획득할 수 있다.

컴퓨터 프로그램은 각 속성의 각 수준에 대하여 가치 또는 효용(부분가치효용(partworth utilities)이라고도 함)을 할당한다. 이러한 효용들을 고려하는 각 개념들에 대해 합산을 하면, 이러한 전체 값 점수들의 순위점수는 반드시 응답자들의 최대한 밀접한 선호의 순위순서와 일치해야 한다.

컨조인트모형은 속성수준들에 관련된 효용들을 추가하여 선호에 대한 모형을 설정할 수 있고, 이러한 효용들을 완전 프로필 또는 상호보완자료에서 추정할 수 있다고 가정한다. 현재 컨조인트분석은 많은 시장조사회사 및 의뢰인들에 의해 관례대로 사용되고 있을 정도로 실제 타당도를 인정받고 있다. 프로필평가의 신뢰도평가 또는 부분가치효용은 검사−재검사절차에 의해 평가될 수 있다.

컨조인트분석 의사결정단계들은 컨조인트분석 목표설정과 그를 통한 조사 개념화, 실제 조사설계관련 쟁점 처리, 가정들 평가, 컨조인트 결과들의 실제 추정 고려방법, 결과들의 해석, 결과들 입증 방법, 차후 분석에 대한 컨조인트 결과들의 사용으로 구성된다.

- 제1단계: 조사문제 규명−목표 선정(독립변수들의 공헌도 결정, 소비자판단 모형 확정), 전체효용의 전체 원소 규정, 핵심 결정기준들 규명
- 제2단계
  - ✓ 컨조인트 방법론 선택: 6개 이하의 속성들은 선택기반 컨조인트(choice−based conjoint), 10개 미만의 속성들은 전통적 컨조인트(traditional conjoint), 10개 이상 속성들은 적응적 선택)
  - ✓ 자극 설계: 요인들 및 수준들의 선정 및 규정−일반적 특징들(전달가능(communicable), 조치 가능(actionable)), 요인들 쟁점들 명시(요인들의 수, 요인 다중공선성), 수준들 쟁점들 명시(수준들의 숫자 및 균형, 수준들의 범위)
  - ✓ 자극설계: 기초모형양식 명시−가법적 또는 쌍방향의 구성원칙, 요인수준들간 부분가치 관계 형태가 선형, 2차 또는 별도 부분가치들의 여부, 별도 부분가치관계의 분석 및 해석
  - ✓ 자료 수집: 표현방법의 선택(사용할 자극들의 형태 제시)−상호보완행렬(trade−off matrix)(자료수집, 자극창조로 상호보완행렬 개발), 완전프로필(complete profile) 및 쌍별 비교(pairwise comparison)(자료수집, 응답자가 모든 자극들을 평가하는 경우에는 요인 설계, 응답자가 일부 자극들만을 평가하는 경우에는 부분요인(배치)설계(fractional factorial design)·(어떤 태도의 수준들 간의 어떤 상관관계도 존재하지 않는) 직교성·(동일한 수의 항목들을 한 요인의 각 수준이 나타내는) 균형
  - ✓ 자료수집: 선호측정치 선택−측정(평정) 대 비측정(순위순서)
  - ✓ 자료수집: 설문조사관리형식−개인면담, 우편조사, 전화조사

- 제3단계: 가정−모형양식의 적합성, 표본의 대표자
- 제4단계
  - ✓ 추정기법선택−평정에 대한 측정방법, 순위순서에 대한 비측정방법
  - ✓ 모형적합우량성 평가−총체적 및 개별적 평가, 신뢰성 평가, 예측 정확성 평가
- 제5단계: 결과 해석−총합 및 분해 결과, 속성들 상대 중요성
- 제6단계: 결과들의 입증−내적 타당도, 외적 타당도
- 제7단계: 컨조인트 결과들의 적용−세분화, 수익성 분석, 선택 시뮬레이터

11.3.7　클러스터분석

클러스터(집락)분석(cluster analysis)은 개인들 또는 대상들의 의미 있는 하위집단들을 개발하는 분석기법이다. 구체적으로 집락분석 목표는 개인들 또는 대상들의 실체들 표본을 실체들의 유사성을 기초로 소수의 상호 배타적인 집단들로 분류하는 것이다.

유사하게 행동하는 소비자들 전체들을 규명할 수 있으므로, 시장세분화, 시험시장의 선택, 신제품기회 규명, 제품 제공 혜택들의 특정 조합 추구 기준 고객세분화 수행에 적합하다.

판별분석과는 달리, 집락분석은 집단들을 미리 정의하지(predefine) 않고, 집단들을 규명하는데 사용하는 기법이다. 집락분석은 보통 3개 이상의 단계들을 포함한다.

첫째, 표본에 실제로 얼마나 많은 집단들이 존재하는지를 결정하기 위해 실체들 간의 어떤 형식의 유사성 또는 연관을 측정한다.

둘째, 실체들을 집단들(집락들)로 분할하는 실제 집단화 프로세스(actual clustering process)이다.

셋째, 집락 구성을 결정하도록 개인들 또는 변수들의 개요(프로파일)를 작성한다.

클러스터분석 수행의 첫 단계는 문제를 규정하는 것이다. 그리고 적절한 유사성 측정치에 대해 결정을 한 다음, 대상들을 분류하는 방법에 대한 결정을 하고, 클러스터들의 수를 결정한다. 그리고 집단이나 클러스터들을 구성한 경우에, 연구자는 관리에 적합하도록 해석하고, 기술하고, 입증하도록 해야 한다.

유사성 측정치(similarity measure)는 대상들을 분류하기 위해 필요하다. 유사한 대상들을 함께 분류하고, 그리고 별도 클러스터들을 분리시킨다. 클러스터분석에서 보통 사

용되는 측정치는 거리 측정치(distance measures), 상관계수(correlation coefficients), 연관계수(association coefficients)이다.

가장 인기 있는 거리 측정치는 유클리드 거리(Euclidean distance)이다. 유클리드 거리 자승 d_{ij}^2의 공식은 대상 i 및 j에 대한 m 번째 속성의 (평균 0과 표준편차 1에 대한) 표준화 값들(standardized values)인 X_{im} 및 X_{jm}에 대해 다음과 같다.

$$d_{ij}^2 = \sum_{m=1}^{p} (X_{im} - X_{jm})^2$$

자료행렬에서의 변수들이 다른 단위들로 측정된 점을 고려하면, 위의 공식은 보통 각 변수가 0의 평균과 1의 표준편차에 대해 표준화시킨 후에 적용된다. 표준화(standardization)는 측정단위의 영향력을 제거할 수 있고, 클러스터들을 최상으로 판별할 수 있는 변수들에 대한 집단들 간의 격차를 축소시킬 수 있다.

거리측정치들의 중요한 단점은 더 작은 절대적 크기 및 표준편차들을 가진 여타 변수들의 효과들을 본질적으로 뒤덮는다.

상관계수들은 변수들과 클러스터분석 입력변수들 간에 계산할 수 있다. 상관계수 사용의 중요한 문제는 변수들 간의 격차 정도를 희생하는 형태로 변수들 간에 상승 및 하락 패턴에 대한 민감도이다.

연관계수들은 이항변수들(1과 0의 값을 가짐)이 사용되는 경우에 대상들 간의 유사성을 확인하는데 사용된다. 각 상표에 대한 8개 속성들의 존재 유무를 기초로 두 상표들 간의 연관계수들을 창조하길 원한다고 하자.

	A1	A2	A3	A4	A5	A6	A7	A8
상표 A	1	1	0	1	1	0	1	1
상표 B	1	0	0	0	1	1	1	0

단순한 일치(matching) 또는 연관계수(association coefficient)의 한 가지 측정치 s는 상표 A 및 B가 보유한 속성들의 수 a, 상표 A는 보유하지만 상표 B가 없는 속성들의 수 b, 상표 A는 없지만 상표 B가 보유한 속성들의 수 c, 상표 A와 B가 모두 없는 속성

들의 수 d에 대해 다음에 의해 주어진다.

$$s = \frac{a+d}{a+b+c+d}$$

위의 사례에서는 $a = 2$, $b = 3$, $c = 1$, $d = 1$ 이므로, s는 다음과 같다.

$$s = \frac{a+d}{a+b+c+d} = \frac{3+1}{3+3+1+1} = \frac{4}{8} = 0.5$$

그런데 이러한 측정치는 낳은 프로그램에서 사용이 배제되어 거의 수복을 받지 못하고 있다.

분류(clustering)에는 계층적(위계적) 접근법(hierarchical approach)과 탈위계적(비계층적) 접근법(nonhierarchical approach)의 2가지 접근법이 있다.

계층적 분류(hierarchical clustering)는 한 무리(클러스터, cluster)에 있는 모든 대상들을 갖고 시작하여, 모든 대상들이 자체의 단일 대상 클러스터(own single-object cluster)에 있을 때까지 나누고 세부적으로 나눌 수 있다. 대조적으로 상향식 또는 집합된(뭉쳐진) 접근법(bottom-up or agglomerate approach)은 자체 클러스터의 각 대상으로 시작할 수 있고, 모든 대상들이 하나의 클러스터에 있을 때까지 클러스터들을 계통적으로 조합할 수 있다. 하나의 대상이 한 클러스터에서 서로 연관되는 경우에, 그 대상을 갖고 계속 분류된다.

비계층적 분류 프로그램(nonhierarchical clustering program)은 클러스터들이 형성됨에 따라, 분류기준이 개선될 수 있다면 대상들이 하나의 클러스터에서 벗어나 다른 클러스터에 참가할 수 있도록 하는 것이 단지 다르다. 이러한 접근법에서 클러스터 중심이 초기에 선택되고, 사전 규정된 임계거리 내부의 모든 대상들이 그 클러스터에 포함된다. 만약 3개 클러스터 해를 원한다면, 3개 클러스터 중심들이 규정된다. 이러한 클러스터 중심들은 난수들일 수 있거나, 계층적 접근법에서 획득될 수가 있다.

계층적 분류는 판독과 해석이 상대적으로 쉬운 장점을 갖는다. 산출결과는 이론적으로 반드시 존재해야 하는 논리구조를 갖는다. 그 단점은 상대적으로 불안정하며 신뢰할 수 없다는 것이다. 기준의 작은 격차를 기초로 할 수 있는 대상들의 최초 조합이나 분리는 나머지 분석을 제약시킬 수 있다.

계층적 분류 수행에서 2개 이상 집단들로 표본을 분할하고, 유사한 클러스터들이 모든 시행들에서 나타나는지를 보도록 2개의 독립적 분류 시행을 수행하는 것이 안전한 수행(sound practice)이다.

비계층적 분류의 장점은 분할된 표본시행들이 계층적 분류보다 더욱 유사하게 나타나므로 보다 신뢰가능한 경향을 갖는다는 것이다. 프로그램이 분류기준에 대해 틀리는 것으로 나중에 증명되는 분석에서 초기에 근접한 결정을 한다면, 대상들을 클러스터들에 대해 이동시켜 치유할 수 있다. 주된 단점은 일련의 클러스터들이 보통 엉망인 상태여서 해석하기가 아주 곤란하다는 것이다. 사실이 어떤 것도 존재하지 않는 경우에 분석결과가 잘못된 질서의식(sense of order)을 전달하지 않는다는 점에서, 엉망으로 보인다는 사실은 가끔 좋은 것이다. 그러나 사실은 사용하기가 아주 어려울 수 있다는 것이다. 또한 클러스터들의 수를 사전에 선택해야 하는데, 이는 어려운 과업이 될 수 있다.

실제로 계층적 분류와 비계층적 분류 접근법들 모두 차례로 사용될 수 있다. 첫째 계층적 접근법은 클러스터들의 수 및 어떤 이상치들(outliers)을 규명하고, 클러스터 중심들(cluster centers)을 획득하도록 사용할 수 있다. 만약 있다면 이상치들은 제거하고, 비계층적 접근법을 계층적 접근법에서 획득된 클러스터들의 수와 클러스터 중심들에 대한 투입물로 사용한다. 두 접근법들 모두의 장점들이 결합되어, 그 결과들은 분명히 더 좋을 것이다.

11.3.8 지각지도 작성

지각지도 작성(perceptual mapping)은 다차원척도법(multidimensional scaling: MDS)이라고도 하며, 목표는 유사성 또는 선호에 대한 소비자 판단들을 다차원공간에 표시된 거리(distance)로 변형시키는 것이다. 마케팅조사에서는 상품, 서비스, 시장, 상표의 분석과 관련하여 지각공간(perceptual space), 인지지도(cognitive map), 다차원척도법(multi-dimensional scaling: MDS)이라는 용어가 사용되고 있다.

그에 따른 지각지도는 모든 대상들의 상대적 포지셔닝(relative positioning)을 보이지만, 어떤 속성들이 각 대상의 포지션을 예측하는지를 기술 또는 평가하기 위해 추가

분석이 필요하다.

다차원척도법은 대상들(상품, 서비스, 사람, 향기 등) 집합의 인식된 상대적 이미지를 결정할 수 있도록 해주는 절차이다. 다차원척도법의 목적은 (점포, 상표 등의 선호와 같은) 선호의 총괄적 유사성에 대한 소비자 판단을 다차원공간에서 나타난 거리로 변형시키는 것이다.

다차원척도법은 대상들의 비교를 기초로 하며, 단지 하나의 종합적인 유사성 또는 선호 측정치를 사용하는 것이 다른 다변량기법들과는 다르다. 다차원척도법은 분석할 대상들 전체집합에 대한 유사성이나 선호 측정치 수집, 다차원공간에서 각 대상의 상대 포지션 추정을 수행, 인식적 또는 객관적 속성들을 조건으로 차원공간의 축들을 규명하고 해석하는 절차로 수행한다.

다차원척도법기법은 복수차원공간에서의 대상들 거리가 다른 대상들 두 쌍들 간의 거리보다 더 작게 2개의 대상들(한 쌍의 대상)을 배치시켜, 모든 대상들의 상대적 배치(positioning)를 보여주는 지각지도(perceptual map)를 작성한다. 이러한 지각지도를 공간지도(spatial map)라고 한다.

비교기준으로 차원들을 사용한다. 어떤 대상이 속성들 또는 속성들 조합에 대한 개인의 지각을 표시하는 차원들을 갖는 것으로 생각될 수 있다는 것을 반드시 인정해야 한다. 이러한 차원들은 단일한 속성/지각 또는 아이디어를 나타낼 수 있거나 또는 많은 속성들의 합성물(composite)이 될 수 있다.

다차원척도법은 상품, 상표, 점포 등의 각종 대상들에 대한 사람들의 인식을 측정하고 나타내기 위한 기법이다. 조직은 차별적 우위를 지속적으로 갖기 위해 경쟁사 제공물에 대해 자사 상품을 정확하게 배치시켜야 한다. 이를 위해 관리자들은 다음을 규명해야 한다.

① 자사 상품을 경쟁사와 구별하는데 소비자들이 사용하는 차원들의 수
② 소비자들이 상품 구별에 사용하는 차원들의 이름
③ 이상의 차원들에 따른 기존 상품들의 포지셔닝
④ 소비자들이 어떤 상품을 해당 차원들에 대해 선호하는 위치

관리자들이 자사 상표와 경쟁사의 포지셔닝을 파악할 수 있는 한 방식은 지각지도의 연구를 통해서이다. 지각지도들에서 각 상품이나 브랜드는 지도의 어떤 특정한 점을 차지한다. 유사한 상표들은 서로 가깝게 위치하는 반면에, 다른 상표들은 서로 멀리 떨

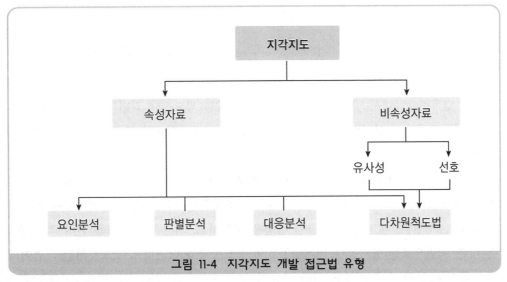

그림 11-4 지각지도 개발 접근법 유형

자료: Aaker *et al.*(2013), 549.

어져 있다.

　지각지도는 여러 방식으로 작성될 수 있다. 〈그림 11-4〉와 같이 속성기반(attribute-based) 또는 비속성기반 접근법(non-attribute-based approaches)을 사용하여 작성할 수 있다.

　다차원척도법에 대한 속성기반 접근법(attribute-based approach)은 소비자가 어떤 대상(예컨대 호텔 투숙에 대한 만족도 등)을 여러 속성들(가치, 직원의 친절, 입/퇴실 용이성, 객실 분위기(room ambience) 등)에 대해 평가하는 인기 있는 종류의 조사항목(survey item)에서 획득되는 자료들로 운용된다.

　한편 다차원척도법에 대한 비속성기반 접근법(non-attribute-based approach)은 다른 자료들을 요구한다. 고객들에게 대상들 간의 유사성들에 대해 판단을 하도록 요청한다. 심리적 가까움(psychological proximity)의 개념은 다차원척도법의 기법에서 중요한 역할을 수행한다. 따라서 마케팅관리자는 차원들의 수가 판단을 하는데 개인들이 사용하는 특징들의 수와 일치하는 다차원공간에서 상표들을 위치시키도록 다차원척도법 모형을 사용한다.

11.3.9   대응분석

대응분석(correspondence analysis)은 비계량 속성들 집합에 대한 대상들(상품, 사람 등)의 지각지도 작성을 용이하게 해주는 최근에 개발된 상호 종속기법이다. 조사자들은 계속하여 명목변수들에서 발견된 정성자료들의 정량화 필요성에 직면하고 있다. 대응분석은 비계량자료와 비선형관계들 모두를 수행할 수 있는 점에서 다른 상호종속기법들과는 다르다.

가장 기초적 형식으로 대응분석은 2개 범주변수들의 교차표(cross tabulation)인 분할표(contingency table)를 채택한다. 그리고 대응분석은 비계량자료를 계량수준으로 변형시키고, (요인분석과 유사하게) 차원 감축을 수행하고, 지각지도 작성을 한다. 대응분석은 다른 방법으로는 불가능한 비계량자료의 상호종속을 다변량으로 표시하는 기법이다.

특정 속성의 존재 여부에 대한 자료의 부호처리는 각 응답자들 및 각 상표들에 대해 0과 1의 행으로 나타날 것이다. 어떤 속성이나 기타 변수의 어떤 상표나 다른 대상에 대한 관계를 반영하는 0과 1의 행들로 자료가 구성되는 경우에 대응분석이 적절하다. 대응분석은 속성들과 상표들의 원소들이 모두 위치하는 인식시스템의 산출물을 생성한다. 이항판단(binary judgement)이 여러 맥락에서 사용된다.

첫째, 속성들 및 대상들의 숫자가 크다면, 각 속성에 대해 각 대상 척도를 평가하는 과업은 과도하며 비현실적일 것이다. 어떤 속성이 주어진 대상에 적용되는지를 단순히 점검하는 것은 보다 적절한 과업이 될 수 있다.

둘째, 응답자들이 어떤 특정 상표에 대해 생각할 수 있는 모든 속성들의 일람표를 작성하거나 또는 어떤 사용 경우에 대해 적용할 모든 상표들 또는 모든 대상들의 일람표를 작성하도록 요청하는 것이 도움이 될 수 있다.

11.3.10   구조방정식 모형설정과 확인요인분석

구조방정식 모형설정(structural equation modeling: SEM)은 종속변수들 집합의 각 종속변수에 대해 별도 관계들을 제시하는 기법이다. 공분산구조분석(covariance structure analysis) 또는 잠재변수분석(latent variable analysis)이라고도 한다.

구조방정식 모형설정은 동시적으로 추정된 연속적인 별도의 다중회귀방정식들에 대해 적합하고 가장 효율적인 추정을 제공한다. 구조방정식 모형설정은 2가지 기초적 구성요소들인 구조모형(structural model)과 측정치모형(measurement model)을 갖는 것이 특징이다.

구조모형은 경로모형(path model)으로 독립변수들을 종속변수들에 관련시킨다. 이러한 상황에서 이론, 사전경험 또는 기타 지침들이 조사자가 어떤 독립변수들이 각 종속변수를 예측하는지를 구분하도록 해준다. 다변량분산분석 및 정준상관분석과 같은 복수종속변수들을 갖는 모형들은 종속변수 및 독립변수들 간의 하나의 관계만을 허용하기 때문에 이러한 상황에서는 적용될 수 없다.

한편 측정치모형은 조사자가 하나의 독립 또는 종속변수에 대해 여러 변수들(지표들)을 사용할 수 있게 해준다. 예컨대 종속변수는 자기 존경과 같이 어떤 합산척도에 의해 제시된 개념이 될 수 있다. 확인요인분석에서 조사자는 척도가 개념을 얼마나 잘 측정하는지(신뢰도)를 통합하고, 각 척도항목의 기여도를 평가할 수 있다.

그리고 구조모형에서의 종속 및 독립변수들 간의 관계들의 추정으로 척도를 통합한다. 이러한 절차는 척도항목의 요인분석 수행 및 회귀에서 요인점수 사용과 유사하다.

구조방정식 모형설정은 별도분석보다는 각 관계들을 동시에 평가하고, 각 척도에 관련된 측정오차를 고려하도록 분석에서 복수항목 척도들을 통합하는 수단을 제공한다.

가장 보편적인 SEM추정절차는 최대우도추정(maximum likelihood estimation) MLE이다. 50개 이상의 표본크기에 대해 최대우도추정은 타당한 결과들을 제공하는 것으로 나타났지만, 안정적인 MLE해들을 보장하는데 권고되는 최소표본크기는 100에서 150개이다.

MLE는 작은 표본크기가 타당하지 않은 결과를 발생시킬 가능성을 더 크게 해주는 반복적 접근법이다. 한 가지 권고되는 표본크기는 200이며, 이는 추정을 위해 확고한 기초를 제공한다.

표본크기가 증가함에 따라 (보통 400개를 초과하면) MLE는 보다 민감하여 거의 약간의 격차라도 탐색되어 적합우량측정치들이 낮은 적합도를 보이게 한다. 따라서 표본크기는 150부터 400까지로 설정하는 것이 적합하다.

적합도(goodness-of-fit: GOF)는 설정된 모형이 지표항목들 사이의 공분산 행렬을 얼마나 잘 재생산하는지를 나타낸다. 이는 관찰된 공분산행렬과 설정된 모형으로 추정된 공분산행렬의 유사성을 보는 것이다. GOF 측정치는 특유하지만, 그 측정치들은 ① 절대측정치(absolute measures), ② 증분측정치(incremental measures), ③ 간명적합측정치(parsimony fit measures)로 구분된다.

적합도 지수(goodness-of-fit index: GFI)는 표본크기에 보다 민감도가 작은 적합통계량을 발생시키려는 초기 시도이다. GFI의 가능한 값들의 범위는 0부터 1까지이며 값이 높을수록 보다 양호한 적합도를 나타낸다. 과거에 0.9보다 큰 GFI값들은 전형적으로 우량하다고 간주되었다. 다른 학자들은 0.95가 사용되어야 한다고 주장한다. 어떤 모형의 적합도 평가를 위해서는 여러 적합지수가 사용되어야 하고, χ^2 값과 관련 자유도, 하나의 절대적합지수(GFI, RMSEA, 또는 SRMR), 하나의 증분적합지수(CFI 또는 TLI), 하나의 적합우량도지수(GFI, CFI, TLI 등), 하나의 적합불량도지수(RMSEA, SRMR 등)가 포함되어야 한다.

SRMR: 표준화된 평균잔차 자승근(standardized root mean residual)
RMSEA: 근사치 평균자승오차의 자승근(root mean squared error of approximation)
NFI: 기준적합지수(normed fit index)
CFI: 비교적합지수(comparative fit index), TLI: Tucker-Lewis 지수

11.3.11 비모수검정법

모수검정법(parametric tests)은 관련 모집단들의 특성 및 형태에 대한 요건을 갖는 반면에, 비모수검정법(nonparametric tests)은 표본들이 정규분포 또는 어떤 다른 분포들을 갖는 모집단에서 추출되도록 요구하지 않는다. 따라서 가설들의 비모수검정법들을 무분포검정법(distribution-free tests)이라고 한다.

비모수라는 용어는 검정이 모수를 기초로 하지 않는 것을 의미하지만, 중위수 등의 어떤 모수에 의존하는 일부 비모수검정들이 있다.

① 부호검정(sign test): 대응 쌍들로 구성된 자료, 명목자료 또는 모집단 중위수에 대한 주장을 처리하는데 사용될 수 있다. 자료 값들을 + 및 -부호들로 전환시키고 어떤 한 부호가 불균형적으로 더 많은지를 검정한다.

검정통계량은 +와 -부호들의 전체 개수 n이 25개 이하이면 더 적게 나타나는 부호의 횟수인 x이다. 한편 n이 25개를 초과하면(26개 이상이면) 검정통계량은 다음과 같이 z값을 사용한다.

$$z = \frac{(x + 0.5) - (n/2)}{\sqrt{n} / 2}$$

② 윌콕슨 부호순위검정(Wilcoxon signed-ranks test): 대응쌍들이 0과 일치하는 중위수를 갖는 모집단에서 발생하는 격차를 갖는다는 귀무가설을 검정하거나 또는 어떤 단일한 모집단이 중위수에 대해 주장한 값을 갖는다는 귀무가설을 검정하는데 적용한다. 자료의 각 쌍에서 첫째 값에서 둘째 값을 차감한 격차 d를 구하고, 자료에서 그 격차 d가 0이 아닌 쌍들의 수 n을 구한다.

검정통계량은 0이 아닌 격차 d들의 수인 n이 30개 이하이면 0이 아닌 격차들의 양의 순위들 합계와 음의 순위들 합계 절대값 중에서 더 작은 값 T를 사용한다. 한편 n이 30개를 초과하면 검정통계량은 다음과 같이 z를 사용한다.

$$z = \frac{T - \dfrac{n(n+1)}{4}}{\sqrt{\dfrac{n(n+1)(2n+1)}{24}}}$$

③ 윌콕슨 순위합검정(Wilcoxon rank-sum test): 두 모집단이 동일한 중위수를 가진다는 귀무가설을 검정하도록 2개의 독립적 표본들로부터 값들의 순위를 사용한다. 이는 맨-휘트니 U검정(Mann-Whitney U test)과 같은 것이다.

윌콕슨 순위합검정은 정규분포모집단을 요구하지 않으며, 순위 등의 서열수준 측정치의 자료들을 갖고 사용될 수 있다. 그런데 2개 표본 모두 10개를 초과하는 값들을 가져야 한다.

검정통계량은 표본 1의 크기 n_1을 갖는 표본의 순위들의 합 R과 다른 표본크기 n_2, 두 모집단이 동일한 중위수를 가질 때에 예상되는 표본 R의 값들의 평균 μ_R 및 표준편차 σ_R에 대해 다음과 같이 z를 사용한다.

$$z = \frac{R - \mu_R}{\sigma_R}, \quad \mu_R = \frac{n_1(n_1 + n_2 + 1)}{2}, \quad \sigma_R = \sqrt{\frac{n_1 n_2 (n_1 + n_2 + 1)}{12}}$$

④ 크루스칼-왈리스검정(Kruskal-Wallis test): 표본들은 동일한 중위수들을 갖는 모집단들로부터 추출했다는 귀무가설을 검정하도록 3개 이상의 독립적인 단순무작위표본에서의 자료의 순위들을 사용한다. 일원분산분석이 3개 이상 모집단들이 동일한 평균을 가진다는 귀무가설을 검정하기 위해 모든 모집단들이 정규분포를 가질 것을 요구한다. 그러나 동일한 중위수에 대한 크루스칼-왈리스검정은 정규분포를 요구하지 않는다.

모든 관련 표본들에 있는 관찰치들의 전체 개수 N, 다른 표본들의 수 k, 표본 1의 순위 R_1, 표본 1의 크기 n_1, 표본 2와 여타 표본들에 대해서도 동일하게 적용한 기호들에 대해 검정통계량은 $k-1$의 자유도를 갖고 카이자승분포를 이루는 H로 다음과 같이 계산한다.

$$h = \frac{12}{N(N+1)}\left(\frac{R_1}{n_1} + \frac{R_2}{n_2} + \cdots + \frac{R_k}{n_k}\right) - 3(N+1)$$

⑤ 순위상관검정(rank correlation test) 또는 스피어만 순위상관검정(Spearman's rank correlation test): 대응 쌍들을 구성하는 표본자료의 순위들을 사용하는 비모수검정이다. 이는 두 변수들 간의 연관성에 대한 검정을 위해 사용된다.

표본 쌍별자료에 대한 순위상관계수 r_s인 표본통계량을 표본자료의 쌍들의 수 n, 하나의 쌍 내부에 있는 두 값들에 대한 순위들 간의 격차 d에 대해 다음과 같이 계산한다.

$$r_s = 1 - \frac{6\sum d^2}{n(n^2-1)}$$

n이 30 이하인 경우에는 r_s에 대해 별도로 계산한 임계값들의 표를 사용하고, n이 30을 초과하면 다음 공식으로 r_s의 임계값들을 계산한다. 계산된 통계량이 절대값 기준으로 임계값보다 크면 모집단 상관계수가 0이라는 귀무가설을 기각한다.

$$r_s = \frac{\pm z}{\sqrt{n-1}}$$

⑥ **연의 검정**(runs test): 자료 순서에서 무작위성을 검정하기 위해 표본자료의 배열에서 연들의 수를 사용한다. 연(run)은 동일한 특징을 가진 자료들의 배열이다. 그 배열은 다른 특징을 가진 자료에 선행하고 후행하거나 또는 전혀 어떤 자료가 선행하거나 후행하지 않는다.

하나의 특별한 특징을 갖는 배열에서의 원소들의 수 n_1, 다른 특징을 갖는 배열에서의 원소들의 수 n_2, 연들의 수 G에 대해 검정통계량은 n_1과 n_2가 모두 20개 이하이면 G가 된다. 한편 n_1과 n_2가 모두 20을 초과하면 검정통계량은 다음과 같이 z로 계산한다.

$$z = \frac{G - \mu_G}{\sigma_G}, \ \mu_G = \frac{2n_1 n_2}{n_1 + n_2} + 1, \ \sigma_G = \sqrt{\frac{2n_1 n_2 (2n_1 n_2 - n_1 - n_2)}{(n_1 + n_2)^2 (n_1 + n_2 - 1)}}$$

계산된 z통계량이 주어진 유의수준의 양측검정 임계값(5% 유의수준에서는 좌우측 2.5%의 임계값) 절대치 이상이면 관찰치 집합의 무작위성이 있다는 귀무가설을 기각한다.

CHAPTER 12

MARKETING
RESEARCH

조사프로젝트 제안서
및 보고서 작성

조사프로젝트 제안서 및 보고서 작성

12.1 ⫧ 조사프로젝트 계획 및 제안서와 표절문제

12.1.1 프로젝트 예산작성 및 일정계획

적합한 조사설계가 체계화되면, 조사자는 의뢰인에게 제안을 준비하는데 대해 필요한 조사프로젝트에 대한 예산과 일정을 준비할 수 있다.

일단 적합하게 총오류를 통제하는 조사설계를 명시한다면, 예산작성과 일정작성 결정을 해야 한다. 예산작성과 일정작성은 가능한 재무, 시간, 인원 등의 자원 내부에서 마케팅조사 프로젝트를 완성하는 것을 보장하는 데 도움을 준다.

각 과업이 완료되는 시간 모수와 각 과업의 비용을 명시하면, 조사프로젝트는 효과적으로 관리될 수 있다. 프로젝트를 관리하는 유용한 접근법은 조사프로젝트를 구성요소 활동들로 구분하고, 그 활동들의 순서를 결정하고, 각 활동에 필요한 시간을 추정하는 주경로방법(critical path method: CPM)이다. 이러한 활동들과 시간 추정치들은 네트워크 플로차트 형식으로 도표로 나타낸다. 그리고 구성요소 활동의 지연이 프로젝트를 중단시킬 주경로로 규명될 수 있다.

CPM의 개선형식은 프로젝트 완성시간의 불확실성을 인식하고 측정하는 확률기반 일정작성 접근법인 프로그램 평가 및 검토 기법(program evaluation and review technique: PERT)이다. 보다 개선된 일정작성기법은 완성확률과 활동비용을 네트워크 표시에 도입할 수 있는 그래프 평가 및 검토 기법(graphical evaluation and review technique: GERT)이다.

12.1.2 마케팅조사 제안

일단 조사실계를 공식화시키고, 프로젝드의 예산직성 및 일정계획이 달성되면, 서면 조사제안서를 준비해야 한다. 마케팅조사 제안서는 프로젝트의 본질을 포함하고, 조사자와 경영진 사이의 계약서 역할을 한다. 조사제안서는 마케팅조사 과정의 모든 단계들을 포함한다.

조사제안서는 조사문제, 접근법, 조사설계, 자료의 수집, 분석, 보고 방법을 표시한다. 조사제안서는 프로젝트 완료에 대한 추정비용과 시간 일정을 제공한다. 비록 조사제안서의 형식이 크게 변동할 수 있지만, 대부분 제안서들은 마케팅조사 과정의 모든 단계들을 다루고 다음 요인들을 포함한다.

① **실행요약**(Executive Summary): 제안서는 각 부분의 중요한 내용의 요약으로 시작하며, 요약에서는 전체 제안서의 개요를 제시

② **배경**(Background): 환경적 전후 상황을 포함하는 문제의 배경을 논의

③ **문제규정/조사목표**(Problem Definition/Objectives of the Research): 특정 구성요소들을 포함하는 문제 진술을 제시해야 하며, 마케팅조사 프로젝트의 목표를 명확히 명시

④ **문제접근법**(Approach to the Problem): 최소한도로 관련 학술 및 거래문헌의 검토사항을 어떤 종류의 분석모형과 함께 제시, 규명한 조사문제 및 가설을 제안서에 포함

⑤ **조사설계**(Research Design): 탐색적, 기술적, 인과적 디자인 중 채택한 조사설계를 제시, 획득할 정보의 종류, 설문지 관리방법(우편, 전화, 대인면담, e-메일), 평가척도기법(scaling technique), 설문지 특성(제시 질문의 형태, 길이, 평균 면접시간), 표본추출 계획 및 표본크기에 대한 정보를 제공

⑥ **현장연구/자료수집**(Fieldwork/Data Collection): 자료를 수집하는 방법과 수집할 주

체를 제시, 현장연구를 다른 공급회사에 하도급을 준다면 이에 대해 제시, 수집 자료의 질적 수준 보장을 위한 통제 메커니즘을 표시

⑦ **자료분석**(Data Analysis): 수행할 자료분석의 종류(단순 교차분석, 단일변량분석, 다변량분석)와 분석결과의 해석방법을 표시

⑧ **보고서작성**(Reporting): 중간보고의 제시 여부와 제시 단계, 최종 보고서의 형식, 결과의 공식 발표 여부를 명시

⑨ **비용과 시간**(Cost and Time): 단계별로 계산한 프로젝트의 비용과 시간 일정을 제시, CPM 또는 PERT 차트를 포함할 수도 있음, 대규모 프로젝트에서는 사전에 지급 일정을 산출

⑩ **부록**(Appendices): 소수 사람들만이 관심이 있는 통계 정보 또는 기타 정보는 부록에 포함

조사제안서 준비는 조사자와 경영진이 프로젝트 특성에 대해 공감대를 갖도록 하여, 경영진이 프로젝트를 채택하도록 하는 데 도움을 준다. 제안서 준비는 계획수립을 수반하므로, 조사자가 마케팅조사 프로젝트를 개념화하여 수행하는데 도움을 준다.

12.1.3 표절문제

표절(plagiarism)은 인터넷에서 자료를 쉽게 복사하는 추세에 따라 최근 중대한 쟁점으로 부상되었다. 보편적인 표절형식은 다음과 같다.

① 다른 원천에서 훔쳐 내용(재료, material)을 자기 자신 것인 양 행세한다(pass off). 조사서비스 회사, 과제물은행(essay bank), 학기말과제 제작소(term-paper mill)에서 사전 작성된 논문(과제물)을 구입하거나, 적합한 승인 없이 어떤 원천에서 전체 논문을 복제하거나, 컴퓨터 디스크 복사 등으로 다른 학생의 연구를 제출하는 형식이다.

② 다른 사람(또래 또는 친척)이 작성한 논문을 제출하여 자기 논문인 양 행세한다.

③ 하나 이상의 원천 본문(교재, text)에서 내용의 절들을 복사하여 형식에 맞게 완전히 참고문헌을 포함하여 제출하지만, 인용부호를 생략하여 그 내용이 직접 인용된 것이 아니라 다른 말로 표현했다는(paraphrase) 인상을 주는 것이다.

④ 적합한 기록(documentation)을 제시하지 않고 하나 이상의 원천 교재에서 내용을 다른 말로 바꾸어 표현한다(의역한다).

12.1.4 조사에서 기만

조사에서 기만(속임)(deception in research)은 참가자들에게 조사의 어떤 중요한 부분에 대해 거짓말을 하는(또는 모든 사실(whole truth)을 말하지 않는) 것이다. 예컨대 연구에 다른 사람들이 자발적으로 참여한 것으로 어떤 사람이 믿도록 유도할 수 있다. 그렇지만 사실은 참여한 다른 사람들이 연구자와 공모자들(confederates or accomplices)이며 준비된 대본(각본, script)을 따르는 것일 수 있다.

기만에는 누락에 의한 기만(deception by omission)과 범행에 의한 기만(deception by commission)의 2가지 형태가 있다.

첫째, 누락에 의한 기만은 참여자에게 중요한 사실을 알려주지 않는(withhold from) 것을 의미한다.

참가자들에게 조사의 목적과 세부사항들에 대해 모든 것을 알려주는 것은 불가능하고 비현실적이어서, 누락에 의한 기만은 모든 조사에서 어느 정도 발생한다. 예컨대 검정하려는 가설을 설명하지 않거나 자료를 수집하기 전에 참가자들에게 조사설계의 모든 측면을 설명하지는 않는다. 보통 가능한 참가자들에게 조사를 하는 동안 그들에게 발생할 수 있는 것을 알 수 있도록 조사의 일반 주제를 설명한다.

둘째, 범행에 의한 기만은 조사의 중요한 구성요소에 대해 의도적으로 거짓말을 하거나 또는 호도하는 것을 의미한다. 조사자가 참가자들에게 거짓말을 하는 범행에 의한 기만은 심각한 윤리적 우려(ethical concerns)를 초래한다.

그런데 범행에 의한 기만이 많은 부정적 결과를 초래하지만, 가끔 조사의 일부에 대해서는 범행에 의한 기만을 사용해야 하는 경우가 있다.

보고의 개념(concept of debriefing)은 조사자가 거짓 이유(변명, cover story)의 사용과 확실한(진짜의) 정보(authentic information) 수집을 위해 기만을 사용할 필요가 있는 이유를 털어 놓도록 요구한다. 보고는 참가자들에게 정직하게 연구의 이유(근거, rationale)와 자료의 가치를 알려서 중요한 질문에 대답을 하는 데 도움을 주고, 연구에 대해 대답을 하는 방법을 판단하려는 2가지 목표를 갖는다.

12.2 보고서의 역할과 발표 및 작성방법

12.2.1 조사보고서의 역할

보고서(report)는 조사과정, 결과, 권고안, 특정 청중에 대한 결론들의 서면 및 구두 발표이다. 다음 이유로 인해 보고서와 그 발표는 마케팅조사 프로젝트의 중요한 부분들이다.

① 보고서와 그 발표는 조사노력의 유형 제품이다. 프로젝트를 완료하고, 경영자가 결정을 한 후에 서면보고 이외에 프로젝트에 대한 서류 증거는 거의 없다. 보고서는 프로젝트의 역사적 기록으로 역할을 한다.

② 경영 의사결정은 보고서와 그 발표에 의해 인도된다. 만약 프로젝트의 처음 5단계들은 주의 깊게 수행되지만 6번째 단계에 불충분하게 주의를 기울인다면, 경영자에 대한 프로젝트의 가치는 크게 감소될 것이다.

③ 프로젝트에서 많은 마케팅 관리자들의 개입은 서면 보고서 및 구두 발표에 제한된다. 이러한 관리자들은 보고서 및 발표의 질적 수준을 기초로 전체 프로젝트의 질적 수준을 평가한다.

④ 경영자의 미래에 마케팅조사를 수행하거나 또는 특정 조사 공급회사를 사용하려는 결정은 보고서 및 발표의 인식된 유용성에 의해 영향을 받는다.

12.2.2 보고서 발표와 발표 프로세스

보고서 발표 및 발표 과정은 "문제 정의, 접근법, 조사 디자인, 현장연구 → 자료 분석 → 해석, 결론, 권고방안 → 보고서 준비 → 구두 발표 → 의뢰인의 보고서 확인 → 조사 후속조치"로 구성된다. 이러한 과정은 마케팅조사 문제, 접근법, 조사 디자인, 현장연구에 비추어 자료분석 결과를 해석하여 시작한다.

통계 결과들의 단순한 요약 대신에, 조사자는 발견사항들을 의사결정에서 직접적인 투입물로 사용될 수 있는 방식으로 제시해야 한다. 결론들은 적절하게 어디에서나

추출하고 권고방안을 제시해야 한다. 권고방안은 반드시 조치가 가능해야 한다.

보고서를 작성하기 전에, 조사자는 반드시 중요한 발견사항, 결론, 권고사항들을 중요한 의사결정자들과 논의해야 한다. 토론은 보고서가 의뢰인의 필요를 충족시키고, 보고서가 궁극적으로 채택될 것을 보장하는데 중요한 역할을 한다. 이러한 토론들은 반드시 서면 보고서와 기타 자료의 인도에 대해 특수자료를 확인시켜야 한다.

전체 마케팅조사 프로젝트는 단일 서면 보고서 또는 여러 독자들에게 제공되는 여러 보고서에서 요약되어야 한다. 전반적으로 구두 발표는 서면 자료들을 보완한다. 의뢰인은 보고서를 판독할 수 있는 기회를 얻어야 한다. 그 후에 조사자는 후속조치 행동을 취해야 한다. 조사자는 의뢰인의 보고서 이해, 발견사항 수행, 추가 연구 수행, 회상하여 (in rctrospcct) 조사 과정의 평가를 지원해야 한다. 조사자는 보고서 준비 및 발표 과정에 면밀하게 주의를 기울여야 한다.

조사자들마다 조사보고서를 준비하는 방식이 다르다. 보고서가 제시되는 의사결정자에 따라 조사자의 성격(personality), 배경(background), 전문지식, 책임이 상호 작용을 하여 각 보고서에 독특한 기질(성격)(unique character)을 제공한다. 간단하거나 또는 반복적인(repetitive) 프로젝트에서, 여기서 서술하는 형태의 광범위한 공식적인 서면 보고서(extensive formal written report)를 준비하지 않을 수도 있다. 그럼에도 불구하고, 일반적으로 따라야 하는 보고서의 서식결정(formatting) 및 작성과 표 및 그래프의 디자인에 대한 지침들을 알아야 한다.

12.2.3 보고서 서식

보고서 서식은 조사자 또는 프로젝트 수행 마케팅조사 회사, 수행되는 프로젝트의 의뢰인, 프로젝트 자체의 특성에 따라 변동할 가능성이 있다. 따라서 조사자가 현안 조사 프로젝트에 대한 서식을 개발할 수 있도록, 보고서는 포함해야 하는 원소들에 대한 지침을 다음과 같이 사용할 수 있다.

- **서문부분**(prefatory part): 속표지, 송달장, 승인서, 목차, 표 목차, 그래프 목차, 부록 목차, 증빙물 목차, 경영진 요약(주요 발견사항, 결론, 권고사항)
- **본문**(main body): 문제 규정(문제 배경 및 진술), 문제에 대한 접근법, 조사 디자인 (조사 디자인 형태, 필요 정보, 2차 원천 자료수집, 1차 원천 자료수집, 척도결정 기법, 설

문지 개발 및 예비 조사, 표본추출 기법, 현장연구), 자료 분석(방법론, 자료 분석 계획),
결과, 한계 및 경고사항, 결론 및 권고

- **첨부 부분**(appended part): 설문지 및 형식, 통계분석 결과, 일람표

이러한 서식은 마케팅조사과정의 이전 단계들을 밀접하게 따른다. 결과들은 보고
서의 여러 장들로 제시될 수 있다. 예컨대 전국적 조사(national survey)에서 자료 분석을
전체 표본에 대해 수행하고, 그 후에 각 지역에 대한 자료를 별도로 분석할 수 있다.

① 속표지(표제지, title page)에는 반드시 보고서의 제목, 조사자 또는 조사수행기관
의 정보(이름, 주소, e-메일, 전화번호), 보고서 의뢰인의 이름, 발간일자(date of release)를
포함해야 한다. 제목(표제, title)은 프로젝트의 성격을 반드시 나타내야 한다.

② 송달장(첨언장, Letter of transmittal: 문서·유가증권·화물 등에 첨서 또는 내용설명·취
급상 주의 등을 쓴 서장)은 의뢰인에게 보고서를 인도하고, 프로젝트로 조사자의 전반적
경험을 발견상황의 언급이 없이 요약하는 서류이다. 송달장은 고객의 입장에서 발견사
항의 수행이나 수행해야 하는 추가 조사 등의 추가 조치 필요성을 또한 규명해야 한다.

③ 승인서(letter of authorization)는 프로젝트 작업을 시작하기 전에 조사자에게 대
해 의뢰인이 작성한다. 승인서는 조사자가 프로젝트를 진행하도록 권한을 부여하고, 프
로젝트 범위와 계약의 조건을 명시한다. 자주 송달장에서 승인서를 언급하면 충분하다.
그러나 가끔 보고서에 승인서 사본을 포함하도록 요구받을 수 있다.

④ 목차(table of contents)는 다뤄야 할 주제들과 적절한 쪽수들을 열거해야 한다.
대부분 보고서에서는 단지 주요 제목 및 부제들(major headings and subheadings)만 포함
된다. 목차 뒤에는 표 목차(list of tables), 그래프 목차(list of graphs), 부록 목차(list of
appendices), 증빙서 목차(list of exhibits)를 기재한다.

⑤ 경영진 요약(executive summary)은 보고서의 극히 중요한 부분이다. 이는 경영진
들이 읽는 보고서의 유일한 부분이 되는 경우가 많기 때문이다. 요약문은 문제, 접근법,
채택한 조사 디자인을 간략히 서술해야 한다. 요약 부분은 주요 발견사항(major find-
ings), 결론, 권고사항(recommendations)을 제시해야 한다. 경영진 요약은 보고서의 다른
부분을 완성한 후에 작성해야 한다.

⑥ 제목(title): 새로운 페이지에 표시한다. 제목은 첫째 페이지에서 반복해서 사용하
고, (원)저자에 대한 어떤 세부사항도 제공하지 않는다. 이는 편집자들이 다른 조사자들
에 의해 익명의 검토를 하도록 원고를 쉽게 보낼 수 있도록 하려는 것이다.

⑦ 상황분석과 문제규정(problem definition) 부분은 문제에 대한 배경을 제시하고, 의사결정자 및 산업전문가들과의 토론 사항을 강조하고, 2차 자료분석·수행한 정성조사·고려한 요인들을 토론한다. 또한 문제규정 부분은 경영결정문제의 명확한 진술과 마케팅조사문제를 포함해야 한다.

⑧ 조사방법론에 대한 개략적 설명을 다음 사항들로 구성하여 작성한다.

● 문제에 대한 접근법 부분은 문제를 다루는데 채택한 광범위한 접근법을 토론한다. 이러한 부분은 조사의 지침이 되는 이론적 토대, 진술된 분석모형, 조사 질문, 가설, 조사디자인에 영향을 주는 요인들을 포함해야 한다.

● 조사디자인(research design) 부분은 조사 수행방법에 대한 세부사항들을 명시해야 한다. 이는 채택된 조사디자인 특성, 필요한 정보, 2차 및 1차 원천에서의 자료 수집, 척도결정 기법, 설문지 개발 및 사전검정, 표본추출 기법들, 현장연구를 포함해야 한다. 이러한 주제들은 반드시 비전문적이며 이해하기 쉬운 방식으로 제시되어야 한다. 조사디자인 부분은 반드시 선정된 특정 방법들을 정당화시켜야 한다.

● 자료분석(data analysis) 부분은 자료분석 계획을 서술하고, 사용된 자료분석 전략 및 기법을 정당화시켜야 한다. 분석에 사용된 기법들은 간단한 비전문적 용어로 서술되어야 한다.

⑨ 결과들(results) 부분은 보통 보고서의 가장 긴 부분이며, 여러 장들로 구성된다. 자주 결과들은 총계수준뿐만 아니라 각 하위집단(세분시장, 지역 등)수준에서도 제시된다. 결과들은 일관성 있고 논리적 방식으로 조직되어야 한다.

예컨대 보건(의료서비스)마케팅조사에서 결과들은 4개의 장으로 제시된다. 1장은 전반적 결과들을 제시하고, 2장은 지역 간의 격차를 검토하고, 3장은 영리 및 비영리병원 간의 격차를 제시하고, 4장은 침상용량에 따른 격차를 제시한다. 결과들의 제시는 마케팅조사문제의 구성요소들과 규명된 정보요구에 직접 관련되어야 한다. 세부사항들은 주요 발견사항들과 함께 표와 그래프로 제시되어야 한다.

⑩ 한계 및 경고사항(limitations and caveats)부분은 반드시 세심한 주의와 균형된 관점을 갖고 작성되어야 한다. 모든 마케팅조사 프로젝트는 시간, 예산, 기타 조직적 제약들에 의해 초래된 한계들을 갖는다. 또한 각종 형태의 오차들을 조건으로 채택된 조사디자인은 제한되며, 일부 오류들은 토론을 할 정도로 심각할 수 있다.

한편으로는 조사자는 경영진들이 결과에 대해 과도하게 의존하지 않거나 또는 비의도모집단에 대한 결과의 추정 등과 같은 의도되지 않은 목적들에 대해 결과들을 사용하지 않는다는 것을 확인해야 한다. 다른 한편으로는 한계 및 경고사항 부분은 조사에 대한 신뢰성을 잠식하거나 또는 부당하게 조사의 중요성을 최소화시켜서는 안 된다.

⑪ 결론 및 권고사항(conclusions and recommendations) 부분을 제시해야 한다. 통계적 결과들의 단순한 요약 이외에도, 조사자는 중요한 결론들에 도달하도록 다룰 문제에 비추어 결과들을 해석해야 한다. 그리고 결과들 및 결론들을 기초로 조사자는 의사결정자에 대해 추천을 할 수 있다.

가끔 마케팅조사자는 하나의 지역만을 조사하지만 의뢰기업에서의 큰 그림을 이해하지 못하기 때문에 권고사항 작성의 요청을 받지는 않는다. 만약 권고사항이 작성되면, 권고사항들은 실현 가능하고, 실용적이고, 조치 가능하고, 경영의사결정의 투입물로 직접 사용 가능해야 한다.

⑫ 참고문헌(reference): 보통 새로운 페이지에 표시하며, 철자 순으로 나열된 인용 원천들을 표시한다.

⑬ 부록(appendices): 선택적으로 설정할 수 있는 절이며, 전문 출판물에서는 상대적으로 드물다. 보통 본문에서 통합하면 혼동을 초래할 수 있지만, 도움이 되는 자료들을 포함한다.

12.2.4 보고서 작성 유의사항

보고서는 사용할 독자에 따라, 수행하기 쉽게, 보고서의 모양 및 판독용이성, 객관성, 핵심정보의 보강, 간결한 표현과 같은 사항을 고려하여 작성해야 한다.

① 보고서는 특정 독자들에 대해 작성해야 한다. 보고서 결과를 사용할 사람에게 적합하도록 작성되어야 한다. 보고서는 독자들이 보고서를 읽는 환경과 그 결과를 사용할 방법뿐만 아니라, 독자들의 프로젝트에 대한 전문적 세련도 및 관심도(technical sophis-tication and interest)를 고려해야 한다.

사람들은 조사결과에 대해 3시간만 지나도 보고 내용의 30%를 망각하고, 3일만 지나도 보고 내용의 90%를 잊어버리기 때문에, 시각적 보완자료와 다양성이 핵심이다. 언어(verbal) 및 시각 자료의 조합은 3시간 후에는 85%를 기억하게 하고, 3일 후에도 65%까지 기억하게 하는 효과를 준다. 따라서 (기술)전문용어(technical jargon)는 회피해야 한다. 바쁜 의뢰인들이 보고서를 쉽게 읽을 수 있도록 최대우도, 이분산성, 비모수적 등의 전문용어 대신에, 서술적 설명들을 사용해야 한다.

만약 어떤 전문용어를 반드시 사용해야 한다면, 부록에 그 전문용어들을 간단하게 정의해야 한다. 마케팅조사의 경우에, 사람들은 그들이 이해할 수 없는 해결책을 수용하기보다는 그들이 해결하지 못하는 문제를 그대로 두려고 할 것이다.

조사자는 자주 프로젝트에 대한 다른 수준의 세련도 및 관심도를 갖는 여러 청중들의 요구를 충족시켜야 한다. 그러한 상충적 요구는 다른 독자들에 대해 보고서에서 다른 부분들을 포함하거나 또는 완전한 별도 보고서 제시로 충족시킬 수 있다.

② 수행이 쉽도록 보고서가 작성되어야 한다. 보고서는 논리적인 구조를 갖고 명확히 기술되어야 한다. 내용 특히 보고서의 본문은 반드시 독자가 쉽게 내재하는(고유한) 관련성 및 연결을 쉽게 알 수 있도록 논리적 방식으로 조직화되어야 한다. 다른 주제들에 대해 제목들을, 부차적 논제들에 대해 부제들을(subheadings for subtopics) 사용해야 한다.

논리적 구성은 일관성 있는 보고서를 가져온다. 명료성은 간략하고 요점에 맞는 훌륭한 구문의 문장들을 사용하여 향상시킬 수 있다. 사용 단어들은 조사자가 전달하길 원하는 것을 정밀하게 표현해야 한다. 다른 단어들, 속어들 및 진부한 표현(cliché)은 회피해야 한다. 보고서 간결성에 대한 탁월한 점검은 읽고 신랄한 비판(critical comments)을 제공할 프로젝트를 처음 보는 2−3명의 사람들과 갖는 것이다. 최종 서류 제시 이전에 보고서를 여러 번 수정할 필요가 있다.

③ 발표 가능 및 전문적 모습을 고려해야 한다. 보고서 모양은 중요하다. 보고서는 고급 용지, 타이프, 제본을 통해 전문적으로 재생해야 한다. 조판(typography)을 변경시켜야 한다. 형태 크기의 변동 및 백지 공간의 숙련된(능숙한) 사용은 보고서의 모습 및 읽기 용이함에 크게 기여할 수 있다.

④ 객관성은 보고서 작성의 지침이 되어야 하는 장점이다. 조사자들은 자신들의 프로젝트에 아주 매료되어 과학적 역할을 간과할 수도 있다. 보고서는 경영진 예상에 발견결과들이 일치하도록 편향되게 제시하지 않으면서 정확히 프로젝트의 방법론, 결과, 결론을 나타내야 한다. 의사결정자들로부터 자신들의 판단이나 조치들에 대해 불리하게 반영되는 보고서가 지속적으로 호의를 받을 가능성은 없다. 그러나 조사자는 반드시 결과들을 객관적으로 제시하고 방어할 용기를 가져야 한다.

⑤ 그래프, 표, 그림, 지도, 기타 시각적 장치들을 사용하여 핵심 정보를 향상시켜, 본문의 성과를 향상시켜야 한다. 시각적 도움들은 크게 의사전달을 용이하게 하여 명료성을 추가하고 보고서의 영향력을 증가시킨다.

⑥ 보고서는 간결하고 축약되어야 한다. 불필요한 것은 생략해야 한다. 만약 너무 많은 정보가 포함된다면, 중요한 점들이 상실될 수 있다. 공통된 절차들의 긴 토론을 회피해야 한다. 그렇지만, 간결성을 위한다고 보고서의 완성도를 감소시켜서는 안 된다.

참고문헌

문창권(2006), 엑셀로 풀자! 회귀분석, 배재대학교 출판부.
문창권(2012), 통계-엑셀 2010: 초보부터 도사까지, 진샘미디어.
문창권(2015), 통계-엑셀 2013: 쉬운 실무분석, 진샘미디어.

Aaker, David A., V. Kumar, Robert P. Leone, and George S. Day(2013), Marketing Research, 11th ed., John Wiley & Sons, Inc.

Ali, Amal K.(2005), "Moving Best Practice Forward: Delphi Characteristics, Advantages, Potential Problems, and Solutions", *Qualitative Report*, 10(4), pp. 718-744.

Alston, Margaret and Wendy Bowles(2003), *Research for Social Workers: An Introduction to Methods*, 2nd ed., Allen & Unwin.

Andreasen, Alan P.(2002), *Marketing Research That Won't Break the Bank: A Practical Guide to Getting the Information You Need*, Jossey-Bass.

Arbuckle, James L.(2006), *Amos 7.0 User's Guide*, Amos Development Corporation.

Babbie, Earl(2010), *The Practice of Social Research*, 12th ed., Wadsworth, Cengage Learning.

Babbie, Earl(2011), *The Basics of Social Research*, 5th ed., Wadsworth, Cengage Learning.

Beins, Bernard C. and Maureen A. McCarthy(2012), Research Methods and Statistics, Pearson Education, Inc.

Berg, Bruce Lawrence(2001), Qualitative *Research Methods for the Social Sciences*, 4th ed., Allyn & Bacon.

Bernard, H. Russell(2006), Research Methods in Anthropology: Qualitative and Quantitative Approaches, 4th ed., Altamira Press, Rowman & Littlefield Publishers, Inc.

Biemer, Paul P. and Lars E. Lyberg(2003), Introduction to Survey Quality, John Wiley & Sons, Inc.

Bluman, Allan G.(2012), *Elementary Statistics: A Step-by-step Approach*, 8th ed., McGraw-Hill Companies, Inc.

Blythe, Jim(2005), *Essentials of Marketing*, 3rd ed., Pearson Education Limited.

Bordens, Kenneth S. and Bruce B. Abbott(2011), *Research Design and Methods: A Process Approach*, 8th ed., McGraw-Hill Companies, Inc.

Boslaugh, Sarah(2013), *Statistics in a Nutshell*, 2nd ed., O'Reilly Media, Inc.

Boyd, Harper W., Ralph Westfall, and Stanley F. Stasch(1990), 마아케팅조사론(이종영·강명주 공역), 도서출판 석정, (원서출판 1989).

Burns, Alvin C., Ronald F. Bush, and Nilanjana Sinha(2014), *Marketing Research*, 7th ed., Pearson Education Ltd.

Cohen, Louis, Lawrence Manion, and Keith Morrison(2007), *Research Methods in Education*, 6th ed., Routledge.

Cooper, Donald R. and Pamela S. Schindler(2008), *Business Research Methods*, 10th ed., McGraw-Hill Company, Inc.

De Loe, Robert C.(1995), "Exploring Complex Policy Questions Using the Policy Delphi: A Multi-round, Interactive Survey Method", *Applied Geography*, 15(1), pp. 53-68.

Ferrell, O.C. and Michael D. Hartline(2014), *Marketing Strategy: Text and Cases*, 6th ed., South-Western, Cengage Learning.

Field, Andy(2009), *Discovering Statistics Using SPSS*, 3rd ed., Sage Publications Ltd.

Frederick J Gravetter and Lori-Ann B. Forzano(2012), *Research Methods for the Behavioral Sciences*, 4th ed., Wadsworth, Cengage Learning.

Gravetter, Frederick J. and Lori-Ann B. Forzano(2012), *Research Methods for the Behavioral Sciences*, 4th ed., Wadsworth, Cengage Learning.

Greene, William H.(2012), *Econometric Analysis*, 7th ed., Pearson Education, Inc.

Griffin, Ricky W. and Gregory Moorhead(2014), *Organizational Behavior: Managing People and Organizations*, 11th ed., South-Western, Cengage Learning.

Gujarati, Damodar N. and Dawn C. Porter(2010), *Essentials of econometrics*, 4th ed., McGraw-Hill/Irwin.

Hair, J.F., Jr., W.C. Babin, R.E. Anderson, and R.L. Tatham(2006), *Multivariate Data Analysis*, 6th ed., Pearson Education, Inc.

Hair, Joseph F., Jr., Mary Wolfinbarger Celsi, David J. Ortinau, and Robert P. Bush(2013),

Essentials of Marketing Research, 3rd ed., McGraw-Hill Co., Inc.

Hair, Joseph F., Jr., William C. Black, Barry J. Babin, and Rolph E. Anderson(2010), *Multivariate Data Analysis*, 7th ed., Pearson Education, Inc.

Han, Jiawei, Micheline Kamber, and Jian Pei(2012), *Data Mining: Concepts and Techniques*, 3rd ed., Elsevier Inc.

Hill, R. Carter, William E. Griffiths, and Guay C. Lim(2011), *Principles of Econometrics*, 4th ed., John Wiley & Sons, Inc.

Harlow, Lisa L.(2005), *The Essence of Multivariate Thinking: Basic Themes and Methods*, Lawrence Erlbaum Associates, Inc.

Howitt, Dennis and Dennis Cramer(2011), *Introduction to Research Methods in Psychology*, Pearson Education Limited.

Hyman, Michael R. and Jeremy J. Sierra(2010), *Marketing Research Kit For Dummies*, Wiley Publishing, Inc.

Iacobucci, Dawn and Gilbert A. Churchill, Jr.(2010), *Marketing Research: Methodological Foundations*, 10th ed., South-Western, Cengage Learning.

Jonker, Jan andBartjan Pennink(2010), *The Essence of Research Methodology: A Concise Guide for Master and PhD Students in Management Science*, Springer-Verlag Berlin.

Kaden, Robert J.(2006), *Guerrilla Marketing Research: Marketing Research Techniques That Can Help Any Business Make More Money*, Kogan Page Limited.

Kothari, C.R.(2004), *Research Methodology: Methods and Techniques*, 2nd Rev. ed., New Age International (P) Ltd.

Kotler, Philip and Kevin Lane Keller(2012), *Marketing Management*, 14th ed., Pearson Education, Inc.

Kurtz, David L.(2012), *Contemporary Marketing*, 15th ed., South-Western, Cengage Learning.

Malhotra, Naresh K.(2007), *Marketing Research*, 5th ed., Pearson Education Inc.

Malhotra, Naresh K.(2009), *Basic Marketing Research: A Decision-Making Approach*, 3rd ed., Pearson Education, Inc.

Malhotra, Naresh K.(2010), *Marketing Research: An Applied Orientation*, 6th ed., Pearson Education, Inc.

Malhotra, Naresh K.(2012), *Basic Marketing Research: Integration of Social Media*, 4th ed., Pearson Education, Inc.

Marczyk, Geoffrey, David DeMatteo, and David Festinger(2005), *Essentials of Research Design and Methodology*, John Wiley & Sons, Inc.

McDaniel, Carl, Jr. and Roger Gates(2010), *Marketing Research Essentials*, 7th ed., John Wiley & Sons, Inc.

Mooi, Erik and Marko Sarstedt(2011), *A Concise Guide to Market Research: The Process, Data, and Methods Using IBM SPSS Statistics*, Springer-Verlag Berlin.

Norušis, Marija J.(2006), SPSS 15.0 *Statistical Procedures Companion*, Prentice Hall.

Ott, R. Lyman and Michael Longnecker(2010), *An Introduction to Statistical Methods and Data Analysis*, Brooks/Cole, Cengage Learning.

Proctor, Tony(2005), *Essentials of Marketing Research*, 4th ed., Pearson Education Limited

Ross, Sheldon M.(2010), *Introductory Statistics*, 3rd ed., Elsevier Inc.

Rubin, Allen and Earl Babbie(2011), *Research Methods for Social Work*, 7th ed., Brooks/Cole, Cengage Learning.

Saunders, Mark, Philip Lewis, and Adrian Thornhill(2009), Research Methods for Business Students, 5th ed., Pearson Education Limited.

Schmidt, Marcus J. and Svend Hollensen(2006), *Marketing Research: An International Approach*, Pearson Education Ltd.

Shao, Alan T.(2002), *Marketing Research: An Aid to Decision Making*, 2nd ed., South-Western/Thomson Learning.

Shaughnessy, John J. Eugene B. Zechmeister, Jeanne S. Zechmeister(2012), *Research Methods in Psychology*, 9th ed., McGraw-Hill Companies, Inc.

Stangor, Charles(2011), *Research Methods for the Behavioral Sciences*, 4th ed., Wadsworth/ Cengage Learning.

Triola, Mario F.(2012), *Elementary Statistics: Technology Update*, 11th ed., Pearson Education, Inc.

Turoff, Murray(1975), "The Policy Delphi", in Linstone, Harold A., Turoff, Murray, and Helmer, Olaf(1975), *The Delphi Method: Techniques and Applications*, Addison-Wesley Educational Publishers Inc. pp. 80-96.

Uhl-Bien, Mary, Uhl-BienJohn R. Schermerhorn, Jr., and Richard N. Osborn(2014), *Organizational Behavior*, 13th ed., John Wiley & Sons, Inc.

Utts, Jessica M. and Robert F. Heckard(2007), *Mind on Statistics*, 3rd ed., Thomson Learning, Inc.

Walliman, Nicholas(2011), *Research Methods: The Basics*, Routledge.

Wang, Jiang-Jiang, Jing, You-Yin, Zhang, Chun-Fa, and Zhao, Jun-Hong(2009), "Review on Multi-Criteria Decision Analysis Aid in Sustainable Energy Decision-Making",

Renewable and Sustainable Energy Reviews, 13(9), pp. 2263–2278.

Weathington, Bart L., Christopher J.L. Cunningham, and David J. Pittenger(2012), *Understanding Business Research*, John Wiley & Sons, Inc.

Weiss, Neil A.(2012), *Introductory Statistics*, 9th ed., Pearson Education, Inc.

Williams, John(2004), *Marketing Research and Information*, Elsevier Ltd.

Wooldridge, Jeffrey M.(2013), *Introductory Econometrics: A Modern Approach*, South–Western, Cengage Learning.

Wrenn, W. Bruce, Robert E. Stevens, David L. Loudon(2002), *Marketing Research: Text and Cases*, Haworth Press, Inc.

Yamane, Taro(1967), Statistics: An Introductory Analysis, 2nd ed., Harper and Row.

Zikmund, William G. and Barry J. Babin(2007), *Exploring Marketing Research*, 9th ed., Thomson South–Western.

Zikmund, William G. and Barry J. Babin(2010a), *Exploring Marketing Research*, 10th ed., Thomson South–Western.

Zikmund, William G. and Barry J. Babin(2010b), *Essentials of Marketing Research*, 4th ed., South–Western, Cengage Learning.

Zikmund, William G., Barry J. Babin, Jon C. Carr, and Mitch Griffin(2009), *Business Research Methods*, 8th ed., South–Western/Cengage Learning.

찾아보기

공저자 약력

문 창 권
건국대학교 대학원 무역학과(경제학박사)
배재대학교 기업컨설팅학과 교수
전통시장, 소상공인, 농수산식품기업, 장애인기업 컨설턴트
경영지도사(마케팅), 소상공인지도사, 프랜차이즈경영지도사, 서비스경영지도사

배 호 영
영남대학교 대학원 경영학과(경영학박사)
동아대학교 대학원 국제법무학과(법학박사)
우송대학교 철도경영학과 초빙교수
경영지도사(마케팅), 중소기업기술정보진흥원 평가위원, 중소기업유통센터 평가위원
한국산업기술평가관리원 평가위원, 장애인기업종합지원센터 전문위원

신 기 룡
배재대학교 대학원 컨설팅학과(컨설팅학박사)
동반성장위원회 대·중소기업협력재단 기술창업본부장
경영지도사(재무), 민사조정위원(서울 중앙, 서부, 남부, 동부법원), 행정사

정 명 수
배재대학교 대학원 컨설팅학과(컨설팅학박사)
배재대학교 기업컨설팅학과 겸임교수
(사)퍼스트경영기술연구원 상임이사
사회적기업, 시니어기업, 농수산식품기업, 장애인기업 컨설턴트
기술거래사, 소상공인지도사, 인성지도사, 스피치리더십지도사

마케팅 조사론

초판인쇄	2017년 1월 2일
초판발행	2017년 1월 9일
공저자	문창권·배호영·신기룡·정명수
펴낸이	안종만
편 집	배근하
기획/마케팅	임재무
표지디자인	권효진
제 작	우인도·고철민
펴낸곳	(주)**박영사**
	서울특별시 종로구 새문안로3길 36, 1601
	등록 1959. 3. 11. 제300-1959-1호(倫)
전 화	02)733-6771
f a x	02)736-4818
e-mail	pys@pybook.co.kr
homepage	www.pybook.co.kr
ISBN	979-11-303-0386-4 93320

정 가   25,000원